U0817800

根据《化工（危险化学品）企业主要负责人安全生产管理知识重点考核内容》《化工（危险化学品）企业安全生产管理人员安全生产管理知识重点考核内容》编写

化工（危险化学品）企业主要负责人和安全生产管理人员培训教程

国家安全生产监督管理总局化学品登记中心
中国石油化工股份有限公司青岛安全工程研究院
组织编写

曲福年　崔政斌　主编

化学工业出版社
·北京·

《化工（危险化学品）企业主要负责人和安全生产管理人员培训教程》是根据《中华人民共和国安全生产法》及国家安全监管总局印发的《化工（危险化学品）企业主要负责人安全生产管理知识重点考核内容》、《化工（危险化学品）企业安全生产管理人员安全生产管理知识重点考核内容》编写而成。内容包括：安全生产法律法规标准、安全生产管理、安全生产技术、风险管控、作业安全、职业健康管理、应急管理、事故事件管理。全书注重理论和实践相结合，注重实用性，注重解决实际安全生产问题，是一本操作性较强的安全培训教材。

《化工（危险化学品）企业主要负责人和安全生产管理人员培训教程》可作为化工（危险化学品）企业主要负责人和安全生产管理人员的安全教育培训教材，也可供高等院校相关专业师生参考阅读。

图书在版编目（CIP）数据

化工（危险化学品）企业主要负责人和安全生产管理人员培训教程/曲福年，崔政斌主编；国家安全生产监督管理总局化学品登记中心，中国石油化工股份有限公司青岛安全工程研究院组织编写．—北京：化学工业出版社，2017.7（2018.6重印）

ISBN 978-7-122-29659-7

Ⅰ.①化… Ⅱ.①曲…②崔…③国…④中… Ⅲ.①化工企业-安全生产-中国-管理人员-培训-教材 Ⅳ.①F426.7

中国版本图书馆CIP数据核字（2017）第102225号

责任编辑：杜进祥　高　震　　　装帧设计：韩　飞

责任校对：王　静

出版发行：化学工业出版社（北京市东城区青年湖南街13号　邮政编码100011）

印　　刷：三河市延风印装有限公司

装　　订：三河市宇新装订厂

787mm×1092mm　1/16　印张20½　字数502千字　2018年6月北京第1版第3次印刷

购书咨询：010-64518888（传真：010-64519686）　售后服务：010-64518899

网　　址：http://www.cip.com.cn

凡购买本书，如有缺损质量问题，本社销售中心负责调换。

定　　价：88.00元

前言

化工（危险化学品）行业是高危行业，危险性大大高于一般行业，一旦发生生产安全事故，会对广大人民群众的生命和财产安全造成严重影响。企业的主要负责人和安全生产管理人员，必须掌握必要的政策法规、安全知识和安全技术，才能做好安全生产工作。通过进行安全教育培训，使企业的主要负责人和安全生产管理人员掌握安全生产规律，了解安全生产政策法规，懂得安全生产技术要求，拓宽安全生产知识领域，是保障化工（危险化学品）企业安全生产的一项重要的基础性工作。

《中华人民共和国安全生产法》规定：生产经营单位的主要负责人和安全生产管理人员必须具备与本单位所从事的生产经营活动相应的安全生产知识和管理能力。根据国家安全监管总局对化工（危险化学品）企业的主要负责人和安全生产管理人员的重点考核内容要求，我们组织有关专家和人员，经过精心组织和策划，编写了《化工（危险化学品）企业主要负责人和安全生产管理人员培训教程》。旨在为化工（危险化学品）企业主要负责人及安全生产管理人员进行安全教育培训时提供一本适用的教材。本书对于企业主要负责人侧重于安全生产政策法规方面的知识，对于企业安全生产管理人员侧重于安全技术、安全管理方法的知识，把二者很好地结合起来。

本书共分为八章，基本涵盖了国家安全监管总局化工（危险化学品）企业安全生产知识考核要点要求的全部知识；第一章　安全生产法律法规标准；第二章　安全生产管理；第三章　安全生产技术；第四章　风险管控；第五章　作业安全；第六章　职业健康管理；第七章　应急管理；第八章　事故事件管理。在编写过程中注重理论联系实际，针对性、适用性较强。

本书由国家安全生产监督管理总局化学品登记中心、中国石油化工股份有限公司青岛安全工程研究院组织编写，曲福年、崔政斌主编。参加本书编写的人员还有陈玖芳、李运才、任佃忠、程玉河、孙青松、张道斌、田敏、吕晓蓉、曲微、刘艳萍、李泽润、王浩。

本书在编写过程中得到了有关领导、专家的支持和帮助，在此表示衷心的感谢。同时，在编写过程中，我们引用和借鉴了许多书籍、资料和信息等，在此也深表感谢。书中不足之处恳请读者批评指正。

编者

2017 年 2 月

[illegible]

[illegible]

[illegible]

[illegible]

[illegible]

[illegible]

[illegible]

[illegible]

[illegible]

目 录

第一章

安全生产法律法规标准

第一节 安全生产法律法规基本知识

一、安全生产法规的概念及分类

1. 安全生产法规的概念

安全生产法规是指调整在生产过程中产生的同劳动者或生产人员的安全与健康，以及生产资料和社会财富安全保障有关的各种社会关系的法律规范的总和。安全生产法规是国家法律体系中的重要组成部分。通常说的安全生产法规是对有关安全生产的法律、规程、条例、规范的总称。例如全国人大和国务院及有关部委、地方政府颁发的有关安全生产、职业安全卫生、劳动保护等方面的法律、规程、决定、条例、规定、规则及标准等，都属于安全生产法规范畴。

安全生产法规有广义和狭义两种解释，广义的安全生产法规是指我国保护劳动者、生产者和保障生产资料及财产的全部法律规范。这些法律规范都是为了保护国家、社会利益和劳动者、生产者的利益而制定的。例如关于安全生产技术、安全工程、工业卫生工程、生产合同、工伤保险、职业技术培训、工会组织和民主管理等方面的法规。狭义的安全生产法规是指国家为了改善劳动条件，保护劳动者在生产过程中的安全和健康，以及保障生产安全所采取的各种措施的法律规范。如职业安全卫生规程；对女工和未成年工劳动保护的特别规定；关于工作时间、休息时间和休假制度的规定；关于劳动保护的组织和管理制度的规定等。安全生产法规的表现形式是国家制定的关于安全生产的各种规范性文件，它可以表现为享有国家立法权的机关制定的法律，也可以表现为国务院及其所属的部、委员会发布的行政法规、决定、命令、指示、规章以及地方性法规等，还可以表现为各种安全卫生技术规程、规范和标准。

安全生产法规是党和国家的安全生产方针政策的集中表现，是上升为国家和政府意志的一种行为准则。它以法律的形式规定人们在生产过程中的行为规则，规定什么是合法的，什么是非法的；在什么情况下必须怎样做，不应该怎样做等，用国家强制力来维护企业安全生产的正常秩序。因此，有了各种安全生产法规，就可以使安全生产工作做到有法可依、有章可循。谁违反了这些法规，无论是单位或个人，都要负法律责任。

2. 安全生产法规的特征

安全生产法规是国家法规体系的一部分，因此它具有法的一般特征。

随着我国法制建设的发展，有关安全生产方面的法律、法规已逐步完善，用法制的手段来维护企业的安全生产秩序，保证国家安全生产的目的，已成为现实和发挥重要的作用。

我国安全生产法规的特点有：保护的对象是劳动者、生产经营人员、生产资料和国家财产；安全生产法规具有强制性的特征；安全生产法规涉及自然科学和社会科学领域，因此具有政策性特点又有科学技术性特点。

3. 安全生产法律法规的分类

我国安全生产法律体系的层级，可按照如下内容进行划分。

（1）法律　法律是安全生产法律体系中的上位法，居于整个体系的最高层级，其法律地位和效力高于行政法规、地方性法规、部门规章及地方政府规章等下位法。

（2）法规　安全生产法规分为行政法规和地方性法规。安全生产行政法规的法律地位和法律效力低于有关安全生产的法律，高于地方性安全生产法规、地方政府安全生产规章等下位法；地方性安全生产法规的法律地位和法律效力低于有关安全生产的法律、行政法规，高于地方政府安全生产规章。经济特区安全生产法规和民族自治地方安全生产法规的法律地位和法律效力与地方性安全生产法规相同。

（3）规章　安全生产行政规章分为部门规章和地方政府规章。国务院有关部门依照安全生产法律、行政法规的授权制定发布的安全生产规章的法律地位和法律效力低于法律、行政法规，高于地方政府规章；地方政府规章是最低层级的安全生产立法，其法律地位和法律效力低于其他上位法，不得与上位法相抵触。

（4）法定安全生产标准　法定安全生产标准主要是指强制性安全生产标准，分为国家标准和行业标准两种，两者对生产经营单位的安全生产具有同样的约束力。安全生产国家标准是国内适用的安全生产技术规范；安全生产行业标准是指国务院有关部门和直属机构依照《标准化法》制定的在安全生产领域内适用的安全生产技术规范。行业安全生产标准对同一安全生产事项的技术要求，可以高于国家安全生产标准但不得与其相抵触。

二、安全生产法律法规体系

安全生产是一个系统工程，需要建立在各种支持基础之上，而安全生产的法律法规体系尤为重要。按照“安全第一，预防为主，综合治理”的安全生产方针，国家制定了一系列的安全生产、劳动保护的法规。据统计，新中国成立以来，颁布并在用的有关安全生产的主要法律法规约400余项，内容包括综合类、安全卫生类、“三同时”类、伤亡事故类、女工和未成年工保护类、职业培训考核类、特种设备类、防护用品类和检测检验类。其中以法的形式出现，对安全生产、劳动保护具有十分重要作用的是《安全生产法》、《矿山安全法》、《劳动法》、《职业病防治法》。与此同时，国家还制订和颁布了数百项安全卫生方面的国家标准。

根据我国立法体系的特点，以及安全生产法规调整的范围不同，安全生产法律法规体系由若干层次构成。按层次由高到低为：国家根本法、国家基本法、劳动综合法、安全生产与健康基本法、专门安全法、行政法规、安全标准。宪法为最高层次，各种安全基础标准、安全管理标准、安全技术标准为最低层次。见图1-1所示。

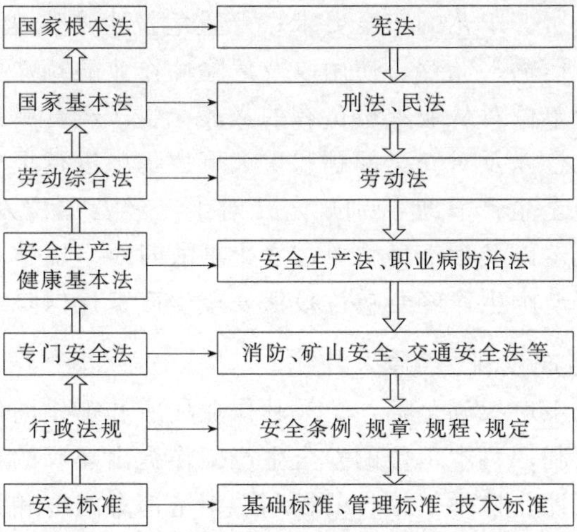

图 1-1　我国安全生产法律法规体系

第二节　相关法律法规对危险化学品企业的要求

一、《中华人民共和国安全生产法》

《中华人民共和国安全生产法》，共七章主要内容如下。

1. 总则

这一章主要规定了本法的立法目的、适用范围；安全生产工作的理念、方针和机制；生产经营单位在安全生产方面的义务的原则性规定；生产经营单位的主要负责人对本单位安全生产工作的总体责任；生产经营单位的从业人员在安全生产方面的权利与义务的概括性规定；工会对安全生产工作的监督；各级人们政府在安全生产工作中的职责；安全生产工作监督管理机制；有关安全生产的国家标准、行业标准的制定与执行；安全生产法律法规和知识的宣传；对安全生产技术、管理服务的基本要求；生产安全事故责任追究制度；安全生产科学技术的研究与推广；对安全生产先进单位和个人的奖励等内容。

2. 生产经营单位的安全生产保障

这一章是安全生产法的核心内容。主要规定了对生产经营单位安全生产条件的基本要求；生产经营单位主要负责人的安全生产职责；生产经营单位的安全生产责任制的内容与监督考核机制；对生产经营单位安全生产投入的要求；安全生产费用的提取、使用和管理制度；生产经营单位安全生产机构的设置及安全生产管理人员的配备；安全生产管理机构及安全生产管理人员的职责；安全生产管理机构及安全生产管理人员的地位和依法履行职责的保障；对生产经营单位主要负责人及安全生产管理人员安全生产知识和能力的要求；注册安全工程师制度；生产经营单位对从业人员以及接收的实习学生的安全生产教育和培训；生产经营单位以及劳务派遣单位对被派遣劳动者的教育和培训义务；生产经营单位采用新工艺、新技术、新材料、新设备时的安全保障义务；对生产经营单位特种作业人员的要求；生产经营单位建设工程项目的安全设施与主体工程的“三同时”要求以及对危险性较大的建设项目进行安全评价的要求；对建设项目安全设施的设计、施工、竣工验收的要求；对生产经营单位设施、设备、生产经营场所、工艺的安全要求；严重危及生产安全的工艺、设备淘汰制度；对危险物品生产、经营、运输、储存、使用以及危险性作业的特殊要求；生产安全事故隐患排查治理制度；生产经营单位对从业人员负有的义务；生产经营单位安全生产管理人员对本单位安全生产状况进行检查以及对安全问题和重大事故隐患进行报告的义务；对两个以上生产经营单位共同作业的安全生产管理特别规定；对生产经营单位发包或者出租生产经营项目、场所、设备的特别规定以及生产经营单位发生事故时对主要负责人的要求；生产经营单位参加工伤保险以及国家鼓励生产经营单位投保安全生产责任保险等。

3. 从业人员的安全生产权利、义务

规定从业人员的安全生产权利包括：了解其作业场所和工作岗位存在的危险因素、防范措施及事故应急措施的权利；对本单位的安全生产工作提出建议的权利；对本单位安全生产工作中存在的问题提出批评、检举、控告的权利；拒绝违章指挥和强令冒险作业的权利；发现直接危及人身安全的紧急情况时，停止作业或者在采取可能的应急措施后撤离作业场所的权利；因生产安全事故受到损害时要求赔偿的权利；享受工伤保险的权利。义务包括：在作业过程中，严格遵守本单位的安全生产规章制度和操作规程，服从管理，正确佩戴和使用劳动防护用品的义务；接受安全生产教育和培训的义务；及时报告事故隐患或者其他不安全因素的义务。同时，为明确被派遣劳动者的安全生产权利和义务，专门增加一条，规定生产经营单位使用被派遣劳动者时，被派遣劳动者享有本法规定的从业人员的权利。并应当履行本法规定的从业人员的义务。此外，还对生产经营单位不得与从业人员订立免除或减轻自身责任的合同以及工会在生产经营单位安全生产管理中的权利等做了规定。

4. 安全生产的监督管理

本章从不同方面规定了安全生产的监督管理。从根本上说，生产经营单位是生产经营活动的主体，在安全生产工作中居关键地位，加强生产经营单位内部安全生产管理是做好安全生产工作的根本。与此同时，强化外部监督管理同样不可或缺。由于安全生产关系到各类生产经营单位和社会的方方面面，涉及面极广，做好安全生产的监督管理工作，仅靠政府及有关部门是不够的，必须充分调动和发挥社会各界的积极性，从根本上保障生产经营单位的安全生产。因此，本章的“监督”是广义上的监督，既包括政府及有关部门的监督，也包括社会力量的监督。具体有以下几个方面。

（1）县级以上地方人民政府的监督管理。主要是组织有关部门对本行政区域内容易发生事故的生产经营单位进行严格的检查，并及时处理发现的事故隐患。

（2）负有安全生产监督管理职责的部门的监督管理。包括严格依照法定条件和程序对涉及安全生产的事项进行审批和验收，及时进行监督检查等。为了保证监督检查的顺利进行，对安全生产监督管理部门的职权、工作程序以及监督检查人员的素质要求和应当遵守的义务也做了明确的规定。

（3）监察机关的监督。监察机关依照《中华人民共和国行政监察法》的规定，对负有安全生产监督管理职责的部门及其工作人员依法履行监督检查职责的情况进行检查。

（4）专业服务机构的监督。承担安全评价、认证、检测、检验等的安全生产专业服务机构要具备国家规定的资质条件，并对其出具的有关报告、证明负责。

（5）社会公众的监督。任何单位或者个人对事故隐患或者安全生产违法行为，都有权向负有安全生产监督管理职责的部门报告或者举报。

（6）基层群众自治组织的监督。居民委员会、村民委员会等基层群众性自治组织发现所在区域的生产经营单位存在事故隐患或者安全生产违法行为时，应当向当地政府或者有关部门报告。

（7）新闻媒体的监督。新闻、出版、广播、电影、电视等单位有进行安全生产公益宣传教育的义务，有对违反安全生产法律、法规的行为进行舆论监督的权利。

5. 生产安全事故的应急救援与调查处理

本章主要规定了生产事故的应急救援、调查处理两个方面的内容。具体包括：国家加强生产安全事故应急能力建设，从人、财、物、信息等多个方面提高应急救援能力。县级以上地方各级人民政府、有关生产经营单位都应当制订生产安全事故应急救援预案。同时，对发生生产安全事故后，生产经营单位负责人、有关地方人民政府及负有安全生产监督管理职责的部门负责人承担的职责、应当采取的具体措施等，都做了明确规定。关于生产安全事故的调查处理，主要是在事故发生后，及时、准确地调查事故原因，查明事故性质和责任，依法追究事故责任。此外，本章还规定安全生产监督管理部门应当定期统计分析本行政区域内发生的生产安全事故，并向社会公布。

6. 法律责任

本章主要规定了负有安全生产监督管理职责的部门的工作人员，承担安全评价、认证、检测、检验的机构，生产经营单位的决策机构、主要负责人、个人经营的投资人，政府工作人员、其他国家机关工作人员以及生产经营单位及其安全生产管理人员、从业人员违反本法所应承担的法律责任，包括民事责任、行政责任和刑事责任等。

7. 附则

本章主要规定了本法中涉及的两个专业名词的解释、授权国务院制定事故等级划分标准，有关部门应当制定重大事故隐患判定标准和公布的施行日期。

二、《中华人民共和国职业病防治法》

共 7 章，主要内容如下。

1. 总则

职业病防治工作的基本原则是“预防为主，防治结合”；管理的原则是“分类管理，综合治理”。职业病一旦发生，较难治愈，所以职业病防治工作应抓致病源头，采取前提预防。职业病防治管理需要政府监督管理部门、用人单位、劳动者和其他相关单位共同履行自己的法定义务，才能达到预防为主的效果。

2. 前期预防

本章主要内容是：产生职业病危害的用人单位，其工作场所应当符合下列卫生要求。

（1）职业病危害因素的强度或者浓度符合国家职业卫生标准。

（2）有与职业病危害防护相适应的设施。

（3）生产布局合理，符合有害与无害作业分开的原则。

（4）有配套的更衣间、洗浴间、孕妇休息间等卫生设施。

（5）设备、工具、用具等设施符合保护劳动者生理、心理健康的要求。

（6）法律、行政法规和国务院卫生行政部门、安全生产监督管理部门关于保护劳动者健康的其他要求。

用人单位工作场所存在职业病目录所列职业病危害因素的，应当及时、如实向所在地安全生产监督管理部门申报危害项目，接受监督；新建、扩建、改建建设项目和技术改造、技术引进项目（以下统称建设项目）可能产生职业病危害的，建设单位在可行性论证阶段应当向安全生产监督管理部门提交职业病危害预评价报告。安全生产监督管理部门应当自收到职业病危害预评价报告之日起三十日内，作出审核决定并书面通知建设单位。未提交预评价报告或者预评价报告未经安全生产监督管理部门审核同意的，有关部门不得批准该建设项目；职业病危害预评价报告应当对建设项目可能产生的职业病危害因素及其对工作场所和劳动者健康的影响作出评价，确定危害类别和职业病防护措施；建设项目的职业病防护设施所需费用应当纳入建设项目工程预算，并与主体工程同时设计，同时施工，同时投入生产和使用；职业病危害严重的建设项目的防护设施设计，应当经安全生产监督管理部门审查，符合国家职业卫生标准和卫生要求的，方可施工；建设项目在竣工验收前，建设单位应当进行职业病危害控制效果评价。建设项目竣工验收时，其职业病防护设施经安全生产监督管理部门验收合格后，方可投入正式生产和使用；职业病危害预评价、职业病危害控制效果评价由依法设立的取得国务院安全生产监督管理部门或者设区的市级以上地方人民政府安全生产监督管理部门按照职责分工给予资质认可的职业卫生技术服务机构进行。职业卫生技术服务机构所作评价应当客观、真实；国家对从事放射性、高毒、高危粉尘等作业实行特殊管理。

3. 劳动过程中的防护与管理

用人单位应当采取下列职业病防治管理措施。

（1）设置或者指定职业卫生管理机构或者组织，配备专职或者兼职的职业卫生管理人员，负责本单位的职业病防治工作。

（2）制订职业病防治计划和实施方案。

（3）建立、健全职业卫生管理制度和操作规程。

（4）建立、健全职业卫生档案和劳动者健康监护档案。

（5）建立、健全工作场所职业病危害因素监测及评价制度。

（6）建立、健全职业病危害事故应急救援预案。

用人单位应当保障职业病防治所需的资金投入，不得挤占、挪用，并对因资金投入不足导致的后果承担责任。用人单位必须采用有效的职业病防护设施，并为劳动者提供个人使用的职业病防护用品。用人单位为劳动者个人提供的职业病防护用品必须符合防治职业病的要求；不符合要求的，不得使用；用人单位应当优先采用有利于防治职业病和保护劳动者健康的新技术、新工艺、新设备、新材料，逐步替代职业病危害严重的技术、工艺、设备、材料；产生职业病危害的用人单位，应当在醒目位置设置公告栏，公布有关职业病防治的规章制度、操作规程、职业病危害事故应急救援措施和工作场所职业病危害因素检测结果。对产生严重职业病危害的作业岗位，应当在其醒目位置，设置警示标识和中文警示说明。警示说明应当载明产生职业病危害的种类、后果、预防以及应急救治措施等内容；对可能发生急性职业损伤的有毒、有害工作场所，用人单位应当设置报警装置，配置现场急救用品、冲洗设备、应急撤离通道和必要的泄险区；对放射工作场所和放射性同位素的运输、贮存，用人单位必须配置防护设备和报警装置，保证接触放射线的工作人员佩带个人剂量计；用人单位应当实施由专人负责的职业病危害因素日常监测，并确保监测系统处于正常运行状态；用人单位应当按照国务院安全生产监督管理部门的规定，定期对工作场所进行职业病危害因素检测、评价。检测、评价结果存入用人单位职业卫生档案，定期向所在地安全生产监督管理部门报告并向劳动者公布。

职业病危害因素检测、评价由依法设立的取得国务院安全生产监督管理部门或者设区的市级以上地方人民政府安全生产监督管理部门按照职责分工给予资质认可的职业卫生技术服务机构进行。职业卫生技术服务机构所作检测、评价应当客观、真实。

发现工作场所职业病危害因素不符合国家职业卫生标准和卫生要求时，用人单位应当立即采取相应治理措施，仍然达不到国家职业卫生标准和卫生要求的，必须停止存在职业病危害因素的作业；职业病危害因素经治理后，符合国家职业卫生标准和卫生要求的，方可重新作业；职业卫生技术服务机构依法从事职业病危害因素检测、评价工作，接受安全生产监督管理部门的监督检查。安全生产监督管理部门应当依法履行监督职责。

向用人单位提供可能产生职业病危害的设备的，应当提供中文说明书，并在设备的醒目位置设置警示标识和中文警示说明。警示说明应当载明设备性能、可能产生的职业病危害、安全操作和维护注意事项、职业病防护以及应急救治措施等内容；向用人单位提供可能产生职业病危害的化学品、放射性同位素和含有放射性物质的材料的，应当提供中文说明书。说明书应当载明产品特性、主要成分、存在的有害因素、可能产生的危害后果、安全使用注意事项、职业病防护以及应急救治措施等内容。产品包装应当有醒目的警示标识和中文警示说明。贮存上述材料的场所应当在规定的部位设置危险物品标识或者放射性警示标识。

国内首次使用或者首次进口与职业病危害有关的化学材料，使用单位或者进口单位按照国家规定经国务院有关部门批准后，应当向国务院卫生行政部门、安全生产监督管理部门报送该化学材料的毒性鉴定以及经有关部门登记注册或者批准进口的文件等资料；进口放射性同位素、射线装置和含有放射性物质的物品的，按照国家有关规定办理；任何单位和个人不得生产、经营、进口和使用国家明令禁止使用的可能产生职业病危害的设备或者材料；任何单位和个人不得将产生职业病危害的作业转移给不具备职业病防护条件的单位和个人。不具备职业病防护条件的单位和个人不得接受产生职业病危害的作业；用人单位对采用的技术、工艺、设备、材料，应当知悉其产生的职业病危害，对有职业病危害的技术、工艺、设备、材料隐瞒其危害而采用的，对所造成的职业病危害后果承担责任；用人单位与劳动者订立劳动合同（含聘用合同，下同）时，应当将工作过程中可能产生的职业病危害及其后果、职业病防护措施和待遇等如实告知劳动者，并在劳动合同中写明，不得隐瞒或者欺骗；劳动者在已订立劳动合同期间因工作岗位或者工作内容变更，从事与所订立劳动合同中未告知的存在职业病危害的作业时，用人单位应当依照相关规定，向劳动者履行如实告知的义务，并协商变更原劳动合同相关条款。

对从事接触职业病危害的作业的劳动者，用人单位应当按照国务院安全生产监督管理部门、卫生行政部门的规定组织上岗前、在岗期间和离岗时的职业健康检查，并将检查结果书面告知劳动者。职业健康检查费用由用人单位承担；用人单位不得安排未经上岗前职业健康检查的劳动者从事接触职业病危害的作业；不得安排有职业禁忌的劳动者从事其所禁忌的作业；对在职业健康检查中发现有与所从事的职业相关的健康损害的劳动者，应当调离原工作岗位，并妥善安置；对未进行离岗前职业健康检查的劳动者不得解除或者终止与其订立的劳动合同；用人单位应当为劳动者建立职业健康监护档案，并按照规定的期限妥善保存。职业健康监护档案应当包括劳动者的职业史、职业病危害接触史、职业健康检查结果和职业病诊疗等有关个人健康资料；发生或者可能发生急性职业病危害事故时，用人单位应当立即采取应急救援和控制措施，并及时报告所在地安全生产监督管理部门和有关部门。安全生产监督管理部门接到报告后，应当及时会同有关部门组织调查处理；必要时，可以采取临时控制措施。卫生行政部门应当组织做好医疗救治工作；用人单位不得安排未成年工从事接触职业病危害的作业；不得安排孕期、哺乳期的女职工从事对本人和胎儿、婴儿有危害的作业。

劳动者享有下列职业卫生保护权利。

（1）获得职业卫生教育、培训。

（2）获得职业健康检查、职业病诊疗、康复等职业病防治服务。

（3）了解工作场所产生或者可能产生的职业病危害因素、危害后果和应当采取的职业病防护措施。

（4）要求用人单位提供符合防治职业病要求的职业病防护设施和个人使用的职业病防护用品，改善工作条件。

（5）对违反职业病防治法律、法规以及危及生命健康的行为提出批评、检举和控告。

（6）拒绝违章指挥和强令进行没有职业病防护措施的作业。

（7）参与用人单位职业卫生工作的民主管理，对职业病防治工作提出意见和建议。

用人单位应当保障劳动者行使上述所列权利。因劳动者依法行使正当权利而降低其工资、福利等待遇或者解除、终止与其订立的劳动合同的，其行为无效。

工会组织应当督促并协助用人单位开展职业卫生宣传教育和培训，有权对用人单位的职业病防治工作提出意见和建议，依法代表劳动者与用人单位签订劳动安全卫生专项集体合同，与用人单位就劳动者反映的有关职业病防治的问题进行协调并督促解决；工会组织对用人单位违反职业病防治法律、法规，侵犯劳动者合法权益的行为，有权要求纠正；产生严重职业病危害时，有权要求采取防护措施，或者向政府有关部门建议采取强制性措施；发生职业病危害事故时，有权参与事故调查处理；发现危及劳动者生命健康的情形时，有权向用人单位建议组织劳动者撤离危险现场，用人单位应当立即作出处理；用人单位按照职业病防治要求，用于预防和治理职业病危害、工作场所卫生检测、健康监护和职业卫生培训等费用，按照国家有关规定，在生产成本中据实列支；职业卫生监督管理部门应当按照职责分工，加强对用人单位落实职业病防护管理措施情况的监督检查，依法行使职权，承担责任。

4. 职业病诊断与职业病病人保障

本章主要内容为：承担职业病诊断的医疗卫生机构应当具备下列条件。

（1）持有《医疗机构执业许可证》。

（2）具有与开展职业病诊断相适应的医疗卫生技术人员。

（3）具有与开展职业病诊断相适应的仪器、设备。

（4）具有健全的职业病诊断质量管理制度。

劳动者可以在用人单位所在地、本人户籍所在地或者经常居住地依法承担职业病诊断的医疗卫生机构进行职业病诊断；职业病诊断标准和职业病诊断、鉴定办法由国务院卫生行政部门制定。职业病伤残等级的鉴定办法由国务院劳动保障行政部门会同国务院卫生行政部门制定。职业病诊断，应当综合分析下列因素。

（1）病人的职业史。

（2）职业病危害接触史和工作场所职业病危害因素情况。

（3）临床表现以及辅助检查结果等。

用人单位应当如实提供职业病诊断、鉴定所需的劳动者职业史和职业病危害接触史、工作场所职业病危害因素检测结果等资料；安全生产监督管理部门应当监督检查和督促用人单位提供上述资料；劳动者和有关机构也应当提供与职业病诊断、鉴定有关的资料；职业病诊断、鉴定机构需要了解工作场所职业病危害因素情况时，可以对工作场所进行现场调查，也可以向安全生产监督管理部门提出，安全生产监督管理部门应当在十日内组织现场调查。用人单位不得拒绝、阻挠；职业病诊断、鉴定过程中，用人单位不提供工作场所职业病危害因素检测结果等资料的，诊断、鉴定机构应当结合劳动者的临床表现、辅助检查结果和劳动者的职业史、职业病危害接触史，并参考劳动者的自述、安全生产监督管理部门提供的日常监督检查信息等，作出职业病诊断、鉴定结论；劳动者对用人单位提供的工作场所职业病危害因素检测结果等资料有异议，或者因劳动者的用人单位解散、破产，无用人单位提供上述资料的，诊断、鉴定机构应当提请安全生产监督管理部门进行调查，安全生产监督管理部门应当自接到申请之日起三十日内对存在异议的资料或者工作场所职业病危害因素情况作出判定；有关部门应当配合；职业病诊断、鉴定过程中，在确认劳动者职业史、职业病危害接触史时，当事人对劳动关系、工种、工作岗位或者在岗时间有争议的，可以向当地的劳动人事争议仲裁委员会申请仲裁；接到申请的劳动人事争议仲裁委员会应当受理，并在三十日内作出裁决；当事人在仲裁过程中对自己提出的主张，有责任提供证据。劳动者无法提供由用人单位掌握管理的与仲裁主张有关的证据的，仲裁庭应当要求用人单位在指定期限内提供；用人单位在指定期限内不提供的，应当承担不利后果；用人单位对仲裁裁决不服的，可以在职业病诊断、鉴定程序结束之日起十五日内依法向人民法院提起诉讼；诉讼期间，劳动者的治疗费用按照职业病待遇规定的途径支付；用人单位和医疗卫生机构发现职业病病人或者疑似职业病病人时，应当及时向所在地卫生行政部门和安全生产监督管理部门报告。确诊为职业病的，用人单位还应当向所在地劳动保障行政部门报告。接到报告的部门应当依法作出处理；职业病诊断鉴定委员会由相关专业的专家组成；省、自治区、直辖市人民政府卫生行政部门应当设立相关的专家库，需要对职业病争议作出诊断鉴定时，由当事人或者当事人委托有关卫生行政部门从专家库中以随机抽取的方式确定参加诊断鉴定委员会的专家；职业病诊断鉴定委员会应当按照国务院卫生行政部门颁布的职业病诊断标准和职业病诊断、鉴定办法进行职业病诊断鉴定，向当事人出具职业病诊断鉴定书。职业病诊断、鉴定费用由用人单位承担；用人单位应当保障职业病病人依法享受国家规定的职业病待遇。

5. 监督检查

县级以上人民政府职业卫生监督管理部门依照职业病防治法律、法规、国家职业卫生标准和卫生要求，依据职责划分，对职业病防治工作进行监督检查；安全生产监督管理部门履行监督检查职责时，有权采取下列措施。

（1）进入被检查单位和职业病危害现场，了解情况，调查取证。

（2）查阅或者复制与违反职业病防治法律、法规的行为有关的资料和采集样品。

（3）责令违反职业病防治法律、法规的单位和个人停止违法行为。

发生职业病危害事故或者有证据证明危害状态可能导致职业病危害事故发生时，安全生产监督管理部门可以采取下列临时控制措施。

（1）责令暂停导致职业病危害事故的作业。

（2）封存造成职业病危害事故或者可能导致职业病危害事故发生的材料和设备。

（3）组织控制职业病危害事故现场。

在职业病危害事故或者危害状态得到有效控制后，安全生产监督管理部门应当及时解除控制措施；职业卫生监督执法人员依法执行职务时，应当出示监督执法证件；职业卫生监督执法人员依法执行职务时，被检查单位应当接受检查并予以支持配合，不得拒绝和阻碍。安全生产监督管理部门及其职业卫生监督执法人员履行职责时，不得有下列行为。

（1）对不符合法定条件的，发给建设项目有关证明文件、资质证明文件或者予以批准。

（2）对已经取得有关证明文件的，不履行监督检查职责。

（3）发现用人单位存在职业病危害的，可能造成职业病危害事故，不及时依法采取控制措施。

（4）其他违反本法的行为。

职业卫生监督执法人员应当依法经过资格认定；职业卫生监督管理部门应当加强队伍建设，提高职业卫生监督执法人员的政治、业务素质，依照《职业病防治法》和其他有关法律、法规的规定，建立、健全内部监督制度，对其工作人员执行法律、法规和遵守纪律的情况，进行监督检查。

6. 法律责任

建设单位违反本法规定，有下列行为之一的，由安全生产监督管理部门给予警告，责令限期改正；逾期不改正的，处十万元以上五十万元以下的罚款；情节严重的，责令停止产生职业病危害的作业，或者提请有关人民政府按照国务院规定的权限责令停建、关闭。

（1）未按照规定进行职业病危害预评价或者未提交职业病危害预评价报告，或者职业病危害预评价报告未经安全生产监督管理部门审核同意，开工建设的。

（2）建设项目的职业病防护设施未按照规定与主体工程同时投入生产和使用的。

（3）职业病危害严重的建设项目，其职业病防护设施设计未经安全生产监督管理部门审查，或者不符合国家职业卫生标准和卫生要求施工的。

（4）未按照规定对职业病防护设施进行职业病危害控制效果评价、未经安全生产监督管理部门验收或者验收不合格，擅自投入使用的。

违反本法规定，有下列行为之一的，由安全生产监督管理部门给予警告，责令限期改正；逾期不改正的，处十万元以下的罚款。

（1）工作场所职业病危害因素检测、评价结果没有存档、上报、公布的。

（2）未采取《职业病防治法》第二十一条规定的职业病防治管理措施的。

（3）未按照规定公布有关职业病防治的规章制度、操作规程、职业病危害事故应急救援措施的。

（4）未按照规定组织劳动者进行职业卫生培训，或者未对劳动者个人职业病防护采取指导、督促措施的。

（5）国内首次使用或者首次进口与职业病危害有关的化学材料，未按照规定报送毒性鉴定资料以及经有关部门登记注册或者批准进口的文件的。

用人单位违反本法规定，有下列行为之一的，由安全生产监督管理部门责令限期改正，给予警告，可以并处五万元以上十万元以下的罚款。

（1）未按照规定及时、如实向安全生产监督管理部门申报产生职业病危害的项目的。

（2）未实施由专人负责的职业病危害因素日常监测，或者监测系统不能正常监测的。

（3）订立或者变更劳动合同时，未告知劳动者职业病危害真实情况的。

（4）未按照规定组织职业健康检查、建立职业健康监护档案或者未将检查结果书面告知劳动者的。

（5）未依照本法规定在劳动者离开用人单位时提供职业健康监护档案复印件的。

用人单位违反本法规定，有下列行为之一的，由安全生产监督管理部门给予警告，责令限期改正，逾期不改正的，处五万元以上二十万元以下的罚款；情节严重的，责令停止产生职业病危害的作业，或者提请有关人民政府按照国务院规定的权限责令关闭。

（1）工作场所职业病危害因素的强度或者浓度超过国家职业卫生标准的。

（2）未提供职业病防护设施和个人使用的职业病防护用品，或者提供的职业病防护设施和个人使用的职业病防护用品不符合国家职业卫生标准和卫生要求的。

（3）对职业病防护设备、应急救援设施和个人使用的职业病防护用品未按照规定进行维护、检修、检测，或者不能保持正常运行、使用状态的。

（4）未按照规定对工作场所职业病危害因素进行检测、评价的。

（5）工作场所职业病危害因素经治理仍然达不到国家职业卫生标准和卫生要求时，未停止存在职业病危害因素的作业的。

（6）未按照规定安排职业病病人、疑似职业病病人进行诊治的。

（7）发生或者可能发生急性职业病危害事故时，未立即采取应急救援和控制措施或者未按照规定及时报告的。

（8）未按照规定在产生严重职业病危害的作业岗位醒目位置设置警示标识和中文警示说明的。

（9）拒绝职业卫生监督管理部门监督检查的。

（10）隐瞒、伪造、篡改、毁损职业健康监护档案、工作场所职业病危害因素检测评价结果等相关资料，或者拒不提供职业病诊断、鉴定所需资料的。

（11）未按照规定承担职业病诊断、鉴定费用和职业病病人的医疗、生活保障费用的。

生产、经营或者进口国家明令禁止使用的可能产生职业病危害的设备或者材料的，依照有关法律、行政法规的规定给予处罚；用人单位违反本法规定，已经对劳动者生命健康造成严重损害的，由安全生产监督管理部门责令停止产生职业病危害的作业，或者提请有关人民政府按照国务院规定的权限责令关闭，并处十万元以上五十万元以下的罚款；用人单位违反本法规定，造成重大职业病危害事故或者其他严重后果，构成犯罪的，对直接负责的主管人员和其他直接责任人员，依法追究刑事责任。

未取得职业卫生技术服务资质认可擅自从事职业卫生技术服务的，或者医疗卫生机构未经批准擅自从事职业健康检查、职业病诊断的，由安全生产监督管理部门和卫生行政部门依据职责分工责令立即停止违法行为，没收违法所得；违法所得五千元以上的，并处违法所得二倍以上十倍以下的罚款；没有违法所得或者违法所得不足五千元的，并处五千元以上五万元以下的罚款；情节严重的，对直接负责的主管人员和其他直接责任人员，依法给予降级、撤职或者开除的处分；从事职业卫生技术服务的机构和承担职业健康检查、职业病诊断的医疗卫生机构违反本法规定，有下列行为之一的，由安全生产监督管理部门和卫生行政部门依据职责分工责令立即停止违法行为，给予警告，没收违法所得；违法所得五千元以上的，并处违法所得二倍以上五倍以下的罚款；没有违法所得或者违法所得不足五千元的，并处五千元以上二万元以下的罚款；情节严重的，由原认可或者批准机关取消其相应的资格；对直接负责的主管人员和其他直接责任人员，依法给予降级、撤职或者开除的处分；构成犯罪的，依法追究刑事责任。

（1）超出资质认可或者批准范围从事职业卫生技术服务或者职业健康检查、职业病诊断的。

（2）不按照本法规定履行法定职责的。

（3）出具虚假证明文件的。

三、《中华人民共和国消防法》

《中华人民共和国消防法》明确了按照政府统一领导、部门依法监管、单位全面负责、公民积极参与的原则，实行消防安全责任制，建立、健全社会化的消防工作网络；改革和完善了消防安全管理制度；进一步加强了公安消防队的应急救援职能；加强和完善了消防安全法律责任，加大了对消防违法行为的处罚力度。

1. 总则

本章主要内容为：立法目的；消防工作贯彻“预防为主、防消结合”的方针，按照政府统一领导、部门依法监管、单位全面负责、公民积极参与的原则，实行消防安全责任制，建立健全社会化的消防工作网络；国务院领导全国的消防工作。地方各级人民政府负责本行政区域内的消防工作；各级人民政府应当将消防工作纳入国民经济和社会发展计划，保障消防工作与经济社会发展相适应；国务院公安部门对全国的消防工作实施监督管理。县级以上地方人民政府公安机关对本行政区域内的消防工作实施监督管理，并由本级人民政府公安机关消防机构负责实施。军事设施的消防工作，由其主管单位监督管理，公安机关消防机构协助；矿井地下部分、核电厂、海上石油天然气设施的消防工作，由其主管单位监督管理；县级以上人民政府其他有关部门在各自的职责范围内，依照本法和其他相关法律、法规的规定做好消防工作；任何单位和个人都有维护消防安全、保护消防设施、预防火灾、报告火警的义务。任何单位和成年人都有参加有组织的灭火工作的义务；各级人民政府应当组织开展经常性的消防宣传教育，提高公民的消防安全意识；机关、团体、企业、事业等单位，应当加强对本单位人员的消防宣传教育；公安机关及其消防机构应当加强消防法律、法规的宣传，并督促、指导、协助有关单位做好消防宣传教育工作；教育、人力资源行政主管部门和学校、有关职业培训机构应当将消防知识纳入教育、教学、培训的内容；新闻、广播、电视等有关单位，应当有针对性地面向社会进行消防宣传教育。

2. 火灾预防

本章主要内容是：地方各级人民政府应当将包括消防安全布局、消防站、消防供水、消防通信、消防车通道、消防装备等内容的消防规划纳入城乡规划，并负责组织实施；城乡消防安全布局不符合消防安全要求的，应当调整、完善；公共消防设施、消防装备不足或者不适应实际需要的，应当增建、改建、配置或者进行技术改造；建设工程的消防设计、施工必须符合国家工程建设消防技术标准。建设、设计、施工、工程监理等单位依法对建设工程的消防设计、施工质量负责；按照国家工程建设消防技术标准需要进行消防设计的建设工程，建设单位应当自依法取得施工许可之日起七个工作日内，将消防设计文件报公安机关消防机构备案，公安机关消防机构应当进行抽查。

国务院公安部门规定的大型的人员密集场所和其他特殊建设工程，建设单位应当将消防设计文件报送公安机关消防机构审核。公安机关消防机构依法对审核的结果负责；依法应当经公安机关消防机构进行消防设计审核的建设工程，未经依法审核或者审核不合格的，负责审批该工程施工许可的部门不得给予施工许可，建设单位、施工单位不得施工；其他建设工程取得施工许可后经依法抽查不合格的，应当停止施工；按照国家工程建设消防技术标准需要进行消防设计的建设工程竣工，依照相关规定进行消防验收、备案；建设工程消防设计审核、消防验收、备案和抽查的具体办法，由国务院公安部门规定；公众聚集场所在投入使用、营业前，建设单位或者使用单位应当向场所所在地的县级以上地方人民政府公安机关消防机构申请消防安全检查；公安机关消防机构应当自受理申请之日起十个工作日内，根据消防技术标准和管理规定，对该场所进行消防安全检查。未经消防安全检查或者经检查不符合消防安全要求的，不得投入使用、营业。机关、团体、企业、事业等单位应当履行下列消防安全职责。

（1）落实消防安全责任制，制定本单位的消防安全制度、消防安全操作规程，制订灭火和应急疏散预案。

（2）按照国家标准、行业标准配置消防设施、器材，设置消防安全标志，并定期组织检验、维修，确保完好有效。

（3）对建筑消防设施每年至少进行一次全面检测，确保完好有效，检测记录应当完整准确，存档备查。

（4）保障疏散通道、安全出口、消防车通道畅通，保证防火防烟分区、防火间距符合消防技术标准。

（5）组织防火检查，及时消除火灾隐患。

（6）组织进行有针对性的消防演练。

（7）法律、法规规定的其他消防安全职责。

生产、储存、运输、销售、使用、销毁易燃易爆危险品，必须执行消防技术标准和管理规定；进入生产、储存易燃易爆危险品的场所，必须执行消防安全规定。禁止非法携带易燃易爆危险品进入公共场所或者乘坐公共交通工具；储存可燃物资仓库的管理，必须执行消防技术标准和管理规定。

任何单位、个人不得损坏、挪用或者擅自拆除、停用消防设施、器材，不得埋压、圈占、遮挡消火栓或者占用防火间距，不得占用、堵塞、封闭疏散通道、安全出口、消防车通道。人员密集场所的门窗不得设置影响逃生和灭火救援的障碍物。

3. 消防组织

本章主要内容为：各级人民政府应当加强消防组织建设，根据经济和社会发展的需要，建立多种形式的消防组织，加强消防技术人才培养，增强火灾预防、扑救和应急救援的能力。

4. 灭火救援

本章主要内容为：县级以上地方人民政府应当组织有关部门针对本行政区域内的火灾特点制订应急预案，建立应急反应和处置机制，为火灾扑救和应急救援工作提供人员、装备等保障；任何人发现火灾都应当立即报警。任何单位、个人都应当无偿为报警提供便利，不得阻拦报警。严禁谎报火警；员密集场所发生火灾，该场所的现场工作人员应当立即组织、引导在场人员疏散；任何单位发生火灾，必须立即组织力量扑救。邻近单位应当给予支援；消防队接到火警，必须立即赶赴火灾现场，救助遇险人员，排除险情，扑灭火灾；公安机关消防机构统一组织和指挥火灾现场扑救，应当优先保障遇险人员的生命安全；火灾现场总指挥根据扑救火灾的需要，有权决定下列事项。

（1）使用各种水源。

（2）截断电力、可燃气体和可燃液体的输送，限制用火用电。

（3）划定警戒区，实行局部交通管制。

（4）利用邻近建筑物和有关设施。

（5）为了抢救人员和重要物资，防止火势蔓延，拆除或者破损毗邻火灾现场的建筑物、构筑物或者设施等。

（6）调动供水、供电、供气、通信、医疗救护、交通运输、环境保护等有关单位协助灭火救援。

公安消防队、专职消防队参加火灾以外的其他重大灾害事故的应急救援工作，由县级以上人民政府统一领导；消防车、消防艇前往执行火灾扑救或者应急救援任务，在确保安全的前提下，不受行驶速度、行驶路线、行驶方向和指挥信号的限制，其他车辆、船舶以及行人应当让行，不得穿插超越；收费公路、桥梁免收车辆通行费。交通管理指挥人员应当保证消防车、消防艇迅速通行；赶赴火灾现场或者应急救援现场的消防人员和调集的消防装备、物资，需要铁路、水路或者航空运输的，有关单位应当优先运输。

5. 监督检查

本章主要内容为：地方各级人民政府应当落实消防工作责任制，对本级人民政府有关部门履行消防安全职责的情况进行监督检查；县级以上地方人民政府有关部门应当根据本系统的特点，有针对性地开展消防安全检查，及时督促整改火灾隐患；公安机关消防机构应当对机关、团体、企业、事业等单位遵守消防法律、法规的情况依法进行监督检查。

公安机关消防机构在消防监督检查中发现火灾隐患的，应当通知有关单位或者个人立即采取措施消除隐患；不及时消除隐患可能严重威胁公共安全的，公安机关消防机构应当依照规定对危险部位或者场所采取临时查封措施；公安机关消防机构及其工作人员应当按照法定的职权和程序进行消防设计审核、消防验收和消防安全检查，做到公正、严格、文明、高效；公安机关消防机构及其工作人员进行消防设计审核、消防验收和消防安全检查等，不得收取费用，不得利用消防设计审核、消防验收和消防安全检查谋取利益。

6. 法律责任

本章主要内容为：违反本法规定，有下列行为之一的，责令停止施工、停止使用或者停产停业，并处三万元以上三十万元以下罚款。

（1）依法应当经公安机关消防机构进行消防设计审核的建设工程，未经依法审核或者审核不合格，擅自施工的。

（2）消防设计经公安机关消防机构依法抽查不合格，不停止施工的。

（3）依法应当进行消防验收的建设工程，未经消防验收或者消防验收不合格，擅自投入使用的。

（4）建设工程投入使用后经公安机关消防机构依法抽查不合格，不停止使用的。

（5）公众聚集场所未经消防安全检查或者经检查不符合消防安全要求，擅自投入使用、营业的。

单位违反本法规定，有下列行为之一的，责令改正，处五千元以上五万元以下罚款。

（1）消防设施、器材或者消防安全标志的配置、设置不符合国家标准、行业标准，或者未保持完好有效的。

（2）损坏、挪用或者擅自拆除、停用消防设施、器材的。

（3）占用、堵塞、封闭疏散通道、安全出口或者有其他妨碍安全疏散行为的。

（4）埋压、圈占、遮挡消火栓或者占用防火间距的。

（5）占用、堵塞、封闭消防车通道，妨碍消防车通行的。

（6）人员密集场所在门窗上设置影响逃生和灭火救援的障碍物的。

（7）对火灾隐患经公安机关消防机构通知后不及时采取措施消除的。

生产、储存、经营易燃易爆危险品的场所与居住场所设置在同一建筑物内，或者未与居住场所保持安全距离的，责令停产停业，并处五千元以上五万元以下罚款。生产、储存、经营其他物品的场所与居住场所设置在同一建筑物内，不符合消防技术标准的，依照前款规定处罚；有下列行为之一的，依照《中华人民共和国治安管理处罚法》的规定处罚。

（1）违反有关消防技术标准和管理规定生产、储存、运输、销售、使用、销毁易燃易爆危险品的。

（2）非法携带易燃易爆危险品进入公共场所或者乘坐公共交通工具的。

（3）谎报火警的。

（4）阻碍消防车、消防艇执行任务的。

（5）阻碍公安机关消防机构的工作人员依法执行职务的。

违反本法规定，有下列行为之一的，处警告或者五百元以下罚款；情节严重的，处五日以下拘留。

（1）违反消防安全规定进入生产、储存易燃易爆危险品场所的。

（2）违反规定使用明火作业或者在具有火灾、爆炸危险的场所吸烟、使用明火的。

公安机关消防机构的工作人员滥用职权、玩忽职守、徇私舞弊，有下列行为之一，尚不构成犯罪的，依法给予处分。

（1）对不符合消防安全要求的消防设计文件、建设工程、场所准予审核合格、消防验收合格、消防安全检查合格的。

（2）无故拖延消防设计审核、消防验收、消防安全检查，不在法定期限内履行审批职责的。

（3）发现火灾隐患不及时通知有关单位或者个人整改的。

（4）利用职务为用户、建设单位指定或者变相指定消防产品的品牌、销售单位或者消防技术服务机构、消防设施施工单位的。

（5）将消防车、消防艇以及消防器材、装备和设施用于与消防和应急救援无关的事项的。

（6）其他滥用职权、玩忽职守、徇私舞弊的行为。

四、《中华人民共和国特种设备安全法》

《中华人民共和国特种设备安全法》的通过标志着我国特种设备安全工作向科学化、法制化方向又迈进了一大步。特种设备是一个国家经济水平的代表，是国民经济的重要基础装备。我国现有特种设备生产企业5万多家，已经形成从设计、制造、检测到安装、改造、修理等完整的产业链，年产值达1.3万亿元。特种设备具有在高温、高压、高空、高速条件下运行的特点，是人民群众生产和生活中广泛使用的具有潜在危险的设备，有的在高温高压下工作，有的盛装易燃、易爆、有毒介质，有的在高空、高速下运行，一旦发生事故，会造成严重人身伤亡及重大财产损失。对此，世界各国政府十分重视其安全，不断探索，寻找解决办法，对这类设备、设施均实行特殊监管，以保障安全。

《特种设备安全法》贯穿于特种设备的全周期管理，是指导特种设备设计、生产、销售、安装、使用、保养等的最高法规。

(1)《特种设备安全法》是一项及时的立法。改革开放以来，我国特种设备行业蓬勃发展，其生产、使用和监管也逐渐从无到有，从粗到细，基于特种设备在我国的发展现状，需要从立法的层面进行特种设备相关各行业的规定，保障特种设备行业的健康发展。

(2)《特种设备安全法》明确了特种设备相关各方的责任，通过追溯制度强化了各方的质量意识。《特种设备安全法》确立了“企业承担安全主体责任、政府履行安全监管职责和社会发挥监督作用”三位一体的特种设备安全工作新模式，进一步突出特种设备生产、经营、使用单位是安全责任主体。通过强化企业主体责任，加大对违法行为的处罚力度，督促生产、经营、使用单位及其负责人树立安全意识，切实承担保障特种设备安全的责任。

(3)《特种设备安全法》对于预防特种设备事故具有重要作用。我国接连发生多起重特大安全生产事故，造成重大人员伤亡和财产损失。这部旨在预防特种设备事故，保障人身和财产安全法律的及时出台，是全国人大常委会以人为本、立法为民的生动诠释。

特种设备包括锅炉、电梯、客运索道、大型游乐设施等八大类，通常在高压、高温、高空、高速条件下运行，若管理不善，易导致爆炸、坠落等生产和公共事故，严重危害人身和财产安全。

数量猛增的同时，特种设备安全形势更加复杂。以人为本、立法为民，是我国立法工作始终坚持的一项根本原则。立法就是要解决实践中普遍存在的突出问题。本法是第一部对各类特种设备安全管理做统一、全面规范的法律。它的出台标志着我国特种设备安全工作向科学化、法制化方向迈进了一大步。

(4)《特种设备安全法》对于促进行业健康发展节能减排具有重要作用。特种设备中有一些设备本身就是高耗能设备。比如锅炉，它是重要的能源转换设备，也是能源消费大户和重要污染源。2010年我国原煤产量32.4亿吨，锅炉用煤达23.8亿吨，占全国煤炭产量的73.4％。与发达国家相比，我国锅炉特别是燃煤工业锅炉的能效水平较低，后者平均运行效率仅为65％～70％。再比如换热压力容器，它是石油、化工、冶金、电力等高耗能行业中广泛应用的能量交换设备。目前，这四大行业在用换热压力容器25万台左右，年回收热量（主要是二次能源）折合标准煤约7亿吨，换热效率仅为60％～70％，如果将上述四个行业中50％的换热压力容器更新为换热效率达到80％～85％的高效换热器，则每年多回收的热量可折合4000万吨标准煤以上。根据《节约能源法》第十六条“对高耗能的特种设备，按照国务院的规定实行节能审查和监管”的规定，负责特种设备监督管理的部门，制定了高耗能特种设备节能管理办法，结合实施的安全监督管理工作，开展了设计文件节能方面审查、能耗测试等工作。除特种设备用材的减少、锅炉能耗的降低、本身就是对环保做出贡献外，特种设备的生产工艺、使用管理同时影响环保。

(5)《特种设备安全法》对于特种设备行业的安装维修和检验检测具有重要指导作用。由于特种设备本身具有潜在危险性的特点，特种设备的安全性能不但与特种设备本身质量安全性能有关，而且与其相关的安全管理、检验检测及作业人员的素质和水平有关。为了保证特种设备的安全性能，必须具备相应的知识和技能，保证安全管理、检验检测及作业符合安全技术规范要求，才能确保设备运行安全。因此，相关人员必须经过考试，取得相应资格后，方可从事相应的工作。这是保证特种设备安全运行必不可少的基础工作，是安全监察工作一项主要工作和制度。从统计的检验案例和事故表明，因管理不善、人员无证上岗、不具备安全运行知识和技能、自行检验检测不到位而引起设备损坏或者事故的约占检验案例和事故的40%。要求特种设备安全管理人员、检验检测人员和作业人员的持证上岗，是各地特种设备监督管理部门安全监察日常工作的一项重要工作。必须经常的加强监督、经常进行检查，发现问题，依法进行处罚，为确保持证上岗率达到100%而努力，坚决消除因无证上岗而发生事故的现象。本法对人员资格考核没有提出实施资格考核的部门，为下一步实施许可下放、转变监管方式，自行考试等改革，留下了一定的空间，如可以将人员资格管理由社会组织实施等。

(6)《特种设备安全法》鼓励特种设备相关的责任保险制度。特种设备的工作运行具有高度危险性，其日常运行涉及社会公众的人身安全和财产利益，一旦发生特种设备安全事故，往往会带来高额的医疗救治、伤残补偿甚至死亡赔偿费用，且善后处理复杂、处置成本大、责任风险高，如果事故责任主体单位因其现金流不足或被停业整顿造成无力赔偿的局面，后续的事故善后工作就难免要由政府相关部门来处理和买单。鼓励建立特种设备安全责任险等制度，这样能够提高事故善后赔偿能力，使事故受害人能够迅速及时得到救助和赔偿；同时通过对不同特种设备的安全风险的量化分析和保费费率的调整，可以促进企业提高特种设备安全管理水平，积极防范安全风险，发挥保险机制社会管理的职能。鼓励建立特种设备责任保险制度，发挥保险在突发事件预防、处置和恢复重建等方面的作用，是保护人民人身权和财产权不受侵害、维护社会和谐稳定的重要手段，是落实企业主体责任、提高企业风险管理意识和风险抵御能力的重要举措，是充分发挥市场机制、推进政府特种设备安全监管和公共服务创新的有益尝试。从发达国家的经营来看，特种设备安全责任保险在保障公众生命财产安全、促进社会和谐、保障经济稳定发展等方面发挥了重要作用。

五、《危险化学品安全管理条例》

《危险化学品安全管理条例》是目前我国危险化学品安全管理的纲领性文件。概括起来有：四项备案制度，六项名单公告制度，七项其他法律规章，十五项审查、审批制度，这些制度包含企业和政府的责任。

1. 四项备案制度（企业责任）

为了合法有效的对危险化学品安全管理，预防和减少危险化学品事故，针对危险化学品安全管理的实际情况，结合危险化学品生产、使用、储存、经营、运输过程中所存在的危险特性和风险程度，《危险化学品安全管理条例》共确立了四项备案制度。

(1) 安全评价报告以及整改方案的落实情况备案。《危险化学品安全管理条例》第二十二条，生产、储存危险化学品的企业，应当将安全评价报告以及整改方案的落实情况报所在地县级人民政府安全生产监督管理部门备案。在港区内储存危险化学品的企业，应当将安全评价报告以及整改方案的落实情况报港口行政管理部门备案。

(2) 储存剧毒化学品以及储存数量构成重大危险源的其他危险化学品的备案。《危险化学品安全管理条例》第二十五条，对剧毒化学品以及储存数量构成重大危险源的其他危险化学品，储存单位应当将其储存数量、储存地点以及管理人员的情况，报所在地县级人民政府安全生产监督管理部门（在港区内储存的，报港口行政管理部门）和公安机关备案。

(3) 剧毒化学品、易制爆危险化学品销售情况备案。《危险化学品安全管理条例》第四十一条，剧毒化学品、易制爆危险化学品的销售企业、购买单位应当在销售、购买后5日内，将所销售、购买的剧毒化学品、易制爆危险化学品的品种、数量以及流向信息报所在地县级人民政府公安机关备案，并输入计算机系统。

（4）危险化学品事故应急预案。《危险化学品安全管理条例》第七十条，危险化学品单位应当将其危险化学品事故应急预案报所在地设区的市级人民政府安全生产监督管理部门备案。

2. 六项名单公告制度（政府责任）

为了贯彻国家相关政策，进一步突出重点、强化监管，需要对监管对象确定范围，以便落实责任，更好的实施危险化学品的安全监管工作。在《危险化学品安全管理条例》中共提出了6项名单公告制度，其中有1项属于引用。

（1）危险化学品目录。《危险化学品安全管理条例》第三条，危险化学品目录，由国务院安全生产监督管理部门会同国务院工业和信息化、公安、环境保护、卫生、质量监督检验检疫、交通运输、铁路、民用航空、农业主管部门，根据化学品危险特性的鉴别和分类标准确定、公布，并适时调整。

（2）实施重点环境管理的危险化学品。《危险化学品安全管理条例》第六条（四），环境保护主管部门负责废弃危险化学品处置的监督管理，组织危险化学品的环境危害性鉴定和环境风险程度评估，确定实施重点环境管理的危险化学品，负责危险化学品环境管理登记和新化学物质环境管理登记；依照职责分工调查相关危险化学品环境污染事故和生态破坏事件，负责危险化学品事故现场的应急环境监测。

（3）易制爆危险化学品。《危险化学品安全管理条例》第二十三条，生产、储存剧毒化学品或者国务院公安部门规定的可用于制造爆炸物品的危险化学品（以下简称易制爆危险化学品）的单位，应当如实记录其生产、储存的剧毒化学品、易制爆危险化学品的数量、流向，并采取必要的安全防范措施，防止剧毒化学品、易制爆危险化学品丢失或者被盗；发现剧毒化学品、易制爆危险化学品丢失或者被盗的，应当立即向当地公安机关报告。

（4）危险化学品使用量的数量标准。《危险化学品安全管理条例》第二十九条，使用危险化学品从事生产并且使用量达到规定数量的化工企业（属于危险化学品生产企业的除外，下同），应当依照本条例的规定取得危险化学品安全使用许可证。

《危险化学品安全管理条例》规定的危险化学品使用量的数量标准，由国务院安全生产监督管理部门会同国务院公安部门、农业主管部门确定并公布。

（5）禁止通过内河运输的剧毒化学品以及其他危险化学品。《危险化学品安全管理条例》第五十四条，禁止通过内河运输的剧毒化学品以及其他危险化学品的范围，由国务院交通运输主管部门会同国务院环境保护主管部门、工业和信息化主管部门、安全生产监督管理部门，根据危险化学品的危险特性、危险化学品对人体和水环境的危害程度以及消除危害后果的难易程度等因素规定并公布。

（6）列入国家实行生产许可证制度的工业产品目录的危险化学品。《危险化学品安全管理条例》第十四条，生产列入国家实行生产许可证制度的工业产品目录的危险化学品的企业，应当依照《中华人民共和国工业产品生产许可证管理条例》的规定，取得工业产品生产许可证。

3. 七项其他法律规章（企业责任、政府责任）

为了更好地与相关法律法规衔接《危险化学品安全管理条例》共涉及7个已经发布的法

律法规，相对于国务院令第 344 号来说全部为新增内容。更体现了法规制定的关联性，完整性。

(1)《中华人民共和国港口法》(中华人民共和国主席令第 5 号)，自 2004 年 1 月 1 日起施行。

(2)《中华人民共和国邮政法》(中华人民共和国主席令第 12 号)，自 2009 年 10 月 1 日起施行。

(3)《中华人民共和国工业产品生产许可证管理条例》(中华人民共和国国务院令第 440 号)，自 2005 年 9 月 1 日起施行。

(4)《安全生产许可证条例》(中华人民共和国国务院令第 397 号)，自 2004 年 1 月 13 日起施行。

(5)《中华人民共和国内河交通安全管理条例》(中华人民共和国国务院令第 355 号)，自 2002 年 8 月 1 日起施行。

(6)《企业事业单位内部治安保卫条例》(中华人民共和国国务院令第 421 号)，自 2004 年 12 月 1 日起施行。

(7)《生产安全事故报告和调查处理条例》(中华人民共和国国务院令第 493 号)，自 2007 年 6 月 1 日起施行。

4. 十五项审查、审批制度（企业责任、政府责任）

(1) 危险化学品生产企业的安全生产许可制度。《危险化学品安全管理条例》第十四条，危险化学品生产企业进行生产前，应当依照《安全生产许可证条例》的规定，取得危险化学品安全生产许可证。

目前已经发布的相关法规有：《危险化学品生产企业安全生产许可证实施办法》(国家安全监管总局令第 41 号)。

(2) 危险化学品安全使用许可制度。《危险化学品安全管理条例》第二十九条，使用危险化学品从事生产并且使用量达到规定数量的化工企业，应当依照本条例的规定取得危险化学品安全使用许可证。

目前已经发布的相关法规有：《危险化学品使用企业安全使用许可证实施办法》(国家安全监管总局令第 57 号)。

(3) 危险化学品经营许可制度。《危险化学品安全管理条例》第三十三条，国家对危险化学品经营（包括仓储经营，下同）实行许可制度。未经许可，任何单位和个人不得经营危险化学品。

目前已经发布的相关法规有：《危险化学品经营许可证管理办法》(国家安全监管总局令第 55 号)。

(4) 危险化学品禁止与限制制度。《危险化学品安全管理条例》第五条，任何单位和个人不得生产、经营、使用国家禁止生产、经营、使用的危险化学品。国家对危险化学品的使用有限制性规定的，任何单位和个人不得违反限制性规定使用危险化学品。

第四十条，禁止向个人销售剧毒化学品（属于剧毒化学品的农药除外）和易制爆危险化学品。

第四十九条，未经公安机关批准，运输危险化学品的车辆不得进入危险化学品运输车辆限制通行的区域。危险化学品运输车辆限制通行的区域由县级人民政府公安机关划定，并设置明显的标志。

第五十四条，禁止通过内河封闭水域运输剧毒化学品以及国家规定禁止通过内河运输的其他危险化学品。

《危险化学品安全管理条例》规定以外的内河水域，禁止运输国家规定禁止通过内河运输的剧毒化学品以及其他危险化学品。

第五十八条，通过内河运输危险化学品，危险化学品包装物的材质、型式、强度以及包装方法应当符合水路运输危险化学品包装规范的要求。国务院交通运输主管部门对单船运输的危险化学品数量有限制性规定的，承运人应当按照规定安排运输数量。

（5）建设项目安全条件审查与论证制度。《危险化学品安全管理条例》第十二条，新建、改建、扩建生产、储存危险化学品的建设项目（以下简称建设项目），应当由安全生产监督管理部门进行安全条件审查。

建设单位应当对建设项目进行安全条件论证，委托具备国家规定的资质条件的机构对建设项目进行安全评价，并将安全条件论证和安全评价的情况报告报建设项目所在地设区的市级以上人民政府安全生产监督管理部门；安全生产监督管理部门应当自收到报告之日起 45 日内作出审查决定，并书面通知建设单位。具体办法由国务院安全生产监督管理部门制定。

新建、改建、扩建储存、装卸危险化学品的港口建设项目，由港口行政管理部门按照国务院交通运输主管部门的规定进行安全条件审查。

目前已经发布的相关法规有：《危险化学品建设项目安全许可实施办法》（国家安全生产监督管理总局令第 45 号）。

（6）作业场所和安全设施、设备安全警示制度。《危险化学品安全管理条例》第二十条，生产、储存危险化学品的单位，应当在其作业场所和安全设施、设备上设置明显的安全警示标志。

目前已经发布的相关法规有：《安全标志》（GB 2894）、《作业场所职业健康监督管理暂行规定》（国家安全监管总局令第 23 号）。

（7）人员培训考核与持证上岗制度。《危险化学品安全管理条例》第四条，危险化学品单位应当具备法律、行政法规规定和国家标准、行业标准要求的安全条件，建立、健全安全管理规章制度和岗位安全责任制度，对从业人员进行安全教育、法制教育和岗位技术培训。从业人员应当接受教育和培训，考核合格后上岗作业；对有资格要求的岗位，应当配备依法取得相应资格的人员。

目前已经发布的相关法规有：《生产经营单位安全培训规定》（国家安全监管总局令第 3 号）、《特种作业人员安全技术培训考核管理规定》（国家安全监管总局令第 30 号）等。

（8）剧毒化学品、易制爆危险化学品准购、准运制度。《危险化学品安全管理条例》第三十八条，依法取得危险化学品安全生产许可证、危险化学品安全使用许可证、危险化学品经营许可证的企业，凭相应的许可证件购买剧毒化学品、易制爆危险化学品。民用爆炸物品生产企业凭民用爆炸物品生产许可证购买易制爆危险化学品。

前款规定以外的单位购买剧毒化学品的，应当向所在地县级人民政府公安机关申请取得剧毒化学品购买许可证；购买易制爆危险化学品的，应当持本单位出具的合法用途说明。

《危险化学品安全管理条例》第三十九条，剧毒化学品购买许可证管理办法由国务院公安部门制定。

《危险化学品安全管理条例》第五十条，通过道路运输剧毒化学品的，托运人应当向运输始发地或者目的地县级人民政府公安机关申请剧毒化学品道路运输通行证。

剧毒化学品道路运输通行证管理办法由国务院公安部门制定。

目前已经发布的相关法规有：《剧毒化学品购买和公路运输许可证件管理办法》（公安部令第77号）。

（9）从事危险化学品运输企业的资质认定制度。《危险化学品安全管理条例》第四十三条，从事危险化学品道路运输、水路运输的，应当分别依照有关道路运输、水路运输的法律、行政法规的规定，取得危险货物道路运输许可、危险货物水路运输许可，并向工商行政管理部门办理登记手续。

目前已经发布的相关法规有：《中华人民共和国道路运输条例》（国务院令第406号）、《中华人民共和国内河交通安全管理条例》（国务院令第355号）。

（10）危险化学品登记制度。《危险化学品安全管理条例》第六十六条，国家实行危险化学品登记制度，为危险化学品安全管理以及危险化学品事故预防和应急救援提供技术、信息支持。

（11）危险化学品和新化学物质环境管理登记。《危险化学品安全管理条例》第九十八条，危险化学品环境管理登记和新化学物质环境管理登记，依照有关环境保护的法律、行政法规、规章的规定执行。

目前已经发布的相关法规有：《新化学物质环境管理办法》（环境保护部令第7号）及《新化学物质申报登记指南》、《新化学物质监督管理检查规范》、《新化学物质常规申报表及填表说明》、《新化学物质简易申报表及填表说明》、《新化学物质科学研究备案表及填表说明》和《新化学物质首次活动情况报告表及填表说明》等六项实施配套文件（环办〔2010〕124号）。

（12）危险化学品环境释放信息报告制度。《危险化学品安全管理条例》第十六条，生产实施重点环境管理的危险化学品的企业，应当按照国务院环境保护主管部门的规定，将该危险化学品向环境中释放等相关信息向环境保护主管部门报告。环境保护主管部门可以根据情况采取相应的环境风险控制措施。

（13）化学品危险性鉴定制度。《危险化学品安全管理条例》第一百条，化学品的危险特性尚未确定的，由国务院安全生产监督管理部门、国务院环境保护主管部门、国务院卫生主管部门分别负责组织对该化学品的物理危险性、环境危害性、毒理特性进行鉴定。根据鉴定结果，需要调整危险化学品目录的，依照本条例第三条第二款的规定办理。

（14）危险化学品事故应急救援管理制度。《危险化学品安全管理条例》第七十三条，有关危险化学品单位应当为危险化学品事故应急救援提供技术指导和必要的协助。

目前已经发布的相关法规有：《生产安全事故应急预案管理办法》（国家安全监管总局令第17号）、《生产安全事故应急演练指南》（AQ/T 9007—2011）、《生产经营单位安全生产事故应急预案编制导则》（AQ/T 9002—2006）。

（15）法律责任追究制度。第七章提到了相关法律责任追究问题。

六、《安全生产许可证条例》

本条例制定的目的是为了严格规范安全生产条件，进一步加强安全生产监督管理，防止和减少生产安全事故，根据《中华人民共和国安全生产法》的有关规定，制定本条例。国家对矿山企业、建筑施工企业和危险化学品、烟花爆竹、民用爆炸物品生产企业（以下统称企业）实行安全生产许可制度。企业未取得安全生产许可证的，不得从事生产活动。

国务院安全生产监督管理部门负责中央管理的非煤矿矿山企业和危险化学品、烟花爆竹生产企业安全生产许可证的颁发和管理。省、自治区、直辖市人民政府安全生产监督管理部门负责《危险化学品安全管理条例》规定以外的非煤矿矿山企业和危险化学品、烟花爆竹生产企业安全生产许可证的颁发和管理，并接受国务院安全生产监督管理部门的指导和监督。

企业取得安全生产许可证，应当具备下列安全生产条件。

（1）建立、健全安全生产责任制，制订完备的安全生产规章制度和操作规程。

（2）安全投入符合安全生产要求。

（3）设置安全生产管理机构，配备专职安全生产管理人员。

（4）主要负责人和安全生产管理人员经考核合格。

（5）特种作业人员经有关业务主管部门考核合格，取得特种作业操作资格证书。

（6）从业人员经安全生产教育和培训合格。

（7）依法参加工伤保险，为从业人员缴纳保险费。

（8）厂房、作业场所和安全设施、设备、工艺符合有关安全生产法律、法规、标准和规程的要求。

（9）有职业危害防治措施，并为从业人员配备符合国家标准或者行业标准的劳动防护用品。

（10）依法进行安全评价。

（11）有重大危险源检测、评估、监控措施和应急预案。

（12）有生产安全事故应急救援预案、应急救援组织或者应急救援人员，配备必要的应急救援器材、设备。

（13）法律、法规规定的其他条件。

企业进行生产前，应当依照本条例的规定向安全生产许可证颁发管理机关申请领取安全生产许可证，并提供本条例第六条规定的相关文件、资料。安全生产许可证颁发管理机关应当自收到申请之日起 45 日内审查完毕，经审查符合本条例规定的安全生产条件的，颁发安全生产许可证；不符合本条例规定的安全生产条件的，不予颁发安全生产许可证，书面通知企业并说明理由。

安全生产许可证由国务院安全生产监督管理部门规定统一的式样。安全生产许可证的有效期为 3 年。安全生产许可证有效期满需要延期的，企业应当于期满前 3 个月向原安全生产许可证颁发管理机关办理延期手续。企业在安全生产许可证有效期内，严格遵守有关安全生产的法律法规，未发生死亡事故的，安全生产许可证有效期届满时，经原安全生产许可证颁发管理机关同意，不再审查，安全生产许可证有效期延期 3 年。

安全生产许可证颁发管理机关应当建立、健全安全生产许可证档案管理制度，并定期向社会公布企业取得安全生产许可证的情况。企业不得转让、冒用安全生产许可证或者使用伪造的安全生产许可证。

企业取得安全生产许可证后，不得降低安全生产条件，并应当加强日常安全生产管理，接受安全生产许可证颁发管理机关的监督检查。安全生产许可证颁发管理机关应当加强对取得安全生产许可证的企业的监督检查，发现其不再具备本条例规定的安全生产条件的，应当暂扣或者吊销安全生产许可证。安全生产许可证颁发管理机关工作人员在安全生产许可证颁发、管理和监督检查工作中，不得索取或者接受企业的财物，不得谋取其他利益。

监察机关依照《中华人民共和国行政监察法》的规定，对安全生产许可证颁发管理机关及其工作人员履行本条例规定的职责实施监察。任何单位或者个人对违反本条例规定的行为，有权向安全生产许可证颁发管理机关或者监察机关等有关部门举报。

安全生产许可证颁发管理机关工作人员有下列行为之一的，给予降级或者撤职的行政处分；构成犯罪的，依法追究刑事责任。

（1）向不符合本条例规定的安全生产条件的企业颁发安全生产许可证的。

（2）发现企业未依法取得安全生产许可证擅自从事生产活动，不依法处理的。

（3）发现取得安全生产许可证的企业不再具备本条例规定的安全生产条件，不依法处理的。

（4）接到对违反本条例规定行为的举报后，不及时处理的。

（5）在安全生产许可证颁发、管理和监督检查工作中，索取或者接受企业的财物，或者谋取其他利益的。

违反本条例规定，未取得安全生产许可证擅自进行生产的，责令停止生产，没收违法所得，并处10万元以上50万元以下的罚款；造成重大事故或者其他严重后果，构成犯罪的，依法追究刑事责任。违反本条例规定，安全生产许可证有效期满未办理延期手续，继续进行生产的，责令停止生产，限期补办延期手续，没收违法所得，并处5万元以上10万元以下的罚款；逾期仍不办理延期手续，继续进行生产的，依照本条例第十九条的规定处罚。违反本条例规定，转让安全生产许可证的，没收违法所得，处10万元以上50万元以下的罚款，并吊销其安全生产许可证；构成犯罪的，依法追究刑事责任；接受转让的，依照本条例第十九条的规定处罚。冒用安全生产许可证或者使用伪造的安全生产许可证的，依照本条例第十九条的规定处罚。本条例施行前已经进行生产的企业，应当自本条例施行之日起1年内，依照本条例的规定向安全生产许可证颁发管理机关申请办理安全生产许可证；逾期不办理安全生产许可证，或者经审查不符合本条例规定的安全生产条件，未取得安全生产许可证，继续进行生产的，依照本条例第十九条的规定处罚。

七、《生产安全事故报告和调查处理条例》

1. 本条例的立法目的

（1）规范生产安全事故的报告和调查处理。生产安全事故的报告和调查处理是一项非常严肃、非常重要的工作，涉及的面很广，必须从法律上明确相应的操作规程，对事故报告和调查处理的组织体系、工作程序、时限要求、行为规范等作出明确规定，特别是明确事故发生单位及其有关人员，政府、有关部门及其有关人员以及其他单位和个人在事故报告和调查处理中的责任，以保证事故报告和调查处理工作在规范的基础上的顺利开展，做到客观、公正、高效。

（2）落实生产安全事故责任追究制度。生产安全事故责任追究制度是搞好安全生产工作的强大法律武器，条例作为规范事故报告和调查处理工作的专门行政法规，其重要目的之一就是要落实事故责任追究制度。

（3）防止和减少生产安全事故。安全生产工作的最终目的是防止和减少生产安全事故的发生。事故报告和调查处理作为安全生产工作的重要环节，其最终目的同样是为了防止和减少生产安全事故的发生。

2. 制定本条例的立法依据

《安全生产法》第八十三条明确规定，事故调查和处理的具体办法由国务院制定。这是制定本条例最直接的立法依据，条例的内容必须与《安全生产法》有关事故报告和调查处理的规定保持一致。此外，现行有关安全生产的其他法律，如《消防法》《道路交通安全法》《海上交通安全法》等，也对相关领域事故的报告和调查处理作了规定，这也是条例的立法依据。

生产经营活动中发生的造成人身伤亡或者直接经济损失的生产安全事故（以下简称事故）的报告和调查处理，适用本条例；环境污染事故、核设施事故、国防科研生产事故的报告和调查处理不适用本条例。

3. 事故一般分为四个等级

事故等级划分是一项重要的基础性工作，直接关系到事故报告的级别、事故调查组的组成以及事故责任的追究。明确生产安全事故的分级，区分不同的事故级别规定相应的报告和调查处理要求，是顺利开展事故报告和调查处理工作的前提，也是规范事故报告和调查处理的必然要求。多年来，事故报告和调查处理工作中虽然有相应的事故分级标准，但在行政法规层面一直没有明确、统一的标准。

根据《国家安全性公共事件总体应急预案》的规定，按照事故造成的伤亡人数多少或者直接经济损失的大小，条例规定事故一般划分为 4 个等级，即特别重大事故、重大事故、较大事故和一般事故。其中，事故造成的急性工业中毒的人数，也属于重伤的范围。

（1）特别重大事故，是指造成 30 人以上死亡，或者 100 人以上重伤（包括急性工业中毒，下同），或者 1 亿元以上直接经济损失的事故。

（2）重大事故，是指造成 10 人以上 30 人以下死亡，或者 50 人以上 100 人以下重伤，或者 5000 万元以上 1 亿元以下直接经济损失的事故。

（3）较大事故，是指造成 3 人以上 10 人以下死亡，或者 10 人以上 50 人以下重伤，或者 1000 万元以上 5000 万元以下直接经济损失的事故。

（4）一般事故，是指造成 3 人以下死亡，或者 10 人以下重伤，或者 1000 万元以下直接经济损失的事故。

国务院安全生产监督管理部门可以会同国务院有关部门，制定事故等级划分的补充性规定。

这里所说的“以上”包括本数，“以下”不包括本数。比如，10 人以上 30 人以下，实际上是指 10 人至 29 人；3 人以上 10 人以下，实际上是指 3 人至 9 人。这可能与其他法律、行政法规中所称的“以上”“以下”的含义有所不同。因此，条例专门对此作出了明确解释。

可以制定事故等级划分的补充性规定。由于生产经营活动涉及众多行业和领域，各个行业和领域事故的情况都有各自的特点，发生事故的情形比较复杂，差别也比较大，很难用一个标准来划分各个行业或者领域事故的等级。多年来，消防、民用航空、铁路交通等领域实际上都执行了不完全相同的事故等级划分标准。比如，飞机相撞或者坠落，即使未造成人员伤亡或者人员伤亡数量很少，也可能被确定为特别重大事故。

因此，针对一些行业或者领域事故的实际情况，条例还授权国务院安全生产监督管理部门可以会同国务院有关部门，制定事故等级划分的补充性规定。这一规定体现了原则性和灵活性的统一，符合实际情况。这就要求国务院安全生产监督管理部门在条例施行后，会同国务院有关部门抓紧研究制定相关行业或者领域事故等级划分的补充性规定，为事故报告和调查处理提供依据。这里所说的制定“补充性规定”应当理解为将本条例规定的标准作为最低标准。比如，造成30人以上死亡的，必须确定为特别重大事故，但对某些行业或者领域，可以规定造成30人以下死亡的事故也作为特别重大事故。

4. 事故报告与调查处理

事故报告应当及时、准确、完整，任何单位和个人对事故不得迟报、漏报、谎报或者瞒报。事故调查处理应当实事求是、尊重科学的原则，及时、准确查清事故经过、事故原因和事故损失，查明事故性质，认定事故责任，总结事故教训，提出整改措施，并对事故责任者依法追究责任。

（1）对事故报告的总体要求　事故报告应当及时、准确、完整，任何单位和个人对事故不得迟报、漏报、谎报或者瞒报，这是条例对事故报告提出的总体要求。事故发生后，单位负责人应当于1小时内向当地县级以上安全生产监管部门和负有安全生产监管职责的有关部门报告。

事故发生后，及时、准确、完整报告事故，对及时、有效组织事故救援，减少事故损失，顺利开展事故调查具有非常重要的意义。实践中，一些单位和个人，包括事故发生单位有关人员、地方政府、部门及其有关人员在事故发生后，不及时报告事故，或者漏报、谎报、瞒报事故的情况时有发生。有的甚至采取破坏现场、销毁证据甚至转移尸体等恶劣手段。有的是不负责任，造成迟报、漏报。有的则是为了逃避事故责任追究，故意谎报或瞒报。无论什么原因，无论什么人，这种行为都是不允许的。针对实践中事故报告中存在的主要问题，条例从正反两方面，对事故报告提出了上述总体要求。

安全生产监督管理部门和负有安全生产监督管理职责的有关部门接到事故报告后，应当依照下列规定上报事故情况，并通知公安机关、劳动保障行政部门、工会和人民检察院：

① 特别重大事故、重大事故逐级上报至国务院安全生产监督管理部门和负有安全生产监督管理职责的有关部门。

② 较大事故逐级上报至省、自治区、直辖市人民政府安全生产监督管理部门和负有安全生产监督管理职责的有关部门。

③ 一般事故上报至设区的市级人民政府安全生产监督管理部门和负有安全生产监督管理职责的有关部门。

安全生产监督管理部门和负有安全生产监督管理职责的有关部门依照《生产安全事故报告和调查处理条例》第十条规定上报事故情况，应当同时报告本级人民政府。国务院安全生产监督管理部门和负有安全生产监督管理职责的有关部门以及省级人民政府接到发生特别重大事故、重大事故的报告后，应当立即报告国务院。

报告事故应当包括下列内容。

① 事故发生单位概况。

② 事故发生的时间、地点以及事故现场情况。

③ 事故的简要经过。

④ 事故已经造成或者可能造成的伤亡数（包括下落不明的人数）和初步估计的直接经济损失。

⑤ 已经采取的措施。

⑥ 其他应当报告的情况。

（2）事故调查处理应当坚持原则　事故调查处理是一项比较复杂的工作，涉及方方面面的关系，同时又具有很强的科学性和技术性。要搞好事故调查处理工作，必须坚持实事求是、尊重科学的原则。

（3）事故调查处理的任务　根据条例的规定，事故调查处理的主要任务和内容包括以下几个方面。

① 及时、准确地查清事故经过、事故原因和事故损失。

② 查明事故性质，认定事故责任。

③ 总结事故教训，提出整改措施。

④ 对事故责任者依法追究责任。

县级以上人民政府应当依照本条例的规定，严格履行职责，及时、准确地完成事故调查处理工作。事故发生地有关地方人民政府应当支持、配合上级人民政府或者有关部门的事故调查处理工作，并提供必要的便利条件。参加事故调查处理的部门和单位应当互相配合，提高事故调查处理工作的效率。

任何单位和个人不得阻挠和干涉对事故的报告和依法调查处理。

① 不得阻挠和干涉对事故的报告。

② 不得阻挠和干涉对事故的依法调查处理。

（4）事故调查组可以聘请有关专家参与调查。

① 事故调查组的组成原则　事故调查组的组成要精简、效能，这是缩短事故处理时限，降低事故调查处理成本，尽最大可能提高工作效率的前提。

② 事故调查组的组成　本条例在总结《特别重大事故调查程序暂行规定》《企业职工伤亡事故报告和处理规定》实施经验的基础上，针对近年来安全生产监管体制变化的实际情况，对事故调查组的组成作了明确规定，有以下几层意思。

一是根据事故的具体情况，确定事故调查组的组成，即根据事故的行业和领域，决定哪些部门参加事故调查组。

二是事故调查组由以下部门、单位派人组织或者参加：有关人民政府，包括组织事故调查的有关人民政府及事故发生地有关人民政府；安全生产监督管理部门；负有安全生产监督管理职责的有关部门；监察机关；公安机关；工会；人民检察院。

三是事故调查组可以聘请有关专家参与调查。

事故调查组应当自事故发生之日起60日内提交事故调查报告；特殊情况下，经负责事故调查的人民政府批准，提交事故调查报告的期限可以适当延长，但延长的期限最长不超过60日。提出事故调查报告，意味着事故调查工作的结束。对事故调查工作设定时限，是提高事故调查效率的保障，是针对当前事故调查久拖不决、不能按时提交事故调查报告的情况较为普遍而作出的硬性规定，对落实“四不放过”原则、及时吸取事故教训意义重大。本条规定有以下几层含义。

a. 原则上，事故调查组应当自事故发生之日起60日内提交事故调查报告。这是法定期限，并且应当按自然日历计算，不是特指工作日。事故调查报告一般应在上述期限内提交。当然，需要技术鉴定的，技术鉴定所需时间不计入该时限，其提交事故调查报告的时限可以顺延。

b. 特殊情况下，经负责事故调查的人民政府批准，提交事故调查报告的期限可以适当延长，但延长的期限最长不超过60日。这里说的“特殊情况下”，一般是指事故等级较高、事故现场不能及时勘查、事故原因一时不易查清、事故责任认定需要大量调查工作等，如煤矿爆炸造成调查人员不能深入井下，60日内难以达到《生产安全事故报告和调查处理条例》第三十条规定要求；要延长事故调查报告提交的期限，就应当经负责事故调查的人民政府批准这一程序，对授权有关部门组织事故调查组调查的，也可以由组织事故调查的部门批准延长的期限可以是10日或20日，但最长不得超过60日。

（5）事故调查报告应当包括下列内容。

① 事故发生单位概况。

② 事故发生经过和事故救援情况。

③ 事故造成的人员伤亡和直接经济损失。

④ 事故发生的原因和事故性质。

⑤ 事故责任的认定及对事故责任者的处理。

⑥ 事故防范和整改措施。

事故发生单位应当认真吸取事故教训，落实防范和整改措施，防止事故再次发生。防范和整改措施的落实情况应当接受工会和职工的监督。安全生产监督管理部门和负有安全生产监督管理职责的有关部门应当对事故发生单位负责落实防范和整改措施的情况进行监督检查。

（1）事故发生单位负责落实防范和整改措施　事故调查处理的最终目的是预防和减少事故。本条例明确规定，事故调查组在事故中要查清事故经过、查明事故原因和事故性质，总结事故教训，并在事故调查报告中提出防范和整改措施。这样规定的目的，就是要明确事故调查不只是为调查事故而调查事故，不只是为了追究事故责任而追究责任，而是要在通过事故调查查明事故原因的基础上提出防范和整改措施，进而防止事故再次发生。事故发生单位作为安全生产工作的责任主体，也应当是落实防范和整改措施的主体。

（2）工会和职工的监督　安全生产直接关系到职工的生命安全，特别是事故发生后，事故发生单位是否落实了防范和整改措施，排除了事故隐患，直接关系到广大职工的根本权益能否得到保障。实践中，确实存在一些事故发生单位由于受经济利益的驱动，在未落实防范和整改措施的情况下，便急于重新开始生产经营活动，置职工的生命安全于不顾。由于职工直接参与单位的生产经营活动，对事故发生单位是否落实防范和整改措施，了解和掌握得比较清楚。因此，明确职工有权对事故发生单位落实防范和整改措施的监督，具有重要意义。

（3）有关部门的监督检查　《安全生产法》第九条规定：国务院安全生产监督管理部门依照本法，对全国安全生产工作实施综合监督管理；县级以上地方各级人民政府安全生产监督管理部门依照本法，对本行政区域内安全生产工作实施综合监督管理。国务院有关部门依照本法和其他有关法律、行政法规的规定，在各自的职责范围内对有关行业、领域的安全生产工作实施监督管理；县级以上地方各级人民政府有关部门依照本法和其他有关法律、法规的规定，在各自的职责范围内对有关行业、领域的安全生产工作实施监督管理。安全生产监督管理部门和对有关行业、领域的安全生产工作实施监督管理的部门，统称负有安全生产监督管理职责的部门。上述规定明确了我国目前安全生产监督管理的基本体制：安全生产监督管理部门对安全生产实施综合监督管理，各有关部门对各自领域的安全生产实施监督管理。安全生产监督管理部门是指国家安全生产监督管理总局和各级安全生产监督管理局。负有安全生产监督管理职责的有关部门是指除本级政府安全生产监督管理部门外，依照法律、行政法规和职责分工，对安全生产负有监督管理职责的部门。如，按照《建筑法》和国务院关于建设部门“三定”方案的规定，建设部门是建筑工程安全生产领域负有安全监督管理职责的部门。事故发生单位落实防范和整改措施情况属于安全生产工作的重要内容，安全生产监督管理部门和负有安全生产监督管理职责的有关部门应当对落实情况进行监督检查，这是履行安全生产监督管理职责的要求。所谓监督检查，主要是指通过信息反馈、情况反映、实地检查等方式及时掌握事故发生单位落实防范和整改措施的情况，对未按照要求落实的，督促其落实；经督促仍然不落实的，依法采取有关措施。

建立事故处理情况向社会公布制度，主要有三个方面的作用：

① 公布事故处理情况，具有宣传、教育和警示的作用。首先是对那些安全生产管理存在薄弱环节甚至重大隐患的生产经营单位及其主要负责人具有警示和提醒作用，促使其吸取教训，对照本单位存在的问题，加强安全生产管理，增加安全生产投入，改善安全生产条件，认真排除事故隐患，更加重视安全生产工作，进而达到预防和减少事故的效果。同时，也有助于使广大社会公众受到教育，增强全社会的安全生产意识，形成人人关心安全生产工作的良好社会氛围。

② 有利于充分发挥社会的监督作用。将事故处理情况向社会公布，让社会公众了解、掌握事故处理的有关情况，有利于社会公众对事故处理情况，对政府及其有关部门、生产经营单位安全生产管理工作情况的监督，有利于促进事故处理的客观、公正，进一步改进安全生产工作。

③ 有利于建设公开透明的政府。事故处理情况属于政府公共信息的范畴，依照《政府信息公开条例》的规定，应当向社会公布。这对于建设透明政府，改进政府工作，具有重要的意义。

5. 处罚

事故发生单位 主要负责人有下列行为之一的，处上一年年收入 40%～80%的罚款；属于国家工作人员的，并依法给予处分；构成犯罪的，依法追究刑事责任。

① 不立即组织事故抢救的。

② 迟报或者漏报事故的。

③ 在事故调查处理期间擅离职守的。

事故发生单位对事故发生负有责任的，依照下列规定处以罚款。

① 发生一般事故的，处 10 万元以上 20 万元以下的罚款。

② 发生较大事故的，处 20 万元以上 50 万元以下的罚款。

③ 发生重大事故的，处 50 万元以上 200 万元以下的罚款。

④ 发生特别重大事故的，处 200 万元以上 500 万元以下的罚款。

作为安全生产责任主体的生产经营单位不落实安全生产责任，是我国目前事故多发的重要原因之一。为了加大事故成本，促使生产经营单位切实落实安全生产责任，促进安全生产形势的进一步好转，预防和减少事故，应当对负有责任的事故发生单位施以重罚。

事故发生单位主要负责人未依法履行安全生产管理职责，导致事故发生的，依照下列规定处以罚款；属于国家工作人员的，并依法给予处分；构成犯罪的，依法追究刑事责任。

① 发生一般事故的，处上一年年收入 30%的罚款。

② 发生较大事故的，处上一年年收入 40%的罚款。

③ 发生重大事故的，处上一年年收入 60%的罚款。

④ 发生特别重大事故的，处上一年年收入 80%的罚款。

有关地方人民政府、安全生产监督管理部门和负有安全生产监督管理职责的有关部门有下列行为之一的，对直接负责的主管人员和其他直接责任人员依法给予处分；构成犯罪的，依法追究刑事责任。

① 不立即组织事故抢救的。

② 迟报、漏报、谎报或者瞒报事故的。

③ 阻碍、干涉事故调查工作的。

④ 在事故调查中作伪证或者指使他人作伪证的。

参与事故调查的人员在事故调查中有下列行为之一的，依法给予处分；构成犯罪的，依法追究刑事责任。

（1）对事故调查工作不负责任致使事故调查工作有重大疏漏的。

（2）包庇、袒护负有事故责任的人员或者借机打击报复的。

本条是关于参与事故调查的人员有关违法行为应承担的法律责任的规定。

第三节　国家安全监管总局对企业安全生产的相关要求

一、危险化学品安全许可

1. 安全许可的背景

在我国危险化学品安全管理的各环节中，危险化学品生产企业需要取得安全生产许可证，危险化学品经营企业需要取得危险化学品经营许可证，列入危险化学品安全使用许可适用行业目录、使用危险化学品从事生产并且达到危险化学品使用量的数量标准的化工企业需要取得危险化学品安全使用许可证，危险化学品运输企业也需要取得相应的资质许可。近年来，化工企业在生产经营过程中造成的事故时有发生，给人民群众生命和财产造成巨大损失。如 2006 年 8 月 7 日，天津市津南区鑫达工业园区宜坤化工公司发生反应釜重大爆炸事故，死亡 10 人，近 $200m^2$ 厂房被毁。2011 年 1 月 6 日，安徽省宿州市皖北药业有限公司实验车间发生三光气泄漏事故，造成 75 名职工住院接受治疗和观察，其中使用呼吸机进行治疗的重症病人 17 人（包括危重病人 5 人、特危重病人 1 人），死亡 1 人 。这些事故的发生说明需要加强对危险化学品的安全监管，实施安全许可。

2.《危险化学品生产企业安全生产许可证管理办法》的主要内容

（1）发放安全生产许可证的条件

① 企业在布局等方面应当符合下列要求。

a. 国家产业政策，各地人民政府的规划和布局；新设立企业必须建在地方人民政府规划的专门用于危险化学品生产、储存的区域内。

b. 危险化学品的生产装置和储存危险化学品数量构成重大危险源的储存设施，与《危险化学品安全管理条例》第十八条第一款规定的八类场所、设施、区域的距离必须符合有关法律、法规、规章和标准的规定。

c. 总体布局符合《化工企业总图运输设计规范》（GB 50489）、《工业企业总平面设计规范》（GB 50187）和《工业企业设计卫生标准》（GB Z1）等标准的要求。

② 企业涉及危险化学品的厂房、作业场所、储存设施和安全设施、设备、工艺应当符合下列要求。

a. 需经具备相应资质的单位设计、制造和施工建设；采用危险化工工艺的装置，原则上应由具有甲级设计资质的化工设计单位设计。

b. 不得采用国家明令淘汰、禁止使用和危及安全生产的工艺、设备；国内首次使用的化工工艺，要经过省级有关部门组织的安全可靠性论证。

c. 涉及危险化工工艺的装置必须装备自动化控制系统；大型和高度危险的化工装置要装备紧急停车系统；易燃易爆、有毒有害化学品的场所，要装备可燃有毒气体泄漏检（探）测器，并设置声光报警等安全设施。

d. 生产区与非生产区应当分开设置，并保持符合标准规定的安全距离。

e. 危险化学品生产装置和储存设施之间及其与建（构）筑物之间的距离符合有关标准规范的规定。

③ 企业应当按照《危险化学品重大危险源辨识》（GB 18218），辨识、确定本企业的重大危险源。对已确定为重大危险源的生产和储存设施，应当有符合国家有关法律、法规、规章和标准规定的检测、评估和监控措施，定期检测、检查，并建立重大危险源检测、检查档案。对涉及易燃易爆、有毒有害化学品的重大危险源必须安装液位、压力、温度、泄漏报警等必要的自动监控和记录设施，液化气体储罐设置紧急切断设施。

④ 企业应当建立全员安全生产责任制，并建立不断完善全员安全生产责任制的制度，做到安全生产责任与职务、岗位匹配。

企业主要负责人应当作出书面承诺：认真贯彻落实国家安全生产方针、政策，遵守相关法律法规标准，严格落实企业安全生产主体责任，依法履行《安全生产法》规定的职责，领导本企业建立和不断完善安全生产的体制、机制，不断提高安全生产管理水平，防范生产安全事故。

⑤ 企业应当制订符合本企业实际情况的安全生产规章制度（至少每三年应修订一次，有重大变化的应随时修订），并建立不断完善、持续改进的制度。主要包括：

a. 安全培训教育制度；

b. 投入保障制度；

c. 动火作业、进入受限空间作业、设备检维修等安全作业管理制度；

d. 防火、防爆、防尘、防中毒管理制度；

e. 重大危险源、关键装置与要害岗位管理制度；

f. 工艺、设备安全管理制度；

g. 变更管理制度；

h. 安全设施管理制度；

i. 劳动防护用品管理制度；

j. 安全检查和隐患排查治理管理制度；

k. 剧毒化学品安全管理制度；

l. 特种作业人员管理制度；

m. 领导带班制度；

n. 应急与事故管理制度；

o. 安全生产例会等安全生产会议管理制度；

p. 定期修订安全生产管理制度的制度；

q. 安全生产奖惩管理制度。

⑥ 企业主要负责人、分管安全负责人和安全生产管理人员必须具备与本单位所从事的生产经营活动相应的安全生产知识和管理能力，依法参加安全生产培训，并经考核合格。

企业分管安全负责人、分管生产负责人、分管技术负责人应当具备一定的化工专业知识或相应的专业学历，专职安全管理人员应当具备国民教育化工类（或安全工程）中等职业教育以上学历或者化工类中级以上专业技术职称。同时，上述人员应具有2年以上相关工作经历。

特种作业人员经过专门的安全技术培训并考核合格，取得特种作业操作资格证书。其中，危险化工工艺操作人员应当具备高中或者相当于高中及以上学历，原则上应具有1年以上化工生产工作经历。

⑦ 企业应当保证安全投入满足安全生产需要，按照有关要求足额提取和合理使用安全生产费用，并优先用于安全生产设施设备配备、重大危险源监控报警设施配备、应急救援器材和防护用品配备、安全教育培训、安全生产隐患治理等所需支出。

⑧ 企业应当加强应急管理并采取下列措施

a. 按照国家有关规定编制危险化学品事故应急救援预案并经过论证，应急救援预案应定期演练。

b. 有应急救援组织或者应急救援人员。

c. 生产、储存和使用有毒有害气体特别是氯气、氨气、光气、硫化氢等吸入性有毒气体数量构成重大危险源的企业，应当设立气体防护站（组）并按规定配置相应装备和器材。

d. 依法进行危险化学品登记。

(2) 安全生产许可证的申请　新设立企业安全生产许可证的申请，应在危险化学品生产建设项目安全设施竣工验收通过后10个工作日内提出。企业申请安全生产许可证时，应当提交下列文件、资料（一式3份）：

a. 安全生产许可证申请书；

b. 安全生产责任制文件，安全生产规章制度、岗位操作安全规程清单；

c. 企业主要负责人承诺书；

d. 设置安全生产管理机构和配备专职安全生产管理人员的文件复制件；

e. 有关人员学历与专业等情况清单；主要负责人、分管安全负责人、安全管理人员和特种作业人员经考核合格的证明材料；

f. 安全生产费用提取和使用情况报告（新设立企业应提交有关安全生产费用提取和使用规定的文件）；

g. 为从业人员缴纳工伤保险费的证明材料；

h. 危险化学品事故应急救援预案的备案证明文件；有危险化学品重大危险源的企业，应提供重大危险源有关应急措施在当地备案的文件；

i. 危险化学品登记证复制件；

j. 工商营业执照副本或者工商核准文件复制件；

k. 具备资质的中介机构出具的安全评价报告；新设立企业应提交竣工验收意见书复制件；

l. 负责安全生产许可证的颁发管理机关认为涉及安全生产许可证的其他文件、资料。

(3) 安全生产许可证的颁发

① 实施机关收到企业申请文件、资料后，应当按照下列情况分别做出处理。

a. 申请事项依法不需要取得安全生产许可证的，应当即时告知企业不予受理。

b. 申请事项依法不属于本行政机关职权范围的，应当即时作出不予受理的决定，并告知企业向相应的安全生产许可证颁发管理机关申请。

c. 申请材料存在可以当场更正的错误的，应当允许企业当场更正。

d. 申请材料不齐全或者不符合法定形式的，应当当场告知或者在5个工作日内出具申请文件资料补正告知书一次告知企业需要补正的全部内容，逾期不告知的，自收到申请材料之日起即为受理。

e. 申请事项属于本行政机关职权范围，申请材料齐全、符合法定形式，或者企业按照本行政机关的要求提交全部补正申请材料的，应当受理行政许可申请。实施机关受理或者不予受理行政许可申请，应当出具加盖本机关专用印章和注明日期的书面凭证。

② 安全生产许可证申请受理后，实施机关应当组织对企业提交的申请文件、资料进行审查并提出审查意见。审查人员对企业提交的文件、资料实质内容存在疑问，需要到现场核查的，实施机关组织人员就有关内容进行现场核查，提出现场核查意见。

实施机关根据审查情况，对企业的安全生产许可证申请事项进行讨论，并在受理之日起45个工作日内作出决定。进行现场核查的，现场核查所需时间不计算在本条规定的期限内。

实施机关作出颁发决定的，应当自决定之日起10个工作日内颁发安全生产许可证。实施机关决定不予颁发安全生产许可证的，应当在10个工作日内书面告知企业并说明理由。

③ 企业在安全生产许可证有效期内变更主要负责人、企业名称或隶属关系的，应当自工商营业执照或隶属关系变更之日起10个工作日内提出变更申请，并提交下列文件、资料。

a. 变更后的工商营业执照副本复制件。

b. 变更主要负责人的，还应提供主要负责人经安全生产监督管理部门考核合格后颁发的安全资格证书的证明材料。

c. 变更隶属关系的，还应提供隶属关系变更的证明材料。

④ 企业在安全生产许可证有效期内有危险化学品新建、改建、扩建项目（以下简称建设项目）的，应在建设项目安全设施验收合格后10个工作日内提出变更申请，并提交由安全生产监督管理部门出具的该建设项目安全设施竣工验收意见书等相关文件、资料。

⑤ 安全生产许可证有效期为3年。企业安全生产许可证有效期满后继续生产危险化学品的，实施机关对其取得的安全生产许可实施延期并重新颁发安全生产许可证。

已取得安全生产许可证企业需要延续安全生产许可证有效期的，应在安全生产许可证有效期届满3个月前提出申请，并提交《危险化学品生产企业安全生产许可证管理办法》第二十五条规定的申请文件、资料。

⑥ 企业取得安全生产许可证后，在安全生产准入条件没有发生改变的情况下，符合下列条件的，其安全生产许可延期申请受理后，经原实施机关同意，可不经过审查直接延期。

a. 严格遵守有关安全生产的法律、法规。

b. 取得安全生产许可证后，加强日常安全生产管理，未降低安全生产条件。

c. 接受实施机关及所在地人民政府安全生产监督管理部门的监督检查。

d. 未发生死亡事故。

e. 达到安全生产标准化二级以上。

安全生产许可证分为正、副本，正本为悬挂式，副本为折页式，正、副本具有同等法律效力。实施机关应当分别在安全生产许可证正、副本上载明编号、企业名称、主要负责人、注册地址、经济类型、许可范围、有效期、发证机关、发证日期等内容。其中，"许可范围"正本上注明"危险化学品生产"，副本上载明生产场所地址和对应的具体品种、生产能力。

安全生产许可证有效期的起始日为实施机关决定予以颁发之日，截止日为起始日至三年后同一日期的前一日。有效期内有变更事项的，起始日为变更决定日，截止日不变。

(4) 安全监督管理

① 实施机关应当坚持公开、公平、公正的原则，依照《危险化学品生产企业安全生产许可证管理办法》和有关安全生产行政许可的法律法规规定，颁发安全生产许可证。实施机关工作人员在安全生产许可证颁发及其监督管理工作中，不得索取或者接受企业的财物，不得谋取其他利益。

企业取得安全生产许可证后，应当持续改进安全生产条件，贯彻执行有关危险化学品安全生产的法律、法规和部门规章及标准。取得安全生产许可证的企业应当在每年1月底前，将上一年度前款规定的情况报告所在地县级以上安全生产监督管理部门。

② 安全评价机构应当依据相关的安全评价导则客观、如实、全面地对企业进行安全评价，确保标准规范选用全面准确、各个方向内外部安全距离全部评价、不能有漏项。安全评价、检测、检验机构不得出具与实际情况不符的、虚假的报告，并对安全评价、检测、检验报告的结果和结论负法律责任。

企业不得出租、出借、买卖或者以其他形式转让其取得的安全生产许可证，或者冒用他人取得的安全生产许可证、使用伪造的安全生产许可证。

各级安全生产监督管理部门对本行政区域内的企业实行严格的安全生产监督检查。在监督检查中，发现违反本办法规定且需要吊销、撤销、暂扣安全生产许可证的，应及时报告原实施机关。

③ 实施机关发现有下列情形之一的，应当撤销已经颁发的安全生产许可证：

a. 超越职权颁发安全生产许可证的；

b. 违反本办法规定的程序颁发安全生产许可证的；

c. 不具备本办法规定的安全生产条件颁发安全生产许可证的；

d. 以欺骗、贿赂等不正当手段取得安全生产许可证的。

④ 企业取得安全生产许可证后有下列情形之一的，实施机关应当注销其取得的安全生产许可证：

a. 安全生产许可证有效期届满未延期的；

b. 终止危险化学品生产活动的；

c. 安全生产许可证被依法撤销的；

d. 安全生产许可证被依法吊销的。

3. 危险化学品经营许可证管理办法的主要内容

(1) 申请经营许可证的条件

① 从事危险化学品经营的单位（以下统称申请人）应当依法登记注册为企业，并具备下列基本条件。

a. 经营和储存场所、设施、建筑物符合《建筑设计防火规范》(GB 50016)、《石油化工企业设计防火规范》(GB 50160)、《汽车加油加气站设计与施工规范》(GB 50156)、《石油库设计规范》(GB 50074) 等相关国家标准、行业标准的规定。

b. 企业主要负责人和安全生产管理人员具备与本企业危险化学品经营活动相适应的安

全生产知识和管理能力，经专门的安全生产培训和安全生产监督管理部门考核合格，取得相应安全资格证书；特种作业人员经专门的安全作业培训，取得特种作业操作证书；其他从业人员依照有关规定经安全生产教育和专业技术培训合格。

c. 有健全的安全生产规章制度和岗位操作规程。

d. 有符合国家规定的危险化学品事故应急预案，并配备必要的应急救援器材、设备。

e. 法律、法规和国家标准或者行业标准规定的其他安全生产条件。

规定的安全生产规章制度，是指全员安全生产责任制度、危险化学品购销管理制度、危险化学品安全管理制度（包括防火、防爆、防中毒、防泄漏管理等内容）、安全投入保障制度、安全生产奖惩制度、安全生产教育培训制度、隐患排查治理制度、安全风险管理制度、应急管理制度、事故管理制度、职业卫生管理制度等。

② 申请人经营剧毒化学品的，还应当建立剧毒化学品双人验收、双人保管、双人发货、双把锁、双本账等管理制度。

申请人带有储存设施经营危险化学品的，除符合有关规定的条件外，还应当具备下列条件。

a. 新设立的专门从事危险化学品仓储经营的，其储存设施建立在地方人民政府规划的用于危险化学品储存的专门区域内。

b. 储存设施与相关场所、设施、区域的距离符合有关法律、法规、规章和标准的规定。

c. 依照有关规定进行安全评价，安全评价报告符合《危险化学品经营企业安全评价细则》的要求。

d. 专职安全生产管理人员具备国民教育化工化学类或者安全工程类中等职业教育以上学历，或者化工化学类中级以上专业技术职称，或者危险物品安全类注册安全工程师资格。

e. 符合《危险化学品安全管理条例》、《危险化学品重大危险源监督管理暂行规定》、《常用危险化学品贮存通则》(GB 15603) 的相关规定。

申请人储存易燃、易爆、有毒、易扩散危险化学品的，除符合本条第一款规定的条件外，还应当符合《石油化工可燃气体和有毒气体检测报警设计规范》(GB 50493) 的规定。

(2) 经营许可证的申请与颁发

① 申请人申请经营许可证，应当依照《危险化学品生产企业安全生产许可证管理办法》第五条规定向所在地市级或者县级发证机关（以下统称发证机关）提出申请，提交下列文件、资料，并对其真实性负责。

a. 申请经营许可证的文件及申请书。

b. 安全生产规章制度和岗位操作规程的目录清单。

c. 企业主要负责人、安全生产管理人员、特种作业人员的相关资格证书（复制件）和其他从业人员培训合格的证明材料。

d. 经营场所产权证明文件或者租赁证明文件（复制件）。

e. 工商行政管理部门颁发的企业性质营业执照或者企业名称预先核准文件（复制件）。

f. 危险化学品事故应急预案备案登记表（复制件）。

② 带有储存设施经营危险化学品的，申请人还应当提交下列文件、资料。

a. 储存设施相关证明文件（复制件）；租赁储存设施的，需要提交租赁证明文件（复制件）；储存设施新建、改建、扩建的，需要提交危险化学品建设项目安全设施竣工验收意见书（复制件）。

b. 重大危险源备案证明材料、专职安全生产管理人员的学历证书、技术职称证书或者危险物品安全类注册安全工程师资格证书（复制件）。

c. 安全评价报告。

③ 发证机关收到申请人提交的文件、资料后，应当按照下列情况分别作出处理。

a. 申请事项不需要取得经营许可证的，当场告知申请人不予受理。

b. 申请事项不属于本发证机关职责范围的，当场作出不予受理的决定，告知申请人向相应的发证机关申请，并退回申请文件、资料。

c. 申请文件、资料存在可以当场更正的错误的，允许申请人当场更正，并受理其申请。

d. 申请文件、资料不齐全或者不符合要求的，当场告知或者在 5 个工作日内出具补正告知书，一次告知申请人需要补正的全部内容；逾期不告知的，自收到申请文件、资料之日起即为受理。

e. 申请文件、资料齐全，符合要求，或者申请人按照发证机关要求提交全部补正材料的，立即受理其申请。

发证机关受理或者不予受理经营许可证申请，应当出具加盖本机关印章和注明日期的书面凭证。发证机关受理经营许可证申请后，应当组织对申请人提交的文件、资料进行审查，指派 2 名以上工作人员对申请人的经营场所、储存设施进行现场核查，并自受理之日起 30 日内作出是否准予许可的决定。发证机关现场核查以及申请人整改现场核查发现的有关问题和修改有关申请文件、资料所需时间，不计算在前款规定的期限内。发证机关作出准予许可决定的，应当自决定之日起 10 个工作日内颁发经营许可证；发证机关作出不予许可决定的，应当在 10 个工作日内书面告知申请人并说明理由，告知书应当加盖本机关印章。

④ 经营许可证分为正本、副本，正本为悬挂式，副本为折页式。正本、副本具有同等法律效力。经营许可证正本、副本应当分别载明下列事项。

a. 企业名称。

b. 企业住所（注册地址、经营场所、储存场所）。

c. 企业法定代表人姓名。

d. 经营方式。

e. 许可范围。

f. 发证日期和有效期限。

g. 证书编号。

h. 发证机关。

i. 有效期延续情况。

⑤ 已经取得经营许可证的企业变更企业名称、主要负责人、注册地址或者危险化学品储存设施及其监控措施的，应当自变更之日起 20 个工作日内，向《危险化学品生产企业安全生产许可证管理办法》第五条规定的发证机关提出书面变更申请，并提交下列文件、资料。

a. 经营许可证变更申请书。

b. 变更后的工商营业执照副本（复制件）。

c. 变更后的主要负责人安全资格证书（复制件）。

d. 变更注册地址的相关证明材料。

e. 变更后的危险化学品储存设施及其监控措施的专项安全评价报告。

发证机关受理变更申请后，应当组织对企业提交的文件、资料进行审查，并自收到申请文件、资料之日起10个工作日内作出是否准予变更的决定。发证机关作出准予变更决定的，应当重新颁发经营许可证，并收回原经营许可证；不予变更的，应当说明理由并书面通知企业。经营许可证变更的，经营许可证有效期的起始日和截止日不变，但应当载明变更日期。

已经取得经营许可证的企业有新建、改建、扩建危险化学品储存设施建设项目的，应当自建设项目安全设施竣工验收合格之日起20个工作日内，向《危险化学品生产企业安全生产许可证管理办法》第五条规定的发证机关提出变更申请，并提交危险化学品建设项目安全设施竣工验收意见书（复制件）等相关文件、资料。发证机关应当按照《危险化学品生产企业安全生产许可证管理办法》第十条、第十五条的规定进行审查，办理变更手续。

⑥ 已经取得经营许可证的企业，有下列情形之一的，应当按照《危险化学品生产企业安全生产许可证管理办法》的规定重新申请办理经营许可证，并提交相关文件、资料。

a. 不带有储存设施的经营企业变更其经营场所的。

b. 带有储存设施的经营企业变更其储存场所的。

c. 仓储经营的企业异地重建的。

d. 经营方式发生变化的。

e. 许可范围发生变化的。

⑦ 经营许可证的有效期为3年。有效期满后，企业需要继续从事危险化学品经营活动的，应当在经营许可证有效期满3个月前，向规定的发证机关提出经营许可证的延期申请，并提交延期申请书及《危险化学品生产企业安全生产许可证管理办法》第九条规定的申请文件、资料。企业提出经营许可证延期申请时，可以同时提出变更申请，并向发证机关提交相关文件、资料。

带有储存设施经营危险化学品的企业，还需要取得并提交危险化学品企业安全生产标准化二级达标证书（复制件）。

（3）监督管理

① 发证机关应当坚持公开、公平、公正的原则，严格依照法律、法规、规章、国家标准、行业标准和本办法规定的条件及程序，审批、颁发经营许可证。发证机关及其工作人员在经营许可证的审批、颁发和监督管理工作中，不得索取或者接受当事人的财物，不得谋取其他利益。

发证机关应当加强对经营许可证的监督管理，建立、健全经营许可证审批、颁发档案管理制度，并定期向社会公布企业取得经营许可证的情况，接受社会监督。发证机关应当及时向同级公安机关、环境保护部门通报经营许可证的发放情况。

② 安全生产监督管理部门在监督检查中，发现已经取得经营许可证的企业不再具备法律、法规、规章、国家标准、行业标准和《危险化学品生产企业安全生产许可证管理办法》规定的安全生产条件，或者存在违反法律、法规、规章和《危险化学品生产企业安全生产许可证管理办法》规定的行为的，应当依法作出处理，并及时告知原发证机关。发证机关发现企业以欺骗、贿赂等不正当手段取得经营许可证的，应当撤销已经颁发的经营许可证。

已经取得经营许可证的企业有下列情形之一的，发证机关应当注销其经营许可证。

a. 经营许可证有效期届满未被批准延期的。

b. 终止危险化学品经营活动的。

c. 经营许可证被依法撤销的。

d. 经营许可证被依法吊销的。

③ 发证机关注销经营许可证后，应当在当地主要新闻媒体或者本机关网站上发布公告，并通报企业所在地人民政府和县级以上安全生产监督管理部门。

县级发证机关应当将本行政区域内上一年度经营许可证的审批、颁发和监督管理情况报告市级发证机关。市级发证机关应当将本行政区域内上一年度经营许可证的审批、颁发和监督管理情况报告省、自治区、直辖市人民政府安全生产监督管理部门。省、自治区、直辖市人民政府安全生产监督管理部门应当按照有关统计规定，将本行政区域内上一年度经营许可证的审批、颁发和监督管理情况报告国家安全生产监督管理总局。

（4）法律责任

① 未取得经营许可证从事危险化学品经营的，依照《安全生产法》有关未经依法批准擅自生产、经营、储存危险物品的法律责任条款并处罚款；构成犯罪的，依法追究刑事责任。企业在经营许可证有效期届满后，仍然从事危险化学品经营的，依照前款规定给予处罚。

② 带有储存设施的企业违反《危险化学品安全管理条例》规定，有下列情形之一的，责令改正，处 5 万元以上 10 万元以下的罚款；拒不改正的，责令停产停业整顿；经停产停业整顿仍不具备法律、法规、规章、国家标准和行业标准规定的安全生产条件的，吊销其经营许可证。

a. 对重复使用的危险化学品包装物、容器，在重复使用前不进行检查的。

b. 未根据其储存的危险化学品的种类和危险特性，在作业场所设置相关安全设施、设备，或者未按照国家标准、行业标准或者国家有关规定对安全设施、设备进行经常性维护、保养的。

c. 未将危险化学品储存在专用仓库内，或者未将剧毒化学品以及储存数量构成重大危险源的其他危险化学品在专用仓库内单独存放的。

d. 未对其安全生产条件定期进行安全评价的。

e. 危险化学品的储存方式、方法或者储存数量不符合国家标准或者国家有关规定的。

f. 危险化学品专用仓库不符合国家标准、行业标准的要求的。

g. 未对危险化学品专用仓库的安全设施、设备定期进行检测、检验的。

③ 伪造、变造或者出租、出借、转让经营许可证，或者使用伪造、变造的经营许可证的，处 10 万元以上 20 万元以下的罚款，有违法所得的，没收违法所得；构成违反治安管理行为的，依法给予治安管理处罚；构成犯罪的，依法追究刑事责任。

④ 已经取得经营许可证的企业不再具备法律、法规和本办法规定的安全生产条件的，责令改正；逾期不改正的，责令停产停业整顿；经停产停业整顿仍不具备法律、法规、规章、国家标准和行业标准规定的安全生产条件的，吊销其经营许可证。

⑤ 安全生产监督管理部门的工作人员徇私舞弊、滥用职权、弄虚作假、玩忽职守，未依法履行危险化学品经营许可证审批、颁发和监督管理职责的，依照有关规定给予处分。

⑥ 承担安全评价的机构和安全评价人员出具虚假评价报告的，依照有关法律、法规、规章的规定给予行政处罚；构成犯罪的，依法追究刑事责任。

4. 危险化学品安全使用许可证实施办法的主要内容

（1）申请安全使用许可证的条件

① 企业与重要场所、设施、区域的距离和总体布局应当符合下列要求，并确保安全。

a. 储存危险化学品数量构成重大危险源的储存设施，与《危险化学品安全管理条例》规定的八类场所、设施、区域的距离符合国家有关法律、法规、规章和国家标准或者行业标准的规定。

b. 总体布局符合《工业企业总平面设计规范》（GB 50187）、《化工企业总图运输设计规范》（GB 50489）、《建筑设计防火规范》（GB 50016）等相关标准的要求；石油化工企业还应当符合《石油化工企业设计防火规范》（GB 50160）的要求。

c. 新建企业符合国家产业政策、当地县级以上（含县级）人民政府的规划和布局。

② 企业的厂房、作业场所、储存设施和安全设施、设备、工艺应当符合下列要求。

a. 新建、改建、扩建使用危险化学品的化工建设项目（以下统称建设项目）由具备国家规定资质的设计单位设计和施工单位建设；其中，涉及国家安全生产监督管理总局公布的重点监管危险化工工艺、重点监管危险化学品的装置，由具备石油化工医药行业相应资质的设计单位设计。

b. 不得采用国家明令淘汰、禁止使用和危及安全生产的工艺、设备；新开发的使用危险化学品从事化工生产的工艺（以下简称化工工艺），在小试、中试、工业化试验的基础上逐步放大到工业化生产；国内首次使用的化工工艺，经过省级人民政府有关部门组织的安全可靠性论证。

c. 涉及国家安全生产监督管理总局公布的重点监管危险化工工艺、重点监管危险化学品的装置装设自动化控制系统；涉及国家安全生产监督管理总局公布的重点监管危险化工工艺的大型化工装置装设紧急停车系统；涉及易燃易爆、有毒有害气体化学品的作业场所装设易燃易爆、有毒有害介质泄漏报警等安全设施。

d. 新建企业的生产区与非生产区分开设置，并符合国家标准或者行业标准规定的距离。

e. 新建企业的生产装置和储存设施之间及其建（构）筑物之间的距离符合国家标准或者行业标准的规定。

同一厂区内（生产或者储存区域）的设备、设施及建（构）筑物的布置应当适用同一标准的规定。企业应当依法设置安全生产管理机构，按照国家规定配备专职安全生产管理人员。配备的专职安全生产管理人员必须能够满足安全生产的需要。企业主要负责人、分管安全负责人和安全生产管理人员必须具备与其从事生产经营活动相适应的安全知识和管理能力，参加安全资格培训，并经考核合格，取得安全资格证书。特种作业人员应当依照《特种作业人员安全技术培训考核管理规定》，经专门的安全技术培训并考核合格，取得特种作业操作证书。

③ 企业根据化工工艺、装置、设施等实际情况，至少应当制定、完善下列主要安全生产规章制度。

a. 安全生产例会等安全生产会议制度。

b. 安全投入保障制度。

c. 安全生产奖惩制度。

d. 安全培训教育制度。

e. 领导干部轮流现场带班制度。

f. 特种作业人员管理制度。

g. 安全检查和隐患排查治理制度。

h. 重大危险源的评估和安全管理制度。

i. 变更管理制度。

j. 应急管理制度。

k. 生产安全事故或者重大事件管理制度。

l. 防火、防爆、防中毒、防泄漏管理制度。

m. 工艺、设备、电气仪表、公用工程安全管理制度。

n. 动火、进入受限空间、吊装、高处、盲板抽堵、临时用电、动土、断路、设备检维修等作业安全管理制度。

o. 危险化学品安全管理制度。

p. 职业健康相关管理制度。

q. 劳动防护用品使用维护管理制度。

r. 承包商管理制度。

s. 安全管理制度及操作规程定期修订制度。

④ 企业应当符合下列应急管理要求。

a. 按照国家有关规定编制危险化学品事故应急预案，并报送有关部门备案。

b. 建立应急救援组织，明确应急救援人员，配备必要的应急救援器材、设备设施，并按照规定定期进行应急预案演练。

储存和使用氯气、氨气等对皮肤有强烈刺激的吸入性有毒有害气体的企业，应当配备至少两套以上全封闭防化服；构成重大危险源的，还应当设立气体防护站（组）。

（2）安全使用许可证的申请　企业向发证机关申请安全使用许可证时，应当提交下列文件、资料，并对其内容的真实性负责。

a. 申请安全使用许可证的文件及申请书。

b. 新建企业的选址布局符合国家产业政策、当地县级以上人民政府的规划和布局的证明材料复制件。

c. 安全生产责任制文件，安全生产规章制度、岗位安全操作规程清单。

d. 设置安全生产管理机构，配备专职安全生产管理人员的文件复制件。

e. 主要负责人、分管安全负责人、安全生产管理人员安全资格证和特种作业人员操作证复制件。

f. 危险化学品事故应急救援预案的备案证明文件。

g. 由供货单位提供的所使用危险化学品的安全技术说明书和安全标签。

h. 工商营业执照副本或者工商核准文件复制件。

i. 安全评价报告及其整改结果的报告。

j. 新建企业的建设项目安全设施竣工验收意见书或备案证明复制件。

k. 应急救援组织、应急救援人员，以及应急救援器材、设备设施清单。

（3）安全使用许可证的颁发

① 发证机关收到企业申请文件、资料后，应当按照下列情况分别作出处理。

a. 申请事项依法不需要取得安全使用许可证的，当场告知企业不予受理。

b. 申请材料存在可以当场更正的错误的，允许企业当场更正。

c. 申请材料不齐全或者不符合法定形式的，当场或者在5个工作日内一次告知企业需要补正的全部内容，并出具补正告知书；逾期不告知的，自收到申请材料之日起即为受理。

d. 企业申请材料齐全、符合法定形式，或者按照发证机关要求提交全部补正申请材料的，立即受理其申请。

② 发证机关受理或者不予受理行政许可申请，应当出具加盖本机关专用印章和注明日期的书面凭证。

安全使用许可证申请受理后，发证机关应当组织人员对企业提交的申请文件、资料进行审查。对企业提交的文件、资料内容存在疑问，需要到现场核查的，应当指派工作人员对有关内容进行现场核查。工作人员应当如实提出书面核查意见。

发证机关应当在受理之日起45日内作出是否准予许可的决定。发证机关现场核查和企业整改有关问题所需时间不计算在《危险化学品生产企业安全生产许可证管理办法》第十二条规定的期限内。发证机关作出准予许可的决定的，应当自决定之日起10个工作日内颁发安全使用许可证。发证机关作出不予许可的决定的，应当在10个工作日内书面告知企业并说明理由。

③ 企业在安全使用许可证有效期内变更主要负责人、企业名称或者注册地址的，应当自工商营业执照变更之日起10个工作日内提出变更申请，并提交下列文件、资料。

a. 变更申请书。

b. 变更后的工商营业执照副本复制件。

c. 变更主要负责人的，还应当提供主要负责人经安全生产监督管理部门考核合格后颁发的安全资格证复制件。

d. 变更注册地址的，还应当提供相关证明材料。

对已经受理的变更申请，发证机关对企业提交的文件、资料审查无误后，方可办理安全使用许可证变更手续。

④ 企业在安全使用许可证有效期内变更隶属关系的，应当在隶属关系变更之日起10日内向发证机关提交证明材料。企业在安全使用许可证有效期内，有下列情形之一的，办理变更手续。

a. 增加使用的危险化学品品种，且达到危险化学品使用量的数量标准规定的。

b. 涉及危险化学品安全使用许可范围的新建、改建、扩建建设项目的。

c. 改变工艺技术对企业的安全生产条件产生重大影响的。

安全使用许可证有效期为3年。企业安全使用许可证有效期届满后需要继续使用危险化学品从事生产、且达到危险化学品使用量的数量标准规定的，应当在安全使用许可证有效期届满前3个月提出延期申请，并提交《危险化学品生产企业安全生产许可证管理办法》第十八条规定的文件、资料。

⑤ 安全使用许可证分为正本、副本，正本为悬挂式，副本为折页式，正、副本具有同等法律效力。

发证机关应当分别在安全使用许可证正、副本上注明编号、企业名称、主要负责人、注册地址、经济类型、许可范围、有效期、发证机关、发证日期等内容。其中，“许可范围”正本上注明“危险化学品使用”，副本上注明使用危险化学品从事生产的地址和对应的具体品种、年使用量。企业不得伪造、变造安全使用许可证，或者出租、出借、转让其取得的安全使用许可证，或者使用伪造、变造的安全使用许可证。

(4) 安全监督管理

① 发证机关应当坚持公开、公平、公正的原则，依照本办法和有关行政许可的法律法规规定，颁发安全使用许可证。

发证机关工作人员在安全使用许可证颁发及其监督管理工作中，不得索取或者接受企业的财物，不得谋取其他非法利益。发证机关应当加强对安全使用许可证的监督管理，建立、健全安全使用许可证档案管理制度。

有下列情形之一的，发证机关应当撤销已经颁发的安全使用许可证。

a. 滥用职权、玩忽职守颁发安全使用许可证的。

b. 超越职权颁发安全使用许可证的。

c. 违反本办法规定的程序颁发安全使用许可证的。

d. 对不具备申请资格或者不符合法定条件的企业颁发安全使用许可证的。

e. 以欺骗、贿赂等不正当手段取得安全使用许可证的。

② 企业取得安全使用许可证后有下列情形之一的，发证机关应当注销其安全使用许可证。

a. 安全使用许可证有效期届满未被批准延期的。

b. 终止使用危险化学品从事生产的。

c. 继续使用危险化学品从事生产，但使用量降低后未达到危险化学品使用量的数量标准规定的。

d. 安全使用许可证被依法撤销的。

e. 安全使用许可证被依法吊销的。

安全使用许可证注销后，发证机关应当在当地主要新闻媒体或者本机关网站上予以公告，并向省级和企业所在地县级安全生产监督管理部门通报。

发证机关应当将其颁发安全使用许可证的情况及时向同级环境保护主管部门和公安机关通报。

二、危险化学品建设项目管理

国家安全监管总局制定的《危险化学品建设项目安全监督管理办法》(以下简称《管理办法》)，是我国危险化学品建设项目安全管理的纲领性文件。

1.《管理办法》的出台背景

2011 年 3 月 2 日，国务院颁布了新修订的《危险化学品安全管理条例》(国务院令第 591 号，以下简称《管理条例》)。《管理条例》对新建、改建、扩建生产、储存危险化学品(包括使用长输管道输送危险化学品)的建设项目安全条件审查作出了新的规定。为落实《管理条例》的新要求，加强危险化学品建设项目安全监督管理工作，必须对《危险化学品建设项目安全许可实施办法》(国家安全监管总局令第 8 号，以下简称 8 号令)进行修订，这次修订还基于几个方面：一是《管理条例》对设立危险化学品生产、储存企业实行审批制度改成了生产、储存危险化学品建设项目的安全条件审查制度，规定新建、改建、扩建生产、储存危险化学品建设项目应当由安全生产监督管理部门进行安全条件审查，同时对安全条件审查的实施程序作了明确规定。二是需要重新界定安全审查和监督管理的范围，对各级安全生产监督管理部门实施安全审查的事权进行重新划分。三是涉及危险化学品建设项目中的化学品品种、特性、工艺和数量存在差异，发生事故后的危害和对社会造成的影响也大不相同，应当依据建设项目的危险程度对建设项目进行差别化的监管。四是按照近几年监管实践，需要对试生产（使用）方案备案的要求进一步规范和细化。

2.《管理办法》的主要内容及修订变化

国家安全监管总局8号令发布实施5年多来，对严格危险化学品建设项目安全条件，规范危险化学品建设项目的安全审查工作，发挥了重要作用。国家安全监管第45号令的出台，提高了危险化学品建设项目的安全准入门槛。

《管理办法》包括总则、建设项目安全条件审查、建设项目安全设施设计审查、建设项目试生产（使用）、建设项目安全设施竣工验收、监督管理、法律责任、附则。总体看，《管理办法》在《安全生产法》、《管理条例》等相关法律法规框架要求下，针对危险化学品建设项目的特点和安全管理的重点、难点，规范了建设项目安全条件审查、安全设施设计审查、安全设施竣工验收和试生产（使用）方案备案等不同阶段安全管理的审查工作程序及要求，并且明确了安全生产监督管理部门、建设单位、安全评价机构、设计单位、施工单位等相关各方的责任、义务。这次修订主要体现在以下十个方面。

（1）关于规章名称和适用范围的变化　《管理办法》的名称由“危险化学品建设项目安全许可实施办法”改为“危险化学品建设项目安全监督管理办法”，一方面是与《建设项目安全设施“三同时”监督管理暂行办法》（国家安全监管总局令第36号）和《管理条例》相衔接，另一方面也是更加准确界定安全生产监督管理部门在危险化学品建设项目方面的安全监管职权范围。

《管理办法》把危险化学品生产、储存企业设立审批制度，修改为危险化学品生产、储存建设项目安全条件审查制度，并将危险化学品长输管道建设项目纳入危险化学品建设项目安全监督管理。同时规定了危险化学品建设项目安全条件审查的实施程序，明确了建设项目安全审查，是指建设项目安全条件审查、安全设施的设计审查和竣工验收。

（2）关于事权划分的变化　对各级安全生产监督管理部门实施安全审查的事权重新进行了划分，明确了国家安全监管总局、省级安全生产监督管理部门的监管职权，并规定由省级安全生产监督管理部门确定并公布本部门和本行政区域内由设区的市级安全生产监督管理部门实施的建设项目范围。国家安全监管总局负责国务院审批（核准、备案）和跨省、自治区、直辖市的建设项目安全审查。国务院审批（核准、备案）的项目核准权限依据《国务院关于投资体制改革的决定》（国发〔2004〕20号）有关规定来进行界定。

《管理办法》中规定了必须由省级安全生产监督管理部门负责审查的建设项目范围，一是由国务院投资主管部门审批（核准、备案）的建设项目，二是生产剧毒化学品的建设项目。

（3）明确了委托审查的范围　《管理办法》明确了委托审查程序，规定了跨省、自治区、直辖市的建设项目和生产剧毒化学品的建设项目，不得委托实施；涉及国家安全监管总局公布的重点监管危险化工工艺的和重点监管危险化学品中有毒气体、液化气体、易燃液体、爆炸品且构成重大危险源的建设项目，不得委托县级安监部门实施审查。

（4）细化和明确了设计单位资质条件　《管理办法》要求涉及重点监管危险化工工艺、重点监管危险化学品或者危险化学品重大危险源（即“两重点一重大”）的建设项目，应当由具有石油化工医药行业相应资质的设计单位设计。从设计源头上保障建设项目的“优生优育”。

(5) 关于安全条件论证的变化　《管理办法》对安全条件论证和安全条件论证报告的内容，提出了具体的要求。规定安全条件论证的内容中增加产业政策与布局、区域规划、符合《工业企业总平面设计规范》(GB 50187) 等相关标准情况、主要技术工艺的可靠性和依托条件的可靠性等要求。

(6) 关于安全设施设计的变化　《管理办法》要求建设项目安全设施设计单位应按照《化工建设项目安全设计管理导则》(AQ/T 3033)，对建设项目安全设施进行设计。

(7) 关于试生产（使用）的变化　《管理办法》中试生产（使用）独立成章，细化了试生产（使用）方案备案内容；试生产（使用）前，要求建设单位应当组织专家对试生产（使用）方案进行审查，并将审查意见报安全生产监督管理部门备案；建设单位进行试生产（使用）时，应当组织专家对试生产（使用）条件进行确认，对试生产（使用）过程进行技术指导。

《管理办法》规定了试生产（使用）方案备案为形式审查。首次对试生产（使用）期限进行规定，建设项目试生产（使用）最低期限为三十日，最高期限为一年，延期两次后仍不能稳定生产的，建设单位应当立即停止试生产，并解决问题。

(8) 与其他安全生产行政许可的衔接　《管理办法》规定建设单位应当自收到同意投入生产（使用）的建设项目安全设施竣工验收意见书之日起十个工作日内，依法申请有关危险化学品的其他安全生产行政许可。为简化行政许可程序，规定建设项目安全设施竣工验收意见，可以作为生产、经营、使用安全许可的现场核查意见。

(9) 关于法律责任的变化　本次《管理办法》修订，细化了有关法律责任的规定，加大了对未经安全条件审查擅自建设和投入生产（使用）违法行为的处罚力度，将处罚最高金额提升至 100 万元。

根据《行政许可法》，增加对建设单位隐瞒有关情况、提供虚假材料等违法行为进行惩罚，《管理办法》第四十四条规定：建设单位隐瞒有关情况或者提供虚假材料申请建设项目安全审查的，不予受理或者审查不予通过，给予警告，并自安全生产监督管理部门发现之日起一年内不得再次申请该审查。建设单位采用欺骗、贿赂等不正当手段取得建设项目安全审查的，自安全生产监督管理部门撤销建设项目安全审查之日起三年内不得再次申请该审查。

(10) 关于建设项目分步审查的变化　由于在实际工作中部分大型联合生产建设项目需要分期设计、建设和投入生产，为避免延误项目进度，《管理办法》规定对于此类建设项目，经审查部门同意后，建设单位可以分期申请安全审查。具体权限由省级安全生产监督管理部门规定。

3. 实施《管理办法》的意义

《管理办法》的颁布实施将进一步规范危险化学品建设项目安全审查及其监督管理工作，可以从源头上消除隐患，有效防范危险化学品安全生产事故的发生，进一步促进全国危险化学品安全生产形势的稳定好转。

各级安全监管部门要正确理解《管理办法》的主要内容，贯彻好、执行好《管理办法》的各项规定，进一步结合本地区实际情况，细化审查内容，规范审查程序，合理分配监管力量，突出重点，严把建设项目安全审查关。

三、危险化学品安全管理（鉴定分类与登记等）

为了按照国际公约的要求管理好危险化学品，国家安全监管总局制定并颁布了《化学品物理危险性鉴定与分类管理办法》(60 号令，以下简称《办法》)，于 2013 年 7 月 10 日公布，自2013年9月1日起施行。

1. 制定《办法》的必要性

① 我国于1994年10月加入了《作业场所安全使用化学品公约》（1990年6月国际劳工组织第170号公约）。公约要求各成员国对所有化学品按其固有的安全和卫生方面的危险特性，进行评价分类，确定其危害性。

② 参照欧盟《关于化学品注册、评估、许可和限制的法规》（REACH）等法规，对我国境内生产或进口化学品的成分进行鉴定、分类，以便保护人类健康和环境安全，提高我国化学工业的竞争力，以及研发无毒无害化合物的创新能力，增加化学品使用透明度，实现社会可持续发展。

③ 根据《危险化学品安全管理条例》规定，我国对危险化学品的管理实行目录管理制度，但是大量未列入目录管理的化学品因缺少对其危害性的了解和相应措施没有跟上，导致事故多发。如2011年1月6日，安徽省宿州市皖北药业有限公司实验车间发生三光气泄漏事故，造成75名职工住院接受治疗和观察，其中使用呼吸机进行治疗的重症病人17人（包括危重病人5人、特危重病人1人），死亡1人 。因此，根据《条例》第一百条规定，对新出现和遇到的未列入《危险化学品目录》的化学品，需要制定相关管理办法，进行危险性鉴定和分类，以制定相应的防护措施，减少和杜绝事故隐患。

2.《办法》的制定过程

国家安全监管总局在前期广泛、深入调研的基础上，于2012年12月起草完成了《办法（征求意见稿）》，并分别通过国务院法制办和国家安全监管总局网站向社会公开征求意见。2013年3月，又在青岛组织召开了《办法（草案）》征求意见会，听取部分地方安全监管局、鉴定机构、相关协会、企业意见。根据收集到的修改意见，进一步修改完善《办法（草案）》，并提交国家安全监管总局局长办公会议予以审议。2013年6月24日，国家安全监管总局局长办公会议审议通过本《办法》。

3.《办法》的主要内容

《办法》包括总则、物理危险性鉴定与分类、法律责任和附则。《办法》明确了适用范围、鉴定与分类的定义、安全监管部门等相关单位的职责，以及化学品物理危险性鉴定、分类和仲裁的内容、程序和要求，并对联合鉴定和系列鉴定等有关内容进行了规定。

（1）适用范围　本办法适用于危险特性尚未确定化学品的物理危险性鉴定与分类工作及相关工作的监督管理。

根据《办法》规定，安全监管总局将公告免予物理危险性鉴定与分类的化学品目录，列入该目录的化学品由于其危险性已经被人类掌握，故可以免于进行物理危险性鉴定与分类。另外，以科学研究或者产品开发为目的、年产量或者使用量未超过1t的化学品也免于物理危险性鉴定与分类。

（2）鉴定内容　化学品物理危险性鉴定的内容包括两个方面。

① 对16类物理危险种类进行鉴定所需要测试的参数或指标。

② 与物理危险性分类相关的理化特性、化学稳定性及反应性等参数或指标。

（3）化学品物理危险性的分类　对化学品进行分类是GHS制度（全球化学品统一分类和标签协调制度）的基本要求，也是政府、企业对危险化学品进行管理的基础。因此，对本单位生产或进口的化学品进行分类是化学品单位的基本责任。

由于GHS分类非常复杂，不同化学品单位对化学品的分类将会千差万别，为保证分类结果的准确性和一致性，《办法》规定，化学品单位应当根据鉴定报告以及其他物理危险性数据资料，编制物理危险性分类报告；登记中心应当对分类报告进行综合性评估，并在30个工作日内向化学品单位出具审核意见。

(4) 鉴定与分类工作的技术支撑机构　借鉴《安全生产检测检验机构管理规定》(总局令第12号)、卫生部《毒性鉴定规范》建立专家库的做法，同时考虑到化学品物理危险性鉴定在实验方法、实验条件、仪器设备等方面的特殊性，《办法》规定了三类技术支撑机构：

① 国家安全监管设立化学品物理危险性鉴定与分类技术委员会，负责对有异议的鉴定或者分类结果进行仲裁，公布化学品物理危险性的鉴定情况。

② 化学品物理危险性鉴定机构。此类机构由总局确定，主要负责对化学品进行物理危险性鉴定，并出具鉴定报告。

③ 国家安全监管总局化学品登记中心。负责化学品物理危险性分类结果的评估与审核，建立国家化学品物理危险性鉴定与分类信息管理系统，并承担技术委员会的日常工作。

(5) 系列鉴定和联合鉴定　鉴于涂料等类化学品品种很多，但用途相似、组分接近和物理危险性无明显差异，为了避免不必要的重复鉴定，《办法》规定对于同时满足用途相似、组分接近、物理危险性无显著差异这三个条件的化学品，化学品单位可以向鉴定机构申请系列化学品鉴定。

为了减轻企业负担，多个化学品单位可以联合起来对其生产或进口的同一品种化学品申请物理危险性鉴定。考虑到某些情况下，物质的外观状态，特别是固体物质的外观状态对其危险性会产生影响，联合鉴定的化学品除了成分一致，其外观状态也应一致或者不影响其物理危险性分类。

联合鉴定的多个化学品单位应当指定一家作为牵头申请鉴定单位。

(6) 分步实施　鉴于危险特性尚未确定的化学品种类繁多，鉴定和分类工作的技术性强，工作量大，根据化学品的生产量或进口量、危险特性、事故情况等因素，化学品物理危险性鉴定与分类工作将突出重点、分步实施。国家安全监管总局将组织制定分步实施方案。

4. 实施《办法》的意义

《办法》是落实《危险化学品安全管理条例》的重要配套规章，将有助于强化企业责任，从源头上全面掌握化学品的危险性，建立健全我国完整的化学品危险性基础信息数据库，促进化学品安全管理与国际接轨，对于全面加强危险化学品安全管理、事故预防和危害控制将会发挥重要的作用。有关单位和人员要学习和掌握本《办法》，并认真贯彻落实，预防与遏制危险化学品事故发生。

5. 分类标准

见第二章第一节危险化学品基础知识。

6. 危险化学品的登记管理

我国非常重视危险化学品的登记管理工作，早在2002年，原国家经贸委就颁布实施了《危险化学品登记管理办法》(以下简称《登记办法》)。在新的历史条件下，国家安全监管总局在广泛、深入调研的基础上，于2010年5月开始组织进行《危险化学品登记管理办法》的修订工作。经2012年5月21日国家安全生产监督管理总局局长办公会议审议通过，2012年7月1日国家安全生产监督管理总局令第53号公布。原国家经济贸易委员会2002年10月8日公布的《危险化学品登记管理办法》予以废止。

（1）《危险化学品登记管理办法》的主要内容及修订变化　《登记办法》在原登记办法相关要求的基础上，对危险化学品登记从多个方面进行了修订完善，明确了国家实行危险化学品登记制度的原则和登记工作的具体程序。重点说明如下。《登记办法》分7章，共34条。包括总则、登记机构、登记的时间内容和程序、登记企业的职责、监督管理、法律责任、附则。总体看，《登记办法》在《安全生产法》、《危险化学品安全管理条例》等相关法律法规框架要求下，针对危险化学品登记的特点，规范了登记机构的条件，登记的时间、内容和程序，并且明确了危险化学品登记的主体，登记企业的职责，安全生产监督管理部门、登记机构、登记企业等相关各方的责任和义务。这次修订主要体现在以下五个方面。

① 调整了危险化学品登记的主体　根据《危险化学品安全管理条例》第六十七条“危险化学品生产企业、进口企业应当向国务院安全生产监督管理部门负责危险化学品登记的机构办理危险化学品登记”规定，《登记办法》第二条将危险化学品登记的主体调整为危险化学品生产企业、进口企业。危险化学品储存单位、使用单位不再进行登记。

《登记办法》第三条明确了危险化学品登记的原则，即企业申请、两级审核、统一发证、分级管理的原则。两级审核是指登记企业的登记材料需要经过当地登记办公室初审和化学品登记中心审核；统一发证是指经登记中心终审合格后，由登记中心统一发放危险化学品登记证；分级管理是指各级安全生产监督管理部门分别负责本行政区域内危险化学品登记的监督管理工作。

② 细化了危险化学品登记的具体内容　《登记办法》第十二条将危险化学品登记的具体内容调整为分类和标签信息、物理化学性质、主要用途、危险特性、储存使用运输的安全要求、应急处置措施六个方面，并根据加强危险化学品安全管理需要，对各项内容进行了适当细化。

分类和标签信息，主要包括危险化学品的危险性类别、象形图、警示词等信息；物理、化学性质，主要包括危险化学品的熔点、沸点、闪点、爆炸极限等性质；主要用途，包括企业推荐的产品合法用途、禁止或者限制的用途；危险特性，包括危险化学品的物理危险性、环境危害性和毒理特性；储存、使用、运输的安全要求，包括储存的温度和湿度条件、使用时的操作条件、作业人员防护措施等；出现危险情况的应急处置措施，主要包括危险化学品在生产、使用、储存、运输过程中发生火灾、爆炸、泄漏、中毒、窒息、灼伤等化学品事故时的应急处理方法，应急咨询服务电话等。

③ 完善了危险化学品登记的程序　根据工作实践，《登记办法》对危险化学品登记程序进行了完善和补充。一是对登记程序进行了调整，部分内容进行细化。二是调整了申请危险化学品登记需要提交的材料种类，增加了进口企业需要提交材料的规定，删除了提交危险性鉴别报告要求。三是增加了登记变更的具体要求和程序。四是明确了危险化学品登记证复核换证程序。

《登记办法》第十三条规定了危险化学品登记的程序。首先，登记企业通过登记系统提出申请，经登记办公室审查合格后，填写并上报登记材料；其次，登记办公室和登记中心依次对登记材料进行审查，符合要求的，由化学品登记中心通过登记办公室向登记企业发放危险化学品登记证。

《登记办法》第十四条规定了危险化学品登记的需要提交的材料。包括危险化学品登记表，生产企业的工商营业执照、进口企业的证明证书，“一书一签”，有关应急咨询服务电话号码或者应急咨询服务委托书，有关产品标准编号。

《登记办法》第十五条规定了危险化学品登记的登记内容变更手续。首先，登记企业通过登记系统填写危险化学品登记变更申请表并上报变更后的登记材料；其次，登记办公室和登记中心依次对企业上报的登记材料进行审查，符合要求的，通过登记办公室向登记企业发放登记变更后的危险化学品登记证或变更书面证明文件。

《登记办法》第十六条规定了危险化学品复核换证的程序。首先，登记企业通过登记系统填写危险化学品复核换证申请表并上报《登记办法》第十四条规定的登记材料；登记机构按照《登记办法》第十三条第一款第三项、第四项、第五项规定的程序办理复核换证手续。

④ 规范了登记企业的应急咨询服务 《登记办法》第二十二条第一款规定了登记企业自行设立的应急咨询服务电话应具备的条件，一是要由专职人员 24h 值守，主要是确保一旦发生事故，能够及时联系到企业；二是该电话必须是国内的服务电话，主要是确保如果需要企业赴现场协助救援，企业可以快速响应；三是服务电话必须是固定电话，若是移动电话，如果一旦发生事故，则不能保证接听电话人员能够及时响应，并向事故现场提供准确、有价值的应急信息，会贻误处置时机；四是专职值守人员应当熟悉本企业危险化学品的危险特性和应急处置技术，能准确回答有关咨询问题。对危险化学品登记企业不能提供《登记办法》第二十二条第一款规定应急咨询服务的，《登记办法》第二十二条第二款、第三款规定了登记企业应当委托登记机构代理应急咨询服务。

登记机构的应急咨询服务，应当建有完善的化学品应急救援数据库，准确提供化学品泄漏、火灾、爆炸、中毒等事故应急处置有关信息和建议等。

⑤ 增加了监督管理要求 为督促企业及时如实登记危险化学品，更好地为危险化学品安全管理、应急救援提供技术支撑，《登记办法》增加了监督管理一章。一是规定安全监管部门将危险化学品登记情况纳入危险化学品安全执法检查内容。二是规定登记办公室要及时向省级安全监管部门提供危险化学品登记信息和有关情况。三是规定化学品登记中心要定期向同级工业和信息化、环境保护、公安、卫生、交通运输、铁路、质量监督检验检疫等部门提供危险化学品登记的有关信息和资料，并向社会公告。

(2) 实施《登记办法》的意义 《登记办法》的颁布实施将进一步规范危险化学品登记及其监督管理工作，可以逐步掌握我国危险化学品生产、进口企业信息及其化学品信息，完善全国危险化学品动态数据库，更好地为化学品安全监管和事故应急救援提供信息支持，进一步促进全国危险化学品安全生产形势的稳定好转。

四、"两重点一重大"管理

1. 重点监管的危险化工工艺

2009 年，国家安监总局以安监总管三［2009］116 号文，公布了《首批重点监管的危险化工工艺目录》。要求各企业贯彻落实《国务院安委会办公室关于进一步加强危险化学品安全生产工作的指导意见》(安委办［2008］26 号)，提高化工生产装置和危险化学品储存设施本质安全水平，对涉及危险化工工艺的生产装置进行自动化改造。首批重点监管的危险化工工艺目录所涉及的工艺就是危化企业或危化生产。它们是：光气及光气化工艺、电解工艺(氯碱)、氯化工艺、硝化工艺、合成氨工艺、裂解（裂化）工艺、氟化工艺、加氢工艺、重氮化工艺、氧化工艺、过氧化工艺、胺基化工艺、磺化工艺、聚合工艺、烷基化工艺。

对这首批公布的十五种危险化工工艺，在安监总管三［2009］116 号文中，给出了工艺简介、工艺危险特点、典型工艺、重点监控工艺参数、安全控制的基本要求，宜采用的控制方式等。其目的就是让化工企业对照企业采用的危险化工工艺及特点，确定重点监控的工艺参数、装备和完善自动控制系统，确保其生产和储存、运输、使用的安全。

2013 年，国家安全监管总局《国家安监总局关于公布第二批重点监管危险化工工艺目录和调整首批重点监管危险化工工艺中部分典型工艺的通知》（安监总管三〔2013〕3 号）中又补充了 3 个危险化工工艺：①新型煤化工工艺；②电石生产工艺；③偶氮化工艺。调整了 8 个重点监管的危险化工工艺。到目前需要重点监管的危险化工工艺已达 18 个。

2. 重点监管的危险化学品名录

2011 年，安监总局《国家安监总局关于公布首批重点监管的危险化学品名录的通知》（安监总管三〔2011〕95 号）中列出了氯、氨等 60 个重点监管的危险化学品名录，同时要求相关企业装备功能完善的自动化控制系统。同年《关于印发首批重点监管的危险化学品安全措施和应急处置原则的通知》（安监总局三〔2011〕142 号）文中给出了首批重点监管的危险化学品安全措施和应急处理原则。首批（60 个）重点监管的危险化学品名录见表 1-1。

表 1-1　首批（60 个）重点监管的危险化学品名录

序号	化学品名称	别名	CAS 号
1	氯	液氯、氯气	7782-50-5
2	氨	液氨、氨气	7664-41-7
3	液化石油气		68476-85-7
4	硫化氢		7783-06-4
5	甲烷、天然气		74-82-8(甲烷)
6	原油		
7	汽油(含甲醇汽油、乙醇汽油)、石脑油		8006-61-9(汽油)
8	氢	氢气	1333-74-0
9	苯(含粗苯)		71-43-2
10	碳酰氯	光气	75-44-5
11	二氧化硫		7446-09-5
12	一氧化碳		630-08-0
13	甲醇	木醇、木精	67-56-1
14	丙烯腈	氰基乙烯、乙烯基氰	107-13-1
15	环氧乙烷	氧化乙烯	75-21-8
16	乙炔	电石气	74-86-2
17	氟化氢、氢氟酸		7664-39-3
18	氯乙烯		75-01-4
19	甲苯	甲基苯、苯基甲烷	108-88-3
20	氰化氢、氢氰酸		74-90-8
21	乙烯		74-85-1
22	三氯化磷		7719-12-2
23	硝基苯		98-95-3
24	苯乙烯		100-42-5
25	环氧丙烷		75-56-9
26	一氯甲烷		74-87-3
27	1,3-丁二烯		106-99-0
28	硫酸二甲酯		77-78-1
29	氰化钠		143-33-9
30	1-丙烯、丙烯		115-07-1
31	苯胺		62-53-3
32	甲醚		115-10-6
33	丙烯醛、2-丙烯醛		107-02-8

续表

序号	化学品名称	别名	CAS 号
34	氯苯		108-90-7
35	乙酸乙烯酯		108-05-4
36	二甲胺		124-40-3
37	苯酚	石炭酸	108-95-2
38	四氯化钛		7550-45-0
39	甲苯二异氰酸酯	TDI	584-84-9
40	过氧乙酸	过乙酸、过醋酸	79-21-0
41	六氯环戊二烯		77-47-4
42	二硫化碳		75-15-0
43	乙烷		74-84-0
44	环氧氯丙烷	3-氯-1,2-环氧丙烷	106-89-8
45	丙酮氰醇	2-甲基-2-羟基丙腈	75-86-5
46	磷化氢	膦	7803-51-2
47	氯甲基甲醚		107-30-2
48	三氟化硼		7637-07-2
49	烯丙胺	3-氨基丙烯	107-11-9
50	异氰酸甲酯	甲基异氰酸酯	624-83-9
51	甲基叔丁基醚		1634-04-4
52	乙酸乙酯		141-78-6
53	丙烯酸		79-10-7
54	硝酸铵		6484-52-2
55	三氧化硫	硫酸酐	7446-11-9
56	三氯甲烷	氯仿	67-66-3
57	甲基肼		60-34-4
58	一甲胺		74-89-5
59	乙醛		75-07-0
60	氯甲酸三氯甲酯	双光气	503-38-8

2013 年，安监总局《第二批重点监管危险化学品名录的通知》（安监总管三［2013］12 号），列出了氯酸钠、氯酸钾等 14 个重点监管的危险化学品名录。同时给出了安全措施和应急处理原则，文件还要求相关企业积极开展涉及重点监管危险化学品生产、储存设施自动化监控系统改造提升工作，高度危险和大型装置依法装备安全仪表系统（紧急停车或安全联锁）。第二批重点监管危险化学品名录见表 1-2。

表 1-2 第二批重点监管的危险化学品名录

序号	化学品名称	CAS 号
1	氯酸钠	7775-9-9
2	氯酸钾	3811-4-9
3	过氧化甲乙酮	1338-23-4
4	过氧化(二)苯甲酰	94-36-0
5	硝化纤维素	9004-70-0
6	硝酸胍	506-93-4
7	高氯酸铵	7790-98-9
8	过氧化苯甲酸叔丁酯	614-45-9
9	N,N'-二亚硝基五亚甲基四胺	101-25-7
10	硝基胍	556-88-7
11	2,2′-偶氮二异丁腈	78-67-1
12	2,2′-偶氮-二-(2,4-二甲基戊腈)(即偶氮二异庚腈)	4419-11-8
13	硝化甘油	55-63-0
14	乙醚	60-29-7

氯酸钠为例安全措施和应急处理原则见表 1-3。

表 1-3　氯酸钠安全措施和应急处理原则

风险提示	与易燃物、可燃物混合或急剧加热会发生爆炸
理化特性	无色无味结晶，味咸而凉，有潮解性。易溶于水，微溶于乙醇。分子量 106.44，熔点 248℃，沸点 300℃（分解），相对密度（水＝1）2.5。 主要用途：用于生产二氧化氯、亚氯酸盐、高氯酸盐及其他氯酸盐，还用于印染、冶金、造纸、皮革行业。
危害信息	【燃烧和爆炸危险性】 助燃。与易（可）燃物混合或急剧加热会发生爆炸。如被有机物等污染，对撞击敏感。 【活性反应】 强氧化剂，与还原剂、强酸、铵盐、有机物、易燃物如硫、磷或金属粉末等混合可形成爆炸性混合物。 【健康危害】 粉尘对呼吸道、眼及皮肤有刺激性。口服急性中毒，表现为高铁血红蛋白血症，肠胃炎，肝肾损伤，甚至发生窒息。
安全措施	【一般要求】 操作人员必须经过专门培训，严格遵守操作规程，熟练掌握操作技能，具备应急处置知识。 生产过程密闭，加强通风。使用防爆型的通风系统和设备，提供安全淋浴和洗眼设备。可能接触其粉尘时，建议佩戴自吸过滤式防尘口罩。戴化学安全防护眼镜，戴橡胶手套。作业现场禁止吸烟、进食和饮水。 远离火种、热源。应与禁配物分开存放，切忌混储。 生产、储存区域应设置安全警示标志。禁止震动、撞击和摩擦。配备相应品种和数量的消防器材及泄漏应急处理设备。 输送装置应有防止固体物料黏结器壁的技术保障措施，并应结合工艺特点和生产情况制定定期清扫的管理制度。严禁轴承设置在粉状危险物料中混药、输送等；输送螺旋和混药设备应有应急消防雨淋装置，输送螺旋和混药设备应选择有利于泄爆、清扫、应急处理的封闭方式。 采用湿法粉碎工艺时，应待物料全部浸湿后方可开机；当采用金属球和金属球磨筒方式进行粉碎时，宜用水或含水溶剂作为介质。粉碎混合加工过程中应设置自动导出静电的装置，出料时应将接料车和出料器用导线可靠连接并整体接地。 生产过程中易引起燃烧爆炸的机械化作业应设置自动报警、自动停机、自动泄爆、自动雨淋等安全自控装置；自动化生产线的单机设备除有自动控制系统监控外，在现场还应设置应急控制操作装置。 生产过程中产生的不合格品和废品应隔离存放、及时处理；内包装材料应统一回收存放在远离热源的场所，并及时销毁。 【特殊要求】 【操作安全】 （1）可能接触粉尘时，操作人员佩戴自吸过滤式防尘口罩，戴化学安全防护眼镜，穿静电工作服，戴橡胶手套。 （2）避免产生粉尘。避免与还原剂、强酸、铵盐、有机物、易（可）燃物接触。搬运时要轻装轻卸，防止包装及容器损坏。配备相应品种和数量的消防器材及泄漏应急处理设备。 （3）生产过程中需用热媒加热或加工过程中可能引起物料温升的作业点，均应设置温度检测仪器并采取温控措施。 【储存安全】 （1）储存于阴凉、通风、干燥的库房。远离火种、热源。工业氯酸钠保质期为 3 年；逾期可重新检验，检验结果符合要求时，方可继续使用。库房温度不超过 30℃，相对湿度不超过 80%。 （2）应与还原剂、强酸、铵盐、有机物、易（可）燃物分开存放，切忌混储。存放时，应距加热器（包括暖气片）和热力管线 300mm 以上。储存区应备有合适的材料收容泄漏物。禁止震动、撞击和摩擦。禁止使用易产生火花的机械设备和工具。 【运输安全】 （1）运输车辆应有危险货物运输标志、安装具有行驶记录功能的卫星定位装置。未经公安机关批准，运输车辆不得进入危险化学品运输车辆限制通行的区域。 （2）运输过程中应有遮盖物，防止曝晒和雨淋，猛烈撞击、包装破损，不得倒置。严禁与酸类、铵盐、有机物、易（可）燃物、还原剂、自燃物品、遇湿易燃物品等同车混运。运输过程中要确保容器不泄漏、不倒塌、不坠落、不损坏。运输时运输车辆应配备相应品种和数量的消防器材。搬运时要轻装轻卸，防止包装及容器损坏。禁止震动、撞击和摩擦。

续表

安全措施	(3)拥有齐全的危险化学品运输资质，必须配备押运人员，并随时处于押运人员的监管之下，不得超装、超载，不得进入危险化学品运输车辆禁止通行的区域；确需进入禁止通行区域的，应当事先向当地公安部门报告，运输时车速不宜过快，不得强行超车。运输车辆装卸前后，均应彻底清扫、洗净，严禁混入有机物、易燃物等杂质。
应急处置原则	【急救措施】 吸入：迅速脱离现场至空气新鲜处，休息。就医。 食入：漱口。就医。 眼睛接触：立即提起眼睑，用流动清水或生理盐水冲洗。就医。 皮肤接触：立即用大量水冲洗，然后脱去污染的衣着，接着再冲洗，就医。 【灭火方法】 灭火剂：用水灭火。禁止使用砂土、干粉灭火。 大火时，远距离用大量水灭火。消防人员应佩戴防毒面具、穿全身消防服，在上风向灭火。在确保安全的前提下将容器移离火场。用大量水冷却容器，直至火扑灭。切勿开动已处于火场中的货船或车辆。 如果在火场中有储罐、槽车或罐车，周围至少隔离 800m；同时初始疏散距离也至少为 800m。 【泄漏应急处置】 隔离泄漏污染区，限制出入。建议应急处理人员戴防尘面具(全面罩)，穿防毒服。不要直接接触泄漏物。勿使泄漏物与有机物、还原剂、易燃物接触。小量泄漏：避免扬尘，用洁净的铲子收集于干燥、洁净、且盖子较松的容器中，并将容器移离泄漏区。大量泄漏：收集回收或运至废物处理场所处置，泄漏物回收后，用水冲洗泄漏区。 作为一项紧急预防措施，泄漏隔离距离至少为 25m。如果为大量泄漏，下风向的初始疏散距离应至少为 100m。

3. 危险化学品重大危险源

(1) 国家标准《危险化学品重大危险源辨识》(GB 18218—2009) 的全部技术内容为强制性的。

(2) 2011 年国家安全监管总局第 40 号令做出了《危险化学品重大危险源监督管理暂行规定》。此规定第三章第十三条要求如下。

① 重大危险源配备温度、压力、液位、流量、组分等信息的不间断采集和监测系统以及可燃气体和有毒有害气体泄漏检测报警装置，并具备信息远传、连续记录、事故预警、信息存储等功能；一级或者二级重大危险源，具备紧急停车功能。记录的电子数据的保存时间不少于 30 天。

② 重大危险源的化工生产装置装备满足安全生产要求的自动化控制系统；一级或者二级重大危险源，装备紧急停车系统。

③ 对重大危险源中的毒性气体、剧毒液体和易燃气体等重点设施，设置紧急切断装置；毒性气体的设施，设置泄漏物紧急处置装置。涉及毒性气体、液化气体、剧毒液体的一级或者二级重大危险源，配备独立的安全仪表系统 (SIS)。

④ 重大危险源中储存剧毒物质的场所或者设施，设置视频监控系统。

⑤ 安全监测监控系统符合国家标准或者行业标准的规定。

第四节 安全生产标准

一、安全生产标准体系

我国的安全生产标准分为国家标准 (GB)、安全生产技术标准 (AQ)、行业标准 (SY、SH、HG)、地方标准及企业标准，据有关部门统计，目前我国共有安全生产国家标准 400

多项，行业安全生产标准1500多项，地方安全生产标准3000多项，企业安全生产标准多的无法统计。

二、主要安全生产标准

国家对化工（危险化学品）的安全技术与安全管理有严格的管理，出台颁布了诸多这方面的国家标准，有力地指导和规范了化工（危险化学品）的安全生产。如下列标准。

①《危险化学品重大危险源辨识》（GB 18218—2009）。

②《常用危险化学品的分类及标志》（GB 13690—2009）。

③《危险货物品名表》（GB 12268—2015）。

④《危险货物分类和品名编号》（GB 6944—2012）。

⑤《道路运输危险货物车辆标志》（GB 13392—2005）。

⑥《危险废物填埋污染控制标准》（GB 18598—2001）。

国家安全监管总局自成立以来，发布了诸多安全生产技术标准，对指导全国的安全生产工作发挥了巨大的作用。在危险化学品安全生产方面，如下列标准。

①《石油化工建设项目管理方安全管理实施导则》（AQ/T 3005—2006）。

②《生产经营单位安全生产事故应急预案编制导则》（AQ/T 9002—2006）。

③《危险化学品从业单位安全标准化通用规范》（AQ 3013—2008）。

④《合成氨企业安全标准化实施指南》（AQ/T 3017—2008）。

⑤《生产安全事故应急演练指南》（AQ/T 9007—2011）。

⑥《企业安全生产标准化基本规范》（AQ/T 9006—2012）。

⑦《化工建设项目安全设计管理导则》（AQ/T 3033—2010）。

⑧《化工企业工艺安全管理实施导则》（AQ/T 3034—2010）。

⑨《危险化学品重大危险源安全监控通通用技术规范》（AQ 3035—2010）。

⑩《危险化学品应急救援管理人员培训及考核要求》（AQ/T 3043—2013）。

⑪《化学品生产单位特殊作业安全规范》（GB 30871—2014）。

⑫《危险化学品事故应急救援指挥导则》（AQ/T 3052—2015）。

第二章

化工安全生产管理

第一节　危险化学品基础知识

一、危险化学品的概念、分类及危险特性

（一）危险化学品的概念

（1）化学品　《作业场所安全使用化学品公约》（第 170 号国际公约）对化学品进行了定义，即化学品是指各种化学元素、由元素组成的化合物及其混合物，无论是天然的或人造的。据美国化学文摘，目前全世界已有的化学品多达 700 万种，其中作为商品上市的有 10 万余种，我国已生产和上市销售的现有化学物质大约有 4.5 万种。

（2）危险化学品　《危险化学品安全管理条例》对危险化学品定义如下：危险化学品是指具有毒害、腐蚀、爆炸、燃烧、助燃等性质，对人体、设施、环境具有危害的剧毒化学品和其他化学品。

（3）剧毒化学品　根据《危险化学品目录（2015 版）》（以下简称《目录》），剧毒化学品是指具有剧烈急性毒性危害的化学品，包括人工合成的化学品及其混合物和天然毒素，还包括具有急性毒性易造成公共安全危害的化学品。

剧烈急性毒性判定界限：急性毒性类别 1，即满足下列条件之一：大鼠实验，经口 $LD_{50} \leqslant 5mg/kg$，经皮 $LD_{50} \leqslant 50mg/kg$，吸入（4h）$LC_{50} \leqslant 100mL/m^3$（气体）或 0.5mg/L（蒸气）或 0.05mg/L（尘、雾）。经皮 LD_{50} 的实验数据，也可使用兔实验数据。

（二）危险化学品分类

1. 危险化学品分类的总体情况

化学品分类和标签规范（GB 30000.2—2013～GB 30000.29—2013）将化学品危险性分为 28 类 95 个类别，以此为基础，《目录》选取了 28 类中危险性较大的 81 个类别作为危险化学品，14 个危险性较小的危险性类别的化学品，不纳入《目录》管理，其中物理危险性类别 8 个、健康危害类别 4 个，环境危害类别 2 个，详细情况见表 2-1，其中，深色背景的是属于危险化学品的类别。

危险化学品种类与类别如下。

（1）物理危险

① 爆炸物：不稳定爆炸物、1.1、1.2、1.3、1.4。

② 易燃气体：类别 1、类别 2、化学不稳定性气体类别 A、化学不稳定性气体类别 B。

③ 气溶胶（又称气雾剂）：类别 1。

表 2-1　危险化学品分类

危险和危害种类		类别						
物理危险	爆炸物	不稳定爆炸物	1.1	1.2	1.3	1.4	1.5	1.6
	易燃气体	1	2	A(化学不稳定性气体)	B(化学不稳定性气体)			
	气溶胶	1	2	3				
	氧化性气体	1						
	加压气体	压缩气体	液化气体	冷冻液化气体	溶解气体			
	易燃液体	1	2	3	4			
	易燃固体	1	2					
	自反应物质和混合物	A	B	C	D	E	F	G
	自热物质和混合物	1	2					
	自燃液体	1						
	自燃固体	1						
	遇水放出易燃气体的物质和混合物	1	2	3				
	金属腐蚀物	1						
	氧化性液体	1	2	3				
	氧化性固体	1	2	3				
	有机过氧化物	A	B	C	D	E	F	G
健康危害	急性毒性	1	2	3	4	5		
	皮肤腐蚀/刺激	1A	1B	1C	2	3		
	严重眼损伤/眼刺激	1	2A	2B				
	呼吸道或皮肤致敏	呼吸道致敏物 1A	呼吸道致敏物 1B	皮肤致敏物 1A	皮肤致敏物 1B			
	生殖细胞致突变性	1A	1B	2				
	致癌性	1A	1B	2				
	生殖毒性	1A	1B	2	附加类别（哺乳效应）			
	特异性靶器官毒性——次接触	1	2	3				
	特异性靶器官毒性—反复接触	1	2					
	吸入危害	1	2					
环境危害	危害水生环境	急性 1	急性 2	急性 3	长期 1	长期 2	长期 3	长期 4
	危害臭氧层	1						

④ 氧化性气体：类别 1。

⑤ 加压气体：压缩气体、液化气体、冷冻液化气体、溶解气体。

⑥ 易燃液体：类别 1、类别 2、类别 3。

⑦ 易燃固体：类别 1、类别 2。

⑧ 自反应物质和混合物：A 型、B 型、C 型、D 型、E 型。

⑨ 自燃液体：类别 1。

⑩ 自燃固体：类别 1。

⑪ 自热物质和混合物：类别 1、类别 2。

⑫ 遇水放出易燃气体的物质和混合物：类别 1、类别 2、类别 3。

⑬ 氧化性液体：类别 1、类别 2、类别 3。

⑭ 氧化性固体：类别 1、类别 2、类别 3。

⑮ 有机过氧化物：A 型、B 型、C 型、D 型、E 型、F 型。

⑯ 金属腐蚀物：类别 1。

（2）健康危害

① 急性毒性：类别 1、类别 2、类别 3。

② 皮肤腐蚀/刺激：类别 1A、类别 1B、类别 1C、类别 2。

③ 严重眼损伤/眼刺激：类别 1、类别 2A、类别 2B。

④ 呼吸道或皮肤致敏：呼吸道致敏物 1A、呼吸道致敏物 1B、皮肤致敏物 1A、皮肤致敏物 1B。

⑤ 生殖细胞致突变性：类别 1A、类别 1B、类别 2。

⑥ 致癌性：类别 1A、类别 1B、类别 2。

⑦ 生殖毒性：类别 1A、类别 1B、类别 2、附加类别。

⑧ 特异性靶器官毒性——次接触：类别 1、类别 2、类别 3。

⑨ 特异性靶器官毒性—反复接触：类别 1、类别 2。

⑩ 吸入危害：类别 1。

（3）环境危害

① 危害水生环境—急性危害：类别 1、类别 2。

② 危害水生环境—长期危害：类别 1、类别 2、类别 3。

③ 危害臭氧层：类别 1。

2. 化学品危险性分类及分类标准

化学品分类和标签规范（GB 30000.2～GB 30000.29）对化学品危险性进行了分类，为了使广大读者系统了解分类情况，本节以 GB 30000.2～GB 30000.29 为基础进行介绍。

（1）爆炸物

① 定义

a. 爆炸性物质或混合物　能通过化学反应在内部产生一定速度、一定温度与压力的气体，且对周围环境具有破坏作用的一种固体或液体物质（或其混合物）。烟火物质或混合物无论其是否产生气体都属于爆炸性物质。

b. 烟火物质或混合物　能发生非爆轰且自供氧放热化学反应的物质或混合物，并产生热、光、声、气、烟或几种效果的组合。

c. 爆炸性物品　包含一种或多种爆炸性物质或其混合物的物品。

d. 烟火制品　包含一种或多种烟火物质或其混合物的物品。

e. 爆炸物　包含以下三类：爆炸性物质和混合物；爆炸性物品，不包括那些含有一定数量的爆炸物或其混合物的装置，在这些装置内的爆炸物当不小心或无意中被点燃或引爆时产生迸射、着火、冒烟、放热或巨响等效果不会在装置外产生任何效应；上面两项均未提及的，而实际上又是以产生爆炸或焰火效果而制造的物质、混合物和物品，如烟火制品。

如：叠氮钠、黑索金、2,4,6-三硝基甲苯（TNT），三硝基苯酚等均属于爆炸物。

② 分类　根据爆炸物所具有的危险特性分为、不稳定的爆炸物、1.1～1.6 项。

不稳定的爆炸物：对热不稳定，正常搬运或使用过程中太敏感。

1.1 项　具有整体爆炸危险的物质、混合物和物品（整体爆炸是实际上瞬间引燃几乎所有内装物的爆炸）。

如：2,4,6-三硝基甲苯（TNT）；黑火药（火药）；二硝基重氮苯酚；二硝基苯酚；高氯酸铵。

1.2 项　具有迸射危险但无整体爆炸危险的物质、混合物和物品。

1.3 项　具有燃烧危险和较小的爆轰危险或较小的迸射危险或两者兼有，但没有整体爆炸危险的物质、混合物和物品。

a. 燃烧产生显著辐射热。

b. 一个接一个的燃烧，同时产生较小的爆轰或迸射作用或两者兼有。

如：二硝基苯酚的碱金属盐；二硝基邻甲苯酚钠；苦胺酸钠；二亚硝基苯。

1.4 项　不存在显著爆炸危险的物质、混合物和物品，如被点燃或引爆也只存在较小危险，并且可以最大限度地控制在包件内，抛出碎片的质量和抛射距离不超过有关规定；外部火烧不会引发包装件内装物发生整体爆炸。

如：四唑-1-乙酸；5-巯基四唑-1-乙酸。

1.5 项　具有整体爆炸危险，但本身又很不敏感的物质或混合物，虽然具有整体爆炸危险，但极不敏感，以至于在正常条件下引爆或由燃烧转至爆轰的可能性非常小。

1.6 项　极不敏感且无整体爆炸危险的物品，这些物品只含极不敏感爆轰物质或混合物和那些被证明意外引发的可能性几乎为零的物品。

根据联合国《关于危险货物运输的建议书 试验和标准手册》第一部分的试验系列 2 至试验系列 8 的相关规定进行分类（1.1～1.6）。

（2）易燃气体

① 定义　易燃气体是指一种在 20℃ 和标准压力 101.3kPa 时与空气混合有一定易燃范围的气体。

② 气体　是指满足以下条件之一的物质：

a. 在 50℃蒸气压大于 300kPa；

b. 在 20℃ 和标准压力 101.3kPa 下完全是气态的物质。

③ 化学不稳定气体　指一种甚至在没有空气或氧气时也能极为迅速反应的易燃气体。如乙炔、丙二烯等。

化学不稳定性应按照联合国《关于危险货物运输的建议书 试验和标准手册》第三部分通过试验或计算来确定。如果按（GB/T 27862）计算结果显示该气体混合物不是易燃的，为分类目的测定化学不稳定性的试验则不必进行。

④ 易燃气体的分类　见表 2-2。

表 2-2　易燃气体的分类

类别	标准
1	在 20℃和标准大气压 101.3kPa 时的气体： ①在与空气的混合物中体积分数为 13%或更少时可点燃的气体（即爆炸下限等于或小于 13%的气体）； ②不论易燃下限如何，与空气混合，可燃范围至少为 12 个百分点的气体（即爆炸范围大于等于 12%的气体）
2	在 20℃和标准大气压 101.3kPa 时，除类别 1 中的气体之外，与空气混合时有易燃范围的气体

续表

类别	标准
A(化学不稳定气体)	在20℃和标准大气压101.3kPa时化学不稳定性的易燃气体
B(化学不稳定气体)	在温度超过20℃和/或气压高于101.3kPa时化学不稳定性的易燃气体

（3）气溶胶（气雾剂）

① 定义　气溶胶（气雾剂）是指喷雾器（系任何不可重新灌装的容器，该容器用金属、玻璃或塑料制成）内装压缩、液化或加压溶解的气体（包含或不包含液体、膏剂或粉末），并配有释放装置以使内装物喷射出来，在气体中形成悬浮的固态或液态微粒或形成泡沫、膏剂或粉末或者以液态或气态形式出现。

② 分类

a. 如果气溶胶含有任何根据《全球化学品统一分类和标签制度》（GHS）分类为易燃物成分时，该气溶胶应考虑分类为易燃物，即含易燃液体、易燃气体、易燃固体。

注1：易燃成分不包括自燃物质、自热物质或遇水反应物质和混合物，因为这些成分从来不用作为喷雾器内装物。

注2：易燃气溶胶不再另属易燃气体、加压气体、易燃液体和易燃固体的范围。

b. 气溶胶根据其成分、化学燃烧热，以及视具体情况根据泡沫试验（用于泡沫气溶胶）、点火距离试验和封闭空间试验（用于喷雾气溶胶）的结果分为三类中的一类。未列入类别1或者类别2的（极易燃或易燃气溶胶）应列入类别3（不易燃气溶胶）。

（4）氧化性气体　一般通过提供氧气，比空气更能导致或促使其他物质燃烧的任何气体。

"比空气更能导致或促使其他物质燃烧的任何气体"，系指采用GB/T 27862规定的方法，确定的氧化能力大于23.5%的纯净气体或气体混合物。

（5）加压气体

① 定义　20℃下，压力等于或大于200kPa（表压）下装入容器的气体，或是液化气体或冷冻液化气体。

② 分类　加压气体包括压缩气体、液化气体、溶解气体、冷冻液化气体。见表2-3。

表2-3　加压气体的分类

类别	分类
压缩气体	在−50℃加压封装时完全是气态的气体；包括所有临界温度①≤−50℃的气体
液化气体	在高于−50℃的温度下加压封装时部分是液体的气体。它又分为： a)高压液化气体：临界温度在−50℃和65℃之间的气体； b)低压液化气体：临界温度高于65℃的气体
冷冻液化气体	封装时由于其温度低而部分是液体的气体
溶解气体	加压封装时溶解于液相溶剂中的气体

① 临界温度是指高于此温度无论压缩程度如何纯气体都不能被液化的温度。

（6）易燃液体　指闪点不大于93℃的液体。见表2-4。

表2-4　易燃液体分类

类别	分类
1	闪点＜23℃和初沸点≤35℃
2	闪点＜23℃和初沸点＞35℃
3	23℃≤闪点≤60℃
4	60℃＜闪点≤ 93℃

（7）易燃固体

① 定义 指容易燃烧的或可通过摩擦引起或促进着火的固体。

它们与点火源（如着火的火柴）短暂接触能容易点燃且火焰迅速蔓延的粉状、颗粒状或糊状物质的固体。

② 分类 见表2-5。

表2-5 易燃固体的分类

类别	分类
1	燃烧速率试验。 除金属粉末之外的物质或混合物： a)潮湿部分不能阻燃，而且 b)燃烧时间＜45s或燃烧速率＞2.2mm/s； 金属粉末： 燃烧时间≤5min
2	燃烧速率试验。 除金属粉末之外的物质或混合物： a)潮湿部分可以阻燃至少4min，而且 b)燃烧时间＜45s或燃烧速率＞2.2mm/s 金属粉末：5min＜燃烧时间≤10min

（8）自反应物质和混合物

① 定义 即使没有氧（空气）也容易发生激烈放热分解的热不稳定液态或固态物质或者混合物。本定义不包括根据GHS分类为爆炸物、有机过氧化物或氧化性物质和混合物。

自反应物质或混合物如果在实验室试验中其组分容易起爆、迅速爆燃或在封闭条件下加热时显示剧烈效应，应视为具有爆炸性质。

② 分类 根据下列原则，自反应物质和混合物划入本类中的七个类别“A型～G型”之一。

a. 任何自反应物质或混合物，如在包装件中可能起爆或迅速爆燃，将定为A型自反应物质。

b. 具有爆炸性质的任何自反应物质或混合物，如在包装件中不会起爆或迅速爆燃，但在该包装件中可能发生热爆炸，将定为B型自反应物质。

c. 具有爆炸性质的任何自反应物质或混合物，如在包装件中不可能起爆或迅速爆燃或发生热爆炸，将定为C型自反应物质。

d. 任何自反应物质或混合物，在实验室试验中：

- 部分地起爆，不迅速爆燃，在封闭条件下加热时不呈现任何剧烈效应；
- 根本不起爆，缓慢爆燃，在封闭条件下加热时不呈现任何剧烈效应；
- 根本不起爆和爆燃，在封闭条件下加热时呈现中等效应；
- 将定为D型自反应物质；
- 任何自反应物质或混合物，在实验室试验中，根本不起爆也根本不爆燃，在封闭条件下加热时呈现微弱效应或无效应，将定为E型自反应物质；
- 任何自反应物质或混合物，在实验室试验中，根本不在空化状态下起爆也根本不爆燃，在封闭条件下加热时只呈现微弱效应或无效应，而且爆炸力弱或无爆炸力，将定为F型自反应物质；

• 任何自反应物质或混合物，在实验室试验中，既绝不在空化状态下起爆也绝不爆燃，在封闭条件下加热时显示无效应，而且无任何爆炸力，将定为G型自反应物质，但该物质或混合物应是热稳定的（50kg包装件的自加速分解温度为60～75℃），对于液体混合物，所用脱敏稀释剂的沸点大于或等于150℃。如果混合物不是热稳定的，或者所用脱敏稀释剂的沸点低于150℃，则该混合物应定为F型自反应物质。

自反应物质分类举例：见表2-6。

表2-6 自反应物质分类

化学品名称	分类
2-重氮-1-萘酚-4-磺酰氯	自反应物质和混合物，B型
N，*N*'-二亚硝基-*N*，*N*'-二甲基对苯二酰胺；*N*，*N*'-二亚硝基五亚甲基四胺（减敏的）	自反应物质和混合物，C型
二（苯磺酰肼）醚；4-二丙基氨基苯重氮氯化锌盐	自反应物质和混合物，D型
1-三氯锌酸-4-二甲氨基重氮苯	自反应物质和混合物，E型

（9）自燃液体

① 分类　即使数量小也能在与空气接触后5min内着火的液体。

② 分类　见表2-7。

表2-7 自燃液体分类

类别	分类
1	液体加至惰性载体上并暴露在空气中5min内燃烧，或与空气接触5min内燃着或碳炭滤纸

例如：三溴化三甲基二铝、二甲基锌、二氯化乙基铝、三异丁基铝等。

（10）自燃固体

① 定义　即使数量小也能在与空气接触后5min内着火的固体。

② 分类　见表2-8。

表2-8 自燃固体分类

类别	分类
1	该固体与空气接触后5min内发生燃烧

例如：白磷、二苯基镁、二甲基镁、金属锶等。

（11）自热物质和混合物

① 定义　除自燃液体或自燃固体外，与空气反应不需要能量供应就能够自热的固态或液态物质或混合物；此物质或混合物与自燃液体或自燃固体不同之处在于仅在大量（千克级）并经过长时间（数小时或数天）才会发生自燃。

注：物质或混合物的自热是一个过程，其中物质或混合物与（空气中的）氧气逐渐发生反应，产生热量。如果热产生的速度超过热损耗的速度，该物质或混合物的温度便会上升。经过一段时间，可能导致自发点火和燃烧。

② 分类　见表2-9。

表2-9 自热物质和混合物分类

类别	分类
1	用边长25mm立方体试样在140℃下做试验时取得肯定结果

续表

类别	分类
2	① 用边长100mm立方体试样在140℃下做试验时取得肯定结果，用边长25mm立方体试样在140℃下做试验取得否定结果，并且该物质或混合物将装在体积大于3m³的包装件内； ② 用边长100mm立方体试样在140℃下做试验时取得肯定结果，用边长25mm立方体试样在140℃下做试验取得否定结果，用边长100mm立方体试样在120℃下做试验取得肯定结果，并且该物质或混合物将装在体积大于450L的包装件内； ③ 用边长100mm立方体试样在140℃下做试验时取得肯定结果，用边长25mm立方体试样在140℃下做试验取得否定结果，并且用边长100mm立方体试样在100℃下做试验取得肯定结果

自热物质分类举例。见表2-10。

表2-10 自热物质分类举例

化学品名称	分类
二氨基镁、甲醇钠、甲醇钾、连二亚硫酸钠、活性炭（水蒸气活化法生产的除外）	自热物质和混合物，类别1
二硫化钛、金属钙粉、黄原酸盐	自热物质和混合物，类别2

（12）遇水放出易燃气体的物质和混合物

① 定义　通过与水作用，容易具有自燃性或放出危险数量的易燃气体的固态或液态物质和混合物。

② 分类　见表2-11。

表2-11 遇水放出易燃气体的物质和混合物分类

类别	分类标准
1	在环境温度下遇水起剧烈反应并且所产生的气体通常显示自燃的倾向，或在环境温度下遇水容易发生反应，释放易燃气体的速度等于或大于每千克物质在任何1min内释放10L的任何物质或混合物
2	在环境温度下遇水容易发生反应，释放易燃气体的最大速度等于或大于每千克物质每小时释放20L，并且不符合类别1的标准的任何物质或混合物
3	在环境温度下遇水容易发生反应，释放易燃气体的最大速度等于或大于每千克物质每小时释放1L，并且不符合类别1和类别2的任何物质或混合物

遇水放出易燃气体的物质和混合物的分类举例，见表2-12。

表2-12 遇水放出易燃气体的物质和混合物的分类举例

化学品名称	分类
金属钠、金属钾、磷化铝、碳化钙、苯基溴化镁（浸在乙醚中的）	遇水放出易燃气体的物质和混合物，类别1
金属钡、金属钙、氨基化锂、硅钙、铝粉	遇水放出易燃气体的物质和混合物，类别2
钙锰硅合金、硅铁（30%≤含硅＜90%）、硅铝、钙锰硅合金、氰氨化钙（含碳化钙＞0.1%）	遇水放出易燃气体的物质和混合物，类别3

（13）氧化性液体

① 定义　本身未必可燃，但通常会放出氧气可能引起或促使其他物质燃烧的液体。

② 分类　见表2-13。

表2-13 氧化性液体分类

类别	分类标准
1	受试物质（或混合物）与纤维素之比按质量1∶1的混合物进行试验时可自燃；或受试物质与纤维素之比按质量1∶1的混合物的平均压力上升时间小于50%高氯酸与纤维素之比按质量1∶1的混合物的平均压力上升时间的任何物质或混合物

续表

类别	分类标准
2	受试物质(或混合物)与纤维素之比按质量1∶1的混合物进行试验时，显示的平均压力上升时间小于或等于40%氯酸钠水溶液与纤维素之比按质量1∶1的混合物的平均压力上升时间；并且不属于类别1的标准的任何物质或混合物
3	受试物质(或混合物)与纤维素之比按质量1∶1的混合物进行试验时，显示的平均压力上升时间小于或等于65%硝酸水溶液与纤维素之比按质量1∶1的混合物的平均压力上升时间；并且不符合类别1和类别2的标准的任何物质或混合物

氧化性液体分类举例，见表2-14。

表2-14 氧化性液体分类举例

化学品名称	分类
过氧化氢溶液(含量>8%)、四硝基甲烷、硝酸、发烟硝酸、高氯酸(浓度>50%)	氧化性液体，类别1
高氯酸(浓度≤50%)、氯酸溶液(浓度≤10%)	氧化性液体，类别2
高氯酸醋酐溶液、氯酸钾溶液、氯酸钙溶液	氧化性液体，类别3

(14) 氧化性固体

① 定义 本身未必可燃，但通常会放出氧气可能引起或促使其他物质燃烧的固体。

② 分类 见表2-15。

表2-15 氧化性固体分类

类别	分类标准
1	受试样品(或混合物)与纤维素4∶1或1∶1(质量比)的混合物进行试验时，显示的平均燃烧时间小于溴酸钾与纤维素之比按质量3∶2(质量比)的混合物的平均燃烧时间的任何物质或混合物
2	受试样品(或混合物)与纤维素4∶1或1∶1(质量比)的混合物进行试验时，显示的平均燃烧时间等于或小于溴酸钾与纤维素2∶3(质量比)的混合物的平均燃烧时间，并且未满足类别1的标准的任何物质或混合物
3	受试样品(或混合物)与纤维素4∶1或1∶1(质量比)的混合物进行试验时，显示的平均燃烧时间等于或小于溴酸钾与纤维素3∶7(质量比)的混合物的平均燃烧时间，并且未满足类别1和类别2的标准的任何物质或混合物

氧化性固体分类举例：见表2-16。

表2-16 氧化性固体分类举例

化学品名称	分类
超氧化钠、过二碳酸钠、高氯酸钾、氯酸钡、氯酸钾、氯酸钠	氧化性固体，类别1
次氯酸钙(含有效氯>10%)、高碘酸、碘酸钾、碘酸钠	氧化性固体，类别2
过硫酸铵、过硫酸钠、硝酸钙、硝酸钠	氧化性固体，类别3

(15) 有机过氧化物

① 定义 含有二价—O—O—结构和可视为过氧化氢的一个或两个氢原子已被有机基团取代的衍生物的液态或固态有机物。本术语还包括有机过氧化物配制物（混合物）。有机过氧化物是可发生放热自加速分解、热不稳定的物质或混合物。此外，它们可具有一种或多种下列性质：易于爆炸分解；迅速燃烧；对撞击或摩擦敏感；与其他物质发生危险反应。

如果其配制品在实验室试验中容易爆炸、迅速爆燃或在封闭条件下加热时显示剧烈效应，则认为有机过氧化物具有爆炸性质。

② 分类 任何有机过氧化物应考虑划分为这一类，除非有机过氧化物混合物中：

a. 其有机过氧化物的有效氧含量不超过1.0%，而且过氧化氢含量不超过1.0%；

b. 其有机过氧化物的有效氧含量不超过 0.5%，而且过氧化氢含量超过 1.0%但不超过 7.0%。

有机过氧化物混合物的有效氧含量（%）按下式计算：

$$\omega(\%) = 16 \times \sum_{i}^{n} \left(\frac{n_i \times c_i}{m_i} \right) \times 100$$

式中 n_i——每个分子有机过氧化物 i 的过氧化基团数；

c_i——有机过氧化物 i 的浓度（质量百分数），%；

m_i——有机过氧化物 i 的分子量。

根据下列原则，有机过氧化物可划为下列的七个类别“A 型到 G 型”之一。

a. 任何有机过氧化物，如在包件中可能起爆或迅速爆燃，将定为 A 型有机过氧化物。

b. 任何具有爆炸性质的有机过氧化物，如在包装件中既不起爆也不迅速爆燃，但在该包装件中可能发生热爆炸，将定为 B 型有机过氧化物。

c. 任何具有爆炸性质的有机过氧化物，如在包装件中不可能起爆或迅速爆燃或发生热爆炸，将定为 C 型有机过氧化物。

d. 任何有机过氧化物，如果在实验室试验中，有下列情况将定为 D 型有机过氧化物。

- 部分起爆，不迅速爆燃，在封闭条件下加热时不呈现任何剧烈效应。
- 根本不起爆，缓慢爆燃，在封闭条件下加热时不呈现任何剧烈效应。
- 根本不起爆或爆燃，在封闭条件下加热时呈现中等效应。

e. 任何有机过氧化物，在实验室试验中，既绝不起爆也绝不爆燃，在封闭条件下加热时只呈现微弱效应或无效应，将定为 E 型有机过氧化物。

f. 任何有机过氧化物，在实验室试验中，既绝不在空化状态下起爆也绝不爆燃，在封闭条件下加热时只呈现微弱效应或无效应，而且爆炸力弱或无爆炸力，将定为 F 型有机过氧化物。

g. 任何有机过氧化物，在实验室试验中，既绝不在空化状态下起爆也绝不爆燃，在封闭条件下加热时显示无效应，而且无任何爆炸力，将定为 G 型有机过氧化物，但该物质或混合物应是热稳定的（50kg 包装件的自加速分解温度为 60℃或更高），对于液体混合物，所用脱敏稀释剂的沸点不低于 150℃。如果有机过氧化物不是热稳定的，或者所用脱敏稀释剂的沸点低于 150℃，将定为 F 型有机过氧化物。

注：G 型过氧化物没有划定的危险公示要素，但需考虑属于其他危险类别的性质。

有机过氧化物分类举例：见表 2-17。

表 2-17 有机过氧化物分类举例

化学品名称	分类
过氧化二苯甲酰(51%<含量≤100%,惰性固体含量≤48%)	有机过氧化物,B 型
过氧化二苯甲酰(35%<含量≤ 51%,惰性固体含量>48%)	有机过氧化物,D 型
过氧化二苯甲酰(36%<含量<42%,含 A 型稀释剂≥18%,含水≤40%)	有机过氧化物,E 型
过氧化二苯甲酰(含量≤42%,在水中稳定弥散)	有机过氧化物,F 型

(16) 金属腐蚀物

① 定义 通过化学作用会显著损伤或甚至毁坏金属的物质或混合物。

② 分类 见表 2-18。

表 2-18 金属腐蚀物分类

类别	分类标准
1	在试验温度 55℃下,钢或铝表面的腐蚀速率超过每年 6.25mm

注：如果对钢或铝进行的第一个试验表明，接受试验的物质或混合物具有腐蚀性，则无须再对另一金属进行试验。

例如：硫酸、盐酸、苯酚磺酸、氯酸溶液［浓度≤10%］等。

（17）急性毒性

① 定义 经口或经皮肤给予物质的单次剂量或在 24h 内给予的多次剂量，或者 4h 的吸入接触发生的急性有害影响。

② 分类 见表 2-19。

表 2-19 急性毒性物分类

暴露方式	单位	类别 1	类别 2	类别 3	类别 4	类别 5③
经口	mg/kg	5	50	300	2000	
经皮肤	mg/kg	50	200	1000	2000	
气体①	mL/L	0.1	0.5	2.5	20	5000
蒸气①,②	mg/L	0.5	2.0	10	20	
粉尘和烟雾①	mg/L	0.05	0.5	1.0	5	

① 表中吸入的最大值是基于 4h 接触试验得出的。如现有 1h 接触的吸入毒性数据，对于气体和蒸气应除以 2，对于粉尘和烟雾应除以 4 加以转换。

② 对于某些化学品所试气体不会正好是蒸气，而会由液相与蒸气相的混合物组成。对于另一些化学品，所试气体可由几乎为气相的蒸气组成。对后者，应按照气体分类。

③ 类别 5 的指标是指在能够识别急性毒性危害相对较低的，但在某些情况下，对敏感群体可能存在危害的物质，这些物质预期它的经口或经皮肤 LD_{50} 的范围内（2000～5000）mg/kg 体重和相应的吸入剂量，类别 5 的具体准则是：

a. 如果现有可靠的证据表明（LD_{50} 或 LC_{50}）在类别 5 的数值范围内，或者其他动物研究或人体毒性效应表明对人体健康有急性影响，那么该物质应被分为这一类别。

b. 通过数据的推断、评估或测定，如果不能分类到更危险的类别，并有如下情况时，该物质分到此类别：

- 得到的可靠信息说明对人类有显著的毒性效应，或
- 通过经口、吸入或经皮肤接触试验直至类别 4 的剂量水平时观察到任何一种致死水，或
- 在试验至类别 4 的数值时，除了出现腹泻、被毛藻松、外观污秽外，专家判断确定有明显的临床毒性表现，或
- 判定来自其他动物研究的明显急性毒性效应的可靠信息。

（18）皮肤腐蚀/刺激

① 定义

a. 皮肤腐蚀 对皮肤能造成不可逆损害的结果，即施用试验物质 4h 内，可观察到表皮和真皮坏死。典型的腐蚀反应具有溃疡、出血、血痂的特征，而且在 14d 观察期结束时，皮肤、完全脱发区域和结痂处由于漂白而褪色。应通过组织病理学检查来评估可疑的病变。

b. 皮肤刺激 施用试验物质达到 4h 后对皮肤造成可逆损害的结果。

② 分类 见表 2-20、表 2-21。

表 2-20 皮肤腐蚀的类别和子类别

类别 1:腐蚀	腐蚀子类别	3 只试验动物中≥1 只出现腐蚀	
		涂皮时间	观察时间
腐蚀	1A	≤3min	≤1h
	1B	>3min 且≤1h	≤14d
	1C	>1h 且≤4h	≤14d

注：人类经验表明对皮肤能造成不可逆伤害的化学品应划入该类。

表 2-21　皮肤刺激类别

类别	分类
刺激 (类别 2)(适用于所有主管部门)	① 在斑贴除掉之后的 24h、48h、72h 分级试验中，或者如果反应延迟，在皮肤反应开始后的连续 3d 的分级试验中，3 只试验动物至少有 2 只试验动物的红斑或水肿平均值不小于 2.3 和不大于 4.0； ② 炎症在至少 2 只动物中持续到正常 14d 观察期结束，特别注意到脱发(有限区域)，过度角化，过度增生和脱皮； ③ 在某些情况下，不同动物之间的反应会有明显变化，只有 1 只动物有非常明确地与化学品接触有关的阳性反应，但低于上述标准
轻度刺激 (类别 3)(适用于某些主管部门)	在 24h、48h 和 72h 分级试验中，或者如果反应延迟，在皮肤反应开始后的连续 3d 的分级试验中(当不包括在上述刺激类别时)，3 只试验动物中至少有 2 只试验动物的红斑/焦痂或水肿的平局值 1.5～2.3

注：为了分类，在评价一种化学品对人类的健康危险时，应体现与化学品对人类影响有关的可靠的流行病学数据和经验（如职业数据、事故数据库的数据）。

（19）严重眼损伤/眼刺激

① 定义

a. 严重眼损伤　将受试物滴施用于眼睛前部表面进行暴露接触，引起了眼部组织损伤，或出现严重的视觉衰退，且在暴露后的 21d 内尚不能完全恢复。

b. 眼刺激　将受试物滴入眼内表面，对眼睛产生变化，但在滴眼 21d 内可完全恢复。

② 分类　见表 2-22 和表 2-23。

表 2-22　眼部不可逆效应的类别（类别 1）

试验物质有以下情况，分类为眼刺激类别 1(对眼部不可逆效应)： ①至少 1 只动物的角膜、虹膜或结膜受到影响，并预期不可逆或在正常 21d 观察期内无法完全恢复；和/或 ②3 只试验动物，至少 2 只有如下阳性反应： 角膜浑浊度≥3 和(或)虹膜炎＞1.5 在受试物质施加之后 24h、48h 和 72h 分级的平均值计算

表 2-23　眼部可逆效应的类别（类别 2）

试验物质有以下情况，分类为眼刺激类别 2A： ①3 只试验动物中至少 2 只有如下项目的阳性反应： 角膜浑浊度≥1 和/或 虹膜炎≥1 和/或 结膜红度≥2 和/或 结膜水肿≥2 ②在受试物质施加之后 24h、48h、72h 的分级平均值计算；而且在正常 21d 观察期内完全恢复； 在本类别范围，如以上所列效应在 7d 观察期内完全恢复，则被认为是轻微眼刺激(子类别 2B)

（20）呼吸道或皮肤过敏

① 定义

a. 呼吸道致敏物　吸入后会导致呼吸道过敏的物质。

b. 皮肤致敏物　皮肤接触后会导致过敏的物质。

② 分类　见表 2-24 和表 2-25。

表 2-24　呼吸道致敏物质的分类

类别	呼吸道致敏物质
类别 1	物质划为呼吸道致敏物质： ①如果有人类证据，该物质可导致特定的呼吸道过敏和/或 ②如果合适的动物试验的阳性结果[①]
类别 1A	物质显示在人类中有高发生率；或根据动物或其他试验，可能对人有高过敏率[①]。反应的严重程度也可考虑在内
类别 1B	物质显示在人类中过敏的发生率为低度到中度；或根据动物或其他试验，可能发生人的低度到中度过敏率[①]。反应的严重程度也可考虑在内

① 目前还没有公认和有效的用来进行呼吸道致敏试验的动物模型。在某些情况下，对动物的研究数据，在作证据权重评估中，可提供重要信息。

表 2-25　皮肤过敏物质的分类

类别	皮肤致敏物质
类别 1	物质划为皮肤致敏物质： ①如果有人类证据显示，有较大数量的人在皮肤接触后可造成过敏； ②如果适当的动物试验的阳性结果
类别 1A	物质显示在人群中的发生率较高；或在动物身上有较大的可能性，则可以假定该物质有可能在人类身上产生严重过敏作用。还应结合反应的严重程度
类别 1B	物质显示在人类有低到中度的发生率；或对动物有低到中度的可能性，可以假定有可能造成人的过敏。还应结合反应的严重程度

（21）生殖细胞致突变性

① 定义

a. 突变　指细胞中遗传物质的数量或结构发生的永久性改变。

b. 生殖细胞突变性　化学品引起人类生殖细胞发生可遗传给后代的突变。

② 分类　见表 2-26。

表 2-26　生殖细胞致突变性物质分类

类别		分类标准
类别 1		已知能引起人类生殖细胞发生可遗传突变或可能引起人类细胞可遗传突变的物质
	类别 1A	已知能引起人类生殖细胞发生可遗传突变的物质。 判断标准：人群流行病学研究的阳性证据
	类别 1B	应认为可能引起人类生殖细胞可遗传突变的物质 判断标准： ①哺乳动物体内遗传的生殖细胞突变试验的阳性结果；或 ②哺乳动物体内体细胞突变性试验的阳性结果，结合该物质具有诱发生殖细胞突变的某些证据。这种支持数据。例如，可由体内生殖细胞中突变性/遗传毒性试验推导，或由该物质或其代谢物与生殖细胞的遗传物质的相互作用证实；或 ③显示人类的生殖细胞突变影响的试验的阳性结果，不遗传给后代，例如接触该物质的人群的精液细胞中非整倍体频度的增加
类别 2		由于其可诱发人类的生殖细胞中遗传性突变的可能性而引起人们关注的物质 判断标准： 来自哺乳动物试验和(或)在某些情况来自体外试验得到的阳性结果； ①可得自哺乳动物体内的体细胞突变性试验；或 ②其他体外突变性试验的阳性结果支持的体内细胞遗传毒性试验

注：体外哺乳动物细胞突变性试验为阳性，并且从化学品结构活性关系已知为生殖细胞突变的化学品，应考虑分为类别 2 致突变物。

（22）致癌性

① 定义　致癌性是能导致癌症或增加癌症发病率的物质或混合物。

在实施良好的动物实验研究中诱发良性和恶性肿瘤的物质和混合物，也被认为是假定的或可疑的人类致癌物，除非有确切证据显示肿瘤形成的机制与人类无关。将物质或混合物按具有致癌危害分类，是根据物质本身的性质，并不提供使用该物质或混合物可能产生的人类致癌风险高低的信息。

② 分类　见表2-27。

表2-27　致癌性物质分类

类别		分类标准
类别1	已知或假定的人类致癌物	
	类别1A	已知对人类有致癌可能；对物质分类主要根据人类的证据
	类别1B	假定对人类有致癌可能，对物质分类主要根据动物的证据。 以证据的充分程度以及附加的考虑事项为基础，这样的证据可来自人类研究，即研究确定，人类接触物质与癌症发病间的因果关系（已知的人类致癌物）。或者，证据也可来自动物实验，即动物实验以充分的证据证明动物致癌性（假定的人类致癌物）。此外，在个案基础上，从人体致癌性的有限证据结合动物试验的致癌性有限证据中经过科学判断可以合理地确定假定人类致癌物
类别2		可疑的人类致癌物。 可根据人类和（或）动物研究得到的证据分在类别2，但前提是这些证据不能令人信服地将物质分在类别1中。根据证据的充分程度以及附加考虑事项，这些证据可来源于人类研究的有限致癌性证据或来自动物研究的有限致癌性证据

（23）生殖毒性

① 定义

a. 生殖毒性　对成年雄性和雌性的性功能和生育能力的有害影响，以及对子代的发育毒性。

在此分类系统中，生殖毒性被细分为两个主要部分：对性功能和生育能力的有效影响以及对子代发育的有害影响。

对性功能和生殖能力的有害影响。化学品干扰生殖能力的任何效应，包括（但不限于），雌性和雄性生殖系统的变化，对青春期的开始、生殖细胞的产生和输送、生殖周期的正常状态、性行为、生育能力、分娩、怀孕结果的有害影响，生殖能力的早衰或与生殖系统完整性有关的其他功能的改变。

对经过哺乳造成的有害效应也包括在生殖毒性中，但是出于分类目的，应分别处理这样的效应。因为希望能将化学品对哺乳的有害效应作专门分类，以便将这种效应特定的危险警告提供给哺乳的母亲。

b. 对子代发育的有害效应　对最广泛的意义来说，发育毒性包括在出生前或出生后干扰胎儿正常发育的任何影响，这种影响的产生是由于受孕前父母一方的接触，或者正在发育之中的后代在出生前或出生后至性成熟之前这一期间的接触。然而，对发育毒性的分类，其主要目的是对孕妇及有生育能力的男性与女性提供危险性警告。因此，对于分类的实用目的而言，发育毒性主要指对怀孕期间的有害影响，或由于父母的接触造成的有害影响。这些影响能在生物体生存时间的任何阶段显露出来。生育毒性的主要表现形式包括：正在发育的生物体死亡；结构畸形；生长改变；功能缺陷。

② 分类　见表2-28。

表 2-28　生殖毒性物质分类

类别		分类标准
类别 1		已知或假定的人类生殖毒物。 此类别包括对人类的生殖能力或发育已产生有害效应的物质，或有动物研究的证据，及可能用其他信息补充提供其具有妨碍人生殖能力的物质。根据其分类的证据来源可作进一步区分，主要来自人的数据(类别 1A)或来自动物的数据(类别 1B)
	类别 1A	已知的人类生殖毒物。该物质分类在这一类别主要根据人类证据
	类别 1B	推测可能的人类生殖毒物 该物质分类在这一类别主要根据实验动物的数据。动物研究数据应提供清楚的、没有其他毒性作用的和特异性生殖毒性的证据，或者当有害生殖效应与其他毒性效应一起发生时，这种有害生殖效应不被认为是继发的、非特异性的其他毒性效应。然而，当存在有机制方面的信息怀疑这种效应对人类的相关性时，将其分类至类别 2 也许更合适
类别 2		可疑人类的生殖毒物。 此类别的物质应有人或动物试验研究证据(可能还有其他补充材料)表明对生殖能力、发育的有害效应而不伴发其他毒性效应；但如果生殖毒性效应伴发其他毒性效应时，这种生殖毒性效应不被认为是其他毒性效应的继发的非特异性结果；同时，没有充分证据支持分为类别 1。例如，研究中的欠缺可以使证据的说服力较差，基于此原因，分类于类别 2 可能更合适
哺乳效应		影响哺乳或通过哺乳产生影响 对哺乳的影响是被单独划分在单一类别。已知许多物质不存在经哺乳能对子代引起有害影响的信息。然而，已知一些物质被妇女吸收后显示干扰哺乳，或该物质(包括代谢物)可能存在于乳汁中，而且其含量足以影响哺乳婴儿的健康，那么应标示出该物质分类对哺乳婴儿造成危害的性质。这一分类可根据如下情况确定： ①对该物质吸收、代谢、分布和排泄的研究应指出该物质在乳汁中存在，且其含量达到可能产生毒性的水平；和(或) ②在动物实验中一代或二代的研究结果表明，物质转移至乳汁中对子代的有害影响或对乳汁质量的有害影响的清楚证据；和(或) ③对人的实验证据包括对哺乳期婴儿的危害

(24) 特异性靶器官毒性 一次接触

① 定义　特异性靶器官毒性；一次接触。

一次接触物质和混合物引起的特异性、非致死性靶器官毒性作用，包括所有明显的健康效应，可逆的和不可逆的、即时的和迟发的功能损害。

② 分类　见表 2-29。

表 2-29　特异性靶器官毒性物质（一次接触）分类

类别	分类标准
1	对人类产生显著毒性的物质，或者根据实验动物研究得到的证据，可假定在一次接触之后可能对人类产生显著毒性的物质。 将物质分入类别 1 的根据是：人类的病例报告或流行病学研究的可靠和高质量的证据；或实验动物研究的观察结果。在试验中，在一般低浓度接触时产生与人类健康有关的明显和/或严重的特异性靶器官系统毒性效应
2	根据实验动物研究的证据，可假定在一次接触之后可能对人类健康产生危害的物质。 根据实验动物研究的观察结果将物质分类于类别 2，其中在一般适度接触浓度时即会产生与人类健康相关的明显的或严重毒性效应。 在特别情况，人类的证据也能用于将物质分类于类别 2
3	暂时性靶器官效应。 有些靶器官效应可能不符合把物质(混合物)划入上述类别 1 或类别 2 的标准。这些效应在接触后短暂时间内有事的改变人类功能，但可在合理的时间恢复而不留下组织或功能改变。麻醉效应、呼吸道刺激

（25）特异性靶器官毒性（反复接触）

① 定义　特异性靶器官毒性，反复接触。

反复接触物质和混合物引起的特异性、非致死性的靶器官毒性作用，包括所有明显的健康效应，可逆的和不可逆的、即时的和迟发的功能损害。

② 分类　见表2-30。

表2-30　特异性靶器官毒性（反复接触）物质分类

类别	分类标准
1	对人类产生显著毒性的物质，或根据实验动物研究得到的证据，可假定在反复接触后有可能对人类产生显著毒性的物质 将物质分入类别1是根据：人类的病例报告或流行病学研究的可靠和高质量的证据；或实验动物研究的观察资料，其中在低接触浓度时产生与人类健康有关的明显和（或）严重的特异性靶器官系统毒性效应
2	根据实验动物研究的证据，可假定在反复接触之后又可能危害人类健康的物质 将物质分类于类别2是根据实验动物研究的观察资料，其中在中等接触浓度时产生与人类健康有关的明显特异性靶器官系统毒性。为了有助于分类，下表提供了指导剂量（浓度值） 在特别情况，分至类别2也可使用人类证据

（26）吸入危害

① 定义　特指液态或固态化学品通过口腔或鼻腔直接进入或者因呕吐间接进入气管和下呼吸系统。

② 分类　见表2-31。

表2-31　吸入危害物质分类

类别	分类标准
1	已知引起人类吸入毒性危险的化学品或者被看做会引起人类吸入毒性危险的化学品。 物质被划入类别1： ①根据可靠的优质人类证据[①]或 ②如果它是烃类并且在40℃测量的运动黏度$\leqslant 20.5mm^2/s$
2	因假定它们会引起人类吸入毒性的危险而令人关注的化学品。 根据现有的动物研究以及专家考虑到表面张力、水溶性、沸点和挥发性做出的判断，在40℃测量的运动黏度$\leqslant 14mm^2/s$的物质，被划入第1类的物质除外[②]

① 划入第1类的物质例子是某些烃类、松节油和松树油。

② 在这些条件下，有些政府主管部门可能会考虑将下列物质划入这一类别：至少有3个但不超过13个碳原子的正伯醇、异丁醇和有不超过13个碳原子的酮类。

（27）对水环境的危害

① 定义

a. 急性水生毒性　可对水中短期接触该物质的生物体造成伤害，是物质本身的性质。

b. 急性（短期）危害　化学品的急性毒性对在水中短时间暴露的水生生物造成的危害。

c. 慢性水生毒性　可对水中接触该物质的生物体造成有害影响，接触时间根据生物体的生命周期确定，是物质本身的性质。

d. 长期危害　化学品的慢性毒性对在水中长期暴露的水生生物造成的危害。

e. 无可见效应浓度（NOEC）　试验浓度刚好低于在统计上有效的有害影响的最低侧的浓度。NOEC不产生在统计上有效的应受管制的有害影响。

② 分类

a. 急性（短期）水生危害。见表2-32。

表 2-32 急性水生毒性物质分类

类别	指标	数值/(mg/L)
急性类别 1	96h LC_{50}(鱼类),和/或 48 小时 EC_{50}(甲壳纲动物),和(或)72 小时或 96 小时 ErC_{50}(藻类或其他水生植物)	≤1
急性类别 2	96 小时 LC_{50}(鱼类),和/或 48 小时 EC_{50}(甲壳纲动物),和(或)72 小时或 96 小时 ErC_{50}(藻类或其他水生植物)	>1 且≤10
急性类别 3	96 小时 LC_{50}(鱼类),和(或)48 小时 EC_{50}(甲壳纲动物),和(或)72 小时或 96 小时 ErC_{50}(藻类或其他水生植物)	>10 且≤100

b. 长期水生危害，物质不能快速降解，已掌握充分慢性毒性资料。见表 2-33。

表 2-33 长期水生危害物质（不能快速降解）分类

类别	指标	数值/(mg/L)
慢性类别 1	鱼类、甲壳纲动物、藻类或其他水生植物中任一一种的慢毒 NOEC 或 EC_x	≤0.1
慢性类别 2	鱼类、甲壳纲动物、藻类或其他水生植物中任一一种的慢毒 NOEC 或 EC_x	>0.1 且≤1

c. 长期水生危害，物质能快速降解，已掌握充分慢性毒性资料。见表 2-34。

表 2-34 长期水生危害物质（能快速降解）分类

类别	指标	数值/(mg/L)
慢性类别 1	鱼类、甲壳纲动物、藻类或其他水生植物中任意一种的慢毒 NOEC 或 EC_x	≤0.01
慢性类别 2	鱼类、甲壳纲动物、藻类或其他水生植物中任意一种的慢毒 NOEC 或 EC_x	>0.01 且≤0.1
慢性类别 3	鱼类、甲壳纲动物、藻类或其他水生植物中任意一种的慢毒 NOEC 或 EC_x	>0.1 且≤1

d. 长期水生危害，尚未掌握充分的慢毒性资料。见表 2-35。

表 2-35 长期水生危害（尚未掌握充分的慢毒性资料）分类

类别	指标
慢性类别 1	急性 1 的条件,且物质不能快速降解,和(或)实验 $BCF \geqslant 500$(如无实验数据,$\lg K_{ow} \geqslant 4$)
慢性类别 2	急性 2 的条件,且物质不能快速降解,和(或)实验 $BCF \geqslant 500$(如无实验数据,$\lg K_{ow} \geqslant 4$)
慢性类别 3	急性 3 的条件,且物质不能快速降解,和(或)实验 $BCF \geqslant 500$(如无实验数据,$\lg K_{ow} \geqslant 4$)

e. 安全网。见表 2-36。

表 2-36 安全网

类别	指标
慢性类别 4	对于不易溶解的物质,如在水溶性水平之下没有显示急性毒性,而且不能快速降解,$\lg K_{ow} \geqslant 4$(表现出生物积累潜力),将划为本类别,除非有其他科学证据表明不需要分类。这种证据包括经试验确定的 $BCF < 500$,或者慢性毒性 NOEC>1mg/L,或者在环境中快速降解的证据

(28) 对臭氧层的危害。其分类见表 2-37。

表 2-37 对臭氧层的危害物质分类

类别	分类标准
类别 1	(1)《蒙特利尔议定书》附件中列出的任何受管制物质;或 (2)任何混合物至少含有一种浓度不小于 0.1%的被列入《蒙特利尔议定书》附件的组分

3. 各类危险化学品的危险特性

(1) 爆炸物

① 爆炸性　具有化学不稳定性，在一定的作用下，能以极快的速度发生猛烈的化学反应，产生的大量气体和热量在短时间内无法逸散开去，致使周围的温度迅速上升和产生巨大

的压力而引起爆炸。

② 敏感度　任何一种爆炸品的爆炸都需要外界供给它一定的能量——起爆能。爆炸品所需的最小起爆能，即为敏感度。不同的爆炸品需要不同的起爆能。

③ 殉爆　当炸药爆炸时，能引起位于一定距离之外的炸药也发生爆炸，这种现象称为殉爆。殉爆发生的原因是冲击波的传播作用，距离越近冲击波强度越大。

④ 毒害性　有些炸药，如苦味酸、TNT、硝化甘油、雷汞、氮化铅等本身具有一定的毒性。

（2）气体类化学品　气体类化学品包括易燃气体、气溶胶、氧化性气体、加压气体四类，主要危险性如下。

① 容器破裂或爆炸　该类化学品当受热、撞击或强烈震动时，容器内压会急剧增大，致使容器破裂爆炸，或导致气瓶阀门松动漏气，酿成火灾或中毒事故。

② 化学活泼性　有些气体的化学性质很活泼，在通常状态下可与很多物质发生反应，有的能发生爆炸。例如，乙炔、乙烯与氯气混合遇日光会发生爆炸；液态氧与有机物接触能发生爆炸；压缩氧与油脂接触能发生自燃。

③ 扩散性　气体无固定的形状和体积，泄漏后在空气中能够很快扩散。一旦遇到火源，易燃性气体会立即发生爆燃、爆炸事故，造成大量人员伤亡、财产损失。比空气重的气体，往往沿地面扩散、聚集在房间死角中或聚集在低洼处，长时间集聚不散，燃烧、爆炸危险性很大。

对于毒性气体，容易造成大面积人员中毒。

④ 易燃易爆性　易燃气体遇火源能燃烧，与空气混合到一定浓度会发生爆炸。爆炸下限越低，爆炸范围越宽，爆炸危险性越大。

⑤ 毒性、窒息性和腐蚀性　大多数气体都有毒性、窒息性或腐蚀性，例如硫化氢、氯气、氯化氢、一氧化碳、溴化氢、氮气、惰性气体等，这些气体不但可引起人畜中毒，有的因缺氧导致人畜窒息，还会使皮肤、呼吸道黏膜等受到严重刺激和灼伤而危及生命，当大量压缩或液化气体及其燃烧后的直接生成物扩散到空气中时，空气中氧的含量降低，人也会因缺氧而窒息。

⑥ 氧化性　氧化性气体具有助燃作用，在火场中能增大火势。同时，使一些不易燃烧的物质容易燃烧，使燃烧加剧。

（3）易燃液体的危险特性

① 高度的易燃易爆性　易燃液体通常容易挥发，闪点和燃点较低，其蒸气与空气易形成爆炸性混合物，遇火源、火花容易发生燃烧或爆炸。有些液体蒸气的密度比空气大，容易聚集在低洼处，更增加了着火、爆炸的危险。

易燃液体闪点越低，着火危险性越大。

② 易流动扩散性　液体流动性的大小，取决于易燃液体本身的黏度。黏度越小，流动性越强。易燃液体的黏度都很小，容易流淌，还因渗透、浸润及毛细现象等作用，扩大其表面积，加快挥发速率，使空气中的蒸气浓度增大，增加了燃烧爆炸的危险。

③ 受热膨胀性　一些易燃液体的热膨胀系数较大，容易膨胀，同时受热后蒸气压也较高，从而使密闭容器内的压力升高。当容器内压力超过容器能承受的压力时，容器就会发生爆裂甚至爆炸。因此，易燃液体在灌装时，容器内要留有5%以上的空间。

④ 带电性　易燃液体电阻较率大，在受到摩擦、震荡或流速较高时极易产生静电，聚集到一定程度，就会因放电产生电火花而引起燃烧爆炸事故。一般情况下，电阻率大于$10^{10}\Omega\cdot m$时，会有显著的静电危害，必须采取防静电措施。许多易燃液体，特别是石油产品的电阻率都大于$10^{11}\Omega\cdot m$，若操作时防静电措施不正确或不到位，就有静电放电火花导

致其蒸气空气混合物燃烧、爆炸的危险。

⑤ 毒害性　绝大多数易燃液体及其蒸气都具有一定毒性，食入、通过皮肤接触或经呼吸道进入人体，会导致人员中毒、甚至死亡。

(4) 易燃固体的危险特性

① 易燃性　易燃固体的熔点、燃点、自燃点以及分解温度较低，受热容易熔融、分解或汽化。在能量较小的热源和撞击下，很快达到燃点而着火，燃烧速度也较快。如红磷、硫黄、萘，着火点比较低，一般都在300℃以下，在常温下只要有能量很小的着火源与之作用即能燃烧。

② 可分散性与可氧化性　固体具可分散性，物质的颗粒越细，其表面积越大，分散就越强。当固体粒度小于0.01mm时，可悬浮于空气中，能与空气中的氧气发生氧化作用。固体的可分散性是受许多因素影响，但主要受物质比表面积的影响，比表面积越大，和空气的接触机会就越多，氧化作用也就越容易，燃烧也就越快，爆炸危险性则越强。另外，易燃固体与氧化剂接触能发生剧烈反应而引起燃烧或爆炸。如红磷与氯酸钾接触，硫黄粉与氯酸钾或过氧化钠接触就会立即发生燃烧爆炸。

③ 热分解性　某些易燃固体受热后不熔融，而发生分解现象，有的受热后边熔融边分解。热分解的温度高低直接影响危险性大小，受热分解温度越低的物质，其火灾爆炸危险性就越大。

④ 与氧化剂的混合物对撞击，摩擦敏感　易燃固体与氧化剂接触，尤其是强氧化剂，能够立即引起着火或爆炸。有的易燃固体与氧化剂的混合物对摩擦，撞击，振动等很敏感，受摩擦、振动、撞击能引起燃烧甚至爆炸。

⑤ 本身或燃烧产物有毒　很多易燃固体本身具有毒害性，或燃烧后能产生有毒的物质。如二硝基苯酚、硫黄、五硫化二磷。

(5) 自燃、自热、自反应性物质的特性

① 极易氧化　非常活泼，具有极强的还原性，接触空气后能迅速与空气中的氧化合，并产生大量的热，达到其自燃点而着火。例如黄磷、硫化亚铁、硫化钠、烷基铝、油棉纱等。

② 积热自燃　这类物质多为含有较多的不饱和双键的化合物，遇氧或氧化剂容易发生氧化反应，并放出热量。如果通风不良，热量聚集不散，致使温度升高，又会加快氧化反应速度，产生更多的热量，导致温度升高，最终会因积热达到自燃点而引起自燃。

③ 易分解　有些物质受热易分解并放出热量，由于热量不能及时扩散而导致物质温度升高，最后发生剧烈分解，有的物质会由于分解放热，温度到达自燃点而着火，例如赛璐珞、硝化棉及其制品、偶氮二异庚腈等物质在积热不散时容易自燃而发生火灾。

(6) 遇水放出易燃气体物质的特性

① 遇水易燃易爆性　遇水后发生剧烈反应，产生大量易燃气体并放出的大量热量。当易燃气体遇明火或由于反应放出的热量达到自燃温度时，就会发生着火爆炸。例如金属钠、金属钾等。

② 与酸或氧化剂反应剧烈　遇水放出易燃气体的物质大都有很强的还原性，当遇到氧化剂或酸时反应会更加剧烈。

③ 易于自燃　有些遇水放出易燃气体的物质不仅遇水易燃，而且在潮湿空气中能自燃，在高温下反应会更加强烈，放出易燃气体和热量而导致火灾。

④ 毒害性和腐蚀性　有些遇水放出易燃气体的物质如钠汞齐、钾汞齐等本身具有毒性，有些遇湿后还可放出有毒气体。

(7) 氧化性物质的特性

① 强氧化性　这类物质与易燃、可燃物混合，极易形成危险的产物，有的立即着火甚至爆炸，有的对撞击、摩擦敏感，遇火源、受撞击、摩擦时极易引起燃烧或爆炸，如黑火药、氯酸钾与硫黄的混合物等。

② 助燃性　这类物质由于其强的氧化性而具有助燃作用，在火场中能增大火势而使燃烧加剧，导致事态扩大。

③ 易分解　有些氧化剂，如硝酸盐、氯酸盐等，受热或受摩擦、撞击等作用时，极易分解并放出大量热量，此时如遇易燃、可燃物特别是粉末状物质，则会发生剧烈的化学反应而引起燃烧，甚至爆炸。

④ 毒性及腐蚀性　有些氧化剂具有一定的毒性和腐蚀性，能毒害人体，腐蚀烧伤皮肤。

（8）有机过氧化物的特性

① 分解爆炸性　该类物质含有极不稳定的过氧基基团，对热、震动、撞击和摩擦都极为敏感，极易发生分解、爆炸。

② 易燃性　许多有机过氧化物易燃，且燃烧迅速而猛烈。

③ 身体伤害性　过氧化环己酮、叔丁基过氧化氢、过氧化二乙酰等，对眼睛有伤害作用。

（9）金属腐蚀物的特性

① 强烈的腐蚀性

a. 对人体的伤害　人体直接接触这些物品后，会引起表面灼伤或发生破坏性创伤，特别是接触氢氟酸时，能发生剧痛，使组织坏死，若不及时治疗，会导致严重的后果。当人们吸入腐蚀品挥发出的蒸气或飞扬到空气中的粉尘时，会造成呼吸道黏膜被损伤，引起咳嗽、呕吐、头痛等。

b. 对有机物的腐蚀　腐蚀品能夺取有机物中的水分，破坏其组织成分并使之炭化。

c. 对金属等物质的腐蚀　在腐蚀性物品中，无论是酸还是碱，对金属均能产生不同程度的腐蚀作用而导致设备失效。

② 氧化性　如浓硫酸、硝酸、氯磺酸等都是氧化性很强的物质，与还原剂接触易发生强烈的氧化还原反应，放出大量热量。

③ 毒害性　多数腐蚀品具有不同程度的毒性，如发烟氢氟酸、发烟硫酸等，吸入其烟雾，对人体毒害性极大。

二、化学品安全技术说明书

（一）概述

化学品安全技术说明书（safety data sheet for chemical products，SDS）是化学品的供应商向下游用户传递化学品基本危害信息（包括运输，操作处置，储存和应急行动信息）的一种载体，提供了化学品（物质或混合物）在安全、健康和环境保护等方面的信息，推荐了防护措施和紧急情况下的应对措施。

《化学品安全技术说明书 内容和项目顺序》（GB/T 16483）规定了化学品安全技术说明书（SDS）的结构、内容和通用形式，《化学品安全技术说明书编写指南》（GB/T 17519）对《化学品安全技术说明书　内容和项目顺序》规定的16部分内容提出了编写细则并给出示例，规定了化学品安全技术说明书的格式、书写要求，提供了完整的SDS参考样例。

（1）总体上一种化学品应编制一份SDS。

（2）SDS中包含的信息是与组成有关的非机密信息。

（3）供应商应向下游用户提供完整的SDS，以提供与安全、健康和环境有关的信息。供应商有责任对SDS进行更新，并向下游用户提供最新版本的SDS。

（4）SDS的下游用户在使用SDS时，还应充分考虑化学品在具体使用条件下的风险评估结果，采取必要的预防措施。SDS的下游用户应通过合适的途径将危险信息传递给不同作业场所的使用者，当为工作场所提出具体要求时，下游用户应考虑有关的SDS的综合性建议。

（5）由于SDS仅和某种化学品有关，它不可能考虑所有工作场所可能发生的情况，所以SDS仅包含了保证操作安全所必备的一部分信息。

（6）SDS应按使用化学品工作场所控制法规总体要求，提供某一种物质或混合物有关的综合性信息。

（7）当化学品是一种混合物时，没有必要编制每个相关组分的单独的SDS。编制和提供混合物的SDS即可。当某种成分的信息不可缺少时，应提供该成分的SDS。

SDS内容：

① 化学品及企业标识；

② 危险性概述；

③ 成分/组成信息；

④ 急救措施；

⑤ 消防措施；

⑥ 泄漏应急处理；

⑦ 操作处置与储存；

⑧ 接触控制和个体防护；

⑨ 理化特性；

⑩ 稳定性和反应性；

⑪ 毒理学信息；

⑫ 生态学信息；

⑬ 废弃处置；

⑭ 运输信息；

⑮ 法规信息；

⑯ 其他信息。

（二）安全技术说明书的编写

1. 第1部分　化学品及企业标识

（1）化学品标识

① 标明化学品的中文名称和英文名称。中英文名称应与标签上的名称一致。化学品属于物质的可填写其化学名称或常用名（俗名）；属于混合物的可填写其商品名称或混合物名称；属于农药的应填写其通用名称。建议同时标注供应商为该化学品编写的产品代码。

② 中文化学名称应按照中国化学会推荐使用的无机化学命名原则和有机化学命名原则确定；英文化学名称应按照国际纯化学和应用化学联合会（IUPAC）推荐使用的IUPAC命名法确定。英文化学名称过长可使用其缩写，但应在SDS的第3部分——成分/组成信息中

给出其全称。

③ 农药的中英文通用名称应分别按照 GB 4839 农药中文通用名称和 ISO 1750 农药和其他农用化学品——通用名称（Pesticides and other agrochemicals-Common names）填写。

（2）企业标识　应详细标明供应商的名称、地址、电话号码和电子邮件地址。编写时应注意以下几点。

① 地址应完整，包括省（直辖市、自治区）、市、区（县）和街道名称，门牌号码，以及邮政编码。

② 所提供的电话号码（可同时提供传真电话号码），应为供应商 SDS 责任部门的电话号码。

③ 所提供的电子邮件地址，应为供应商 SDS 责任部门的电子邮件地址。电子邮件地址宜设为专用和共用（非个人），以方便多人使用和核查（例如：SDS@companyX. com）。

（3）应急咨询电话

① 应提供供应商的 24h 化学事故应急咨询电话或供应商签约委托机构的 24h 化学事故应急咨询电话。

② 对于国外进口的化学品，应提供至少 1 家中国境内的 24h 化学事故应急咨询电话。

（4）化学品的推荐用途和限制用途

① 提供化学品的推荐或预期用途，包括其实际应用的简要说明，如用作阻燃剂，用作抗氧化剂等。

② 应尽可能说明化学品的使用限制，包括非法定的供应商建议的使用限制。

2. 第 2 部分　危险性概述

（1）紧急情况概述　描述在事故状态下化学品可能立即引发的严重危害，以及可能具有严重后果需要紧急识别的危害，为化学事故现场救援人员处置时提供参考。编写本项应注意的事项如下。

① 本项应置于 SDS 第 2 部分——危险性概述的起始位置，可使用醒目字体或加边框。

② 必要时，描述化学品的物理状态等，例如颜色、形状、气味，以及蒸气的颜色等。

③ 化学品的以下性质（但不限于），可作为事故状态下可能立即引发严重危害或具有严重后果需要紧急识别的危害列入本项：

a. 化学品具有易燃易爆特性；

b. 化学品具有重大或特殊的火灾或爆炸危险性（如可扩散到点火源，能够形成爆炸性混合物，可燃粉尘爆炸危险等）；

c. 属于氧化剂、有机过氧化物、自燃物；

d. 化学品不稳定（反应）或遇水反应；

e. 可引发重大反应性危害（例如与水或有机物发生失控反应，自然分解等）；

f. 在压力状态下搬运或处置化学品（例如压缩气体、液化气体等）；

g. 化学品的使用过程产生危害（例如加热过程发生热烧伤；加工过程释放有害化学品或产生其他危害）；

h. 属于剧毒或有毒化学品，进入人体（如吸入）后产生严重危害（如为强烈的中枢神经系统抑制剂，可引起中毒性肺水肿等）；

i. 接触后必须立即进行特殊医疗救治（例如接触氢氟酸、氰化物中毒等）；

j. 化学品能引起组织灼伤（例如对皮肤、眼睛和呼吸道具有腐蚀作用）；

k. 化学品对眼和（或）皮肤有强烈刺激性；

l. 化学品对皮肤或呼吸道有致敏性；

m. 化学品属于确认、可能或可疑致癌物［例如 GHS 分类为类别 1A、类别 1B 或类别 2 致癌物；国际癌症研究机构（IARC）分类为 G1、G2A 或 G2B 类致癌物］；

n. 化学品对水生生物有高毒性（例如在低浓度下能够导致鱼、藻或溞类等水生生物死亡）；

o. 化学品具有环境持久性［例如多氯联苯（PCB）、汞等］。

【示例】

紧急情况概述：

无色液体，遇水剧烈反应产生有毒和腐蚀性蒸气。对身体各部位组织有强烈腐蚀性。食入或吸入可致死。过量接触后需采取特殊急救措施和进行医疗随访。本品不燃，但可与多数金属反应产生可燃性气体。

（2）危险性类别

① 填写依据相关国家标准（见 GB 30000.2～GB 30000.29）对化学品进行危险性分类的结果。对于《危险化学品目录》已经统一分类的化学品，其危险性分类应采用目录分类的结果。

② 应根据危险性分类结果，标明化学品的物理、健康和环境危害的危险性种类和类别。

【示例】

GHS 危险性类别：
易燃液体　类别 2
急性毒性—经口　类别 3
急性毒性—经皮　类别 3
急性毒性—吸入　类别 3
特异性靶器官毒性——次接触　类别 1
对水环境的危害—急性毒性　类别 1

（3）标签要素

① 据分类提供适当的标签要素。

② 提供的标签要素应符合 GB 30000.2～GB 30000.29 及 GB 15258 等标准的相关规定。

③ SDS 标签要素的内容应与化学品安全标签上的要素内容一致。

【示例】

标签要素：
象形图：

信号词：危险

危险性说明：极易燃液体和蒸气，食入致死，对水生生物毒性非常大。

防范说明：

预防措施：

- 远离热源、火花、明火、热表面。使用不产生火花的工具作业；
- 保持容器密闭；
- 采取防止静电措施，容器和接收设备接地、连接；
- 使用防爆电器、通风、照明及其他设备；
- 戴防护手套、防护眼镜、防护面罩；
- 操作后彻底清洗身体接触部位；
- 作业场所不得进食、饮水、吸烟；
- 禁止排入环境。

事故响应：

- 皮肤（或头发）接触　立即脱掉所有被污染的衣着，用水冲洗皮肤、淋浴；
- 食入　催吐，立即就医；
- 收集泄漏物；
- 火灾时，使用干粉、泡沫、二氧化碳灭火。

安全储存：

- 在阴凉、通风良好处储存；
- 上锁保管。

废弃处置：

- 本品或其容器采用焚烧法处置。

（4）物理和化学危险　简要描述化学品潜在的物理和化学危险性，例如燃烧爆炸的危险性、金属腐蚀性等。填写本项内容时注意与 SDS 第 2 部分——危险性概述中的紧急情况概述和危险性类别项，第 9、10 等部分的相关内容相对应。

（5）健康危害

① 提供的信息为人接触化学品后所引起的有害健康影响（包括人接触化学品后出现的症状、体征，以及能够加重病情的原有疾患等）；或外推及人很可能出现同样有害影响的非人类研究结果。支持性毒理学和流行病学等资料和数据宜在 SDS 的第 11 部分——毒理学信息中描述。

② 本项内容宜包括以下要素：

a. 接触途径（如吸入、皮肤接触、眼睛接触、食入）；

b. 接触的频率和持续时间（如一次、反复、终生）；

c. 有害影响的严重程度（如轻度、中度或重度）；

d. 靶器官（如肝脏、肾脏、肺、皮肤等）；

e. 效应的类型（如刺激、皮肤过敏反应、出生缺陷、肿瘤、血液影响等）；

f. 接触后出现的症状和体征；

g. 已知接触后能导致病情加重的疾患；

h. 能够增强毒性的与其他化学品的交互作用（例如甲基乙基酮能够增强正己烷的神经毒性）。

③ 对于混合物中能引起危害的特定成分，可在本项或 SDS 的其他部分（例如第 11 部分）中说明。

④ 如果资料表明化学品没有显著的健康影响，可在本项或 SDS 的第 11 部分内说明。

【示例】

健康危害： 吸入　可经肺部迅速吸收。可引起肝、肾损害。过量吸入可引起中枢神经系统抑制，出现嗜睡、意识障碍。引起心律不齐。 食入　食入无毒。 慢性影响　长期或反复过量接触，可引起肝、肾损害。动物研究显示有致癌性。IARC 列为可能致癌物（G2A）。大鼠试验未发现有显著生殖毒性。 皮肤　长期接触可引起皮肤刺激。一次或长期接触未见引起本品有害剂量的皮肤吸收。 眼睛　可引起轻度刺激。 症状和体征　眼和皮肤刺激见发红、肿胀；嗜睡或意识障碍；心律不齐；肾损害可见尿量和尿液外观改变，水肿（体液蓄积）；肝损害可见食欲不振、黄疸（皮肤发黄），偶见上腹疼痛。

（6）环境危害

① 描述化学品的显著环境危害，语言简洁易懂。有关支持性资料或数据，可在 SDS 的第 12 部分——生态学信息中提供。

② 混合物中能引起环境危害的特定成分，可在本项或 SDS 第 12 部分中说明。

③ 如果资料表明化学品没有显著的环境影响，可在本项或 SDS 第 12 部分中说明。

【示例 1】

对水生生物有毒。可能对水生环境造成长期有害影响。

【示例 2】

藻类试验未发现有显著毒性效应。

（7）其他危害

本项应描述 GHS 危险性分类没有包括的其他危害特性（这些危害特性也可在 SDS 第 2 部分的物理和化学危险、健康危害或环境危害项中分别表述）。以下 GHS 没有包括的危险特性（但不限于），可在本项内表述：

① 物理和化学危险：粉尘爆炸。

② 健康危害：窒息、冻伤、交叉致敏、光毒性反应。

③ 环境危害：属于持久性、生物累积性和毒性（PBT）化学品或高持久性和高生物累积性（vPvB）化学品，内分泌干扰物，粉尘污染，恶臭污染，淬火或加工过程中产生的空气污染物，光化学臭氧生成潜势，对土壤生物的危害。

【示例】

其他危害： 本品属于高持久性和高生物累积性（vPvB）物质。

3. 第 3 部分　成分/组成信息

（1）物质　属于物质填写时应注意以下几点。

① 按照“第 1 部分 化学品及企业标识”的要求注明物质的名称。

② 提供物质的美国化学文摘登记号（CAS 号）及其他标识符。

③ 应列明包括对该物质的危险性分类产生影响的杂质和稳定剂在内的所有危险组分的名称，以及浓度或浓度范围。

（2）混合物　属于混合物填写时应注意以下几点。

① 不必列明混合物的所有组分。

② 如果按照 GHS 标准被分类为危险的组分，且其含量等于或大于浓度限值（见表 2-38），应列出其名称、浓度或浓度范围。

表 2-38　混合物健康及环境危害组分浓度限值

危险性种类		浓度限值/%
急性毒性		≥1.0
皮肤腐蚀/刺激		≥1.0
严重眼睛损伤/眼睛刺激性		≥1.0
呼吸或皮肤过敏		≥0.1
生殖细胞突变性	类别 1	≥0.1
	类别 2	≥1.0
致癌性		≥0.1
生殖毒性		≥0.1
特异性靶器官毒性　一次接触		≥1.0
特异性靶器官性　反复接触		≥1.0
吸入危害	类别 1	≥10 和运动黏度≤20.5mm^2/s(40℃)
	类别 2	≥10 和运动黏度≤14mm^2/s(40℃)
对水环境的危害		≥1.0

③ 按照“第 1 部分 化学品及企业标识”的要求提供列出组分物质的名称。

④ 按照递减顺序标注组分的质量或体积分数或浓度范围。

⑤ 除保密组分外，应提供列出组分的美国化学文摘登记号（CAS 号）及其他标识符。

【示例】

第 3 部分　成分/组成信息

组　分	浓度或浓度范围（质量分数，%）	CAS No.
××××××	5～10	×××-××-×
×××××	1～5	××××-××-×
×××××	1～5	×××××-××-×

⑥ 对于混合物中供应商需要保密的组分，根据需要保密的具体情况，组分的真实名称、CAS 号可不写，但应在 SDS 的相关部分列明其危险性。

4. 第 4 部分　急救措施

（1）急救措施的描述

① 根据化学品的不同接触途径，按照吸入、皮肤接触、眼睛接触和食入的顺序，分别描述相应的急救措施。如果存在除中毒、化学灼伤外必须处置的其他损伤（例如低温液体引起的冻伤，固体熔融引起的烧伤等），也应说明相应的急救措施。

【示例】

急救： 吸入 迅速脱离现场至空气新鲜处。保持呼吸道通畅。如呼吸困难，给输氧。呼吸、心跳停止，立即进行心肺复苏术。立即就医。 皮肤接触 立即脱去污染的衣着，用大量流动清水彻底冲洗，冲洗时间至少15min。立即就医。 眼睛接触 立即分开眼睑，用流动清水或生理盐水彻底冲洗，冲洗时间一般为5～10min。立即就医。 食入 漱口，禁止催吐。立即就医。

② 所提出的急救措施，应与SDS的第2部分中健康危害项的内容相互对应。

③ 所提出的急救措施，应与标签上描述的急救措施保持一致。

④ 急救措施应由医学专业人员根据化学品的健康危害特性，逐一评估、确定。

⑤ 应就以下事项（但不限于）提出建议。

a. 是否应将接触者从现场转移至空气新鲜处。

b. 是否需要脱去接触者的衣着和对污染衣着进行处置。

c. 是否需要清除身体接触的毒物，如体表污染毒物或食入毒物的清除。

d. 是否需要立即就医。

(2) 最重要的症状和健康影响 简要说明接触化学品后可能出现的急性和迟发性效应，应描述最重要的症状和健康影响。

(3) 对保护施救者的忠告 必要时，应就施救人员的自我保护提出建议。

【示例】

对保护施救者的忠告：进入事故现场应佩戴携气式呼吸防护器。

(4) 对医生的特别提示 适当时，作为对医生的特别提示应就迟发性效应的临床检查和医学监护，特殊解毒剂的使用及禁忌证，药品禁忌，气道正压通气的使用，是否需要洗胃等作出说明。不宜使用“无特效解毒剂”等词语，以免引起中毒患者对化学品毒性的焦虑和误解。

本项内容应由医学专业人员评估、确定。

【示例1】

对医生的特别提示：禁止使用肾上腺素。

【示例2】

对医生的特别提示：本品无胆碱酯酶抑制作用，阿托品和肟类药物不能作为本品中毒的解毒剂使用。

5. 第5部分 消防措施

(1) 灭火剂

① 适用灭火剂：使用简洁的语言标明适用的灭火剂。适用灭火剂的选用可参考有关专业书籍；部分化学品火灾适用灭火剂的选用参见GB 17914、GB 17915和GB 17916。

【示例1】

使用泡沫、CO_2或干粉灭火。

② 不适用灭火剂：注明不适用的灭火剂，包括那些可能与着火物质发生化学反应或急

剧的物理变化而导致其他危害的灭火剂（如某些物质遇水反应释放出可燃或有毒气体）。建议填写灭火剂不适用的原因。

【示例 2】

用水灭火无效。

【示例 3】

避免使用直流水灭火，直流水可能导致可燃性液体的飞溅，使火势扩散。

（2）特别危险性　本项应提供在火场中化学品可能引起的特别危害方面的信息。例如：

① 化学品燃烧可能产生的有毒有害燃烧产物；

② 遇高热容器内压缩气体（或液体）急剧膨胀，或发生物料聚合放出热量，导致容器内压增大引起开裂或爆炸。

【示例】

特别危险性：燃烧产生有毒的硫或氮的氧化物气体。

（3）灭火注意事项及防护措施

① 灭火过程中采取的保护行动。例如隔离事故现场，禁止无关人员进入；消防人员应在上风向灭火；喷水冷却容器等。

② 消防人员应穿戴的个体防护装备。包括消防靴、消防服、消防手套、消防头盔，以及呼吸防护装备（如携气式呼吸器）等。

③ 在填写本项时，应包括泄漏物和消防水对水源和土壤污染的可能性，以及减少这些环境污染应采取的措施等方面的信息。

6. 第 6 部分　泄漏应急处理

（1）人员防护措施、防护装备和应急处置程序包括以下内容。

① 非应急人员穿戴的防护装备（参见 SDS 第 8 部分）。

② 应急人员穿戴的防护装备。

③ 火源控制措施。

④ 现场警戒区的划定及人员疏散。

⑤ 泄漏源控制措施。

⑥ 泄漏物的控制等。

【示例】

人员防护措施、防护装备和应急处置程序： 消除所有点火源； 根据液体流动和蒸气扩散的影响区域划定警戒区，无关人员撤离至安全区； 建议应急处理人员戴正压携气式呼吸器，穿防静电服，戴橡胶耐油手套； 作业时使用的所有设备应接地； 禁止接触或跨越泄漏物； 尽可能切断泄漏源。

（2）环境保护措施　提出与化学品意外泄漏事故有关的环境保护措施建议。

【示例】

环境保护措施：本品为水污染物，防止进入下水道、地表水和地下水。

（3）泄漏化学品的收容、清除方法及所使用的处置材料。提出收容和清除泄漏物的方法及所使用处置材料的有关建议：

① 收容方法：包括筑堤堵截，用防爆泵转移等。

② 清除方法：包括中和、净化、吸附、洗消等。

③ 收容或清除设备的使用（包括使用不产生火花的工具和设备）。

④ 与泄漏处置有关的其他问题，例如不宜采用的收容或清除技术。

【示例】

泄漏化学品的收容、清除方法及所使用的处置材料： 小量泄漏：用活性炭或其他惰性材料吸附。 大量泄漏：构筑围堤或挖坑收容。用泡沫覆盖，抑制蒸发。用防爆泵转移至槽车或专用收集器内，回收或运至废物处理场所处置。

（4）防止发生次生灾害的预防措施　包括消除点火源，防止泄漏物进入下水道和地下室等。

7. 第 7 部分　操作处置与储存

（1）操作处置

① 就化学品安全处置的注意事项和措施提出建议。

a. 防止人员接触化学品　应填写除 SDS 第 8 部分——接触控制和个体防护要求填写内容以外的防止人员接触的注意事项和措施。个体防护等措施可在此项内注明“参见 SDS 的第 8 部分”。

b. 防火防爆　应填写防止火灾、爆炸等操作处置上的注意事项和措施。

c. 局部或全面通风　填写在操作处置化学品时采用局部通风或全面通风措施的必要性。

d. 防止产生气溶胶和粉尘　填写在操作处置化学品时防止产生气溶胶和粉尘的注意事项和措施。

e. 防止接触禁配物（不相容物质或混合物）　填写防止直接接触禁配物的特殊处置注意事项。

② 一般卫生要求建议。例如：

a. 禁止在工作场所进饮食；

b. 使用后洗手；

c. 进入餐饮区前脱掉污染的衣着和防护装备。

【示例】

操作处置： 密闭操作，防止蒸气泄漏到工作场所空气中； 避免眼和皮肤的接触，避免吸入蒸气，个体防护措施参见第 8 部分； 操作处置应在具备局部通风或全面通风换气设施的场所进行； 室外操作处置尽可能在上风向进行； 远离火种、热源，工作场所严禁吸烟； 使用防爆型的通风系统和设备； 灌装时应控制流速，且有接地装置，防止静电积聚； 避免与氧化剂接触。 使用后洗手，禁止在工作场所进饮食，进入餐饮区前脱掉污染的衣着和防护装备。

（2）储存　编写本项时应注意以下几点。

① 安全储存条件：填写该化学品适合的和应避免的储存条件，应符合下列要求。

a. 所提出的安全储存条件应符合有关标准的规定。如，GB 15603《常用危险化学品贮存通则》、GB 17914《易燃易爆性商品储藏养护技术条件》、GB 17915《腐蚀性商品储藏养护技术条件》和 GB 17916《毒害性商品储藏养护技术条件》等。

b. 在具体描述安全储存条件（适合的储存条件和不适合的储存条件）时，应考虑以下各项内容：

- 库房及温湿度条件，包括要求库房阴凉、通风，库房温度、湿度不得超过某一规定数值等；
- 安全设施与设备，包括防火、防爆、防腐蚀、防静电以及防止泄漏物扩散的措施；
- 禁配物；
- 添加抑制剂或稳定剂的要求；
- 其他要求：包括储存仓库（或容器）的具体设计、储存限量等。

② 包装材料：填写适合和不适合该化学品的包装材料。

【示例】

储存： 储存于阴凉、通风良好的专用库房内； 通常加有稳定剂； 远离火种、热源； 库温不宜超过 37℃； 应与氧化剂、酸类、碱类分开存放，切忌混储； 采用防爆型照明、通风设施； 禁止使用易产生火花的机械设备和工具； 储区应备有泄漏应急处理设备和合适的收容材料。

8. 第 8 部分　接触控制和个体防护

（1）有关定义　职业接触限值　指劳动者在职业活动过程中长期反复接触，对绝大多数接触者的健康不引起有害作用的容许接触水平。

化学有害因素的职业接触限值包括时间加权平均容许浓度、短时间接触容许浓度和最高容许浓度三类。

时间加权平均容许浓度（PC-TWA）是指以时间为权数规定的 8h 工作日、40h 工作周的平均容许接触浓度。

短时间接触容许浓度（PC-STEL）是指在遵守 PC-TWA 前提下容许短时间（15min）接触的浓度。

最高容许浓度（MAC）是指工作地点、在一个工作日内、任何时间有毒化学物质均不应超过的浓度。

（2）职业接触限值　列出物质或混合物组分的职业接触限值。编写本项时应注意以下几点。

① 准确填写 GBZ 2.1 的工作场所空气中化学物质容许浓度值，包括最高容许浓度（MAC）、时间加权平均容许浓度（PC-TWA）和短时间接触容许浓度（PC-STEL）。

② 对于国内尚未制定职业接触限值的物质，可填写国外发达国家规定的该物质的职业接触限值。例如美国政府工业卫生学家会议（ACGIH）的阈限值（TLV），包括阈限值-时间加权平均浓度（TLV-TWA）、阈限值-短时间接触限值（TLV-STEL）和阈限值-上限值（TLV-C）。

③ 如果预计化学品的使用过程中能够产生其他空气污染物，应列出这些污染物的职业接触限值。

④ 在填写职业接触限值时，应注意不要遗漏标识内容，以保持职业接触限值的完整性。例如 GBZ 2.1 使用的以下标识：

a. 皮　表示该物质通过完整的皮肤吸收引起全身效应；

b. 敏　表示该物质可能有致敏作用；

c. G1、G2A、G2B　国际癌症研究机构（IARC）的致癌性分级。

⑤ 列出职业接触限值的化学品的名称，应与 SDS 第 3 部分-成分/组成信息填写的名称一致。

⑥ 如有可能，注明职业接触限值的出处和发布时间。

【示例 1】职业接触限值，见表 2-39。

表 2-39　职业接触限值（丙烯腈）

组分名称	标准来源	类型	标准值	备注
丙烯腈	GBZ 2.1—2007	PC-TWA	1mg/m^3	皮①，G2B②
		PC-STEL	2mg/m^3	

① 皮—通过完整的皮肤吸收引起全身效应。

② G2B—国际癌症研究机构致癌性分级：可疑人类致癌物。

【示例 2】职业接触限值，见表 2-40。

表 2-40　职业接触限值（二氯乙酸）

组分名称	标准来源	类型	标准值	备注
二氯乙酸	ACGIH(2009)	TLV-TWA	0.5ppm	皮①，A3②

① 皮—经皮肤吸收可引起全身效应。

② A3—ACGIH 致癌性分类：确定的动物致癌物，但与人类的相关性未知。

（3）生物限值　生物（阈）限值是指人类接触某些化学品后，体内该化学品、代谢产物或所致生物参数的改变，通常尚未引起机体健康状况发生改变的最大耐受量。

列出物质或混合物组分的生物限值。编写本项时应注意以下几点。

① 准确填写国内已制定标准规定的生物限值。

② 对于国内未制定生物限值标准的物质，可填写国外尤其是发达国家规定的该物质的生物限值。例如 ACGIH 制定的生物限值（BEIs）。

③ 列出的具有生物限值化学品的名称，应与 SDS 第 3 部分——成分/组成信息填写的名称一致。

④ 如有可能，注明生物限值的出处和发布时间。

【示例 1】生物接触限值，见表 2-41。

表 2-41　生物接触限值（甲苯）

组分名称	标准来源	生物监测指标	生物限值	采样时间
甲苯	WS/T 110—1999(职业接触甲苯的生物限量)	尿马尿酸	1mol/mol 肌酐(1.5g/g 肌酐)或 11mmol/L①(2.0g/L)	工作班末(停止接触后)
		终末呼出气甲苯	20mg/m^3	工作班末(停止接触后 15～30min)
			5mg/m^3	工作班前

① 尿校正相对密度为 1.020。

【示例 2】生物接触限值，见表 2-42 。

表 2-42　生物接触限值（二甲苯）

组分名称	标准来源	生物监测指标	生物限值	采样时间
二甲苯	ACGIH(2009)	尿中甲基马尿酸	1.5g/g 肌酐	班末

（4）监测方法　如有可能，提供职业接触限值和生物限值的监测方法，以及监测方法的来源。

【示例】

监测方法：

空气中有毒物质测定方法：GB/T 160.42 中规定的溶剂解析-气相色谱法、热解析-气相色谱法、无泵型采样-气相色谱法。

生物监测检验方法：WS/T 52 中规定的尿中马尿酸的分光光度测定法；WS/T 110 附录 A 中规定的呼出气中甲苯的气相色谱测定法。

（5）工程控制

① 应针对 SDS 第 1 部分——化学品及企业标识所述化学品的推荐用途，列明减少接触的工程控制方法。

② 提出的工程控制措施，应符合国家有关标准的规定。如 GBZ 1《工业企业设计卫生标准》、GBZ/T 194《工作场所防止职业中毒卫生工程防护措施规范》等。

③ 注明在什么情况下需要采取特殊工程控制措施，并说明工程控制措施的类型。例如：

a. 使用局部排风系统，保持空气中的浓度低于职业接触限值；

b. 在密闭系统中使用；

c. 仅在喷漆房内使用；

d. 使用机械操作，减少人员与材料的接触；

e. 采用粉尘爆炸控制措施；

f. 该项内容是对 SDS 第 7 部分内容的进一步补充。

（6）个体防护装备　个体防护装备的使用应与其他控制措施（包括通风、密闭和隔离等）相结合，以将化学品接触引起疾患和损伤的可能性降至最低。本项应为个体防护装备的正确选择和使用提出建议。编写要点如下：

① 个体防护装备的选择，应符合国家或行业的相关标准。包括 GB/T 11651《个体防护装备选用规范》、GB/T 18664《呼吸防护用品的选择、使用与维护》和 GBZ/T 195《有机溶剂作业场所个人职业病防护用品使用规范》等。

② 根据化学品的危险特性和接触的可能性，提出推荐使用的个体防护装备。包括：

a. 呼吸系统防护　根据化学品的形态（气体、蒸气、雾或尘）、危险特性及接触的可能性，具体填写类型合适的呼吸防护装备，例如过滤式呼吸器及合适的过滤元件（滤毒盒或滤毒罐）；

b. 眼面防护　根据眼面部接触的可能性，具体说明所需眼面护品的类型；

c. 皮肤和身体防护　根据化学品的危险特性及除手之外身体其他部位皮肤接触的可能性，具体说明需穿戴的个体防护装备［如防护服、防护鞋（靴）］的类型、材质等；

d. 手防护　根据化学品的危害特性及手部皮肤接触的可能性，具体说明所需防护手套的类型、材质等。

【示例】

个体防护装备：

呼吸系统防护：空气中浓度超标时，佩戴过滤式防毒面具；应急情况下佩戴携气式呼吸器。

眼面防护：戴防腐蚀液护目镜。
皮肤和身体防护：穿橡胶耐酸碱服。
手防护：戴橡胶耐酸碱手套。

9. 第 9 部分　理化特性

(1) 对于混合物，在不能获取其整体理化特性信息的情况下，应填写混合物中对其危险性有贡献组分的理化特性。应明确注明相关组分的名称，并与 SDS 第 3 部分——成分/组成信息填写的名称保持一致。

(2) 填写的各项理化特性应与 SDS 其他各相关部分核对，以确保在内容上相互对应。

(3) 如果具体特性不适用或无资料，仍应将其列入 SDS，并注明“不适用”或“无资料”。

(4) 除 GB/T 16483 中要求列出的理化特性外，如有与化学品安全使用有关的其他理化特性数据，也应列出。例如：

a. 放射性；
b. 体积密度；
c. 热值；
d. 挥发性有机化合物（VOC）含量；
e. 软化点；
f. 黏度；
g. 挥发百分比；
h. 饱和蒸汽浓度（包括温度）；
i. 升华点；
j. 液体电导率；
k. 金属腐蚀速率；
l. 粉尘粒径/粉尘分散度；
m. 最小点火能（MIE）；
n. 最小爆炸浓度（MEC）。

以上列出的各项如不适用或无资料，不必列入 SDS。

(5) 必要时，应提供数据的测定方法和相关条件。例如，闪点：23℃（闭杯）；运动黏度：0.65mm^2/s（25℃）。

10. 第 10 部分　稳定性和反应性

(1) 稳定性　描述在正常环境下和预计的储存和处置温度和压力条件下，物质或混合物是否稳定。说明为保持物质或混合物的化学稳定性可能需要使用的任何稳定剂。说明物质或混合物的外观变化有何安全意义。

(2) 危险反应　说明物质或混合物能否发生伴有诸如压力升高、温度升高、危险副产物形成等现象的危险反应。危险反应包括（但不限于）聚合、分解、缩合、与水反应和自反应等。应注明发生危险反应的条件。

(3) 应避免的条件　列出可能导致危险反应的条件，如热、压力、撞击、静电、震动、光照等。

(4) 禁配物　编写注意事项有以下几点。

① 列出物质或混合物的禁配物。当物质或混合物与这些禁配物接触时，能发生反应而

引发危险（例如爆炸、有毒或可燃物质的释放、大量热释放等）。禁配物可为某些类别的物质、混合物，或者特定物质，例如水、空气、酸、碱、氧化剂等。

② 在确定禁配物时，应考虑在产品的储存、使用或运输中接触到的材料、容器或污染物。

③ 为避免禁配物列出过多，有些在任何情况下都不可能接触到的禁配物不必列出。有时可以使用列出物质类别（如“芳烃类溶剂”）的方法来代替列出类别中的每一种物质。

④ SDS的第7部分——操作处置与储存也涉及禁配物，描述时应注意与该部分的相关内容保持一致。

（5）危险的分解产物　列出已知和可合理预计会因使用、储存、泄漏或受热产生危险分解产物，例如可燃和有毒物质，窒息性气体等。分解产物一氧化碳、二氧化碳和水除外；有害燃烧产物应包括在第5部分消防措施中，不必在此项中列出。

【示例】

第10部分　稳定性和反应性
稳定性：在正常环境温度下储存和使用，本品稳定。
危险反应：遇水或接触能与本品发生反应的物质，或温度超过177℃，可引起聚合反应。聚合反应过程产生大量的二氧化碳和热，热积聚和压力升高可导致密封容器破裂。
应避免的条件：潮湿空气、高热和阳光直射。
禁配物：水、胺类、强碱、醇类和铜合金等。
危险分解产物：遇高热产生氰化氢、异氰酸酯、异氰酸和其他不明化合物。

11. 第11部分　毒理学信息

（1）所提供的信息应能用来评估物质、混合物的健康危害和进行危险性分类。这些信息包括：

① 人类健康危害资料（例如流行病学研究、病例报告或人皮肤斑贴试验等）；

② 动物试验资料（例如急性毒性试验、反复染毒毒性试验等）；

③ 体外试验资料（例如体外哺乳动物细胞染色体畸变试验、Ames试验等）；

④ 结构-活性关系（SAR）[例如定量结构-活性关系（QSAR）]。

（2）为SDS的第2部分——危险性概述中的健康危害分类提供支持性毒理学信息。

（3）对于动物试验数据，应简明扼要填写试验动物种类（性别），染毒途径（经口、经皮、吸入等）、频度、时间和剂量等方面的信息。对于中毒病例报告和流行病学调查信息，应分别描述。

（4）应按照不同的接触途径（例如吸入、皮肤接触、眼睛接触、食入）提供有关接触物质或混合物后引起毒性作用（健康影响）方面的信息。

（5）与物质或混合物的健康危害的危险性分类相对应，分别描述一次性接触、反复接触与连续接触所产生的毒性作用（健康影响）。迟发效应和即刻效应应分开描述。描述人接触化学品对健康的急慢性影响和症状；如不能获取人类资料，应使用动物试验资料概括说明化学品的毒性作用，但要标明试验动物的品种。应注明毒理学资料是基于人类还是动物试验资料。

（6）潜在的有害效应，应包括毒性试验值（急性毒性估计值等），毒性试验观察到的症状，以及其他毒理学特性。

（7）提供能够引起有害健康影响的接触剂量、浓度或条件方面的信息。如有可能，接触量（包括可能引起损害的接触时间）应与出现的症状和效应相联系。例如，“接触本品浓度10mg/m^3出现呼吸道刺激，250～300mg/m^3出现呼吸困难，500mg/m^3神志丧失，30min后死亡”；“小剂量接触可出现头痛和眩晕，随病情进展出现昏厥或神志丧失，大剂量可导致昏迷甚至死亡”。

(8) 如果有关试验或调查研究的资料为阴性结果，亦应填写。例如，“大鼠致癌性试验研究结果表明，癌症的发病率没有明显增加”。

(9) 在不能获得特定物质或混合物危险性数据的情况下，可酌情使用类似物质或混合物的相关数据。无论是不能获取数据或是使用类似物质或混合物的数据，都应清楚说明。

(10) 如有可能，应提供物质相互作用方面的信息。

(11) 不宜采用无数据支持的“有毒”或“如使用得当无危险”等一般性用语，因为这类用语易引起误解，且未对化学品的健康影响作出具体描述。如果没有获得健康影响方面的信息，应做出明确说明。应准确描述健康影响并作出相关区分，例如变应性接触性皮炎与刺激性接触性皮炎之间的区分。

(12) 在物质或混合物的试验数据数量较大的情况下，宜摘要说明研究结果，例如按照接触途径。

(13) 混合物毒性作用（健康影响）的描述应注意以下问题：

① 对于某特定毒性作用，如果有混合物整体试验（观察）数据，应填写其整体数据；如果没有混合物整体试验（观察）数据，应填写 SDS 第 3 部分——成分/组成信息中列出组分的相关数据。

② 各组分在体内有可能发生相互作用，致使其吸收、代谢和排泄速率发生变化。因此，毒性作用可能发生改变，混合物的总毒性可能有别于其组分的毒性。在填写时应予考虑。

③ 应考虑每种成分的浓度是否足以影响混合物的总毒性（健康影响）。应列出相关组分的毒性作用（健康影响）信息，但以下情况除外。

a. 如果组分间存在相同的毒性作用（健康影响），则不必将其重复列出。例如，在两种组分都能引起呕吐和腹泻的情况下，不必两次列出这些症状，总体描述这种混合物能够引起呕吐和腹泻即可。

b. 组分的存在浓度不可能引起相关效应。例如，轻度刺激物被无刺激性的溶液稀释降低到一定浓度，则整体混合物将不可能引起刺激。

c. 各组分之间的相互作用难以预测，因此在不能获取相互作用信息的情况下，不能任意假设，而应分别描述每种组分的毒性作应（健康影响）。

(14) 对于其他健康危害，即使 GHS 未作分类要求，也应在 SDS 的本部分中提供相关信息。

12. 第 12 部分　生态学信息

(1) 应为 SDS 第 2 部分——危险性概述中的环境危害分类提供支持性信息。

(2) 对于试验资料，应清楚说明试验数据、物种、媒介、单位、试验方法、试验间期和试验条件等。

(3) 提供以下环境影响方面的摘要信息。

① 生态毒性　提供水生和（或）陆生生物的毒性试验资料。包括鱼类、甲壳纲、藻类和其他水生植物的急性和慢性水生毒性的现有资料；其他生物（包括土壤微生物和大生物），如鸟类、蜂类和植物等的现有毒性资料。如果物质或混合物对微生物的活性有抑制作用，应填写对污水处理厂可能产生的影响。

② 持久性和降解性　是指物质或混合物相关组分在环境中通过生物或其他过程（如氧化或水解）降解的可能性。如有可能，应提供有关评估物质或混合物相关组分持久性和降解性的现有试验数据。如填写降解半衰期，应说明这些半衰期是指矿化作用还是初级降解。还应填写物质或混合物的某些组分在污水处理厂中降解的可能性。

对于混合物，如有可能应提供 SDS 第 3 部分——成分/组成信息中所列出组分持久性和降解性方面的信息。

③ 潜在的生物累积性：应提供评估物质或混合物某些组分生物累积潜力的有关试验结果，包括生物富集系数（BCF）和辛醇/水分配系数（K_{ow}）。

对于混合物，如有可能应提供 SDS 第 3 部分——成分/组成信息中列出组分潜在的生物累积性方面的信息。

④ 土壤中的迁移性：是指排放到环境中的物质或混合物组分在自然力的作用下迁移到地下水或排放地点一定距离以外的潜力。如能获得，应提供物质或混合物组分在土壤中迁移性方面的信息。物质或混合物组分的迁移性可经由相关的迁移性研究确定，如吸附研究或淋溶作用研究。吸附系数值（K_{oc}值）可通过 K_{ow}推算；淋溶和迁移性可利用模型推算。

对于混合物，如有可能应提供 SDS 第 3 部分——成分/组成信息中所列出组分土壤中的迁移性方面的信息。

⑤ 其他环境有害作用：如有可能，应提供化学品其他任何环境影响有关的资料，如环境转归、臭氧损耗潜势、光化学臭氧生成潜势、内分泌干扰作用、全球变暖潜势等。

【示例】

第 12 部分　生态学信息
生态毒性：
斑马鱼 LC_{50}：＞100mg/L（96h），OECD 203
大型溞 EC_{50}：12.5mg/L（48h），OECD 202
中肋骨条藻 IC_{50}：3230mg/L（96h），OECD 201
持久性和降解性：
生物降解性：0%（28d），OECD 302 C
潜在的生物累积性：
辛醇/水分配系数：3.43（22℃）
土壤中的迁移性：
泄漏到潮湿土壤中迅速降解，预计不会在土壤中发生淋溶和吸附作用。

13. 第 13 部分　废弃处置

（1）具体说明处置化学品及容器的方法，包括废弃化学品和被污染的任何包装物的合适处置方法（如焚烧、填埋或回收利用等）。

（2）说明影响废弃处置方案选择的废弃化学品的物理化学特性。

（3）应明确说明不得采用排放到下水道的方式处置废弃化学品。

（4）说明焚烧或填埋废弃化学品时应采取的任何特殊防范措施。

（5）有关从事废弃化学品处置或回收利用活动人员的安全防范措施，可参见 SDS 第 8 部分中的信息。

（6）提示下游用户注意国家和地方有关废弃化学品的处置法规。

【示例】

第 13 部分　废弃处置
废弃处置前应参阅国家和地方有关法规。

废弃化学品：尽可能回收利用。如果不能回收利用，采用焚烧方法进行处置。焚烧本品时会产生氯化氢，应该与能够完全燃烧的溶剂、重油等燃料在焚烧炉中一起焚烧。尽可能维持高温焚烧；产生的尾气应该进行中和处理。 不得采用排放到下水道的方式废弃处置本品。 污染包装物：不得重复利用未经处置或废弃盛装过本品的空容器。如果要重复利用和废弃污染的空容器，应该彻底清洗，直到不存在本品为止；清洗液应该进行无害化处理。

14. 第 14 部分　运输信息

提供危险物质或混合物国际运输规定的编号与分类信息。根据需要，可区分陆运、内陆水运、海运、空运填写信息。

(1) 联合国危险货物编号（UN 号）　提供联合国《关于危险货物运输的建议书　规章范本》中的联合国危险货物编号（即物质或混合物的 4 位数字识别号码）。见 GB 12268。

(2) 联合国运输名称　提供联合国《关于危险货物运输的建议书　规章范本》中的联合国危险货物运输名称。见 GB 12268。

(3) 联合国危险性分类　提供联合国《关于危险货物运输的建议书 规章范本》中根据物质或混合物的最主要危险性划定的物质或混合物的运输危险性类别（和次要危险性）。见 GB 12268。

(4) 包装类别　提供联合国《关于危险货物运输的建议书　规章范本》的包装类别。包装类别是根据危险货物的危险程度划定的。见 GB 12268。

(5) 海洋污染物（是/否）　注明根据《国际海运危险货物规则》物质或混合物是否为已知的海洋污染物。

(6) 运输注意事项　为使用者提供应该了解或遵守的其他与运输或运输工具有关的特殊防范措施方面的信息，包括：

a. 对运输工具的要求；

b. 消防和应急处置器材配备要求；

c. 防火、防爆、防静电等要求；

d. 禁配要求；

e. 行驶路线要求；

f. 其他运输要求。

【示例】

第 14 部分　运输信息 联合国危险货物编号（UN 号）：1307 联合国运输名称：二甲苯 联合国危险性分类：3 包装类别：Ⅲ 海洋污染物（是/否）：否 运输注意事项： ● 装运该物品的车辆排气管必须配备阻火装置，禁止使用易产生火花的机械设备和工具装卸； ● 严禁与氧化剂、食用化学品等混装混运；

- 运输时所用的槽（罐）车应有接地链，槽内可设孔隔板以减少振动产生静电；
- 运输途中应防曝晒、雨淋，防高温，夏季最好早晚运输；
- 中途停留时应远离火种、热源、高温区；
- 公路运输时要按规定路线行驶，勿在居民区和人口稠密区停留；
- 铁路运输时要禁止溜放；
- 运输车辆应配备相应品种和数量的消防器材及泄漏应急处理设备。

15. 第 15 部分　法规信息

（1）标明国家管理该化学品的法律（或法规）的名称，提供基于这些法律（或法规）管制该化学品的法规、规章或标准等方面的具体信息。

【示例 1】

第 15 部分　法规信息

下列法律、法规、规章和标准，对该化学品的管理作了相应的规定：

中华人民共和国职业病防治法：

- 职业病危害因素分类目录：属氰及腈类化合物，可能导致的职业病：氰及腈类化合物中毒
- 职业病目录：氰及腈类化合物中毒

危险化学品安全管理条例：

- 危险化学品目录：列入
- GB 18218—2008《危险化学品重大危险源辨识》：类别：易燃液体，临界量（t）：50
- 首批重点监管的危险化学品名录：列入

使用有毒物品作业场所劳动保护条例：

- 高毒物品目录：列入

化学品首次进口及有毒化学品进出口环境管理规定：

- 中国严格限制进出口的有毒化学品目录（2010 年）：　列入新化学物质环境管理办法：
- 中国现有化学物质名录：列入

（2）如果化学品已列入有关化学品国际公约的管制名单，应在 SDS 的本部分中说明。

【示例 2】

本品列入《鹿特丹公约》（附件三）

（3）提请下游用户注意遵守有关该化学品的地方管理规定。

（4）如果该化学品为混合物，则应提供混合物中相关组分的与上述（1），（2），（3）项要求相同的信息。

16. 第 16 部分　其他信息

应提供 SDS 其他各部分没有包括的，对于下游用户安全使用化学品有重要意义的其他任何信息。例如：

（1）编写和修订信息　应说明最新修订版本与修订前相比有哪些改变。

【示例 1】

本修订版 SDS 对下述部分的内容进行了修订：

第 9 部分—理化特性；

第 11 部分—毒理学信息。

【示例 2】

鉴于有新的建议，对第 8 部分的个体防护要求进行了修订。

【示例 3】

第 9 部分—理化特性部分增加了 pH 值。

（2）缩略语和首字母缩写　列出编写 SDS 时使用的缩略语和首字母缩写，并作适当说明。

（3）培训建议　根据需要提出对员工进行安全培训的建议。

（4）参考文献　编写 SDS 使用的主要参考文献和数据源可在 SDS 的本部分中列出。

（5）免责声明　必要时可在 SDS 的本部分给出 SDS 编写者的免责声明。

【示例 4】

免责声明： 本 SDS 的信息仅适用于所指定的产品，除非特别指明，对于本产品与其他物质的混合等情况不适用。

（三）安全技术说明书的格式

1. 幅面尺寸

SDS 的幅面尺寸一般为 A4（也可以是供应商认为合适的其他幅面尺寸），按竖式编排。

2. 一般编排格式

首页上部。

① 使用显著字体排写“化学品安全技术说明书”大标题。

② 给出编制 SDS 化学产品的名称（名称的填写应符合 GB/T 16483 的要求）。

③ 注明 SDS 的修订日期（指最后修订的日期）。

④ 注明 SDS 最初编制日期。

⑤ 注明本 SDS 编写依据的标准，即“按照 GB/T 16483 、GB/T 17519 编制”。

⑥ 如有 SDS 编号，应在此给出。

⑦ 如有 SDS 的版本号，应在此给出。

三、化学品安全标签

化学品安全标签是指用于标示危险化学品信息的一组书面、印刷或图形信息的组合，它可粘贴、挂拴或喷印在化学品的外包装或容器上。《化学品安全标签编写规定》（GB 15258）规定了化学品安全标签的有关定义、内容、编写要求及使用方法。

1. 编制

（1）标签要素　包括化学品标识、象形图、信号词、危险性说明、防范说明、应急咨询电话、供应商标识、资料参阅提示语等，共 8 个。

（2）内容

① 化学品标识　用中文和英文分别标明化学品的化学名称或通用名称。名称要求醒目清晰，位于标签的上方。名称应与化学品安全技术说明书中的名称一致。

对混合物应标出对其危险性分类有贡献的主要组分的化学名称或通用名、浓度或浓度范围。当需要标出的组分较多时，组分个数以不超过 5 个为宜。对于属于商业机密的成分可以不标明，但应列出其危险性。

制作化学品安全标签时，对于混合物或合金，在急性毒性、皮肤或呼吸道致敏或特异性靶器官毒性出现在标签上时，标签上应当包括可能引起这些危险的所有成分或合金元素的化学成分。

② 象形图　采用 GB 30000 系列标准规定的象形图，共 9 个。见图 2-1。

图 2-1　GB 30000 系列标准规定的象形图

③ 信号词　用“危险”、“警告”分别表示化学品的危害程度。信号词位于化学品名称的下方，要求醒目、清晰。根据 GB 30000 系列标准，选择不同类别危险化学品的信号词。

④ 危险性说明　简要概述化学品的危险特性。居信号词下方。根据 GB 30000 系列标准，选择不同类别危险化学品的危险性说明。

⑤ 防范说明　表述化学品在处置、搬运、储存和使用作业中所必须注意的事项和发生意外时简单有效的救护措施等，要求内容简明扼要、重点突出。该部分应包括安全预防措施、意外情况（如泄漏、人员接触或火灾等）的处理、安全储存措施及废弃处置等内容。

⑥ 供应商标识　供应商名称、地址、邮编、电话等。

⑦ 应急咨询电话　填写化学品生产商或生产商委托的 24h 化学事故应急咨询电话。

国外进口化学品安全标签上应至少有一家中国境内的 24h 化学事故应急咨询电话。

⑧ 资料参阅提示语　提示化学品用户应参阅化学品安全技术说明书。

⑨ 危险信息先后排序　当某种化学品具有两种及两种以上的危险性时，安全标签的象形图、信号词、危险性说明的先后顺序规定如下：

① 象形图先后顺序　物理危险象形图的先后顺序，根据 GB 12268 中的主次危险性确定，未列入 GB12268 的化学品，以下危险性类别的危险性总是主危险：爆炸物、易燃气体、易燃气溶胶、氧化性气体、高压气体、自反应物质和混合物、发火物质、有机过氧化物。其他主危险性的确定按照《联合国危险货物运输的建议书 规章范本》危险性先后顺序确定方法确定。

对于健康危害，按照以下先后顺序：如果使用了骷髅和交叉骨图形符号，则不应出现感叹号图形符号；如果使用了腐蚀图形符号，则不应出现感叹号来表示皮肤或眼睛刺激；如果使用了呼吸致敏物的健康危害图形符号，则不应出现感叹号来表示皮肤致敏物或者皮肤/眼睛刺激。

化学品毒性分类及类别见表 2-43。

表 2-43 化学品毒性分类及类别

象形图	分类	类别
	1. 急性毒性	类别 4
	2. 皮肤腐蚀/刺激	类别 2
	3. 严重眼损伤/眼睛刺激性	类别 2A
	4. 呼吸过敏和皮肤过敏	皮肤过敏类别
	5. 对臭氧层的危害	类别 1
	6. 特异性靶器官系统毒性 一次接触	类别 3

② 信号词先后顺序 存在多种危险性时，如果在安全标签上选用了信号词“危险”，则不应出现信号词“警告”。

③ 危险性说明先后顺序 所有危险性说明都应当出现在安全标签上，按物理危险、健康危害、环境危害顺序排列。

化学品危险性标识示意见图 2-2。

化学品名称 A组分：40%；B组分：60%

危 险

极易燃液体和蒸气，食入致死，对水生生物毒性非常大

【预防措施】

- 远离热源、火花、明火、热表面。使用不产生火花的工具作业。
- 保持容器密闭。
- 采取防止静电措施，容器和接收设备接地/连接。
- 使用防爆电器、通风、照明及其他设备。
- 戴防护手套/防护眼镜/防护面罩。
- 操作后彻底清洗身体接触部位。
- 作业场所不得进食、饮水或吸烟。
- 禁止排入环境。

【事故响应】

- 如皮肤（或头发）接触：立即脱掉所有被污染的衣服。用水冲洗皮肤/淋浴。
- 食入：催吐，立即就医。
- 收集泄漏物。
- 火灾时，使用干粉、泡沫、二氧化碳灭火。

【安全储存】

- 在阴凉、通风良好处储存。
- 上锁保管。

【废弃处置】

- 本品或其容器采用焚烧法处置。

请参阅化学品安全技术说明书

供应商：××××××××××××××××××× 电话：××××××

地 址：××××××××××××××××××× 邮编：××××××

化学事故应急咨询电话：××××××

图 2-2 化学品危险性标识示意

(3) 简化标签　对于小于等于100mL的化学品小包装，为方便标签使用，安全标签要素可以简化，包括化学品标识、象形图、信号词、危险性说明、应急咨询电话、供应商名称及联系电话、资料参阅提示语即可，共7个。

化学品危险性简化标签示意见图2-3。

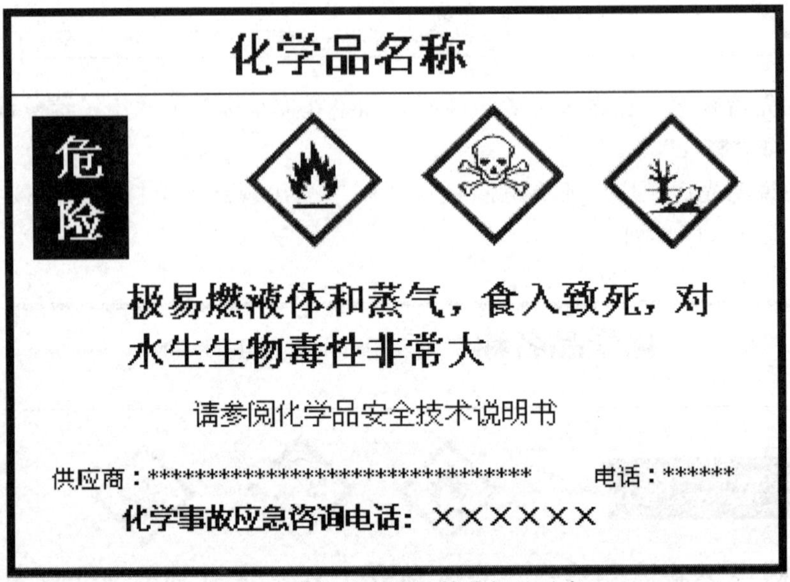

图2-3　化学品危险性简化标签示意

2. 制作

(1) 编写　标签正文应使用简捷、明了、易于理解、规范的汉字表述，也可以同时使用少数民族文字或外文，但意义必须与汉字相对应，字形应小于汉字。相同的含义应用相同的文字或图形表示。

当某种化学品有新的信息发现时，标签应及时修订。

(2) 颜色　标签内象形图的颜色根据GB 30000系列标准的规定执行，一般使用黑色图形符号加白色背景，方块边框为红色。正文应使用与底色反差明显的颜色，一般采用黑白色。若在国内使用，方块边框可以为黑色。

(3) 标签尺寸　对不同容量的容器或包装，标签最低尺寸如表2-44所示。

表2-44　标签尺寸

容器或包装容积/L	标签尺寸/mm×mm
≤0.1	使用简化标签
>0.1～≤3	50×75
>3～≤50	75×100
>50～≤500	100×150
>500～≤1000	150×200
>1000	200×300

(4) 印刷

① 标签的边缘要加一个黑色边框，边框外应留大于等于3mm的空白，边框宽度大于等于1mm。

② 象形图必须从较远的距离，以及在烟雾条件下或容器部分模糊不清的条件下也能看到。

③ 标签的印刷应清晰，所使用的印刷材料和胶粘材料应具有耐用性和防水性。

3. 使用

（1）使用方法

① 安全标签应粘贴、挂拴或喷印在化学品包装或容器的明显位置。

② 当与运输标志组合使用时，运输标志可以放在安全标签的另一面版，将之与其他信息分开，也可放在包装上靠近安全标签的位置，后一种情况下，若安全标签中的象形图与运输标志重复，安全标签中的象形图应删掉。

③ 对组合容器，要求内包装加贴（挂）安全标签，外包装上加贴运输象形图，如果不需要运输标志可以加贴安全标签。

见图 2-4 和图 2-5 所示。

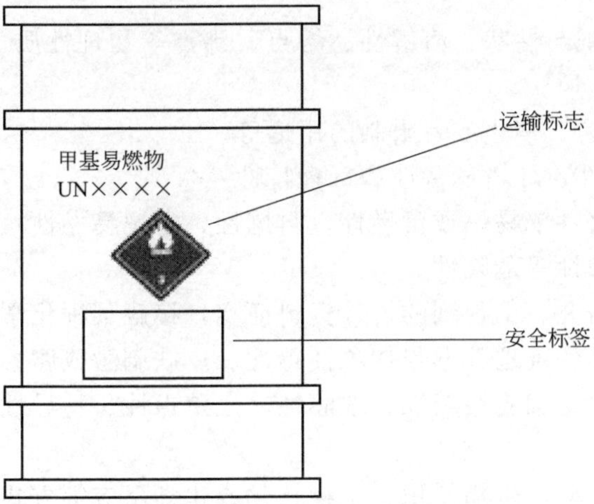

图 2-4 单一容器安全标签粘贴实例

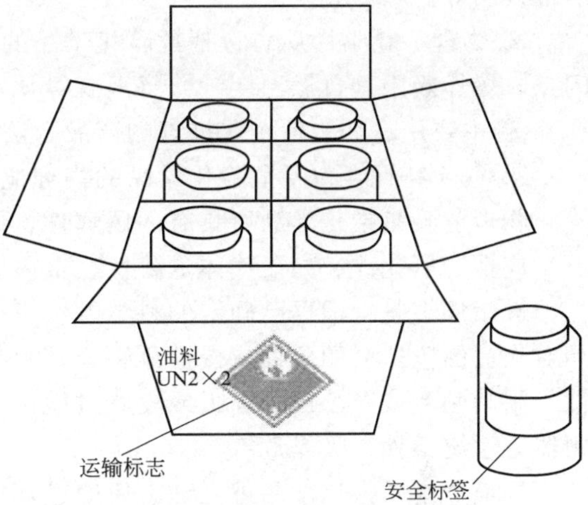

图 2-5 组合容器安全标签粘贴实例

（2）安全标签与运输标志的使用

① 位置 安全标签的粘贴、喷印位置规定如下：

a. 桶、瓶形包装：位于桶、瓶侧身；

b. 箱状包装：位于包装端面或侧面明显处；

c. 袋、捆包装：位于包装明显处。

② 使用注意事项

a. 安全标签的粘贴、挂拴或喷印应牢固，保证在运输、储存期间不脱落，不损坏。

b. 安全标签应由生产企业在货物出厂前粘贴、挂拴或喷印。若要改换包装，则由改换包装单位重新粘贴、挂拴或喷印标签。

c. 盛装危险化学品的容器或包装，在经过处理并确认其危险性完全消除之后，方可撕下安全标签，否则不能撕下相应的标签。

4. 其他有关问题

（1）产品安全标签已有专门标准规定的，例如农药、气瓶等，按专门标准执行。

（2）在出现《联合国危险货物运输规章范本》象形图的标签上，不应出现全球统一制度适用于同一危险的象形图。危险货物运输不要求使用的全球统一制度象形图不应展示在散货箱、公路车辆或铁路货车/罐车上。

四、危险化学品安全要求

1. 危险化学品登记

危险化学品生产企业、进口企业（以下统称登记企业）生产或者进口《危险化学品目录》所列危险化学品，必须按照《危险化学品登记管理办法》的规定到国务院国家安全生产监督管理部门指定的登记机构进行登记。

对未列入《目录》的化学品，登记企业应当按照国家关于化学品危险性鉴定的有关规定，委托具有国家规定资质的机构对其进行危险性鉴定，属于危险化学品的，应当依照《危险化学品登记管理办法》的规定进行登记。

(1) 登记的内容

① 分类和标签信息，包括危险化学品的危险性类别、象形图、警示词、危险性说明、防范说明等。

② 物理、化学性质，包括危险化学品的外观与性状、溶解性、熔点、沸点等物理性质，闪点、爆炸极限、自燃温度、分解温度等化学性质。

③ 主要用途，包括企业推荐的产品合法用途、禁止或者限制的用途等。

④ 危险特性，包括危险化学品的物理危险性、环境危害性和毒理特性。

物理危险是指化学品所具有的爆炸性、燃烧性（易燃或可燃性、自燃性、遇湿易燃性）、自反应性、氧化性、高压气体危险性、金属腐蚀性等危险性。

健康危害是指根据已确定的科学方法进行研究，由得到的统计资料证实，接触某种化学品对人员健康造成的急性或慢性危害。其中有关的毒理数据包括急性毒性、皮肤刺激或腐蚀性、眼睛刺激或腐蚀性、呼吸或皮肤过敏性、生殖细胞突变性、致癌性、生殖毒性、特异性靶器官系统毒性、吸入危害。

环境危害是指化学品进入环境后通过环境蓄积、生物累积、生物转化或化学反应等方式对环境产生的危害。其中有关的生态学信息包括生态毒性、持久性和降解性、潜在的生物累积性、土壤中的迁移性等。

(2) 储存、使用、运输的安全要求

① 储存要求　需要登记的危险化学品储存的安全要求主要指技术方面的要求，包括对建筑条件、库房条件、安全条件、环境卫生条件、温湿度条件的要求等。《常用化学危险品贮存通则》(GB 15603)、《易燃易爆性商品储藏养护技术条件》(GB17914)、《腐蚀性商品储藏养护技术条件》(GB17915)、《毒害性商品储藏养护技术条件》(GB17916)、《危险化学品经营企业开业条件和技术要求》(GB 18265-2000) 等均有明确规定。

对建筑条件的要求主要是储存设施应符合《建筑设计防火规范》(GB50016) 中对防火间距的要求。

② 使用要求　主要包括使用时的操作条件（如温度、压力等)、危害信息向作业人员公开的手段、作业人员防护措施、消除或降低工作场所危险化学品产生危害的控制措施（如隔离、密闭、通风等)、岗位可能发生的事故及避免事故发生的措施、工作场所设有的急救设施、化学废料和盛装危险化学品的废旧容器的处理方法等。

③ 运输要求　需要登记的危险化学品运输的安全要求主要包括本化学品对运输或输送方式的要求、包装方法、包装分类、包装标志、危害信息向装卸人员及运输司机传递的手段、装卸人员防护措施、装卸及运输过程中的安全措施。

(3) 出现危险情况的应急处置措施，包括危险化学品在生产、使用、储存、运输过程中发生火灾、爆炸、泄漏、中毒、窒息、灼伤等化学品事故时的应急处理方法，应急咨询服务电话等。

生产企业设立的应急咨询电话应具备的条件：

① 由专职人员 24 小时值守 确保一旦发生事故，能够及时获取现场处置信息；

② 国内的服务电话 如果需要企业赴现场协助救援，确保企业可以快速响应，不得使用在国外服务的电话；

③ 固定电话 一旦发生事故，保证接听电话人员能够及时响应，并向事故现场提供准确、有价值的应急信息，不得使用移动电话，否则可能会贻误战机；

④ 专职值守人员应当熟悉本企业危险化学品的危险特性和应急处置技术，能准确回答有关咨询问题。

登记机构设立的应急咨询电话应具备的条件：

① 由专职人员 24 小时值守；

② 国内的服务电话；

③ 固定电话；

④ 建有完善的化学品应急救援数据库；

⑤ 配备在线数字录音设备；

⑥ 配备 8 名以上专业人员，能够同时受理 3 起以上应急咨询；

⑦ 能准确提供化学品泄漏、火灾、爆炸、中毒等事故应急处置有关信息和建议。

（4）登记程序 危险化学品登记按照下列程序办理。

① 登记企业通过登记系统提出申请。

② 登记办公室对登记企业提出的申请进行初步审查，符合条件的，通过登记系统通知登记企业办理登记手续。

③ 登记企业接到登记办公室通知后，按照有关要求在登记系统中如实填写登记内容，并向登记办公室提交有关纸质登记材料。

④ 登记办公室在收到登记企业的登记材料后，对登记材料和登记内容逐项进行审查，必要时可进行现场核查，符合要求的，将登记材料提交给登记中心；不符合要求的，通过登记系统告知登记企业并说明理由。

⑤ 登记中心在收到登记办公室提交的登记材料后，对登记材料和登记内容进行审核，符合要求的，通过登记办公室向登记企业发放危险化学品登记证；不符合要求的，通过登记系统告知登记办公室、登记企业并说明理由。

（5）登记档案 登记企业应当对本企业的各类危险化学品进行普查，建立危险化学品管理档案。危险化学品管理档案应当包括危险化学品名称、数量、标识信息、危险性分类和化学品安全技术说明书、化学品安全标签等内容。

2. 危险性鉴定与分类

《危险化学品安全管理条例》规定，化学品的危险特性尚未确定的，由国务院安全生产监督管理部门、国务院环境保护主管部门、国务院卫生主管部门分别负责组织对该化学品的物理危险性、环境危害性、毒理特性进行鉴定。

（1）化学品物理危险性鉴定

① 鉴定与分类的范围 化学品生产、进口单位（以下统称化学品单位）应当对本单位生产或者进口的化学品进行普查和物理危险性辨识，对下列化学品向国家安全生产监督管理

总局公告的鉴定机构申请鉴定：

a. 含有一种及以上列入《危险化学品目录》的组分，但整体物理危险性尚未确定的化学品；

b. 未列入《危险化学品目录》，且物理危险性尚未确定的化学品；

c. 以科学研究或者产品开发为目的，年产量或者使用量超过 1t，且物理危险性尚未确定的化学品；

d. 对已经列入《危险化学品目录》的化学品，发现其有新的物理危险性的，化学品单位应当依照本办法进行物理危险性鉴定与分类。

② 鉴定内容　化学品物理危险性鉴定应当包括下列内容。

a. 与爆炸物、易燃气体、气溶胶、氧化性气体、加压气体、易燃液体、易燃固体、自反应物质、自燃液体、自燃固体、自热物质、遇水放出易燃气体的物质、氧化性液体、氧化性固体、有机过氧化物、金属腐蚀物等相关的物理危险性。

b. 与化学品危险性分类相关的蒸气压、自燃温度等理化特性，以及化学稳定性和反应性等。

③ 鉴定程序

a. 申请化学品物理危险性鉴定的化学品单位向鉴定机构提交化学品物理危险性鉴定申请表以及相关文件资料，提供鉴定所需要的样品，并对样品的真实性负责。

b. 鉴定机构收到鉴定申请后，按照有关国家标准或者行业标准进行测试、判定。

c. 申请化学品物理危险性鉴定的化学品单位对鉴定结果有异议的，可以在规定之日内向原鉴定机构申请重新鉴定，或者向技术委员会申请仲裁。

鉴定程序图见图 2-6。

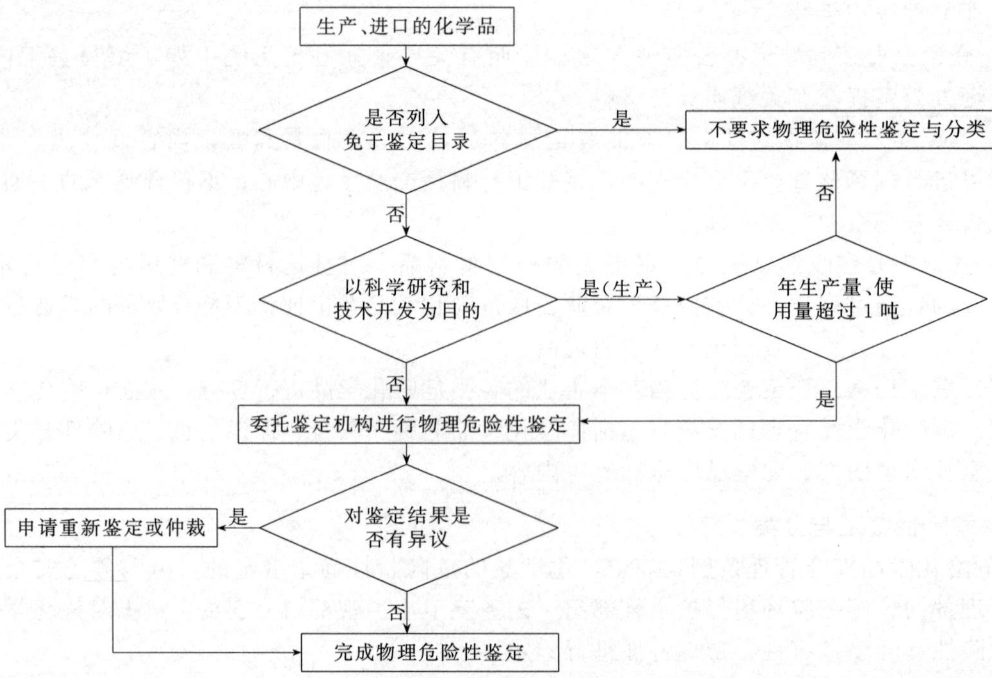

图 2-6　鉴定程序

④ 分类程序

a. 化学品单位应当根据鉴定报告以及其他物理危险性数据资料，编制化学品物理危险性分类报告。

化学品物理危险性分类报告应当包括下列内容：

- 化学品名称；
- 重要成分信息；
- 物理危险性鉴定报告或者其他有关数据及其来源；
- 化学品物理危险性分类结果。

b. 化学品单位应当向登记中心提交化学品物理危险性分类报告。登记中心应当对分类报告进行综合性评估，并在规定时间内向化学品单位出具审核意见。

c. 化学品单位对化学品物理危险性分类的审核意见有异议的，可以在收到审核意见后再规定时间内向技术委员会申请仲裁。

分类程序见图 2-7。

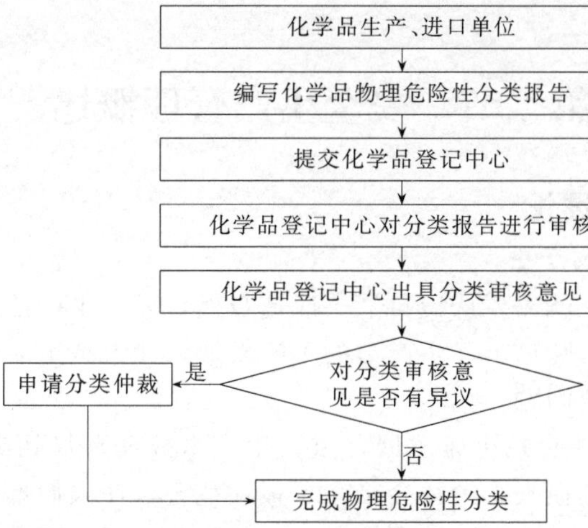

图 2-7 分类程序

⑤ 鉴定与分类管理档案　化学品单位应当建立化学品物理危险性鉴定与分类管理档案，内容应当包括：

a. 已知物理危险性的化学品的危险特性等信息；

b. 已经鉴定与分类化学品的物理危险性鉴定报告、分类报告和审核意见等信息；

c. 未进行鉴定与分类化学品的名称、数量等信息。

(2) 健康危害和环境危害鉴定　健康危害和环境危害鉴定分别委托卫生主管部门、环境保护主管部门认可的机构进行鉴定。

3. “一书一签”管理

(1) 危险化学品生产企业、进口企业应当向下游用户提供其危险化学品的安全技术说明书，并在其危险化学品包装（包括外包装件）上粘贴或者拴挂与包装内危险化学品相符的化学品安全标签。

下游用户应当及时向危险化学品的供应商索取其产品的安全技术说明书，其包装上应粘贴或者拴挂与包装内危险化学品相符的化学品安全标签。

生产企业、进口企业提供的“一书一签”应当符合国家标准的要求。

(2) 危险化学品使用单位使用的危险化学品应有安全标签，并向操作人员提供安全技术说明书。使用单位应将危险化学品的有关安全卫生资料向职工公开，教育职工识别安全标签、了解安全技术说明书、掌握必要的应急处理方法和自救措施，经常对职工进行工作场所安全使用化学品的教育和培训。

（3）危险化学品生产企业、进口企业应当对本企业的各类危险化学品进行普查，建立危险化学品管理档案。危险化学品管理档案应当包括危险化学品安全技术说明书、化学品安全标签。

（4）危险化学品单位应当对辨识确认的重大危险源及时、逐项进行登记建档。重大危险源档案应当包括涉及的所有化学品安全技术说明书。

无论是列入《目录》的化学品，还是未列入《目录》，但经鉴定、分类（含物理危险、健康危害和环境危害）后属于危险化学品的化学品，均需要按照《危险化学品登记管理办法》的有关规定进行危险化学品登记，编制化学品“一书一签”（进口单位向国外进口方索取），并向下游用户传递，同时向社会提供24小时化学事故应急咨询电话。

第二节　安全生产管理概述

一、安全生产管理理论

1. 安全生产管理的发展历史

人类要生存、要发展，就需要认识自然、改造自然，通过生产活动和科学研究，掌握自然变化规律。科学技术的不断进步，生产力的不断发展，使人类生活越来越丰富，也产生了威胁人类安全与健康的安全问题。

20世纪初，现代工业兴起并快速发展，重大生产事故和环境污染相继发生，造成了大量的人员伤亡和巨大的财产损失，给社会带来了极大危害，使人们不得不在一些企业设置专职安全人员，对工人进行安全教育。到了20世纪30年代，很多国家设立了安全生产管理的政府机构，发布了劳动安全卫生的法律法规，逐步建立了较完善的安全教育、管理、技术体系，呈现了现代安全生产管理雏形。

20世纪末，随着现代制造业和航空航天技术的飞跃发展，人们对职业安全卫生问题的认识也发生了很大变化，安全生产成本、环境成本等成为产品成本的重要组成部分，职业安全卫生问题成为非官方贸易壁垒的利器。在这种背景下，“持续改进”、“以人为本”的安全健康管理理念逐渐被企业管理者所接受，以职业安全健康管理体系为代表的企业安全生产风险管理思想开始形成，现代安全生产管理的内容更加丰富，现代安全生产管理理论、方法、模式以及相应的标准、规范更加成熟。现代安全生产管理理论、方法、模式是20世纪50年代进入我国的。进入20世纪50年代，经济的快速增长，使人们生活水平迅速提高，创造就业机会、改进工作条件、公平分配国民生产总值等问题，引起了越来越多经济学家、管理学家和安全工程专家和政治家的注意。工人强烈要求不仅有工作机会，还要有安全与健康的工作环境。一些工业化国家，进一步加强了安全生产法律法规体系建设，在安全生产方面投入大量的资金进行科学研究，加强企业生产安全管理的制度化建设，产生了一些安全生产管理原理、事故致因理论和事故预防原理等风险管理理论，以系统安全理论为核心的现代安全管理方法、模式、思想、理论基本形成。

在20世纪六七十年代，我国开始吸收并研究事故致因理论、事故预防理论和现代安全生产管理思想。20世纪八九十年代，开始研究企业安全生产风险评价、危险源辨识和监控，我国一些企业管理者尝试安全生产风险管理。在20世纪末，我国几乎与世界工业化国家同步，研究并推行了职业安全健康管理体系。进入21世纪以来，我国提出了系统化企业安全生产风险管理的理论雏形，该理论认为企业安全生产管理是风险管理，管理的内容包括：危险源辨识、风险评价、危险预警与监测管理、事故预防与风险控制管理以及应急管理，该理论将现代风险管理完全融入到安全生产管理之中。

2. 安全生产管理的原理和原则

（1）系统原理及其相关原则

① 系统原理　系统论渊源辩证法。辩证唯物论认为：物质世界是由无数相互联系、相互依赖、相互制约、相互作用的事物和过程形成的统一整体。系统论以“系统”为对象，研究其整体与部分、结构与功能的相互关系，并采取最优化方法求得最佳效果。它是辩证唯物原理的一种具体运用，是现代安全管理的一种最要理论。系统原理是管理学的一个最基本原理。它是指人们在从事管理工作时，运用系统理论、观点和方法．对管理活动进行充分的系统分析，以达到管理的优化目标，即用系统论的观点、理论和方法来认识和处理管理中出现的问题。

② 动态相关性原则　是指任何企业管理系统的正常运转，不仅要受到系统本身条件的限制和制约，还要受到其他有关系统的影响和制约，并随着时间、地点以及人们的不同努力程度而发生变化。对安全管理来说，动态相关性原则的应用可以从两个方面考虑：

一方面，正是企业内部各要素处于动态之中并且相互影响和制约，才使得事故存在发生的可能。如果各要素都是静止的、无关的，则事故也就无从发生。因此，系统要素的动态相关性是事故发生的根本原因。

另一方面，为搞好安全管理，必须掌握与安全有关的所有对象要素之间的动态相关特征，充分利用相关因素的作用。例如，掌握人与设备之间、人与作业环境之间、人与人之间、资金与设施设备改造之间、安全信息与使用者之间等的动态相关性，是实现有效安全管理的前提。

③ 整分合原则　是指为了实现高效率管理，必须在整体规划下明确分工，在分工基础上进行有效的综合。在这个原则中，整体是前提，分工是关键，综合是保证。因为，没有整体目标的指导，分工就会盲目而混乱，使整体受到“五马分尸”之苦；离开分工，整体目标就难以高效实现。如果只有分工，而无综合或协作，那么也就无法避免和解决分工带来的分工各环节的脱节及横向协作的困难，不能形成“凝聚力”等众多问题。管理必须有分有合，先分后合，这是整分合原则的基本要求。

由于系统的层次性，从整体上看，整分合也是相对的。现代管理活动形成总体上的整分合，就具体某一方面，局部管理活动，也同样体现出许多小的、局部的整分合。

④ 反馈原则　指的是成功的高效的管理，离不开灵敏、准确、迅速的反馈。管理系统要实现目标，必须根据反馈及时了解这些变化，从而调整系统的状态，保证目标的实现。有效的安全管理，应该及时捕捉、反馈各种安全信息，及时采取行动，消除或控制不安全因素，使系统保持安全状态，达到安全生产的目标。

安全管理，实质上就是一种安全控制系统，所以必然存在着反馈问题。反馈是控制论的一个极其重要的概念。反馈就是由控制系统把信息输送出去，又把其作用结果返送回来，并对信息的再输出发生影响，起到控制的作用，以达到预定的目的，原因产生结果，结果又构成新的原因、新的结果……反馈在原因和结果之间架起了桥梁。

⑤ 封闭原则　该原则指的是在任何一个安全管理系统内部，安全管理手段、安全管理过程等必须构成一个连续封闭的回路，才能形成有效的安全管理活动。企业系统内各种安全管理机构之间，各种安全管理制度、方法之间，必须具有相互制约的关系，安全管理才能有效。在应用封闭原则时，需要做好三点：

a. 建立健全各种机构并使之各司其职，相互制约；

b. 完善企业各项安全管理制度；

c. 把握封闭的相对性。

（2）人本原理及其相关原则。

① 人本原理　在管理中必须把人的因素放在首位，体现以人为本的指导思想，这就是人本原理。以人为本有两层含义：一是一切管理活动都是以人为本展开的，人既是管理的主体，又是管理的客体，每个人都处在一定的管理层面上．离开人就无所谓管理；二是管理活动中。作为管理对象的要素和管理系统各环节，都是需要人掌管、运作、推动和实施。人本原理，是管理学四大原理之一，顾名思义就是以人为本的原理。它要求人们在管理活动中坚持一切以人为核心，以人的权利为根本，强调人的主观能动性，力求实现人的全面、自由发展。其实质就是充分肯定人在管理活动中的主体地位和作用。同时，通过激励调动和发挥员工的积极性和创造性，引导员工去实现预定的目标。

然而，任何管理理论的提出都有其阶级和时代背景，人本原理也不例外。随着科学技术的日新月异和经济全球化的到来，各个领域的管理哲学和管理实践都发生了翻天覆地的变化，人本原理也被赋予了新的时代意义。

人本原理特别强调人在管理中的主体地位，它不是把人看成是脱离其他管理对象的要素而孤立存在的人，而是强调在作为管理对象的整体系统中，人是其他构成要素的主宰，财、物、时间、信息等只有在为人所掌握，为人所利用时，才有管理的价值。具体地说，管理的核心和动力都来自于人的作用。

安全管理活动的目标、组织任务的制订和完成主要取决于人的作用，人的积极性、主动性和创造性的调动和发挥。没有人在组织中起作用，组织将不成为组织，各种资本物质也会因没有人去组织和使用而成为一堆无用之物。因此，安全管理主要是人的管理和对人的管理。安全管理活动必须以人以及人的积极性、主动性和创造性为核心来展开，安全管理工作的中心任务就在于调动人的积极性，发挥人的主动性，激发人的创造性。因此，人本原理讲求和解决的核心问题是积极性问题。贯彻人本原理的措施有：

a. 重视企业安全思想教育工作；

b. 强化民主安全管理；

c. 激励职工安全行为；

d. 改善领导安全行为。

② 动力原则　推动管理活动的基本力量是人，管理必须有能够激发人的工作能力的动力，这就是动力原则。动力的产生可以来自于物质、精神和信息，相应就有三类基本动力：物质动力、精神动力和信息动力。

a. 物质动力。物质动力是管理的根本动力，合理的物质刺激可以直接影响和调动员工的积极性。但物质刺激必须适当，运用不当也会产生一定的副作用。

b. 精神动力。精神动力包括个人信仰、名誉地位等方面的刺激。精神动力所产生的效果是人们在物质需求有了基本满足情况下所产生的一种更高层次的追求。精神动力不仅可以补偿物质刺激在某些方面的不足，而且其本身就有巨大的威力。在一定的条件下，精神动力甚至可以成为决定性的动力。

c. 信息动力。信息动力是通过信息的交流产生的动力，具有超越物质和精神的相对独立性。在现代经济社会中，良好有效的信息动力可以产生激励力量。任何一个组织，如果没有对外界的信息交流，就不可能有前进的动力。企业安全人员只有不停顿地从外部世界大量吸收有关安全发展方面的信息，才能激发他们巨大的创造潜力；企业员工通过与其他员工的工作比较，才能知道自己工作中的不足，从而发奋努力，迎头赶上。

③ 能级原则　现代管理认为，单位和个人都具有一定的能量，并且可以按照能量的大小顺序排列。形成管理的能级，就像原子中电子的能级一样：在管理系统中，建立一套合理能级，根据单位和个人能量的大小安排其工作，发挥不同能级的能量，保证结构的稳常性和管理的有效性，这就是能级原则。

管理能级不是人为的假设，而是客观的存在。在运用能级原则时应该做到三点：一是能级的确定必须保证管理系统具有稳定性；二是人才的配备使用必须与能级对应；三是对不同的能级授予不同的权力和责任，给予不同的激励，使其责、权、利与能级相符。

④ 激励原则　管理中的激励就是利用某种外部诱因的刺激调动人的积极性和创造性。以科学的手段，激发人的内在潜力，使其充分发挥出积极性、主动性和创造性，这就是激励原则。人的工作动力主要来自于内在动力、外在压力和吸引力。

（3）预防原理及其相关原则

① 预防原理　安全生产管理工作应该做到预防为主，通过有效的管理和技术手段，减少和防止人的不安全行为和物的不安全状态，这就是预防原理。在可能发生人身伤害、设备或设施损坏和环境破坏的场合，事先采取措施，防止事故发生。

② 偶然损失原则　事故所产生的后果是随机的，反复发生同类事故，不一定产生相同的后果，这是事故损失的偶然性。偶然损失原则是指：不管事故是否造成了损失，为了防止事故损失的发生，唯一的办法是防止事故再次发生。这个原则强调一定要重视各类事故，尤其是险肇事故，只有将险肇事故都控制住，才能真正防止事故损失的发生。

③ 因果关系原则　事故是许多因素互为因果连续发生的最终结果。事故的因果关系决定了事故发生的必然性。从事故的因果关系中认识必然性，发现事故发生的规律性，变不安全条件为安全条件，把事故消灭在早期起因阶段，这就是因果关系原则。

④ 3E 原则　造成人的不安全行为和物的不安全状态的主要原因可归结为技术的原因、教育的原因、身体和态度的原因以及管理的原因四个方面。

针对这四个方面的原因，应该有效采取三种防止对策，即工程技术（engineering）对策、教育（education）对策和法制（enforcement）对策，这就是所谓的 3E 原则。见图 2-8 所示。

⑤ 本质安全化原则　本质安全化原则来源于本质安全化理论，该原则的含义是指从一开始和从本质上实现了安全化，就从根本上消除事故发生的可能性，从而达到预防事故发生的目的。本质安全化原则不仅可以应用于设备、设施，还可以应用于建设项目。

（4）强制原理及其相关原则

① 强制原理　采取强制管理的手段控制人的意愿和行为，使个人的活动、行为等受到安全生产管理要求的约束，从而实现有效的安全生产管理，这就是强制原理。所谓强制就是绝对服从，不必经被管理者同意便可采取控制行动。

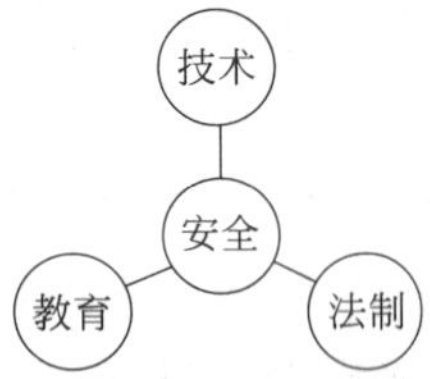

图 2-8　3E 原则示意图

② 安全第一原则　安全第一就是要求在进行生产和其他工作时把安全工作放在一切工作的首要位置。当生产和其他工作与安全发生矛盾时，要以安全为主，生产和其他工作要服从于安全，这就是安全第一原则。

③ 监督原则　监督原则是指在安全工作中，为了使安全生产法律法规得到落实，必须设立安全生产监督管理部门，对企业生产中的守法和执法情况进行监督。

3. 事故致因理论

事故发生有其自身的发展规律和特点，只有掌握了事故发生的规律，才能保证安全生产系统处于安全状态。前人站在不同的角度，对事故进行研究，给出了很多事故致因理论，下面简要介绍几种。

（1）事故频发倾向理论　事故发生有其自身的发展规律，了解事故的发生、发展和形成过程对于辨识、评价和控制危险源具有重要意义。只有掌握事故发生的规律才能有效地控制事故发生的途径，保证生产系统处于安全状态。

1919 年，英国的 M. Greenwood 和 H. H. Woods 把许多伤亡事故发生次数按如下三种分布进行了统计分析。

① 泊松分布　在发生事故的概率不存在个体差异时，一定时间内事故发生次数服从泊松分布，在这种情况下，事故发生原因是由于工厂里的生产条件、机械设备以及一些其他偶然因素引起的。

② 偏倚分布　一些工人由于存在精神障碍或心理方面的疾病，如果在生产操作中发生过一次事故，则会造成胆怯或神经过敏，当再继续操作时，就有发生第二次、第三次事故的倾向，符合这种统计分布的主要是少数有精神障碍或心理缺陷的工人。

③ 非均等分布　当工厂中存在许多特别容易发生事故的人时，发生不同次数事故的人数服从非均等分布，即每个人发生事故的概率不相同。这种情况下，事故的发生主要是由于人的因素引起的。

为了检验该结论的稳定性，还计算了特别容易发生事故的人中同一个人在前 3 个月和后 3 个月里发生事故次数的相关系数，结果发现工厂中存在事故频发倾向者的相关系数变化在 0.37 ± 0.12 到 0.72 ± 0.07 之间，而且都是正相关关系。也就是说，在前 3 个月里发生事故次数多的人，在后 3 个月里发生事故的次数也多，表明这些人容易发生事故的倾向比较稳定。

在此研究基础上，1939 年，Famert 和 Chamber 等人提出了事故频发倾向理论。事故频发倾向理论是指个别容易发生事故的稳定的个人的内在倾向。

按事故频发倾向理论，事故频发倾向者的存在是工业事故发生的主要原因，如果企业中减少了事故频发倾向者，就可以减少工业事故。认知决定行为。正是基于这样的理论认识，在当时的安全措施中，人员选择就成了预防事故的重要措施，在招录员工时，往往要对求职者进行严格的生理、心理测试，从众多的求职人员中选择身体、智力、性格特征及动作特征等方面优秀的人才。

（2）海因里希因果连锁理论

① 过程　海因里希把工业伤害事故的发生、发展过程描述为具有一定因果关系的事件的连锁发生过程，即：

a. 人员伤亡的发生是事故的结果；

b. 事故的发生是由于人的不安全行为、物的不安全状态；

c. 人的不安全行为或物的不安全状态是由于人的缺点造成的；

d. 人的缺点是由于不良环境诱发的，或者是由先天的遗传因素造成的。

在该理论中，海因里希借助于多米诺骨牌形象地描述了事故的因果连锁关系，即事故的发生是一连串事件按一定顺序互为因果依次发生的结果。如一块骨牌倒下，则将发生连锁反应，使后面的骨牌依次倒下。

② 模型　海因里希模型这 5 块骨牌依次如下。

a. 遗传及社会环境（M）　遗传及社会环境是造成人的缺点的原因。遗传因素可能使人具有鲁莽、固执、粗心等不良性格；社会环境可能妨碍教育，助长不良性格的发展。这是事故因果链上最基本的因素。

b. 人的缺点（P）　人的缺点是由遗传和社会环境因素所造成，是使人产生不安全行为或使物产生不安全状态的主要原因。这些缺点既包括各类不良性格，也包括缺乏安全生产知识和技能等后天的不足。

c. 人的不安全行为和物的不安全状态（H）　所谓人的不安全行为或物的不安全状态是指那些曾经引起过事故，或可能引起事故的人的行为，或机械、物质的状态，它们是造成事故的直接原因。例如，在起重机的吊荷下停留、不发信号就启动机器、工作时间打闹或拆除安全防护装置等都属于人的不安全行为；没有防护的传动齿轮、裸露的带电体、或照明不良等属于物的不安全状态。

d. 事故（D）　即由物体、物质或放射线等对人体发生作用受到伤害的、出乎意料的、失去控制的事件。例如，坠落、物体打击等使人员受到伤害的事件是典型的事故。

e. 伤害（A）　直接由于事故而产生的人身伤害。

人们用多米诺骨牌来形象地描述这种事故因果连锁关系，得到图 2-9 中那样的多米诺骨牌系列。在多米诺骨牌系列中，一颗骨牌被碰倒了，则将发生连锁反应，其余的几颗骨牌相继被碰倒。如果移去连锁中的一颗骨牌，则连锁被破坏，事故过程被中止。海因里希认为，企业安全工作的中心就是防止人的不安全行为，消除机械的或物质的不安全状态，中断事故连锁的进程而避免事故的发生。

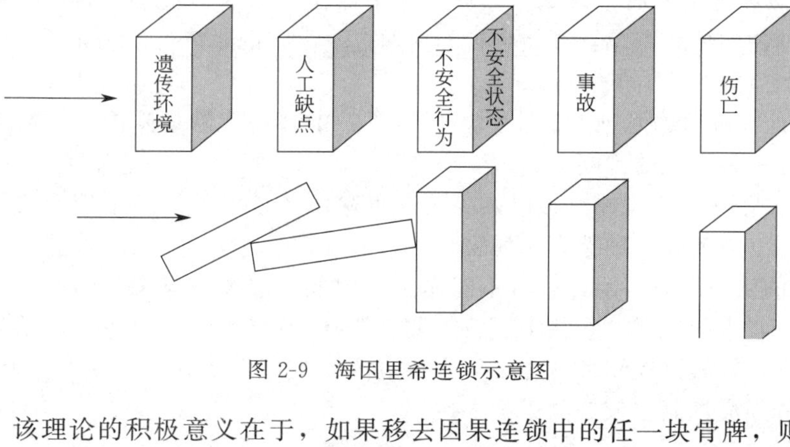

图 2-9　海因里希连锁示意图

③ 评价　该理论的积极意义在于，如果移去因果连锁中的任一块骨牌，则连锁被破坏，事故过程即被中止，达到控制事故的目的。海因里希还强调指出，企业安全工作的中心就是要移去中间的骨牌，即防止人的不安全行为和物的不安全状态，从而中断事故的进程，避免

伤害的发生。当然，通过改善社会环境，使人具有更为良好的安全意识，加强培训，使人具有较好的安全技能，或者加强应急抢救措施，也都能在不同程度上移去事故连锁中的某一骨牌而增加该骨牌的稳定性，使事故得到预防和控制。

当然，海因里希理论也有明显的不足，它对事故致因连锁关系描述过于简单化、绝对化，也过多地考虑了人的因素。但尽管如此，由于其形象化和其在事故致因研究中的先导作用，使其有着重要的历史地位。后来，博德（Frank Bird）、亚当斯（Edward Adams）等人都在此基础上进行了进一步的修改和完善，使因果连锁的思想得以进一步发扬光大，收到了较好的效果。

（3）能量意外释放理论　1961 年，吉布森提出了事故是一种不正常的或不希望的能量释放，各种形式的能量是构成伤害的直接原因。因此，应该通过控制能量或控制作为能量达及人体媒介的能量载体来预防伤害事故。

1966 年，在吉布森的研究基础上，哈登完善了能量意外释放理论，提出“人受伤害的原因只能是某种能量的转移”，并提出了能量逆流于人体造成伤害的分类方法，将伤害分为两类：第一类伤害是由于施加了局部或全身性损伤阈值的能量引起的；第二类伤害是由影响了局部或全身性能量交换引起的，主要指中毒窒息和冻伤。哈登认为，在一定条件下，某种形式的能量能否产生造成人员伤亡事故的伤害取决于能量大小、接触能量时间长短和频率以及力的集中程度。根据能量意外释放理论，可以利用各种屏蔽来防止意外的能量转移，从而防止事故的发生。

（4）系统安全理论　在 20 世纪 50 年代至 60 年代美国研制洲际导弹的过程中，系统安全理论应运而生。见图 2-10 所示。

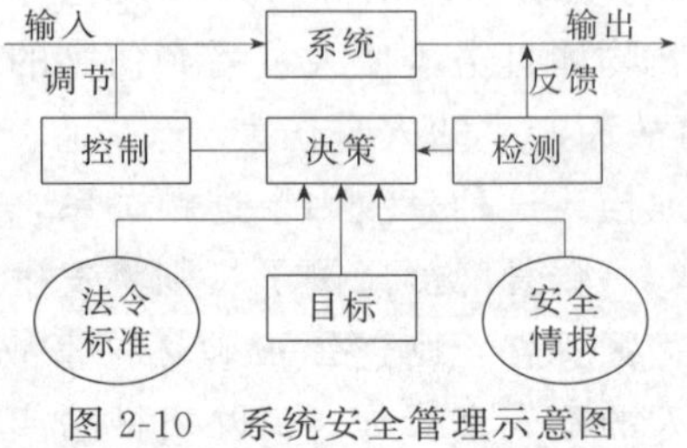

图 2-10　系统安全管理示意图

系统安全理论包括很多区别于传统安全理论的创新概念。

① 在事故致因理论方面，改变了人们只注重操作人员的不安全行为，而忽略硬件故障在事故致因中作用的传统观念，开始考虑如何通过改善物的系统可靠性来提高复杂系统的安全陛，从而避免事故。

② 没有任何一种事物是绝对安全的，任何事物中都潜伏着危险因素。通常所说的安全或危险只不过是一种主观的判断。

③ 不可能根除一切危险源，可以减少现有危险源的危险性。安全控制的目的是要减少总的危险性而不是只消除几种选定的风险。

④ 由于人的认识能力有限，有时不能完全认识危险源及其风险，即使认识了现有的危险源，随着生产技术的发展，新技术、新工艺、新材料和新能源的出现，又会产生新的危险源。安全工作的目标就是控制危险源，努力把事故发生概率降到最低，即使万一发生事故，也可以把伤害和损失控制在较轻的程度上。

4. 事故预防与控制的基本原则

事故预防与控制包括事故预防和事故控制。前者是指通过采用技术和管理手段使事故不发生；后者是通过采取技术和管理手段，使事故发生后不造成严重后果或使后果尽可能减小，对于事故的预防与控制，应从安全技术、安全教育和安全管理等方面人手，采取相应对策。安全技术对策着重解决物的不安全状态问题。安全教育对策和安全管理对策主要着眼于人的不安全行为问题。安全教育对策主要是使人知道哪里存在危险源，如何导致事故，事故的可能性和严重程度如何，对于可能的危险应该怎么做。安全管理措施则是要求必须怎么做。

二、安全生产责任制和安全生产管理制度

安全生产责任制是根据我国的安全生产方针“安全第一，预防为主，综合治理”和安全生产法规建立的各级领导、职能部门、工程技术人员、岗位操作人员在劳动生产过程中对安全生产层层负责的制度。安全生产责任制是企业岗位责任制的一个组成部分，是企业中最基本的一项安全制度，也是企业安全生产、劳动保护管理制度的核心。

实践证明，凡是建立、健全了安全生产责任制的企业，各级领导重视安全生产、劳动保护工作，切实贯彻执行党的安全生产、劳动保护方针、政策和国家的安全生产、劳动保护法规，在认真负责地组织生产的同时，积极采取措施，改善劳动条件，工伤事故和职业性疾病就会减少。反之，就会职责不清，相互推诿，而使安全生产、劳动保护工作无人负责，无法进行，工伤事故与职业病就会不断发生。

1. 安全生产责任制主要内容

横向方面。各职能部门（包括党、政、工、团）的安全生产职责。在建立责任制时，可以按照本单位职能部门的设置（如安全、设备、计划、技术、生产、基建、人事、财务、设计、档案、培训、党办、宣传、团委等部门），分别对其在安全生产中应承担的职责作出规定。

纵向方面。从上到下所有类人员的安全职责。即从本单位的主要负责人一直到岗位工人分层相应的层级，然后结合本单位的工作实际，对不同层级的人员在安全生产中应承担的职责做出规定。

2. 如何落实安全生产责任制

（1）建立安全规章制度　没有规矩，不成方圆；企业如果没有制度，就缺少企业文化，企业就没有品位，也没有发展后劲。《安全生产法》对企业的安全生产责任进行了明确规定，企业作为具体的落实者，必须结合本企业实际，制订和完善企业内部各级负责人、管理职能部门及其工作人员和各生产岗位员工的安全生产责任制，明确全体员工在安全生产中的责任，在企业内形成“安全生产，人人有责”的管理制度体系。

（2）制订并签订安全生产目标管理责任书　为确保安全生产，企业要制订内部安全生产管理的总体目标，并将目标进行层层分解，落实到企业的每一级职能部门。企业的主要负责人要分别与所属各部门的主要领导签订安全生产目标管理责任承诺书。各部门也要按照这一模式，将部门安全生产目标分解到每个岗位和员工。通过层层签订安全生产目标管理责任承诺书，在企业内形成一个自上而下分解到人，自下而上逐级落实安全生产责任承诺的保证体系，确保企业安全生产目标管理工作的进一步深化、细化。

（3）制订岗位安全操作规程　岗位安全操作规程是岗位操作人员应该遵守的确保安全的工作标准，不认真遵守，就可能引发事故。有些企业的操作规程只停留在纸面上或墙上，没有对员工认真的教育，这就没有达到基本的工作要求。所以，安全教育工作极其重要，一定

要让员工牢牢掌握和熟练运用安全生产操作规程，知道自己的岗位什么情况下可能什么出现危险，什么可以做，什么不可以做。另外，也要制止管理人员瞎指挥，避免诱发工人的误操作行为。

（4）制订安全检查考核办法　安全检查是落实安全责任、搞好安全生产的重要手段。安全检查，必须有具体内容，有明确目的，并有检查记录，发现问题必须要有整改措施并有验收记录，同时，要根据责任书及安全检查的内容，制订出详尽的考核办法、细则等，如量化考核打分、兑现奖惩措施等要规定清楚，这样，考核时有依据。

（5）做好教育培训工作　加强安全生产教育培训，是企业安全生产工作的基础工程，也是提高企业落实安全责任能力的有效手段。企业必须期坚持不懈抓好安全生产教育培训，努力为本企业培养能够熟悉安全知识、能够熟练安全技术、能够管理安全生产的人才，促进安全生产责任主体的落实。只有这样，才能将“安全第一、预防为主、综合治理”的安全生产管理方针、政策真正落到实处。

（6）做好安全文化建设工作　安全生产的灵魂是安全文化，而安全文化的核心是人的安全素养。人的安全素养的提高不是一朝一夕的事，而是一个长期培养、逐渐形成的过程。企业要更好地落实安全生产责任，必须提高职工的安全素养，增强职工的主人翁意识，只有当每一个员工都能自觉主动地成为一道安全屏障，那么安全才能从根本上得到保证。企业要制定安全行为规范根据职工具体岗位安全操作需要，制订简明易懂、便于操作的规程，使每个职工都能熟练遵守安全行为规范，落实安全责任。

（7）做好应急救援工作　有很多企业没有按要求认真去抓应急救援工作，因而在发生事故后，不能有效地开展救援工作。应急救援工作内容很多，需要重点强调的有以下三点。一是制订可操作性强的预案，并做好相应的物质准备，做到有备无患；二是进行演练，通过演练检验预案是否可行，修正不足；三是进行救援教育，让每个岗位，每个人都知道发生事故后自己该做什么，做到忙而不乱，进退有序。

（8）做好监督管理工作　企业安全管理是搞好安全生产的内因，对企业安全生产起决定作用。政府安全监管是实现安全生产的外因，对企业安全生产具有促进作用，必须强化外因与内因的有机统一，才能更好地促进企业安全生产责任的落实，所以企业要诚心接受来自社会各方的舆论监督，充分利用社会的评价，检查企业自身存在的问题，不断提升安全素质，引导和促使员工更加重视安全生产，落实安全责任，努力减少事故发生，真正做到“预防为主、安全发展”。

生命宝贵！人的生命对于每个人只有一次。在企业生产经营中，必须认真落实安全生产责任制，安全生产责任制是企业赖以生存、发展的基本保证，企业各级领导和生产人员在安全生产方面要“对上级负责，对职工负责，对自己负责”，建立企业安全生产责任制，切实加强安全生产的领导，营造“安全生产、人人有责”的良好安全生产格局，以全面实现生产安全。

3. 安全生产管理制度

危险化学品企业要主动识别和获取与本企业有关的安全生产法律法规，标准和规范性文件，并结合本企业安全生产特点，将国家法律法规的有关规定和的标准的有关要求转化为企业安全生产规章制度或安全操作规程的具体内容，以此来规范企业全员的行为，作者结合多年在危险化学品企业从事安全工作的经验，依据国家安监总局，工业和信息化部《关于危险化学品企业贯彻落实〈国务院关于进一步加强企业安全生产工作的通知〉的实施意见》（安监总管三［2010］186 号）要求和国家安监总局《危险化学品从业单位安全标准化规范》（安监总局化字［2005］198 号）要求，以及《国家安全监管总局关于进一步加强企业安全生产规范化建设严格落实企业安全生产全体责任的指导意见》（安监总办［2010］139 号）要求、《危险化学品经营许可证管理办法》（国家安全生产监督管理总局令第 55 号）要求、《国家安全监管总局关于坚强化工过程安全管理的指导意见》（安监总管三［2013］88 号）要求，认为危险化学品企业至少应建立健全如下 20 项安全管理制度，现分别简单叙述如下。

（1）安全生产责任制　危险化学品企业的安全生产责任制，应以企业负责人为重点，逐级建立企业管理人员、职能部门、工程技术人员和岗位操作人员的安全生产责任制，明确企业各层级、各岗位的安全生产职责，形成覆盖全员、全过程、全方位的安全生产责任体系，体现"安全生产，人人有责"的原则精神。

（2）安全生产责任考核制度　要建立以岗位安全绩效考核为重点，以落实岗位安全责任为主线，以杜绝岗位安全责任事故为目标的全员安全生产责任考核办法，加大安全生产责任在员工绩效工资、晋级、评先、评优等考核中的权重，对发生的重大责任事故实行"一票否决"。

（3）工艺管理制度　危险化学品企业的工艺管理制度是搞好其安全生产的基础。必须明确其工艺管理部门，工艺管理责任以及生产工艺技术文件管理，生产现场的工艺管理、工艺纪律检查与考核的要求。

（4）开停车管理制度　开、停车是危险化学品企业的重要环节，而开停车又是事故多发、易发期，必须加强开停车的安全管理。要明确开停车管理的职责和分工，制订严谨的开停车方案、流程、路线，确定开停车审核程序，以确保开停车其间的安全。

（5）设备管理制度　设备是危险化学品企业安全生产的物质基础，制订设备管理制度是危险化学品企业安全生产的需要。在危险化学品企业必须明确设备种类和设备管理的组织机构，确立设备基础管理、设备购置、设备检验检测、使用与保养、维修、改造与更新、备品备件管理、设备的闲置与报废、设备事故的预防与处理等主要内容。

（6）电气管理制度　电力是危险化学品企业的重要动力源，也是控制系统的动力源，因此，危险化学品企业必须建立电气管理制度。在电气管理制度中明确电气管理机构和职责范围，确立电气系统及设备从规划、设计、选型、制造、购置、安装、使用、维护、修理、改造、更新直至报废的主要内容，明确电气系统及设备检查考核内容。

（7）公用工程管理制度　危险化学品企业的公用工程是复杂的，有水系统：包括脱盐水、锅炉给水、循环水、排污水、下水、生活水、消防水、蒸汽冷凝液。电系统：包括高、低压动力电、照明用电、事故电源等。蒸汽系统：包括高、中、低压蒸汽及真空排放等。风系统：包括仪表风、工厂空气、工业用气等。化学药剂系统：包括酸、碱、工业用溶液及润滑油系统等。通信系统：包括有线广播、步话机、调度电话、手机、网络、短信及市场岗位直接电话等。储罐系统：燃料储罐、及中间产品储罐等。运输系统：包括铁路、码头以及管道运输的原材料、半成品、产品、成品等。在公用工程管理制度中要明确公用工程类型，确保安全职责，确定不同类型的公用工程管理和维护、检修、保养等主要内容。

（8）安全基础措施管理制度　危险化企业的安全技术措施是指运用工程技术手段消除物的不安全因素，实现生产工艺和机械设备等生产条件本质安全的措施，在危化企业防止事故发生的安全技术措施是指为了防止事故发生，采取的约束、限制能量或危险物质、防止其意外释放的安全技术措施。主要有：消除危险源。限制能量或危险物质。隔离、故障——安全设计。减少故障和失误等。在危化企业的安全技术措施管理制度中，要明确需编制安全技术措施情形及技术措施的编制、会签、审核、批准流程和措施交底、实施、监督等管理要求。

（9）安全作业管理制度　在危险化学品企业安全作业管理制度中，确定作业类型，确定不同作业类型的安全操作、施工和检修、维修规程、包括动火作业、进入受限空间作业、临时用电作业、高处作业、起重吊装作业、破土作业、断路作业、设备检修、维修作业、高温作业、抽堵盲板作业管理等。

（10）变更管理制度　危险化学品企业在工艺、设备、仪表、电气、公用工程、备件、材料、化学品、生产组织方式和人员等方面发生的所有变化都要纳入变更管理。要确定变更类型，针对不同类型的变更制订风险评价标准，根据风险评价结果确定变更管理类型及制定针对性的安全措施，审批流程及检测考核要求。

（11）安全例检制度　安全例行检查是危险化学品企业安全生产管理的重要内容。因为危险化学品企业固有的危险性决定其在生产经营活动中存在的危险、有害因素，通过安全检查进行识别，并运用定性或定量的统计分析确定其危险（风险）严重程度，进而确定风险控制的优先顺序和风险控制措施，以达到改善危化企业安全生产环境，减少和杜绝事故的目的。在安全例检制度中，要建立重点对象和重点部位安全生产检查（即点检），作业区域安全生产巡查（即巡检）的频次、重点、内容、措施等。

（12）安全监督检查制度　在化工（危险化学品）企业的安全监督检查制度中，要明确企业、工厂、车间安全检查频次、内容、制度监督检查机制和检查通报标准，建立监督检查情况记录档案，及时整改和消除隐患，对重大隐患必须进行挂牌督办，对隐患整改不力的单位和个人要提出责任追究责任建议。

（13）安全隐患排查与治理制度　在化工（危险化学品）企业事故隐患表现在生产岗位、生产场所、储存场所、装卸环节、运输过程、使用环节、工艺过程、违章违纪行为、安全规程和管理制度等。在事故隐患排查与治理制度中，要建立事故隐患全员排查、登记报告、分级治理、动态分析、整改销号制度、建立隐患排查记录档案、明确责任人、时限等要求、定期分析、评估隐患治理情况、不断完善隐患治理工作机制。明确隐患举报奖励形式，鼓励员工发现和举报事故隐患。

（14）领导干部带班值班制度　在化工（危险化学品）企业中带班领导干部负责指挥企业重大异常生产情况和突发事件的应急处置，并抽查企业各项安全管理制度的执行情况，保障企业的连续安全生产。在领导干部带班值班制度中，要明确带班值班干部范围、带班值班次数、时间、任务、职责权限、群众监督和考核奖惩等内容。

（15）事故管理制度　化工（危险化学品）企业固有的危险性决定了其发生事故的可能性。因此，危险化学品企业要制订本企业的事故管理制度，规范事故调查工作，保证调查结论的客观性和完整性；要明确事故类别、级别、报告程序、内部调查的部门、流程、相关责任追究标准等内容。事故发生后，要按照事故等级，分类时限，上报政府有关部门，并按照相关规定，积极配合政府有关部门开展事故调查工作。事故调查处理应坚持“四不放过”和“依法依规，实事求是，注重实效”的原则。

（16）厂区交通管理制度　化工（危险化学品）企业的厂区存在着易燃、易爆、有毒、有害物质，厂区内的机动车辆虽然只是在厂区进行运输作业，但如果对安全驾驶和行车安全的重要性认识不足，司机麻痹大意、违章驾驶、车辆带病运行等，均会造成车辆伤害事故。

因此，在厂区交通管理制度中，明确行驶车辆类型，车辆管理部门和职责以及机动车驾驶员培训、教育等形式，确定交通工具使用、维修、维护、保养及事故处理等主要内容。

（17）防火防爆鼓励制度　危险化学品企业（化工）最显著的特点之一是燃烧、爆炸，而燃烧、爆炸使多少危险化学品企业大起大落，这些教训十分深刻。因此，建立防火防爆管理制度是危化企业安全管理的重要一环。明确消防管理机构、责任、人员以及厂房、建筑、电气设备、生产设备、管道、阀门等生产装置的防火防爆管理内容，明确制订消防检查及消防器材管理流程和要求。

（18）防尘防毒管理制度　尘毒危害是化工（危险化学品）企业又一显著特点。因危险化学品企业生产的工艺过程和装备水平的限制，尘毒危害是难以避免的。在危险化学品企业防尘防毒制度中，确定粉尘毒物的种类，明确防尘防毒的管理部门、职责、防尘防毒计划和针对性措施以及防尘防毒设备的采购、维修、维护、更换等管理要求。加强从业人员职业健康培训和健康监护，个体防护用品配备及使用管理，做好职业危害因数的检查，评价与治理，按规定在可能发生急性职业损伤的场所设置报警、冲洗等设施，建立从业人员上岗前、岗中和离岗时的职业健康档案，切实保护劳动者的职业健康。

（19）防泄漏管理制度　化工（危险化学品企业）在生产中发生泄漏，化学毒物污染空气、水、土壤、而经呼吸道、消化道、皮肤或黏膜进入人体，引起群体中毒甚至死亡。危险化学品企业在生产中泄漏出的工艺气体，有的可燃性气体爆炸范围较大，若遇明火或能量，就有可能引起火灾爆炸，造成重大破坏和人员伤亡。在防泄漏管理制度中，明确可能发生泄漏的设备设施及工艺流程，制订可能发生泄漏区域的安全措施。

（20）重大危险源监控管理制度　按照国家标准《危险化学品重大危险源辨识》（GB 18218）的规定，危险化学品企业的重大危险源比一般化工企业和其他工业企业多得多，因此，危险化学品企业的重大危险源管理是其安全工作的重中之重。危险化学品企业的重大危险源监控管理制度，要明确重大危险源辨识登记、安全评估、报告备案、监控整改、应急救援等工作机制。

三、安全生产管理机构和人员

1. 人员配备

化工（危险化学品）企业应当按照下列规定设置安全生产管理机构或者配备专职安全生产管理人员：

（1）从业人员不足50人的，应当配备专职安全生产管理人员；

（2）从业人员在50人以上不足100人的，应当设置专门的安全生产管理机构，并配备2名以上专职安全生产管理人员；

（3）从业人员在100人以上不足300人的，应当设置专门的安全生产管理机构，并配备3名以上专职安全生产管理人员；

（4）从业人员在300人以上的，应当设置专门的安全生产管理机构，并按不低于从业人员1%的比例配备专职安全生产管理人员。

2. 机构设置及职责

（1）机构设置　按照《安全生产法》和《危险化学品安全管理条例》的要求，危险化学品企业必须设置专门的安全生产管理机构。

（2）主要职责

① 监督检查企业对安全生产的法规、制度、方针、政策的贯彻执行情况；

② 监督检查企业改善劳动条件计划的实施及安全经费的使用情况；

③ 参加企业的重大技术改造项目的设计审查和竣工验收；参加有关安全生产的新技术、新工艺、新设备、新材料的鉴定；

④ 检查企业的安全生产状况，发现危及员工安全健康的重大隐患，及时向企业发出《安全生产监察指令书》，限期消除隐患，逾期不改的，可令其停止作业，进行整顿；

⑤ 参加员工的伤亡事故的调查和处理。对事故原因的分析和事故责任者的处理意见，如发生分歧意见时，由安全生产监察机关提出结论性意见。如仍有不同意见，应报同级人民政府或上一级安全生产监察机关裁定；

⑥ 开展安全卫生宣传和技术培训，监督特种作业人员考核和按国家规定发给合格证；

⑦ 对违反安全生产法规、造成严重后果的单位及责任者有权给予处罚；对于实现安全生产成绩显著的单位和个人给予奖励。

3. 任职资格

（1）主要领导和安全管理人员的任职资格

① 企业主要负责人、分管安全生产负责人和安全生产管理人员，应当按照国家有关规定进行培训，并取得相应资格。

② 企业主要负责人及分管安全、生产、技术负责人中，应至少有 1 人具有国民教育化工化学类本科以上学历，且具有 3 年以上化工行业生产或技术岗位从业经历。

③ 专职安全生产管理人员应当具备国民教育化工化学类（或安全工程）中等职业教育以上学历或者化工化学类中级以上专业技术职称，或者具备危险物品安全类注册安全工程师资格，且具有 2 年以上化工行业生产或技术岗位从业经历。

（2）劳动协议　企业不得以任何形式与从业人员订立免除或者减轻其对从业人员因生产安全事故依法应当承担责任的协议。使用劳务派遣人员的生产经营单位应当将劳务派遣人员纳入本单位从业人员统一管理，不得将安全生产保障责任转移给劳务派遣单位。劳务派遣协议中应当明确各自安全生产责任，不得约定劳务派遣单位承担主要安全生产责任。

四、安全生产培训

1. 基础方法

首先，企业安全教育的方法千姿百态，没有一个固定的模式。一般说来，针对企业员工文化程度不一，掌握知识参差不齐，企业的工艺技术不同，安全教育培训的内容的不同等，可采用灵活多样的安全教育培训手段和方法，开展不同形式的、富有针对性、员工喜闻乐见的安全教育培训活动，消除员工对学习安全知识、学习安全科学理论、掌握安全技能的畏难情绪，使员工能自觉主动地接受安全教育和培训，使他们认识到：接受良好的安全教育培训是企业给他们的最大福利，能更好地提高安全教育培训的质量和效率，起到事半功倍的效果。其次，使受教育者形成强烈的安全意识，经过一次、两次、多次，反复的"刺激"，促使受教育者形成正确的安全观。再次使受教育者做出有利于安全生产的判断与行动，判断是人对大脑对新输入的信息与原有的意识进行比较、分析、取向的过程。行动是实践判断指令的行为。企业安全教育培训就是要强化原有的安全意识，培养辨别是非、安危、福祸的能力，坚定自己的安全生产行为。第四是因人而异采取不同的教育方法，如对于企业的各级领导，宜采用研讨法和发现法等；对于企业员工，宜采用讲授法、谈话法、访问法、练习法和复习法等；对于安全监管人员，则宜采用讲授法、研讨法、案例分析法、读书指导法等。

2. 危险化学品（化工）企业安全教育工作

随着社会经济的不断发展，危险化学品企业产品的应用已经进入到人们生产、生活、生存的各个领域。这一方面给社会经济和人民生活水平起到了巨大的提高和促进作用，但另一方面也给人民群众的生命财产安全构成了极大的威胁。

危险化学品企业是指生产、加工、储存危险化学品原料、危险化工产品的企业。生产危险化学品的原料，中间体甚至产品本身是易燃、易爆、易腐蚀、有毒物质。针对人员、设备、物料、工艺、作业环境、检测手段等企业生产经营必备条件，危险化工企业都不同程度地存在不足、不良、不当、不适的状况，随之而来的安全问题也日渐突出。近年来我国连续发生的一些较为严重的化学事故，造成了大量的人员伤亡和经济损失，造成不良的社会影响。如 2013 年 11 月 22 日中石化黄岛输油管线泄漏爆炸事故，造成 62 人死亡，136 人受伤的特别重大事故。其发生的主要原因是：管道布局欠合理，在处理泄漏管道时违规作业引发爆炸。这起事故是一起十分严重的责任事故，是安全意识淡薄，安全规程执行不力的人为责任事故。

由此可见，管理者及员工安全素质差、安全意识淡薄。必须加强安全管理，而安全教育培训是提高员工安全素质的根本途径。所以要大力加强安全教育培训，注重其教育培训的效果，才能切实提高员工和管理人员的素质。需采取切实有效的方法，将员工和管理人员的安全教育培训落到实处，可从以下几个方面做好安全教育培训工作。

（1）安全教育培训内容的全面具体性

① 安全意识教育　安全意识，即安全思想及态度。安全思想及态度是安全行动的指南。通过对员工讲授国家颁布的有关安全方面的“规程”、“决定”、“通知”、“标准”、“规范”；让员工牢固树立“安全第一，预防为主，结合治理”的思想理念。

通过危险化学品企业发生的一些典型事故案例的分析讨论，以血的教训警示员工，让员工真正懂得生产必须安全，安全促进生产、安全保障生产的道理。使员工不断增强安全自律意识安全自保、互保意识，在思想上真正受到触动，彻底消除对立情绪，把安全变成自己的自觉行为。达到人人讲安全、事事讲安全、处处讲安全、时时讲安全、不安全不生产、不安全不作业，一切想着安全，一切为安全让路的状态与环境，真正实现“要我安全”向“我要安全”的转变，从而提高执行安全生产法规的自觉性，履行安全职责的自觉性，践行安全生产各项制度的自觉性。

② 安全知识教育　包括生产技术知识，安全技术知识和专业安全技术知识等的教育。《学科分类与代码》（GB/T 13745—1992）中，将“安全科学技术”列为一级学科代码为 620，它包括：安全科学技术基础学科、安全学、安全工程、职业安全卫生、安全管理工程、安全科学技术其他学科 6 个二级学科；还包括：灾害物理学、灾害化学、灾害学、灾害毒理学，安全科学技术基础；其他学科：安全系统学、安全心理学、安全模拟与安全仿真学、安全人机学、安全经济学、安全管理学、安全教育学、安全学其他学科；消防工程、爆炸安全工程、安全设备工程、部门安全工程、安全工程其他学科：防尘工程、防毒工程、生产噪声与振动控制、个体防护、职业卫生工程其他学科；安全信息工程、风险评价与失效分析、工业灾害控制、安全检测与控制技术、安全管理工程其他学科 28 个三级学科，组成了“中国安全科学与技术”的学科体系。对于危险化学品企业的安全教育来说“中国安全科学与技术”学科体系的所有学问都应当学习，但生产企业还是首要的结合生产实际进行生产技术知

识教育，让员工了解危化企业的基本生产概况、化工工艺流程以及各种机器设备性能、结构、分布状况以及危险等级等。

安全技术知识教育是员工进行生产现场前就要知道本企业的危险区域，设备特性及安全防护知识，并且知道生产中使用所产生的化学危险物品有可能造成的危害，高温高压或低温低压的生产条件把控不好所造成的危害及安全防护措施的应用，能够正确使用个人防护用品及对个人特殊防护用品的安全检查和保护设施检修等，以及事故的应急处理和报告办法等。

③ 基本操作技能训练　员工操作技能的熟练，是危险化学品企业增强安全生产保障能力的基础性工作。基本操作技能训练包括操作前、操作中、操作后的技能训练。员工在化工操作前要穿戴齐个人防护用品，对周围的环境仔细的观察，做到“四懂三会五知道”，即懂原理、懂性能、懂结构、懂用途；会使用、会维护、会排除故障；知道安全生产规章制度、知道岗位安全职责、知道岗位操作规程、知道危险源、知道隐患控制和知道应急预案。操作中必须按安全操作规程执行，如在危险区域必须有两人以上方可进入，切不可一人工作，如遇突发事件掌握应急措施和如何施救，避事故发生和使事故扩大。达到“程序优于技术，变更就是风险，工作不走捷径，责任重于泰山”，这是操作中安全作业的基本要求。

员工安全技术业务素质的高低，操作技能的熟练，关系到危险化学品企业安全工作的成败。只有员工安全技术业务素质提高了，操作技能熟练了，才能真正做到按章操作，正规作业，实现“四不伤害”，即：不伤害自己、不伤害别人、不被别人伤害、保护别不被伤害。真正实现从“我懂安全”向“我会安全”的转变。

(2) 安全教育培训对象的层次性　无论是企业的领导，还是在生产第一线的员工以及工程技术人员必须跟上时代的潮流，掌握更新的生产技术和安全知识，时刻树立责任感、使命感、紧迫感、危机感，为企业保平安，求发展。

但安全教育培训要区分对象，要有层次性，必须根据各自企业的实际情况，针对企业负责人、安全管理人员，不同岗位和不同工种的员工的职责要求实施不同内容要求的安全教育培训。《危险化学品生产经营单位从业人员安全生产培训大纲（试行）》（安监总培训[2007] 249号）中规定了培训对象：危险化学品生产经营单位除主要负责人、安全生产管理人员和特种作业人员以外的其他从业人员。培训的目的：通过培训，使培训对象了解我国安全生产方针，有关法律法规的规章；熟悉危险化学品生产经营单位从业人员安全生产的权利和业务、掌握危险化学品安全生产经营基本知识、安全操作规程、个人防护、避灾、自救与互救方法，事故应急措施，安全设施和个人劳动防护用品的使用和维护，以及职业病预防知识等；具备与其从事作业场所和工作岗位相应的知识和能力。

从国家安监总局颁发的对从业人员的安全培训大纲中，可以看出：员工是企业安全教育培训的主体，也是安全措施的最终执行者和安全生产的具体操作者。必须按照“大纲”的要求，接受安全生产教育培训，具备必要的安全生产知识和安全生产技能，经考试合格，方能上岗作业。“大纲”中也要求，具备安全生产培训条件的生产经营单位，应组织对本单位从业人员进行培训，并建立健全培训档案，详细、准确记录培训、考试、考核情况，对不具备安全生产培训条件的生产经营单位，应委托具有相应资质的安全培训机构对本单位从业人员进行培训。《危险化学品企业从业人员安全生产培训大纲》中也要求，培训要坚持理论与实际相结合，重点加强安全意识、规章制度、基础知识、基本方法和实际安全操作技能的综合培训；要充分考虑农民工的实际，使培训内容易学易懂，易于掌握。

危险化学品企业的安全教育培训必须坚持以人为本，注重研究员工在安全生产中的思想、行为的变化规律，研究不同层次的员工群体对安全生产的心理需求，要围绕不同时期、不同阶段、不同季节的安全工作情况，针对常见事故的发生地点，针对薄弱地点、薄弱人物的具体情况，有的放矢地对员工进行安全教育培训，这样的教育培训才是切实到位的。

对企业的各级管理人员也必须进行安全教育培训，这是又一个层次的安全教育。管理层既要服从决策层的管理，又要管理基层的生产和经营人员，起到承上启下的作用，是企业生产经营决策的忠实贯彻者和执行者。他们对企业安全生产管理的态度，投入程度等起着决定性的作用。企业的安全生产状况，与企业领导层的安全认识有密切的关系，企业领导层的安全认识教育就是要端正领导的安全态度和认识，提高他们的安全决策素质，从企业管理的最高层确立安全生产应有的地位。而管理层的安全文化素质对整个企业的形象具有重要影响。

企业中层管理层通过安全教育培训除必须具备生产知识外，在安全生产方面还必须具备一定的知识、技能。

① 多学科的安全技术知识。应该具有安全管理、机械安全、电气安全、防火防爆、工业卫生环境保护等方面的知识。

② 推动安全工作的方法。如利益驱动法、需求拉动法、科技推动法、精神鼓励法、检查促动法、奖励激励法。

③ 国家的安全生产法规，规章制度体系。

④ 安全系统理论、现代安全管理、安全决策技术、安全生产规律、安全生产基本理论和安全规程。

企业中层管理层安全教育培训目标如下。

① 有关心员工安全健康的仁爱之心“安全第一、预防为主、综合治理”观念牢固，珍惜员工生命，爱护员工健康，善良公正，体恤下属。

② 有高度的安全责任感对人民生命和国家财产具有高度负责的精神，正确贯彻安全生产法规制度，绝不违章指挥。

③ 有适应安全工作需要的能力。如组织协调能力、调查研究能力、逻辑判断能力、综合分析能力、写作表达能力、说服教育能力等。

对危险化学品企业的班组长这个层次是企业的基层管理者，通过安全教育培训是班组长具有如下安全文化素质。

① 较多的安全技术知识。不同行业、不同工种、不同岗位要求不一样，总体来讲，必须掌握与自己工作有关的安全技术知识；了解有关事故案例。

② 熟练地安全操作技能。掌握与自己工作有关的操作技能，不仅自己操作可信，还要帮助班组内员工避免失误。

企业班组长安全培训教育目标如下。

① 强烈的班组安全教育。珍惜生命、爱护健康，把安全作为班组活动的价值取向，不仅自己不违章操作，而且能够控制违章指挥。

② 深刻的安全生产意识。深悟“安全第一、预防为主、综合治理”的含义，并把它作为规范自己和全班员工行为的准则。

③ 不仅知道与自己有关的安全生产制度和劳动纪律，而且能够自觉遵守、模范执行、长年坚持。

④ 勤奋的履行工作职责，自觉地遵章守纪习惯。班前开会作危险预警讲话，班中生产进行巡回安全检查，班后交班提醒安全注意事项。

⑤ 机敏的处置异常的能力。如果遇到异常情况，能够机敏果断地采取补救措施，把事故消灭在萌芽状态或尽力减少事故损失。

⑥ 高尚的舍己救人品德。如果一旦发生事故，能够在危难时刻自救、救人、或舍己救人，发扬互帮互爱精神。

（3）对企业决策层的安全教育　企业决策层是企业的最高领导层。其中第一责任人就是企业的法人代表。企业法人代表及决策者是企业生产和经营的主要决策人，是企业利益分配和生产资料调度的主要控制者，同时也是企业安全生产的第一指挥者和责任人。中央领导曾经提出“隐患险于明火，防范胜于救灾，责任重于泰山”。“为官一任，确保一方平安”。在我们全面建设社会主义小康社会的过程中，企业除了追求产量和经营利润外，还有促进社会物质文明、精神文明进步等多方面的责任。这就要求企业决策层要具有较高的政治思想觉悟、广博的文化知识、非凡的企业管理能力、健康的心理和身体素质。而且法人代表及决策者们对安全生产的理解程度决定着企业安全生产的状态和水平。所以决策者们必须具备较高的安全文化素质，这就需要对决策层不断进行必要的安全教育。

① 企业决策层安全教育的知识体系　对企业决策层的安全教育重点在方针政策、安全法规、标准的教育。具体地可以从以下几个方面进行教育。

a. 懂得安全法规、标准及方针政策　企业决策层应有意地培养自己的安全法规和安全技术素质，认真学习国家和行业主管部门颁发的安全法规文件和有关安全技术法规，以及事故发生规律。安全生产的技术法规包括安全生产的管理标准，劳动生产设备、工具安全卫生标准，生产工艺安全卫生标准，防护用品标准等；重大责任事故的治安处罚与行政处罚；违反安全生产法律应承担的相应的民事责任；违反安全生产法律应承担的相应的刑事责任，在什么情况下构成重大责任事故罪等。

b. 安全管理能力培养　决策层只有具备较高的安全管理素质才能真正负起“安全生产第一责任人”的责任，在安全生产问题上正确运用决定权、否决权、协调权、奖罚权；在机构、人员、资金、执法上为安全生产提供保障条件。

c. 树立正确的安全思想　重视人的生命价值；强烈的安全事业心和高度的安全责任感。

d. 建立应有的安全道德　作为企业领导必备正直、善良、公正、无私的道德情操和关心员工、体恤下属的职业道德，对于贯彻安全法规制度，要以身作则，身体力行。

e. 形成求实的工作作风　在市场经济条件下，要对企业决策层进行求实的工作作风教育，防止口头上重视安全，实际上忽视安全，即所谓“说起来重要，做起来次要，忙起来不要”。

② 企业决策层安全教育的目标　在社会主义市场经济条件下，对企业的决策层进行安全教育，使思想上和意识上树立如下的安全生产观。

a. 安全第一的哲学观　在思想认识上高于其他工作；在组织机构上赋予其一定的责、权、利；在资金安排上，其规划程度和重视程度，重于其他工作所需的资金；在知识的更新上，安全知识学习先于其他知识培训和学习；在管理举措上，情感投入多于其他管理举措；在检查考核上，安全的检查评比严于其他考核工作；当安全与生产、安全与经济、安全与效益发生矛盾时，安全优先。只有建立了辩证的安全第一哲学观，才能处理安全与生产、安全与效益的关系，才能做好企业的安全工作。

b. 尊重人的情感观　企业法人代表、领导者在具体的管理与决策过程中，应树立“以人为本”尊重与爱护员工的情感观。

c. 安全就是效益的经济观　实现安全生产，保护员工的生命安全与健康，不仅是企业的工作职责和任务，而且是保障生产顺利进行，企业经济效益实现的基本条件。“安全就是效益”、安全不仅能“减损”而且能“增值”，这是企业法人代表和领导者应建立的“安全经济观”。安全的投入不仅能给企业带来间接的回报，而且能产生直接的效益。

d. 预防为主的科学观　要高效、高质量地实现企业的安全生产，必须走预防为主的道路，必须采用超前管理、预期型管理的方法。采用现代的安全管理技术，变纵向单因素管理为横向综合管理；变事后处理为预先分析；变事故管理为隐患管理；变管理的对象为管理的动力；变静态被动管理为动态主动管理，实现本质安全化。只要有了正确的安全生产观念和意识，就可能有合理、准确的安全生产组织和管理行动，最终必定能实现安全生产目标。

③ 企业决策层的安全教育方法　对企业决策层的安全教育可以采取定期安全培训，持证上岗，根据国家人事部门和国家安监总局的规定。企业领导的安全教育形式主要是岗位资格的安全培训认证制度教育，这是一种非常有力和有效的安全教育形式。通过学习，认识安全生产知识、体验和经历事故的教训，采取研讨法和发现法来达到教育的目的。

3. 三级安全教育的内容及存在的问题

危险化学品企业三级安全教育是指对新入厂人员的厂级教育、车间级教育和班组级教育。新入厂的人员（包括合同工、临时工、代训工、实习人员等）必须进行不少于三天的三级安全教育，经考试合格后方可分配工作。三级安全教育的主要内容有以下几个方面。

（1）厂级安全教育　厂级安全教育一般由企业安技部门负责进行。

① 讲解党和国家有关安全生产的方针、政策、法令、法规及本企业有关安全生产、消防、交通的规程、规定，讲解劳动保护的意义、任务、内容及基本要求，使新入厂员工树立“安全第一、预防为主、综合治理”和“安全生产，人人有责”的思想。

② 介绍本企业的安全生产情况，包括企业发展史（含企业安全生产发展史）、企业生产特点、企业设备分布情况（着重介绍特种设备的性能、作用、分布和注意事项）、主要危险及要害部位，介绍一般安全生产防护知识，介绍企业的安全生产组织机构及企业的主要安全生产规章制度等。

③ 介绍企业安全生产的经验和教训，结合本单位和兄弟厂常见事故案例进行剖析讲解，阐明伤亡事故的原因及事故处理程序等。

④ 提出希望和要求。如要求受教育人员要按《全国职工守则》和企业职工奖惩条例积极工作；在生产劳动过程中努力学习安全技术、操作规程；要遵守操作规程和劳动纪律，不擅自离开工作岗位，不违章作业，不随便出入危险区域及要害部位；要注意劳逸结合，正确使用劳动保护用品等。

新入厂人员必须百分之百进行教育，教育后要进行考试，成绩不及格者要重新教育，直至合格，并填写《职工三级教育卡》，厂级安全教育时间一般为72h。

（2）车间级安全教育　车间级安全教育由车间行政一把手负责，一般授课时间为8h。

各车间有不同的生产特点和不同的要害部位、危险区域和设备，因此，在进行本级安全教育时，应根据各自情况，详细讲解。

① 介绍本车间生产特点、性质。如车间的生产方式及工艺流程；车间人员结构，安全生产组织及活动情况；车间主要工种及作业中的专业安全要求；车间危险区域、特种作业场所，有毒有害岗位情况；车间安全生产规章制度和劳动保护用品穿戴要求及注意事项；车间事故多发部位、原因，及相应的特殊规定和安全要求；车间常见事故和对典型事故案例的剖

析；车间安全文明生产的经验与问题等。

② 根据车间的特点介绍安全技术基础知识。

③ 介绍消防安全知识。

④ 介绍车间安全生产和文明生产制度。

（3）班组级安全教育　班组是企业生产的“前线”，生产活动是以班组为基础的。由于操作人员活动在班组，机具设备在班组，事故常常发生在班组，因此，班组安全教育非常重要。

① 介绍本班组生产概况、特点、范围、作业环境、设备状况，消防设施等。重点介绍可能发生伤害事故的各种危险因素和危险部位，可用一些典型事故实例去剖析讲解。

② 讲解本岗位使用的机械设备、工器具的性能，防护装置的作用和使用方法；讲解本工种安全操作规程和岗位责任及有关安全注意事项，使学员真正从思想上重视安全生产，自觉遵守安全操作规程，做到不违章作业，爱护和正确使用机器设备、工具等；介绍班组安全活动内容及作业场所的安全检查和交接班制度；教育学员发现了事故隐患或发生了事故，应及时报告领导或有关人员，并学会如何紧急处理险情。

③ 讲解正确使用劳动保护用品及其保管方法和文明生产的要求。

④ 实际安全操作示范，重点讲解安全操作要领，边示范，边讲解，说明注意事项，并讲述哪些操作是危险的、是违反操作规程的，使学员懂得违章将会造成的严重后果。

（4）存在的误区

① 教育程度不明　开展三级安全教育应按下列程序进行：在新员工到人事部门一报到，人事部门就应通知其到安全部门接受厂级安全教育，经教育考试合格后，填写教育卡片，人事部门根据教育卡片开出分配调令到二级单位，二级单位再对其进行分厂（车间）级教育，经考试合格后填写教育卡片，该员工再携卡被分配到班组接受班组安全教育，考试合格后再填写教育卡片，然后分配到岗位学习，三级安全教育应严格遵守这样的程序。然而，有些企业却不明此理，有的未进行厂级安全教育就分配到二级单位，在安全监管部门事后知道再补厂级安全教育，造成安全教育的“滞后”。

② 教育级别不全　所谓三级安全教育是：厂级——分厂（车间）级——班组级三个级别的安全教育，缺一级就不能称其为三级安全教育。

③ 教育大纲不明确　根据《安全生产培训管理办法》（安监总局第 44 号令）第 17 条规定：安全监管监察人员，危险化学品的生产、经营、储存单位与非煤矿山企业的主要负责人、安全生产管理人员和特种作业人员及从事安全生产工作的相关人员的安全培训大纲，由国家安全监管总局组织制订。

煤矿企业的主要负责人、安全生产管理人员和特种作业人员的培训大纲由国家煤矿安监局组织制订。

除危险化学品的生产、经营、储存单位和矿山以外的其他生产经营单位的主要负责人、安全生产管理人员及其他从业人员的安全培训大纲，由省级安全生产监督管理部门、省级煤矿安全监管机构组织制订。

④ 教育内容陈旧　三级安全教育内容应根据时代的变化有针对性地适应调整、补充。然而，有的危险化学品企业三级安全教育的教材却实行多年一贯制，内容陈旧过时，缺乏针对性和现实教育意义。

在进行安全教育时，要注意内容的多样化，因为按正常的培训程序，新员工的厂级安全教育应该是三天（24h）。三天的时间可以有计划安排每一天的具体培训内容，例如观看车间现场的视频、安全事故案例等。

⑤ 教育形式单调　开展三级安全教育可以采用丰富多彩的形式，而有些危险化学品企业在开展时形式单一、老套，总是采用课堂灌输式，显得枯燥，缺乏吸引力。其实危险化学品企业开展三级安全教育可以采取参观、座谈、演讲等与课堂讲授相结合的形式进行，效果将更好。

在进行安全教育培训时，我们可以采取以下方法。

a. 观看视频　这种视频是来自车间现场的视频，包括人的不安全行为，物的不安全状态，以及正确的操作方法的模拟演练等视频。

b. 建立培训道场　培训道场就是建立一个新员工培训实验室，将车间现场的设备按比例缩小后，再安排新员工进行现场的模拟操作，以此来提高员工的实际操作能力。

c. 事故案例培训　多收集相关的事故案例，以案例进行安全教育，效果会更加有效。

d. 安全小品　这类比较符合实际，主要是组织员工进行相关的事故模拟演练，将事故排演成小品的模式，通过小品表演，让员工都能明白事故的前因后果。

在开展三级安全教育时，有些企业不严格按照要求进行，如有的只教育不考试，有的则把试题讲一讲，应付了事，完全未起到应有的作用。

安全人命关天。三级安全教育是新员工入厂接受的第一次正规的安全教育。因此，应以对员工生命高度负责的责任感，严把关口，扎扎实实地开展好三级安全教育，使他们从第一次入厂安全教育就树立起正确的安全观，积极投入到企业的安全生产中去。

五、安全生产检查

1. 事故隐患界定及概述

（1）界定的含义　所谓界定，系为界线的划定、确定或认定。在日常的生产过程中或社会活动中，由于人的因素（例如管理能力、制度执行、操作技能、心理状态、知识水平、生理作用等），物的变化（例如设备及电器老化、锈蚀、安全防护设施的拆除、位移和与施工进度的不衔接），以及环境的影响（例如污染、风蚀、暴晒）。会产生各种各样的问题、缺陷、故障、苗头、隐患等不安全因素，如果不发现、不查找、不排除，会打扰和影响生产过程或社会活动的正常进行。这些不安全因素有的是疵点、缺点，只要检查发现后进行消缺处理，便解决问题，不会生成激发潜能（例如动能、势能、化学能、热能等）的条件；有的则具有生成激发潜能的条件，便形成事故隐患，不进行整治或不采取有效安全措施，易导致事故的发生。因此，通过“界定”具不具备生成潜能的条件，便能诊断或辨识是否存在事故隐患。

（2）事故隐患的含义　事故隐患是指作业场所、设备及设施的不安全状态、人的不安全行为和管理上的缺陷，是引发安全事故的直接原因。重大隐患是指可能导致重大人身伤亡或者重大经济损失的事故隐患，加强对重大隐患的控制管理，对于预防特大事故有重要的意义。

（3）事故隐患界定的原则　是看众多的问题、缺陷、故障、苗子、隐患等不安全因素中，有否可能蕴藏着激发能突然释放而发生与人的意志相反或客观规律相违背，会迫使生产和行为暂时或永久地停止的事件条件。即是否有隐藏或潜伏在内部的祸患。危机或危险事件，问题、缺陷、故障、苗子都是外露性的，有现象表现出来；事故隐患则是内涵性的，透过现象才能分析判定。因此，事故隐患呈现了内在本质的薄弱点（或称危险点、危险源），靠人的知识和经验，靠科学的评估和计算，靠科学检测仪器的探测和监视，才能发现，并制订对策予以整治后消除，把事故消灭于萌芽状态。

(4) 技术分析　诊断或辨识事故隐患是一项有一定技术含量和难度的工作，必须从大量采集的现象中进行技术分析来发现和查寻。大体上可由下列途径来获取事故隐患存在的信息。

① 班组每天上岗前检查和作业中检查，班组长每班每时巡回监督检查，不间断收集动态信息。

② 各种专业人员的不定期检查，了解关键设备、重点部位、受监控的危险点（源）和安全设施的工作状态，从中可能掌握安全信息。其特点是专业性强，有针对性和仔细全面。这一点对企业加强对关键要害（重点）部位和过程安全监控力度，更为重要。因为关键要害（重点）部位和过程的安全状况对企业的安全生产起了至关重要的影响。可以这样说，管好了关键要害（重点）部位和过程，在某种意义上基本掌握了危化企业安全生产的大局。

③ 各种形式的安全生产大检查（例如季节性安全检查、节假日前安全检查、每月一次的公司安全大检查等），可以从面上的到大量安全信息（如问题、缺陷、苗子甚至直接的隐患）。

④ 在施工中进行工程验收，分部分项质量评定等，从中发现结构性事故隐患或缺陷、问题。

⑤ 通过机电设备大检修、中修或紧急停机后的抢修，获取有关机电设备的实际安全信息。

⑥ 通过事故分析，举一反三，吸取教训，寻找隐患。

⑦ 运用危险性预分析，安全评价、风险评估、事故树逻辑分析等各种安全科学方法，寻找潜在危险，发现事故隐患。

2. 对隐患处理的认识

(1) 思想上对隐患的错误认识是最大的隐患　首先要消除企业领导头脑中对安全不重视的隐患。不认真整改事故隐患，就是不重视安全工作，就没有履行安全生产第一责任人的职责，就是没有执行好国家有关安全的法规，就是对企业和员工不负责，这是非常严肃的问题。因此，危化企业的领导应认真组织整改隐患工作。整改隐患工作的本身就是贯彻预防为主的方针，就是采取安全措施保障安全生产，就是预防和消灭事故。危化企业在组织隐患整改时，应认真制订实施方案，其措施应具有科学性、先进性、可靠性、长远性、可操作性。尽可能采用新技术、新材料、新设备、新的安全装置。在实施方面要定人、定时间、定责任人，保证质量地按时完成，安全监管部门要审查整改措施，验收整改工作。最后还应制订措施，保证所整改的内容能够得到巩固，发挥作用，而不是随着时间的推移就失去作用，那就失去了整改的意义和效果了，这一点非常重要。

(2) 资金是保证整改工作的重要条件　缺少资金就难以整改隐患，这个问题在当前较为突出，没有资金的投入就必然隐患依旧，企业就不能安全生产。在市场经济中的危化企业，效益安全都是企业的生命，缺少哪一方面企业都难以生存，整改隐患虽然投入了一些资金，但消除了危险源，防止了因事故所造成的重大损失，也就是效益。投入资金治理隐患，关键是领导对安全的重视程度，怕花钱整改隐患，看起来省了些钱，一旦酿成事故企业就遭受重大损失甚至破产，岂不因小失大。因此，保证整改隐患所需资金，是一个聪明的企业决策者的选择。

(3) 善于发现和辨别动态的隐患 无数事故分析证实。隐患存在是事故的成因。多一个隐患就多一个发生事故的危险，同时，隐患也是变化的、动态的，有生产活动就会出现隐患，老的隐患解决了新的隐患又出现了，有的隐患是动态的，有的是静止的，有的隐患会反复产生，有的隐患是直观的，有的是潜在不易发现的，有些隐患是随着时间而发生变化，有的隐患会在瞬间发生裂变，隐患有着不同程度的危险性，隐患来之各个方面、各种原因，认识隐患是预防隐患的重要前提，要运用监测监控手段、管理的手段、技术手段，做好预防隐患的工作，防止隐患存在，这就要求在设计、制造、产品、安装、生产过程中不留下隐患。开展经常性安全检查，正确使用防护用品，加强安全教育培训以及其他安全生产投入，以保证生产经营单位达到安全生产的目的。

3. 隐患排查方式

在危化企业一般来说，隐患排查工作与企业各专业的日常管理、专项检查和监督检查等工作相结合，科学整合如下方式进行。

(1) 日常性隐患排查 指企业班组，岗位员工的交接班检查和班中巡回检查，以及基层单位领导和工艺、设备、电气、仪表、安全等专业技术人员的日常性检查，日常性隐患排查须加强对重要装置、要害部位、关键环节、重大危险源的检查和巡查。

(2) 综合性隐患排查 指以保障安全生产为目的，以安全生产责任制，各项专业管理制度和安全生产管理制度的落实情况为重点，各有关专业和部门共同参与的全面检查。

(3) 专业性隐患排查 主要是指对区域位置及总图布置、工艺、设备、电气、仪表、储运、消防、环保和公用工程等系统分别进行的专业性检查。

(4) 季节性隐患排查 指根据各个季节的特点开展的专项隐患检查。主要包括：

① 春节以防雷、防静电、防解冻泄漏、防解冻坍塌为重点的隐患排查；

② 夏季以防雷暴、防设备容器高温超压、防台风、防洪、防暑降温为重点的隐患排查；

③ 秋季以防雷暴、防火、防静电、防凝保温为重点的隐患排查；

④ 冬季以防火、防爆、防雪、防冻防凝、防滑、防静电为重点的隐患排查。

(5) 重大活动及节假日前和敏感时期隐患排查 指在重大活动和节假日前以及重要敏感时期，对装置生产是否存在异常状况和隐患、备用设备状态、备品备件、生产及应急物质储备、保运力量安排、企业保卫、应急工作等进行的检查，特别是对节日期间干部带班、值班、机电仪保运紧急抢修力量安排、备件及各类物质储备和应急工作进行重点检查。

(6) 事故类比隐患排查 对企业内和同类企业发生事故后的举一反三的安全检查。

4. 隐患排查频次

按照《危险化学品企业事故隐患排查治理实施导则》(安监总管三［2012］103 号) 的要求，企业进行隐患排查的频次应满足以下规定。

(1) 企业进行隐患排查的频次

① 装置操作人员现场巡检间隔不得大于 2h，涉及“两重点一重大”的生产储存装置和部位的操作人员现场巡查间隔不得大于 1h，宜采用不间断巡检方式进行现场巡检。

② 基层车间（装置，下同）直接管理人员（主任，工艺设备技术人员）、电气、仪表人员每天至少两次对装置现场进行相关专业检查。

③ 基层车间应结合岗位责任制检查，至少每周组织一次隐患排查，并和日常交接班检

查和班中巡回检查中发现的隐患一起进行汇总；基层单位（厂）应结合岗位责任制检查，至少每月组织一次隐患排查。

④ 企业应根据季节性特征及本单位的生产实际，每季度开展一次有针对性的季节性隐患检查；重大活动及节假日前必须进行一次隐患排查。

⑤ 企业至少每半年组织一次，基层单位至少每季度组织一次综合性隐患排查和专业性隐患排查，两者可结合进行。

⑥ 当获知同类企业发生伤亡及泄漏，火灾爆炸等事故时，应举一反三，及时进行事故类比隐患专项检查。

⑦ 对于厂区位置、工艺技术等不经常发生变化的，可依据实际变化情况确定排查周期，如果发生变化，应及时进行隐患排查。

（2）当发生以下情况之一，企业应及时组织进行相关专业的隐患排查。

① 颁发实施有关新的法律法规标准规范或原有适用法律法规，标准规范重新修订的。

② 组织机构和人员发生重大调整的。

③ 装置工艺、设备、电气、仪表、公用工程或操作参数发生重大改变的，应按变更管理要求进行风险评估。

④ 外部安全生产环境发生重大变化。

⑤ 发生事故或对事故、事件有新的认识。

⑥ 气候条件发生大的变化或预报可能发生重大自然灾害。

（3）涉及“两重点一重大”的危险化学品生产，储存企业应每五年至少开展一次危险与可操作性分析（HAZOP）。

第三节　现代安全管理方法

一、过程安全管理

化工过程（chemical process）伴随易燃易爆、有毒有害等物料和产品，涉及工艺、设备、仪表、电气等多个专业和复杂的公用工程系统。加强化工过程安全管理，是国际先进的重大工业事故预防和控制方法，是企业及时消除事故隐患、预防事故、构建安全生产长效机制的重要基础性工作。

1. 化工过程管理的主要内容和任务

按照《国家安全监管总局关于加强化工过程安全管理的指导意见》（安监总管三［2013］88号）的规定，化工过程安全管理的主要内容和任务包括：收集和利用化工过程安全生产信息；风险辨识和控制；不断完善并严格执行操作规程；通过规范管理，确保装置安全运行；开展安全教育和操作技能培训；严格新装置试车和试生产的安全管理；保持设备设施完好性；作业安全管理；承包商安全管理；变更管理；应急管理；事故和事件管理；化工过程安全管理的持续改进等。作者根据实际工作经验，在这里把化工过程安全管理的主要项目作一阐述。

2. 安全生产信息管理

（1）全面收集安全生产信息　企业要明确责任部门，按照《化工企业工艺安全管理实施导则》（AQ/T3034）的要求，全面收集生产过程涉及的化学品危险性、工艺和设备等方面的全部安全生产信息，并将其文件化。

（2）充分利用安全生产信息　企业要综合分析收集到的各类信息，明确提出生产过程安全要求和注意事项。通过建立安全管理制度、制订操作规程、制订应急救援预案、制作工艺卡片、编制培训手册和技术手册、编制化学品间的安全相容矩阵表等措施，将各项安全要求和注意事项纳入自身的安全管理中。

（3）建立安全生产信息管理制度　企业要建立安全生产信息管理制度，及时更新信息文件。企业要保证生产管理、过程危害分析、事故调查、符合性审核、安全监督检查、应急救援等方面的相关人员能够及时获取最新安全生产信息。

3. 风险管理

（1）建立风险管理制度　每个化工企业要制定化工过程风险管理制度，在制度中要明确风险辨识范围、方法、频次和责任人，规定风险分析结果应用和改进措施的落实要求，对生产全过程进行风险辨识分析。

对涉及重点监管危险化学品、重点监管危险化工工艺和危险化学品重大危险源（以下统称“两重点一重大”）的生产储存装置进行风险辨识分析，要采用危险与可操作性分析（HAZOP）技术，按照安监总局有关要求，一般每3年进行一次。对其他生产储存装置的风险辨识分析，针对装置不同的复杂程度，选用安全检查表、工作危害分析、预危险性分析、故障类型和影响分析（FMEA）、HAZOP技术等方法或多种方法组合，可每5年进行一次。企业管理机构、人员构成、生产装置等发生重大变化或发生生产安全事故时，要及时进行风险辨识分析。企业要组织所有人员参与风险辨识分析，力求风险辨识分析全覆盖。

（2）确定风险辨识分析内容　化工过程风险分析应包括：工艺技术的本质安全性及风险程度；工艺系统可能存在的风险；对严重事件的安全审查情况；控制风险的技术、管理措施及其失效可能引起的后果；现场设施失控和人为失误可能对安全造成的影响。在役装置的风险辨识分析还要包括发生的变更是否存在风险，吸取本企业和其他同类企业事故及事件教训的措施等。

（3）制定可接受的风险标准　企业要按照《危险化学品重大危险源监督管理暂行规定》（国家安全监管总局令第40号）的要求，根据国家有关规定或参照国际相关标准，确定本企业可接受的风险标准。对辨识分析发现的不可接受风险，企业要及时制订并落实消除、减小或控制风险的措施，将风险控制在可接受的范围。

4. 装置运行安全管理

（1）操作规程管理　企业要制定操作规程管理制度，规范操作规程内容，明确操作规程编写、审查、批准、分发、使用、控制、修改及废止的程序和职责。操作规程的内容应至少包括：开车、正常操作、临时操作、应急操作、正常停车和紧急停车的操作步骤与安全要求；工艺参数的正常控制范围，偏离正常工况的后果，防止和纠正偏离正常工况的方法及步骤；操作过程的人身安全保障、职业健康注意事项等。

操作规程应及时反映安全生产信息、安全要求和注意事项的变化。企业每年要对操作规程的适应性和有效性进行确认，至少每3年要对操作规程进行审核修订；当工艺技术、设备发生重大变更时，要及时审核修订操作规程。

企业要确保作业现场始终存有最新版本的操作规程文本，以方便现场操作人员随时查用；定期开展操作规程培训和考核，建立培训记录和考核成绩档案；鼓励从业人员分享安全操作经验，参与操作规程的编制、修订和审核。

（2）异常工况监测预警　企业要装备自动化控制系统，对重要工艺参数进行实时监控预警；要采用在线安全监控、自动检测或人工分析数据等手段，及时判断发生异常工况的根源，评估可能产生的后果，制订安全处置方案，避免因处理不当造成事故。

（3）开停车安全管理　企业要制定开停车安全条件检查确认制度。在正常开停车、紧急停车后的开车前，都要进行安全条件检查确认。开停车前，企业要进行风险辨识分析，制订开停车方案，编制安全措施和开停车步骤确认表，经生产和安全管理部门审查同意后，要严格执行并将相关资料存档备查。

企业要落实开停车安全管理责任，严格执行开停车方案，建立重要作业责任人签字确认制度。开车过程中装置依次进行吹扫、清洗、气密试验时，要制订有效的安全措施；引进蒸汽、氮气、易燃易爆介质前，要指定有经验的专业人员进行流程确认；引进物料时，要随时监测物料流量、温度、压力、液位等参数变化情况，确认流程是否正确。要严格控制进退料顺序和速率，现场安排专人不间断巡检，监控有无泄漏等异常现象。

停车过程中的设备、管线低点的排放要按照顺序缓慢进行，并做好个人防护；设备、管线吹扫处理完毕后，要用盲板切断与其他系统的联系。抽堵盲板作业应在编号、挂牌、登记后按规定的顺序进行，并安排专人逐一进行现场确认。

5. 试生产安全管理

（1）明确试生产安全管理职责　企业要明确试生产安全管理范围，合理界定项目建设单位、总承包商、设计单位、监理单位、施工单位等相关方的安全管理范围与职责。

项目建设单位或总承包商负责编制总体试生产方案、明确试生产条件，设计、施工、监理单位要对试生产方案及试生产条件提出审查意见。对采用专利技术的装置，试生产方案经设计、施工、监理单位审查同意后，还要经专利供应商现场人员书面确认。

项目建设单位或总承包商负责编制联动试车方案、投料试车方案、异常工况处置方案等。试生产前，项目建设单位或总承包商要完成工艺流程图、操作规程、工艺卡片、工艺和安全技术规程、事故处理预案、化验分析规程、主要设备运行规程、电气运行规程、仪表及计算机运行规程、连锁整定值等生产技术资料、岗位记录表和技术台账的编制工作。

（2）试生产前各环节的安全管理　建设项目试生产前，建设单位或总承包商要及时组织设计、施工、监理、生产等单位的工程技术人员开展“三查四定”（三查：查设计漏项、查工程质量、查工程隐患；四定：整改工作定任务、定人员、定时间、定措施），确保施工质量符合有关标准和设计要求，确认工艺危害分析报告中的改进措施和安全保障措施已经落实。

系统吹扫冲洗安全管理。在系统吹扫冲洗前，要在排放口设置警戒区，拆除易被吹扫冲洗损坏的所有部件，确认吹扫冲洗流程、介质及压力。蒸汽吹扫时，要落实防止人员烫伤的防护措施。

气密试验安全管理。要确保气密试验方案全覆盖、无遗漏，明确各系统气密的最高压力等级。高压系统气密试验前，要分成若干等级压力，逐级进行气密试验。真空系统进行真空试验前，要先完成气密试验。要用盲板将气密试验系统与其他系统隔离，严禁超压。气密试验时，要安排专人监控，发现问题，及时处理；做好气密检查记录，签字备查。

单机试车安全管理。企业要建立单机试车安全管理程序。单机试车前，要编制试车方案、操作规程，并经各专业确认。单机试车过程中，应安排专人操作、监护、记录，发现异常立即处理。单机试车结束后，建设单位要组织设计、施工、监理及制造商等方面人员签字确认并填写试车记录。

联动试车安全管理。联动试车应具备下列条件：所有操作人员考核合格并已取得上岗资格；公用工程系统已稳定运行；试车方案和相关操作规程、经审查批准的仪表报警和连锁值已整定完毕；各类生产记录、报表已印发到岗位；负责统一指挥的协调人员已经确定。引入燃料或窒息性气体后，企业必须建立并执行每日安全调度例会制度，统筹协调全部试车的安全管理工作。

投料安全管理。投料前，要全面检查工艺、设备、电气、仪表、公用工程和应急准备等情况，具备条件后方可进行投料。投料及试生产过程中，管理人员要现场指挥，操作人员要持续进行现场巡查，设备、电气、仪表等专业人员要加强现场巡检，发现问题及时报告和处理。投料试生产过程中，要严格控制现场人数，严禁无关人员进入现场。

6. 设备完好性（完整性）

（1）建立并不断完善设备管理制度　建立设备台账管理制度。企业要对所有设备进行编号，建立设备台账、技术档案和备品配件管理制度，编制设备操作和维护规程。设备操作、维修人员要进行专门的培训和资格考核，培训考核情况要记录存档。

建立装置泄漏监（检）测管理制度。企业要统计和分析可能出现泄漏的部位、物料种类和最大量。定期监（检）测生产装置动静密封点，发现问题及时处理。定期标定各类泄漏检测报警仪器，确保准确有效。要加强防腐蚀管理，确定检查部位，定期检测，建立检测数据库。对重点部位要加大检测检查频次，及时发现和处理管道、设备壁厚减薄情况；定期评估防腐效果和核算设备剩余使用寿命，及时发现并更新更换存在安全隐患的设备。

建立电气安全管理制度。企业要编制电气设备设施操作、维护、检修等管理制度。定期开展企业电源系统安全可靠性分析和风险评估。要制定防爆电气设备、线路检查和维护管理制度。

建立仪表自动化控制系统安全管理制度。新（改、扩）建装置和大修装置的仪表自动化控制系统投用前、长期停用的仪表自动化控制系统再次启用前，必须进行检查确认。要建立健全仪表自动化控制系统日常维护保养制度，建立安全连锁保护系统停运、变更专业会签和技术负责人审批制度。

（2）设备安全运行管理　开展设备预防性维修。关键设备要装备在线监测系统。要定期监（检）测检查关键设备、连续监（检）测检查仪表，及时消除静设备密封件、动设备易损件的事故隐患。定期检查压力管道阀门、螺栓等附件的安全状态，及早发现和消除设备缺陷。

加强动设备管理。企业要编制动设备操作规程，确保动设备始终具备规定的工况条件。自动监测大机组和重点动设备的转速、振动、位移、温度、压力、腐蚀性介质含量等运行参数，及时评估设备运行状况。加强动设备润滑管理，确保动设备运行可靠。

开展安全仪表系统安全完整性等级评估。企业要在风险分析的基础上，确定安全仪表功能（SIF）及其相应的功能安全要求或安全完整性等级（SIL）。企业要按照《过程工业领域安全仪表系统的功能安全》（GB/T 21109）和《石油化工安全仪表系统设计规范》的要求，设计、安装、管理和维护安全仪表系统。

7. 作业安全管理

（1）建立危险作业许可制度　企业要建立并不断完善危险作业许可制度，规范动火、进入受限空间、动土、临时用电、高处作业、断路、吊装、抽堵盲板等特殊作业安全条件和审批程序。实施特殊作业前，必须办理审批手续。

（2）落实危险作业安全管理责任　实施危险作业前，必须进行风险分析、确认安全条件，确保作业人员了解作业风险和掌握风险控制措施、作业环境符合安全要求、预防和控制风险措施得到落实。危险作业审批人员要在现场检查确认后签发作业许可证。现场监护人员要熟悉作业范围内的工艺、设备和物料状态，具备应急救援和处置能力。作业过程中，管理人员要加强现场监督检查，严禁监护人员擅离现场。

8. 变更管理

（1）建立变更管理制度　企业在工艺、设备、仪表、电气、公用工程、备件、材料、化学品、生产组织方式和人员等方面发生的所有变化，都要纳入变更管理。变更管理制度至少包含以下内容：变更的事项、起始时间，变更的技术基础、可能带来的安全风险，消除和控制安全风险的措施，是否修改操作规程，变更审批权限，变更实施后的安全验收等。实施变更前，企业要组织专业人员进行检查，确保变更具备安全条件；明确受变更影响的本企业人员和承包商作业人员，并对其进行相应的培训。变更完成后，企业要及时更新相应的安全生产信息，建立变更管理档案。

（2）严格变更管理

① 工艺技术变更。主要包括生产能力，原辅材料（包括助剂、添加剂、催化剂等）和介质（包括成分比例的变化），工艺路线、流程及操作条件，工艺操作规程或操作方法，工艺控制参数，仪表控制系统（包括安全报警和连锁整定值的改变），水、电、汽、风等公用工程方面的改变等。

② 设备设施变更。主要包括设备设施的更新改造、非同类型替换（包括型号、材质、安全设施的变更）、布局改变，备件、材料的改变，监控、测量仪表的变更，计算机及软件的变更，电气设备的变更，增加临时的电气设备等。

③ 管理变更。主要包括人员、供应商和承包商、管理机构、管理职责、管理制度和标准发生变化等。

（3）变更管理程序

① 申请。按要求填写变更申请表，由专人进行管理。

② 审批。变更申请表应逐级上报企业主管部门，并按管理权限报主管负责人审批。

③ 实施。变更批准后，由企业主管部门负责实施。没有经过审查和批准，任何临时性变更都不得超过原批准范围和期限。

④ 验收。变更结束后，企业主管部门应对变更实施情况进行验收并形成报告，及时通知相关部门和有关人员。相关部门收到变更验收报告后，要及时更新安全生产信息，载入变更管理档案。

9. 应急管理

（1）编制应急预案并定期演练完善　企业要建立完整的应急预案体系，包括综合应急预案、专项应急预案、现场处置方案等。要定期开展各类应急预案的培训和演练，评估预案演练效果并及时完善预案。企业制订的预案要与周边社区、周边企业和地方政府的预案相互衔接，并按规定报当地政府备案。企业要与当地应急体系形成联动机制。

（2）提高应急响应能力　企业要建立应急响应系统，明确组成人员（必要时可吸收企业外人员参加），并明确每位成员的职责。要建立应急救援专家库，对应急处置提供技术支持。发生紧急情况后，应急处置人员要在规定时间内到达各自岗位，按照应急预案的要求进行处置。要授权应急处置人员在紧急情况下组织装置紧急停车和相关人员撤离。企业要建立应急物资储备制度，加强应急物资储备和动态管理，定期核查并及时补充和更新。

10. 事故和事件管理

（1）未遂事故等安全事件的管理　企业要制定安全事件管理制度，加强未遂事故等安全事件（包括生产事故征兆、非计划停车、异常工况、泄漏、轻伤等）的管理。要建立未遂事故和事件报告激励机制。要深入调查分析安全事件，找出事件的根本原因，及时消除人的不安全行为和物的不安全状态。

（2）吸取事故（事件）教训　企业完成事故（事件）调查后，要及时落实防范措施，组织开展内部分析交流，吸取事故（事件）教训。要重视外部事故信息收集工作，认真吸取同类企业、装置的事故教训，提高安全意识和防范事故能力。

二、安全生产标准化

（一）安全生产标准化的发展历程

（1）我国危险化学品企业安全管理现状　我国是危险化学品（以下简称危化品）生产和使用大国，主要化学品产量和使用量都居世界前列。据统计，全国目前共有危化品从业单位26万余家，其中，生产单位2万余家、储存单位3000余家、使用单位8000余家。危化品多具有易燃、易爆、有毒、有害、腐蚀等特点，危化品生产工艺和设备设施复杂，在生产、使用、储存、运输等过程中，处理不当，极易发生火灾、爆炸、中毒等生产安全事故，造成人员伤亡、财产损失及环境污染，危险性很大。因此，加强危化品安全管理是稳定社会和保护人民群众生命财产安全的需要，是国民经济健康持续发展的重要保障条件。

目前，我国危化品企业安全管理水平参差不齐。其中，大型跨国化工公司在华企业安全管理理念、安全管理方法和生产工艺、设备设施先进，管理严格，员工安全意识较高，安全管理水平较高；国内部分央企及大型企业，生产技术和装备比较先进，安全管理较为规范，安全生产状况比较稳定。但与外资和大型企业相比，占我国石油和化工生产企业总数90%以上的中小型化工企业，包括地方国有企业和私营为主的小化工企业，则普遍存在生产工艺技术落后、设备陈旧简陋、人员素质相对较低等问题，安全生产基础薄弱，安全保障能力差。另外，随着我国改革开放的逐步深化，国内经济市场化和国际经济活动全球化的深刻变化，危化品安全管理工作也面临着许多新的问题和难点。我国经济成分的多样化，也给化学品安全管理造成了非常复杂的局面。在一些地区、一些企业，以牺牲安全为代价获取短期、局部经济利益的情况时有发生，整体安全管理水平亟待提高。同时，我国企业长期以来习惯于行业部门的行政管理，政府主管部门也习惯于直接管理企业内部事务。国家机关改革后，行业行政职能削弱甚至撤销（如化工部、石油和化学工业局以及地方化工厅局相继撤销），要求企业依法自主经营、自我约束、自己承担法律责任。但是，由于相关的法律法规的不健全或监督执行不力，安全工作又不直接与收益相关联，使得部分危化品企业在生产经营活动中往往把经济效益放在首位，而“安全第一”仅仅放在口头上，导致危化品生产安全事故多发、频发。

严峻的安全生产形势迫切要求国家建立更完备的危化品安全管理机制，制定更加完备的危化品安全管理法规，加大依法严管的力度，推行现代化的安全管理模式。

（2）安全生产标准化的提出与发展　安全生产标准化起源于安全质量标准化工作。20世纪80年代以来，包括煤炭、冶金、有色、建材等行业的一些企业为适应企业改革和发展的需要，在行业内开展安全质量标准化活动，为企业加强安全生产基础工作，提高安全生产管理水平打下了很好的基础，积累了一定的经验。

2004年年初，国务院发布《关于进一步加强安全生产工作的决定》（以下简称《决定》），明确提出要在全国所有工矿、商贸、交通运输、建筑施工等企业普遍开展安全质量标准化活动。要求各行业制定颁布安全质量标准，规范安全生产行为，指导各类企业建立健全各环节、各岗位的安全质量标准，推动企业安全质量管理上等级、上水平。据此，国家安全监管总局下发了《关于开展安全质量标准化活动的指导意见》（安监管政法字［2004］62号），对开展安全质量标准化工作进行了全面部署。原国家安全监管局危化司组织起草了《危险化学品从业单位安全质量标准化标准及考核评级办法（试行）》，在江苏省、山东省的4市26个试点单位进行了安全生产标准化试点工作。

2005年年底，根据试点工作取得的经验，在广泛征求专家意见和建议的基础上，国家安全监管总局制定颁布了《危险化学品从业单位安全生产标准化规范（试行）》和《危险化学品从业单位安全生产标准化考核机构管理办法（试行）》，开始在全国范围内的危险化学品从业单位实施安全生产标准化工作。

2008年，《危险化学品从业单位安全生产标准化通用规范》（AQ 3013—2008）发布。2011年，《危险化学品从业单位安全生产标准化评审标准》（安监总管三［2011］93号）和《危险化学品从业单位安全生产标准化评审工作管理办法》（安监总管三［2011］145号）发布［后被《企业安全生产标准化评审工作管理办法（试行）》（安监总办〔2014〕49号替代）］，进一步促进了危险化学品从业单位安全生产标准化工作的规范化、科学化。

2014年，《安全生产法》将安全生产标准化纳入其中，第一次将安全生产标准化提高到国家法律层面，要求企业“建立、健全安全生产责任制和安全生产规章制度，改善安全生产条件，推进安全生产标准化建设，提高安全生产水平，确保安全生产”，对安全生产标准化工作起到了极大的推动作用。

（3）安全生产标准化工作的意义　第一，开展安全生产标准化工作，是贯彻落实安全发展理念、树立可持续发展思想的重要手段。党和政府从经济社会发展的全局出发，把安全摆在与资源、环境同等重要的战略位置上。明确提出，要坚持节约发展、清洁发展、安全发展，把安全发展作为一个重要理念纳入我国社会主义现代化建设的总体战略。安全发展的本质，就是经济的发展要建立安全的基础上，以人为本，同时，以发展来解决安全生产中深层次矛盾和问题，科学发展，体现了安全与发展的辩证统一关系。

第二，开展安全生产标准化工作是贯彻实施《安全生产法》，落实企业安全生产主体责任的重要举措。《安全生产法》对生产经营单位在遵守法规、加强管理、健全责任制和完善安全生产条件等方面都作出了明确规定，同时还明确了生产经营单位的主要负责人、安全管理人员和所有从业人员的安全生产责任。安全生产标准化要求生产经营单位将安全责任从生产经营单位的法定代表人开始，逐一落实到每个从业人员、每个操作岗位，强调企业安全生产工作规范化和标准化，强调真正落实企业作为安全生产主体的责任，从而保证企业的安全生产。所以，通过开展安全生产标准化，可以促使企业通过自我约束，主动遵守各项安全生产法律、法规、规章、标准，落实企业安全生产主体责任，更好地贯彻落实《安全生产法》。

第三，开展安全生产标准化工作，是实施安全生产许可制度、强化源头管理的有效措施。国务院《安全生产许可证条例》，明确矿山、危险化学品、民爆器材、建筑施工等高危行业实行安全生产许可制度。安全生产标准化通过对企业人员、管理制度、操作规程及生产设施、作业环节、应急救援等方面的规范管理，提高企业的安全意识，促进企业安全生产条件的改善和安全管理水平的提高，使企业生产始终处于良好的安全运行状态，从而满足《安全生产许可证条例》对高危企业安全生产的市场准入要求，最终达到强化源头管理的目的。

第四，开展安全生产标准化工作，是预防事故，保障广大人民群众生命和财产安全的重要手段。我国危化品行业生产安全事故频发、多发的主要原因就是企业安全生产责任不到位，基础工作薄弱，管理混乱，“三违”普遍存在。安全生产标准化以风险管理为核心和基础，强调任何事故都是可以预防的和“零”事故理念，将传统的事后处理，转变为事前预防，要求企业建立健全岗位标准，严格执行岗位标准，杜绝违章指挥、违章作业和违反劳动纪律现象，将安全生产工作常态化、规范化、标准化，是切实保障广大人民群众生命和财产安全的重要手段。

第五，开展安全生产标准化工作，是建立安全生产长效机制的一种有效途径。安全生产标准化借鉴了以往开展质量标准化活动的经验，要求企业各个生产岗位、生产环节的安全工作，必须符合法律、法规、规章、规程等规定，达到和保持一定的标准，使企业生产始终处于良好的安全运行状态，以适应企业发展的需要，满足从业人员安全生产的愿望。安全生产标准化突出了安全生产工作的重要地位，要求企业自觉坚持“安全第一，预防为主，综合治理”的方针，落实主体责任，建立健全安全生产责任制、安全生产规章制度和操作规程，做到安全生产工作的规范化和标准化，最终达到提高企业本质安全水平和安全管理水平，建立安全生产长效机制的目的。

第六，开展安全生产标准化工作，是企业自身在竞争的市场环境中生存发展的需要。随着社会主义市场经济体系的建立、发展和不断完善，企业间的竞争更加激烈。企业要跻身于世界，在日益激烈的市场竞争中立足、生存和发展，必须有一个好的安全状况。安全生产标准化是企业安全生产工作的基础，是提高企业核心竞争力的关键。安全生产标准化搞不好，安全生产没有保证，企业就没有进入市场、参与竞争的能力，生存发展就是一句空话。只有抓好安全生产标准化，做到强根固本，才能迎接市场经济的挑战，在市场竞争中立于不败之地。

第七，开展安全生产标准化工作，是实施分类分级监管的重要依据。各级安全监管部门在对危化品企业进行安全监管时，可以企业安全生产标准化级别高低，实施分类分级监管，针对一级企业、二级企业、三级企业，采取不同的频次、内容实施监管，加大低级别企业的安全监管力度，确保其符合安全生产要求。

一个现代化企业除了它的经济实力和技术能力外，还应具有强烈的社会责任感，树立对职工安全与健康负责的良好形象。现代企业在市场中的竞争不仅是资本和技术的竞争，也是品质和形象的竞争。因此，开展安全生产标准化将逐渐成为现代企业的普遍需求。通过开展安全生产标准化，一方面可以改善作业条件，增强劳动者身心健康，提高劳动效率；另一方面由于有效地预防和控制工伤事故及职业危险、有害因素，对企业的经济效益和生产发展也具有长期的积极效应。

总之，危化品企业开展安全生产标准化，具有重要的实际意义，需要我们深入研究行业特点，贯彻国家安全生产法律法规及安全生产监督管理总局要求，广泛吸收国内外先进经验，结合企业的自身特点，深入有效地开展安全生产标准化，建立安全生产长效机制，实现危化品企业安全生产形势的根本好转。

（二）安全生产标准化内容介绍

（1）定义　安全生产标准化是为企业安全生产活动获得最佳秩序，保证安全管理及生产条件达到法律、行政法规、部门规章和标准等要求制定的规则。也可以说，实施安全生产标准化是企业“通过建立安全生产责任制，制定安全生产规章制度和操作规程，排查治理隐患和监控重大危险源，建立预防机制，规范生产行为，使各生产环节符合有关安全生产法律法规和标准规范的要求，人、机、物、环处于良好的生产状态，并持续改进，不断加强企业安全生产规范化建设”的过程。

（2）实施范围　中华人民共和国境内危险化学品生产、使用、储存企业及有危险化学品储存设施的经营企业。

在全国范围内，只要是从事危化品生产、储存活动的企业，使用危化品从事化工、制药等的企业，以及有危化品储存设施的经营单位，无论是国企，还是私企，无论是合资企业，还是独资企业，都必须开展安全生产标准化工作。

（3）实施原则　生产标准化吸收和借鉴了国内外关于安全管理体系的运行模式和先进理念，采用计划（P）、实施（D）、检查（C）、改进（A）动态循环、持续改进的管理模式。通过PDCA动态循环模式，每年至少完成1个循环，不断提高安全绩效，提高安全管理水平，建立安全生产长效机制。

① 开展安全生产标准化，应结合企业自身特点，与生产经营活动的实际相结合，切忌两张皮现象。

② 安全生产标准化建设，应以危险、有害因素辨识和风险评价为基础，树立任何事故都是可以预防的理念，与企业其他方面的管理有机地结合起来，注重科学性、规范性和系统性。

③ 安全生产标准化的实施，应体现全员、全过程、全方位、全天候的安全监督管理原则，通过有效方式实现信息的交流和沟通，不断提高安全意识和安全管理水平。

④ 安全生产标准化采取企业自主管理、评审组织单位组织、评审机构评审、政府安监部门监督的管理模式。企业主自主开展安全生产标准化建设，建立起自我约束、持续改进的安全生产管理机制；同时，由外部评审机构对企业进行独立达标评审，政府安监部门对企业和评审机构实施监督管理，共同提高企业的安全生产管理水平，保护广大人民群众的生命财产安全，见图2-11。

（4）实施过程　安全生产标准化的建立过程，包括诊断、策划、培训、实施、自评、改进与提高6个阶段。

① 诊断阶段　依据法律法规及本规范要求，对企业安全管理现状进行初始评估，了解企业安全管理现状、业务流程、组织机构等基本管理信息，发现差距。

② 策划阶段　根据相关法律法规及本规范的要求，针对初始评审的结果，确定建立安全生产标准化方案，包括资源配置、进度、分工等；确定企业安全生产方针和目标；进行风险分析；识别和获取适用的安全生产法律法规、标准及其他要求；完善安全生产规章制度、安全操作规程、台账、档案、记录等。

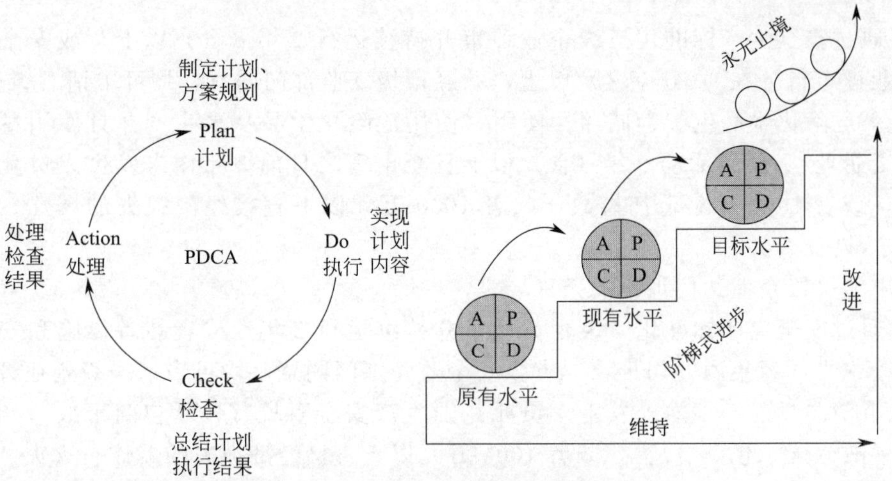

图 2-11　PDCA 动态循环模式

③ 培训阶段　对全体从业人员进行安全生产标准化相关内容培训。

④ 实施阶段　根据策划结果，落实安全生产标准化的各项要求。

⑤ 自评阶段　应对安全生产标准化的实施情况进行检查和评价，发现问题，找出差距，提出完善措施。

⑥ 改进与提高阶段　根据自评的结果，改进安全生产标准化管理，不断提高安全生产标准化实施水平和安全绩效。

（5）危险化学品从业单位安全标准化通用规范和评审标准　《危险化学品从业单位安全标准化通用规范》（AQ 3013—2008）（简称《通用规范》）2008 年颁布，2009 年 1 月 1 日施行。2011 年，国家安全监管总局经过对安全生产标准化工作进行多次调研，针对危险化学品企业开展安全生产标准化工作中存在的诸多问题，发布了《危险化学品从业单位安全生产标准化评审标准》（安监总管三〔2011〕93 号）（简称《评审标准》）。与《通用规范》相比，《评审标准》一方面，对《通用规范》的内容从企业达标标准、评审方法等方面做了阐释，另一方面，增加了《通用规范》颁布之后国家新出台的一些法律、法规和标准的内容，同时兼顾了《生产经营单位安全生产标准化基本规范》（AQ/T 9006—2010）及安全许可的要求，更加具体、全面，具有可操作性。

（三）安全生产标准化企业达标评审

根据《企业安全生产标准化评审工作管理办法（试行）》（安监总办［2014］49 号），企业安全生产标准化达标等级分为一级企业、二级企业、三级企业，其中一级为最高。

1. 危险化学品企业安全生产标准化达标评审条件

（1）申请三级企业达标评审的条件

① 已依法取得有关法律、行政法规规定的相应安全生产许可。

② 已开展安全生产标准化工作 1 年（含）以上，并按规定进行自评，自评得分在 80 分（含）以上，且每个 A 级要素自评得分均在 60 分（含）以上。

③ 至申请之日前 1 年内未发生人员死亡的生产安全事故或者造成 1000 万元以上直接经济损失的爆炸、火灾、泄漏、中毒事故。

（2）申请二级企业达标评审的条件

① 已通过安全生产标准化三级企业评审并持续运行 2 年（含）以上，或安全生产标准化三级企业评审得分在 90 分（含）以上，并经市级安监部门同意，均可申请二级企业评审。

② 从事危险化学品生产、储存、使用（使用危险化学品从事生产并且使用量达到一定数量的化工企业）、经营活动 5 年（含）以上且至申请之日前 3 年内未发生人员死亡的生产安全事故，或者 10 人以上重伤事故，或者 1000 万元以上直接经济损失的爆炸、火灾、泄漏、中毒事故。

（3）申请一级企业达标评审的条件

① 已通过安全生产标准化二级企业评审并持续运行 2 年，或者装备设施和安全管理达到国内先进水平，经集团公司推荐、省级安全监管部门同意，均可申请一级企业评审；

② 至申请之日前 5 年内未发生人员死亡的生产安全事故（含承包商事故），或者 10 人以上重伤事故（含承包商事故），或者 1000 万元以上直接经济损失的爆炸、火灾、泄漏、中毒事故（含承包商事故）。

除此之外，申请安全生产标准化一级企业还应符合以下条件：

① 在本行业内处于领先位置，原则上控制在本行业企业总数的 1%以内；

② 建立并有效运行安全生产隐患排查治理体系，实施自查自改自报，达到一类水平；

③ 建立并有效运行安全生产预测预控体系；

④ 建立并有效运行国际通行的生产安全事故和职业健康事故调查统计分析方法；

⑤ 相关行业规定的其他要求；

⑥ 省级安全监管部门推荐意见。

2. 评审机构和人员

危险化学品安全生产标准化评审机构包括评审组织单位和评审单位。其中，国家安全监管总局确定一级企业评审组织单位和评审单位；省级安全监管部门和市级安全监管部门分别确定二级、三级企业评审组织单位和评审单位。

（1）评审组织单位　由相应级别政府安全监管部门确定，有固定工作场所和办公设施，设有专职工作人员，负责对评审单位的日常管理工作和对评审单位的现场评审工作进行抽查；承担评审人员培训、考核与管理等工作；定期开展对评审人员的继续教育培训，不断提高评审能力和水平。在对企业进行安全生产标准化达标评审过程中，其主要负责：

① 受理企业提交的达标申请，审查申请资料；

② 选定评审单位；

③ 审核评审单位的评审结论；

④ 向相应级别安全监管部门提交审核结果；

⑤ 发放达标证书和牌匾；

⑥ 检查考核评审单位的评审工作质量等。

（2）评审单位　指由安全监管部门考核确定、具体承担企业安全生产标准化评审工作的第三方机构。评审单位应配备满足符合要求的评审人员，建立评审工作质量保证体系，每年至少一次内部审核，定期向相应安全监管部门上报内部审核报告和工作总结。

评审单位的职责主要包括：

① 对本地区申请达标的企业实施评审；

② 完成评审报告，并提交评审组织单位。

(3) 评审人员　评审人员按评定标准参加相关专业领域的评审工作，对其作出的文件审查和现场评审结论负责。

危险化学品安全生产标准化评审人员应满足以下要求：

① 具有国民教育化学、化工工艺、机械、仪表自动化、电气、职业安全健康等与企业安全生产相关的专业大专（含）以上学历或工程类化工、石油化工等相关专业中级（含）以上技术职称；

② 从事危险化学品或化工行业安全相关的技术或管理等工作 3 年以上；

③ 经统一考核，取得评审人员培训合格证书；

④ 取得评审人员培训合格证书后，每年至少参与完成 2 个企业的安全生产标准化评审或诊断工作。

3. 安全生产标准化达标评审程序

企业安全生产标准化达标评审程序包括自评、申请、评审、公告、颁发证书和牌匾。

(1) 企业自评　安全生产标准化建设以企业自主创建为主，在企业完成标准化建设后，由主要负责人任组长组建自评工作组，对照《评审标准》开展自评，形成自评报告。

(2) 申请　企业通过国家安监总局企业安全生产标准化信息管理系统（http://aqbzh.chinasafety.gov.cn）提交自评报告，自愿向相应级别评审组织单位提出评审申请。

(3) 受理　评审组织单位收到企业评审申请后，在 10 个工作日内完成申请材料审查工作。经审查符合条件的，通知相应的评审单位进行评审；不符合申请要求的，书面通知申请企业，并说明理由。

(4) 评审　评审单位收到评审通知后，应指定评审组长，组建评审组，按照评审标准的要求对企业进行评审，编制评审报告，并将评审结论及评审报告报评审组织单位审核。

评审结果未达到企业申请等级的，申请企业可在进一步整改完善后重新申请评审，或根据评审实际达到的等级重新提出申请。

(5) 公告　评审组织单位对评审单位提交的评审报告进行审查，对符合要求的企业，报相应的安全监管部门同意后，予以公告，同时抄送同级工业和信息化主管部门、人力资源社会保障部门、国资委、工商行政管理部门、质量技术监督部门、银监局；不符合要求的企业，书面通知评审组织单位，并说明理由。

(6) 发证　经公告的企业，由相应的评审组织单位颁发相应等级的安全生产标准化证书和牌匾，有效期 3 年。

(7) 复评　取得安全生产标准化证书的企业，3 年有效期届满后，可自愿申请复评，换发证书、牌匾。满足以下条件，期满后可直接换发安全生产标准化证书、牌匾：

① 按照规定每年提交自评报告并在企业内部公示；

② 建立并运行安全生产隐患排查治理体系。一级企业应达到一类水平，二级企业应达到二类及以上水平，三级企业应达到三类及以上水平，实施自查自改自报；

③ 未发生生产安全死亡事故；

④ 安全监管部门在周期性安全生产标准化检查工作中，未发现企业安全管理存在突出问题或者重大隐患；

⑤ 未改建、扩建或者迁移生产经营、储存场所，未扩大生产经营许可范围。

企业申请期满复评时，如果安全生产标准化评定标准已经修订，应重新申请评审。

4. 撤销

取得安全生产标准化证书的企业，在证书有效期内发生下列行为之一的，由原公告单位公告撤销其安全生产标准化企业等级：

① 在评审过程中弄虚作假、申请材料不真实的；

② 迟报、漏报、谎报、瞒报生产安全事故的；

③ 企业发生生产安全死亡事故的。

被撤销安全生产标准化等级的企业，应向原发证单位交回证书、牌匾。自撤销之日起满1年后，方可重新申请评审。

第三章

安全生产技术

第一节 防火防爆安全技术

一、燃烧的定义、条件、基本过程及主要影响因素

1. 燃烧的定义

燃烧是一种同时伴有发光、发热的氧化反应。在化学反应中，失掉电子的物质被氧化，而获得电子的物质被还原。所以，氧化不仅仅限于同氧化合。例如，氢在氯中燃烧生成氯化氢，其中氯为−1价，而氢为+1价。氢失掉一个电子，氯得到一个电子，氢被氧化，氯被还原。同样，金属钠在氯气中燃烧，炽热的铁在氯气中燃烧等，它们虽然没有同氧化合，但所发生的反应却是激烈的氧化反应，并伴有光和热发生。

2. 燃烧的条件

燃烧必须同时具备三个条件。

（1）可燃物质　如酒精、苯、木材、煤、氢气、乙炔、甲烷、煤气等。

（2）助燃物质　通常指空气中的氧。

（3）点火源　如摩擦、撞击、电气火花、静电火花、高温表面、化学反应热、光能、热辐射等。

可燃物质、助燃物质和点火源称为燃烧的三要素。三者只有同时存在，相互作用才有可能发生，缺少其中任一要素，燃烧都不能发生。燃烧的三要素只是燃烧的必要条件。要使燃烧能持续发生和蔓延，还必须达到：

① 可燃物质和助燃物质达到一定的数量和浓度　对于一般可燃物质，空气中氧的含量小于7%时，通常不会发生燃烧。甲烷在空气中的含量小于1.4%或是空气中的氧含量小于12%时，甲烷都不会燃烧。对于固体物质，通常用氧指数来评价其可燃性。氧指数又称临界氧浓度（COC）或极限氧浓度（LOC）。适用于评价塑料、橡胶、树脂、油漆、织物。木材及其他固体材料的可燃性和助燃性，在模拟大气着火条件下（如大气密度、湿度、气流速度等），将固体材料在不同的氧浓度的氧氮混合气中点燃，测出能维持该材料燃烧的最低氧浓度，即为该固体材料的氧指数。固体材料的氧指数见表3-1。

表3-1　固体材料的氧指数

材料名称	氧指数/%	材料名称	氧指数/%
石蜡	16.0	聚乙烯醇	22.5
炭(多孔)	55.9	苯乙烯	18.1
聚丙烯	17.4	聚酰胺	29.0

续表

材料名称	氧指数/%	材料名称	氧指数/%
聚乙炔	17.4	玻璃钢	27.5
环氧树脂	19.8	阻燃玻璃钢	27.5
不饱和聚酯	19.5	聚丙乙烯	48.5
阻燃不饱和树脂	26.0	聚四氟乙烯	95.0

一般情况下，当氧指数＞50%时，固体材料为不可燃；当氧指数为27%～50%时，固体材料为在火灾中自行熄灭的材料。当氧指数为20%～27%时，固体材料为可燃；当氧指数＜20%时，固体材料为易燃材料。由于实际火灾都发生在大气条件下，氧含量为21%。因此，氧指数大于21%的固体材料在大气中点燃都会自行熄灭。氧指数＜21%的固体材料在空气中都能燃烧。但在实际火灾情况下，由于环境温度很高，造成材料氧指数降低，因此，高氧指数的固体材料在火灾条件下也有可能燃烧。

② 点火源必须具有一定的强度　电焊火花的温度可达1200℃，能点燃可燃气体与空气的混合物、易燃液体和油棉纱等，但却不能点燃木材、煤炭等，这说明了可燃物质不同，需要的点燃火源的强度也不同。引起一定浓度可燃物质燃烧的最小能量成为该物质的最小点火能量。如点火源的能量小于该物质的最小点火能量，就不能引燃该物质。最小点火能量是衡量可燃气体、蒸气或粉尘燃烧爆炸的主要危险参数。

可燃物质、助燃物质和点火源必须同时存在、相互作用，燃烧才有可能发生的基本理论，是防火技术的根本依据。一切防火技术措施都包括两个方面，一是防止燃烧必要条件的同时存在，二是避免其相互之间的作用。

3. 燃烧的基本过程

可燃物质的聚集状态不同，其受热后所发生的燃烧过程也不同。除结构简单的可燃气体（如氢气）外，大多数可燃物质的燃烧并非是物质本身的燃烧，而是物质受热分解出的气体或液体蒸气在气相中的燃烧。

由可燃物质的燃烧过程可以看出，可燃气体最容易燃烧，其燃烧所需要的热量只用于本身的氧化分解，并使其达到自燃点而燃烧。可燃液体首先蒸发成蒸气，其蒸气进行氧化分解后达到自燃点而燃烧。在固体燃烧中，如果是简单物质硫、磷等，受热后首先融化，蒸发成蒸气进行燃烧，没有分解过程；如果是复杂物质，在受热时首先分解为气态或液态产物，其气态和液态产物的蒸气进行氧化分解着火燃烧。有的可燃固体如焦炭等，不能分解为气态物质，在燃烧时呈炽热状态，没有火焰产生。

可燃物质的燃烧过程包括许多吸热、放热的化学过程和传热的物理过程。在燃烧发生的整个过程中，热量通过热传导、热辐射和热对流三种方式进行传播。在凝聚相中，主要是吸热过程，而在气相燃烧中则是放热过程。大多数情况下，凝聚相中发生的过程是靠气相燃烧放出的热量来实现的，在所有反应区域中，若放热量大于吸热量，燃烧则持续进行，反之燃烧则中断。

可燃物质燃烧过程中，温度变化是很复杂的。最初一段时间，加热的大部分热量用于对燃烧物质的融化、蒸发或分解，可燃物质的温度上升缓慢。当温度达到氧化开始温度时，可燃物质开始进行氧化反应。此时由于温度尚低，氧化反应速度不快，氧化所产生的热量还不足以抵消系统向外界的散热，此时停止加热，可燃物质温度会降低，不会产生燃烧。继续加热，温度的上升则很快，到氧化产生的热量和系统向外界散热的热量相等，温度再稍升高一点，则打破了这种平衡状态，这时即使停止加热，可燃物质的温度亦会自行升高，达到某个温度，就会出现火焰并燃烧起来。因此，这个温度可视为可燃物质理论上的自燃点，是开始出现火焰的温度，即通常实际测得的自燃点。

从最初温度到氧化开始所需要的时间称为预备期，可燃物质处于预备期时，只要移去热源即可中止燃烧过程。从氧化开始温度到自燃点这一段延滞时间称为诱导期，也可称为着火延滞期。

可燃物质的诱导期是指可燃物质的温度已达到自燃点，而在燃烧以前延滞的时间间隔。可燃物质的诱导期可由实验测得。可燃物质着火前之所以存在诱导期，是由于反应所需的活化自由基需要一定的时间才能达到一定的数目。处于诱导期的可燃物质，温度急剧升高，能产生大量烟气。一些固体可燃物质的诱导期较长，可利用其诱导期内的温度、烟气信息，带动自动灭火装置。制止火灾发生。见图 3-1 所示。

4. 主要影响因素

影响物质燃烧的因素多而复杂，主要与物质本身组成和理化特征、储存条件和周围环境等密切相关。

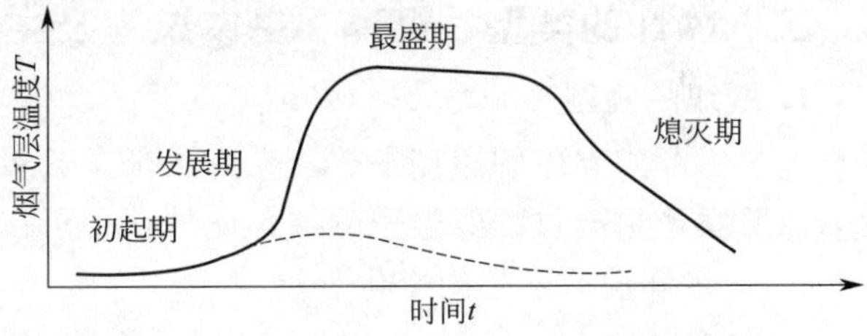

图 3-1 可燃物质燃烧的各个时期示意

（1）影响可燃气体燃烧的因素

① 气体的组成 气体组成的繁简决定着燃烧过程的长短，而燃烧过程又表现为燃烧的快慢。

② 气体的浓度 燃烧速度与可燃气体、助燃气体的浓度有关．通常情况下，可燃气体浓度稍大于化学计量比时，燃烧速度出现最大值。可燃气体浓度与化学计量比过低或过高其燃烧速度都变小。在可燃混合气体中惰性气体浓度对火焰传播速度影响很大，燃烧速度随惰性气体浓度增加而下降，直至熄灭。

③ 可燃混合气体的初始温度 气体燃烧速度随初始温度的增大而加快．在火场上，由于可燃混合气体被加热，而燃烧速度大大提高。

④ 管道直径 可燃混合气体在管道内燃烧时，其性能通常以火焰传播速度表示。实验表明，火焰传播速度一般随管径增大，但管径增大到某一极值时，传播速度不再增大。管径小到某一极值时，火焰不能继续传播。

⑤ 管道材质 管道导热性对火焰传播速度也有影响，同样条件下，管道导热性差比导热性好的火焰传播速度快．另外，重力场对管道内火焰传播速度也有一定影响。

（2）影响液体物质燃烧的因素

① 液体物质组成 各种液体物质的燃烧速度是不同的。一般是易燃液体物质高于可燃液体物质的燃烧速度；结构单一的液体物质燃烧速度基本相等；多种物质的混合液体往往是先快后慢。

② 液体物质的初始温度 初始温度越高，燃烧的速度越快；火焰的热辐射能力越强，燃烧速度越快；热容、蒸发相变焓越大，燃烧速度越慢。

③ 储罐内液体物质的液位 储罐内液位高低不同，其燃烧速度也不同。液位高时大于液位低时的燃烧速度。这主要是由于液位高时，火焰根部与液面距离小，液面接受辐射热多，单位面积蒸发量大，空气助燃充分，燃烧反应速度快。

④ 储罐直径 可燃物和易燃液体储罐直径对液体物质燃烧速度影响很大。一般是随储

油罐直径增大，燃烧速度加快。

⑤ 油品含水量　油品含水量对燃烧速度影响较大，特别是对初起火时的影响更大。由于油品中的水分升温汽化时要获得热量，因此油品含水量越高，燃烧速度越小。

⑥ 风　风对液体燃烧速度有一定的影响。一般说，风速越大储油罐内液体的燃烧速度越大，只有风速达到某一临界值时，燃烧速度才会下降，甚至将火焰吹灭。

（3）影响固体物质燃烧速度的因素　对固体物质燃烧速度的影响因素很多，大体有固体物质自身因素和环境因素两类。

① 固体物质自身因素　如固体物质的厚度、密度、热容、导热性，以及几何形状、含水量等都会影响其燃烧速度。一般是厚度大、密度大、热容大、导热差，燃烧速度慢。

② 环境因素　固体物质周围的气体组成，可燃材料的温度，外加辐射热流，周围空气的流动（风）等都会影响其燃烧速度。

二、爆炸的类型、机理、基本过程及主要影响因素

1. 爆炸的类型

工业生产中发生的爆炸事故分类方法很多，可以按照物质爆炸前后发生的变化分类，也可以按照爆炸事故过程的类型分类，此外，还可以按照爆炸反应的相分类。

① 按爆炸前后发生的变化分类

a. 物理爆炸　物理原因引起的爆炸是物质因状态或压力发生突变而形成的爆炸。它与化学爆炸明显的区别在于物理爆炸前和爆炸后物质的性质及化学成分并不改变。如锅炉爆炸、压力容器爆炸、车轮轮胎爆炸等。

b. 化学爆炸　化学原因引起的爆炸，是物质以极快的反应速率发生放热的化学反应，并产生高温、高压引起的爆炸。化学爆炸前后，物质的组分和性质发生了根本的变化。化学爆炸按爆炸时物质发生的化学变化又可分为 3 类。

◆ 简单分解爆炸　引起简单分解的爆炸物，在爆炸时不一定发生燃烧反应，爆炸所需要的能量是由爆炸物本身分解时放出的分解热提供的。如乙炔银、雷汞等物质的爆炸反应属于此类。这类物质极不安定，受震动即可引起爆炸，是比较危险的爆炸物质。某些气体由于分解产生很大的热量，在一定条件下也可能产生分解爆炸，在受压的条件下更易发生爆炸。如高压存储的乙烯、乙炔发生的分解爆炸等。

◆ 复杂分解爆炸　爆炸物质在外界强度较大的激发能（如爆轰波）的作用下，能够发生高速的放热反应，同时形成强烈压缩状态的气体作为引起爆炸的高温、高压气体源。这类物质爆炸时伴有燃烧现象，燃烧所需的氧由本身分解时产生，爆炸后往往将附近的可燃物质点燃，引起火灾。如许多种类的炸药和一些有机过氧化物就属于此类。将这类物质和简单分解物质相比较，其对外界刺激的敏感性较低，相比而言，危险性略低。

◆ 爆炸性混合物的爆炸　所有的气体、蒸气及粉尘与空气所形成的爆炸性混合物的爆炸均为此类。这类物质的爆炸需要同时具备一定条件（足够的爆炸物质的含量、氧含量及点火能源），其危险性比上述两类低，但由于普遍存在于工业生产的许多领域，它所造成的爆炸事故也较多，危害性也很大。

c. 核爆炸　核爆炸的能量是核裂变（如 U235 的裂变）或核聚变（如氚、锂核的聚变）反应所释放出的核能。

核爆炸反应所释放出的能量比炸药爆炸放出的化学能大得多，集中得多。核爆炸时可形

成数百万到千万摄氏度的高温，在爆炸中心区可产生数百万兆帕的高压，同时还释放出大量的热辐射和强烈的光。此外，还产生各种对人类生存有害的放射性粒子，造成区域性长时间的放射性污染。总之，核爆炸比物理爆炸和化学爆炸具有大得多的破坏力。核爆炸的能量相当于数万吨或数千万吨 TNT 炸药爆炸的能量。

为了研究和掌握的方便，人们往往对爆炸现象作进一步的分析，以掌握各种状态下发生爆炸的规律性。

根据爆炸的速度可分为轻爆、爆炸和爆轰。

轻爆：爆炸传播速度为每秒数十厘米至数米的过程。

爆炸：爆炸传播速度为每秒 10m 至数百米的过程。

爆轰：指传播速度为每秒 1000m 至数千米以上的过程。

由于在极短的时间内发生的燃烧产物急速膨胀，像活塞一样挤压其周围气体，反应所产生的能量有一部分传给被压缩的气体层，于是形成的冲击波由它本身的能量所支持，迅速传播而远离爆轰的发源地而独立存在，同时可引起该处的其他爆炸性气体混合物发生爆炸，从而产生一种“殉爆”现象。表 3-2 为某些可燃物的爆轰范围。

表 3-2 混合气体爆轰范围

混合气体		爆轰范围/%		混合气体		爆轰范围/%	
可燃气体	空气或氧气	下限	上限	可燃气体	空气或氧气	下限	上限
氢气	空气	18.3	59.0	氨	氧气	25.4	75.0
氢气	氧气	15.0	50.0	乙炔	空气	4.1	50.0
一氧化碳	氧气	38.0	90.0	乙炔	氧气	3.5	92.0
氨气	氧气	25.4	75.0	乙醚	空气	2.8	4.5
丙烷	氧气	3.2	37.0	乙醚	氧气	2.6	24.0

② 按事故爆炸过程类型分类　爆炸事故总有一定的原因和过程。以系统安全工程学分析爆炸事故发生的来龙去脉，采取具体、准确、适用的爆炸防护措施，爆炸事故是可以避免或减轻的。按照事故爆炸的类型，可分为 6 种。即着火破坏型爆炸、泄漏着火型爆炸、自燃着火型爆炸、反应失控型爆炸、传热型蒸气爆炸、平衡破坏型蒸气爆炸。下面逐一简述。

a. 着火破坏型爆炸　容器、管道、塔槽等（以下统称为容器）内部的危险性物质，由于点火源给予能量，引起着火、燃烧、分解等化学反应，造成压力急剧上升，使容器发生爆炸破坏。

b. 泄漏着火型爆炸　容器内部的危险物质，由于阀门打开或容器裂缝之类的破坏，泄漏到外部，与点火源接触而着火，引起爆炸火灾。

c. 自燃着火型爆炸　由于化学反应热的蓄积，使温度上升，反应速率加快，结果使温度更加上升，当达到这种物质的着火温度时，发生自燃引起爆炸。

d. 反应失控型爆炸　化学反应热的蓄积，使温度上升和反应速率的加快，使该物质的蒸气压力或分解气体的压力急剧上升，引起容器破坏性爆炸。

e. 传热型蒸气爆炸　由于过热液体与其他高温物质接触时，发生快速传热，液体被加热，使之暂时处于过热状态，而引起伴热急剧汽化的蒸气爆炸。

f. 平衡破坏型蒸气爆炸　这是由于过热液体蒸发发生的爆炸。即密闭容器内的液体，在高压下保持蒸气压平衡时，如果容器破坏，蒸气逸出，因内压急剧下降而失去平衡，使液体暂时处于不稳定的过热状态。由于急剧汽化，残留的液体冲撞容器壁，这种冲击压的作用使容器再次破坏，发生蒸气爆炸。

③ 按爆炸反应的相分类　爆炸按引起爆炸反应的相分为气相爆炸、液相爆炸和固相爆炸 3 种类型。

a. 气相爆炸　包括可燃性气体和助燃性气体混合物的爆炸，物质的热分解爆炸，可燃性液体的雾滴所引起的爆炸（雾爆炸）等。其中，分解爆炸是不需要助燃性气体的。

b. 液相爆炸　包括聚合爆炸，蒸发爆炸以及由不同液体混合所引起的爆炸。

c. 固相爆炸　包括爆炸性物质的爆炸，固相物质的混合所引起的爆炸，以及由于电流过载所引起的电缆爆炸等。

2. 爆炸的机理

爆炸是指物质从一种状态，经过物理变化或化学变化，突然变成另一种状态，并放出巨大的能量，而产生光和热或机械功。当物质从一种状态“突变”到另一种状态时，它的物理状态或化学成分急剧地转变，使其本身所具有的能量（位能）以急剧的速度释放出来，使周围的物体遭受到猛烈的冲击和破坏。

在自然界中存在各种爆炸现象。广义地讲，爆炸是物质系统的一种极为迅速的物理的或化学的能量释放或转化过程，是系统蕴藏的或瞬间形成的大量能量在有限的体积和极短的时间内，骤然释放或转化的现象。在这种释放和转化的过程中，系统的能量将转化为机械功以及光和热的辐射等。

爆炸过程表现为两个阶段，在第一阶段中，物质的（或系统的）潜在能以一定的方式转化为强烈的压缩能；第二阶段，压缩急剧膨胀，对外做功，从而引起周围介质的变形、移动和破坏。不管由何种能源引起的爆炸，它们都同时具备两个特征，即能源具有极大的能量密度和极大的能量释放速度。

爆炸可以由不同的原因引起，但不管是何种原因引起的爆炸，归根结底必须有一定的能源。按照能量的来源，爆炸可以分为三类，即物理爆炸、化学爆炸和核爆炸。还有其他的分类方法，以上已经给予论述。

3. 爆炸的基本过程

(1) 可燃气体空气混合系爆炸　可燃气体空气混合系在引燃能量的作用下，便有原子或自由基生成并成为连锁反应的中心。此时产生的热量以及连锁载体都向四周传播，促使邻近的一些混合系起化学反应，然后这一层又成为热和连锁载体的源，而引起另一层混合系的反应，火焰是以一层层同心圆球面的形式向各方面传播的。在距离引燃源附近 0.5 ～1m 处的火焰速度基本上是固定的，以每秒若干米的速度传播，但以后逐渐加速，达每秒数百米（爆炸）以致数千米（爆轰）。若在火焰扩散的过程中有阻挡物，则由于气体温度的上升以及由此引起的压力急剧增加，可造成极大的破坏作用。混合系如果是在具有一定空间的密闭容器、管线、地沟等局限性空间被点燃，将由于火焰的快速传播而引起爆炸。

(2) 气云爆炸　由于气体、液化气体或易挥发的液体可燃物的大量泄漏，与周围空气混合，形成覆盖很大范围的可燃气体混合物系，在点火能量作用下而产生爆炸。与一般的燃烧和爆炸相比，气云爆炸的破坏范围要大得多，所造成的危害程度也要严重得多。气云爆炸的形成一般要经过以下几个阶段：

a. 燃料气体或液体在短时间内的大量泄漏。液体可燃物蒸发为气体；

b. 可燃气体或蒸气与周围的空气混合形成可燃混合物并聚集于空间；

c. 可然混合物被点燃；

d. 点火后初期气云中常常只发生低速燃烧并迅速覆盖广泛的区域；

e. 形成空间爆炸。

气云爆炸由于泄漏与点火之间有一定延滞时间，因而在广泛区域内形成可燃混合物气云，为预混火焰的传播奠定了物质基础。由于点火源的强度高并存在火焰加速条件而导致气云的快速爆燃甚至爆轰。气云爆炸所造成的破坏效应可表现为：

a. 形成相当大的火球；

b. 在大气中形成爆炸波；

c. 破片效应通常可以忽略；

d. 气云爆炸后往往仍然有火球燃烧，这是由于气云团的燃烧当量比太高的缘故。

(3) 热分解爆炸　在热作用下，爆炸性物质、热敏感性物质、某些单一气体以及化合物可能在极短的时间内发生分解爆炸。

爆炸性物质，例如含碳、氢、氧、氮的炸药等爆炸性物质，当受热气相分解时，就会发生 C—N 键、N—N 键、O—N 键的断裂。热分解是由分子中最不稳定的那部分键断开，生成分子碎片、自由基和气体分解产物。凡是热分解过程出现高热，产生大量气体且具有很快的速度时，都可能引起爆炸气体物质在分解过程中产生高热，就会引起分解爆炸，例如乙炔、乙烯、环氧乙烷、丙烷、臭氧等。

乙炔分解爆炸反应：

$$C_2H_2 \longrightarrow 2C(固)+H_2 \qquad \Delta H=-226.7\text{kJ/mol}$$

乙炔分解爆炸时，终压为初压的 11 倍左右。压力升高，乙炔易发生分解爆炸，乙炔发生分解爆炸的临界压力为 0.137MPa（表压）。

(4) 喷雾爆炸　可燃性液体雾滴与助燃性气体形成爆炸性混合系引起的爆炸为喷雾爆炸。控制条件下的油雾按燃料汽化性能与油滴尺寸大小，可能有以下 3 种形式。

a. 当燃料易于汽化、油滴直径小于 10～30μm 且环境温度较高时，燃料基本上按气相预混可燃混合物的方式进行燃烧。

b. 当燃料汽化性能较差、油滴直径又较大时，燃烧按边汽化边燃烧的方式，各油滴之间的火焰传播将连成一片。

c. 当油滴直径大于 10μm 且空气各供应比较充足时，在各油滴周围形成各自的火焰前锋，整个燃烧区由许多小火焰组成。

在化工（危险化学品）生产过程中装置中液相或含液混合系由于装备破裂、密封失效、喷射、排空、泄压等过程，都会形成可燃性混合雾滴，液体雾化、热液闪蒸、气体骤冷等过程也可以形成液相分散雾滴。喷雾爆炸需要比气体混合系爆炸大的引燃能量，较小的雾滴只需要较小的引燃能量。

(5) 液化气体蒸气和过热液体爆炸　各种物质由液态转化为气态的过程称为汽化。汽化过程可以通过液体表面的蒸发，也可以通过液体内部产生的气泡的沸腾来形成。水、有机液体等液体物质在容器内处于过热饱和状态，容器一旦破裂，气液平衡破坏，液体就会迅速汽化发生爆炸。

蒸发与沸腾是液体汽化的两种形式，前者只发生于液体表面，不会引起蒸气爆炸，但只要未达到饱和状态，任何温度下都可以进行蒸发；后者发生于液体内部，只有当液体温度达到或超过对应压力下饱和温度时才能出现。当液体受到高温作用时，由于超过其该压力条件下的沸点温度，产生大量蒸气而爆炸；系统内的过热液体或液化气体在减压或降至大气压力时，液体内部产生大量的气泡，液体表面迅速汽化发生一个压力突破而爆炸，此时汽化所需要的热量由液体本身的内能供给。过热液体蒸气爆炸的条件和特征如下。

① 容器外壳破裂　热的液体在密闭容器中具有一定的蒸气压，只要有气相空间，蒸气和液体保持物理化学平衡。在容器内保持蒸汽压平衡的状态下，假定气相部分的容器外壳发生裂缝，高压蒸气就会通过裂缝喷出，容器内压力急剧下降，直到等于环境压力。由于内压急剧下降，气液平衡被破坏，过热状态的液体，为了再次回复平衡，过热流体内部会均匀地产生沸腾核，同时产生大量的气泡，液体体积急剧膨胀，液体因膨胀而获得惯性，猛烈撞击器壁而呈现很大的液击现象，使容器的裂缝范围扩大，最后断裂，碎片飞散，发生爆炸。

② 可燃蒸气爆炸　如果过热液体是水或液体二氧化碳之类的不燃性物质时，蒸气爆炸只限于容器破坏后内容物喷出；如果液体是可燃性有机液体或液化石油气，由于蒸气爆炸而喷到空气中的可燃性气体和喷雾形成的蒸气云，会着火而导致空间化学爆炸，爆炸之后，还会有巨大的火球悬在空中。这是因为可燃性物质在爆炸时当量浓度太高。

③ 压力降速度　压力降速度取决于装置压力与环境压力之差，装置裂缝面积与位置以及介质的特性等因素。压力降越大，降压所需的时间越短，蒸气爆炸越猛烈，爆压就越高；如果压力降不大，内压下降缓慢，蒸气爆炸就弱，压力突跃就难以发生。

④ 裂缝面积与位置　即使容器在气相部分产生裂缝，如果裂口面积不足够大时，蒸气爆炸是不会发生的。例如，设置在装置气相部分的安全阀等装置，由于开放面积较小，即使动作卸压，装置内压也不会急剧下降，流体不会达到过热状态，就不会发生蒸气爆炸。只有在容器的气相部分，产生大裂缝时，才会使装置在 5 ～10ms 极短的时间内形成压力降，在 50～60ms 完成蒸气爆炸。如果在容器下方液相部分产生裂缝时，尽管液体流出并瞬时快速蒸发，但是由于液体的流出阻力大、内压的下降速度缓慢，装置内过热液体往往不会发生蒸气爆炸。

气相裂缝面积与装置内液相面积的比值决定了过热液体是否会导致蒸气爆炸。大量的实践证明，过热液体的蒸气爆炸及其最高爆压是由泄漏裂缝面积与装置内液相面积之比决定的，比值越大越易发生蒸气爆炸，爆炸压力也越高。当比值小于 1/125 时，就不会导致过热液体的蒸气爆炸。

⑤ 裂缝距液面的位置　实验中发现裂缝距液面的位置，也决定了压力降低的速度，裂开部分越靠近装置内液面，破裂时压力降的时间就越短，蒸气爆炸就越猛烈。

⑥ 满液状态　装置容器被高压状态下的液体充满，装置内没有气相空间。此时，装置即使少许裂缝，由于少量液体的泄漏，也会引起内压的迅速下降而处于过热状态，最终导致蒸气爆炸。

（6）气体压缩爆炸　气体压缩爆炸是压缩气体在超过外壳所能承受压力的状态下引起的一种爆炸。以工业用气瓶为例来说明这个问题。气瓶内介质可分为压缩气体、液化气体和溶解气体。在实际生产中临界温度 $T_C<-10$℃的气体称为压缩气体；$T_C\geqslant-10$℃的气体称为液化气体；其中 $T_C\leqslant70$℃的气体称为高压液化气体；$T_C>70$℃且在 60℃时的饱和蒸气压 $P_V>1.0$MPa 的气体称为低压液化气体；乙炔被溶解在丙酮或其他溶剂内储存在钢瓶内，称为溶解气体。气瓶的安全问题取决于气瓶内介质的压力、状态和变化与气瓶材质的变化情况。气瓶内介质无论是压缩气体状态、液体状态还是溶解性气体状态，其压力均随介质的温度变化而变化。温度升高，压力上升；温度降低，压力下降。压缩气体的压力取决于充装量和介质使用前后的温差，液体状态的压力变化在低于临界温度条件下，介质气液平衡时的压力符合饱和蒸气压曲线；高于临界温度条件下，液体全部汽化，成为压缩气体。无论是何种状态，一旦泄漏变为极易扩散的气体，它们大多具有易燃、易爆、有毒、助燃的性质，容易引起燃烧、爆炸、中毒等事故。气瓶内介质的充装量，压缩性气体不能超过气瓶的设计压力，液体状态则要按照介质规定的充装系数充装。使用中介质的温度变化也要符合有关规定。

(7) 粉尘爆炸　粉尘与空气混合可以形成爆炸性混合系。粉尘由于密度不同，在空气中悬浮的条件也不同。粉尘爆炸是由于粉尘在助燃性气体中被点燃，其粒子表面快速汽化（燃烧）的结果。粉尘爆炸的难易与粉尘的物理、化学性质和环境条件有关。一般认为燃烧热越大的物质越容易爆炸，如煤尘、碳、硫黄等。氧化速度快的物质容易爆炸，如镁粉、铝粉、氧化亚铁、染料等。容易带电的粉尘也很容易引起爆炸，如合成树脂粉末、纤维类粉尘、淀粉等。这些导电不良的物质由于与机器或空气摩擦产生的静电积聚起来，当达到一定量时，就会放电产生电火花，构成爆炸的火源。粉尘爆炸的历程如下。

a. 粒子表面受热后表面温度上升被热解；

b. 粒子表面的分子发生热分解或干馏，产生气体在粒子周围；

c. 气体混合物被点燃产生火焰并传播；

d. 火焰产生的热量进一步促进粉尘分解，继续放出气体，燃烧持续下去。

见图 3-2 所示。

① 粉尘爆炸往往不是发生在一个均匀的气相混合系，这一点和可燃气体混合系不同。一旦被点燃爆炸，由于爆炸冲击波的作用，使散落、沉积的粉尘形成新的混合系，使爆炸可能持续下去。因此，粉尘爆炸往往不是一次完成的。

② 引燃后燃烧热以辐射热的形式进行传递。燃烧速度及爆炸压力虽比气体爆炸小，但是持续时间长，产生的能量大，所以破坏力及燃烧程度也大。粉尘爆炸时首先在局部空间形成一个爆压，紧接着可能形成火焰，火焰初始速度大约为 2～3m/s，因燃烧粉尘的膨胀，继而压力上升，其速度以加速度增加。

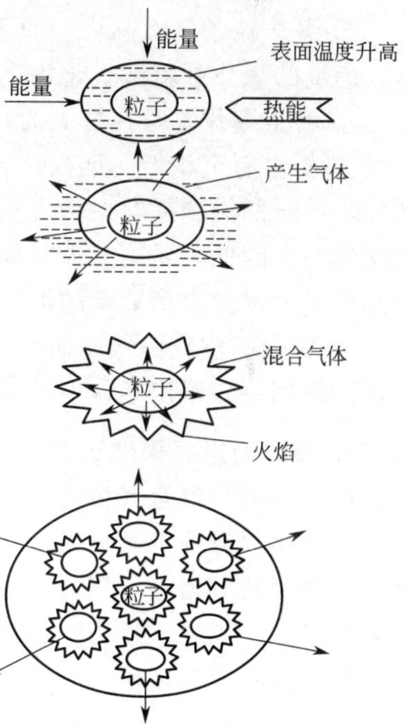

图 3-2　粉尘爆炸示意图

粉尘爆炸所产生的压力是随着粉尘浓度的变化而变化的。影响粉尘爆炸压力的因素很多，如粉尘的化学成分、颗粒大小和温度、热源的温度、爆炸空间的容积等。表 3-3 列出了一些粉尘爆炸的特性。

表 3-3　一些粉尘爆炸的特性

名　　称	云状粉尘点燃点/℃	粉尘最低引爆能量/mJ	爆炸下限/(mg/L)	最大爆炸压力/(kgf/cm^2)
铝(喷雾)	700	50	40	3.95
铝(研雾)	645	20	35	6.06
铁(氢还原)	315	160	120	1.98
镁(喷雾)	600	240	30	3.87

续表

名　称	云状粉尘点燃点/℃	粉尘最低引爆能量/mJ	爆炸下限/(mg/L)	最大爆炸压力/(kgf/cm^2)
锌	680	900	50	0.899
铝-镁(50%-50%)	535	80	50	4.15
醋酸纤维	320	10	25	5.58
六次甲基四胺	410	10	15	4.35
甲基丙烯酸甲酯	440	15	20	3.87
碳酸树脂	460	10	25	4.15
邻苯二甲酸酐 650	15	15	15	3.33
聚乙烯塑料	450	80	25	5.63
聚苯乙烯	470	120	20	2.99
松香、虫胶	310	10	15	3.75
合成硬橡胶	320	30	30	4.01
硫黄	190	15	35	2.79
烟煤	610	40	3.13	3.13

注：$1kgf/cm^2=98066Pa$。

③ 爆炸粒子一面燃烧一面飞散。受其作用的可燃物产生局部严重炭化，特别是碰到人体，燃烧的炽热颗粒或炭化物会造成严重的烧伤。

④ 粉尘爆炸总是在缺氧的状态下发生。因为粉尘爆炸过程中往往伴有一氧化碳的中毒。

⑤ 粉尘有沉积性、堆积性特点。由于粉尘的沉积性和堆积性特点，当粉尘原爆的火焰和冲击波向四周传播时，将沉积或堆积的粉尘卷起，形成粉尘云，并将其点燃，形成猛烈的二次爆炸。因此，粉尘着火时要避免采用气流喷射式的灭火设施，否则，粉尘在爆火气流的作用下飞散悬浮会形成新的混合系。

⑥ 粉尘与空气的接触面积。由于粉尘的粒径、形状以及密度的不同且差异很大，几乎不可能得到一定浓度条件下的爆炸极限值，即使在下限浓度，也可能产生不完全燃烧。

4. 爆炸的主要影响因素

(1) 压力　混合气体的压力对爆炸极限有很大的影响，压力增大，爆炸极限区间的宽度一般会增加，爆炸上限增加，略使爆炸下限下降。这是因为系统压力增高，其分子间距更为接近，碰撞几率增高，因此使燃烧的最初反应和反应的进行更为容易，所以压力升高，爆炸危险性增大。反之，压力降低，则爆炸极限范围缩小。

待压力降至某值时，其下限与上限重合，此时的最低压力称为爆炸的临界压力。若压力降至临界压力以下，系统就不爆炸。因此，在密闭容器内进行减压（负压）操作对安全生产有利。需要说明的是，压力的变化对爆炸上限影响很大，但爆炸下限的变化不明显，而且不规则。各个文献间的计算结果有一定的差距。

(2) 温度　常温下爆炸极限数据已很充足，然而摩擦生热、燃烧热等通过热传导、辐射、对流可以使环境温度高于常温。在实际生产部门中，非常温下（高于室温）可燃气体被预期或非预期引爆的例子屡见不鲜，因此测定非常温下爆炸极限具有非常重要的意义。

一般来说，爆炸性气体混合物的温度越高，则爆炸极限范围越大，即爆炸下限降低，上限增高。因为系统温度升高，其分子内能增加，使更多的气体分子处于激发态，原来不燃的混合气体成为可燃、可爆系统，所以温度升高使爆炸危险性增大。

(3) 可燃气的种类及化学性质　可燃气体的分子结构及其反应能力，影响其爆炸极限。对于碳氢化合物而言，具有C—C型单键相连的碳氢化合物，由于碳键牢固，分子不易受到破坏，其反应能力就较差，因而爆炸极限范围小；而对于具有C≡C型三键相连的碳氢化合物，由于其碳键脆弱，分子很容易被破坏，化学反应能力较强，因而爆炸极限范围较大；对于具有 C＝C 型二键相连的碳氢化合物，其爆炸极限范围位于单键与三键之间。

对于同一烃类化合物，随碳原子个数的增加，爆炸极限的范围随之变小。爆炸极限还与导热系数（导温系数）有关，导热系数越大，其导热越快，爆炸极限范围也就越大。

(4) 惰性气体及杂质　可燃气体中含有 N_2 等惰性气体时，随着 N_2 量的增加，爆炸下限增加，爆炸上限减小，爆炸极限范围相应缩小。N_2 对爆炸上限有明显的影响，对爆炸下限影响较小。

N_2 对气体爆炸极限的影响机理主要为稀释氧气浓度、隔离氧气与可燃气的接触（窒息作用）、冷却和化学作用。抑制作用主要是物理作用。惰性气体浓度加大时，氧浓度相对减少，而在达到爆炸上限时氧的浓度本来就很小，惰性气体浓度稍微增加，就会产生很大影响，导致爆炸上限剧烈下降。

对于有气体参与的反应，杂质也有很大的影响。例如，少量的硫化氢会大大降低水煤气和混合气体的燃点，并因此促使其爆炸；而当可燃气体中含有卤代烷时，则能显著缩小爆炸极限的范围，提高爆炸下限和点火能。因此，气体灭火剂大部分都是卤代烷。

(5) 可燃气与空气混合的均匀程度　当可燃气体与空气充分混合均匀的条件下，若某一点的可燃气浓度达到爆炸极限时，整个混合空间的可燃气浓度都达到爆炸极限，燃烧或爆炸反应在整个混合气体空间同时进行，其反应不会中断，因此爆炸极限范围大；但当混合不均匀时，就会产生在混合气体内某些点的可燃气浓度达到或超过爆炸极限，而另外一些点的可燃气浓度达不到爆炸极限，燃烧或爆炸反应就会中断，因此，爆炸极限范围就变小。

(6) 点火源的形式、能量和点火位置　可燃混合物的爆炸实质是瞬间的燃烧，而引发燃爆需要有一定的能量，故而能量特性对爆炸极限范围亦有影响。点火源的能量、热表面的面积、火源与混合气体的接触时间等，对爆炸极限均有影响。一般来说，能量强度越高，加热面积越大，作用时间越长，点火的位置越靠近混合气体中心，则爆炸极限范围越大。不同点火源具有不同的点火温度和点火能量。如明火能量比一般火花能量大，所对应的爆炸极限范围就大；而电火花虽然高，如果不是连续的，点火能量就小，所对应的爆炸极限范围也小。

如甲烷在电压 100V、电流强度 1A 的电火花作用下，无论浓度如何都不会引起爆炸。但当电流强度增加至 2A 时，其爆炸极限为 5.9％～13.6％；3A 时为 5.85％～14.8％。对于一定浓度的爆炸性混合物，都有一个引起该混合物爆炸的最低能量。浓度不同，引爆的最低能量也不同。对于给定的爆炸性物质，各种浓度下引爆的最低能量中的最小值，称为最小引爆能量，或最小引燃能量。

(7) 容器的几何形状和尺寸　充装容器的材质、尺寸等，对物质爆炸极限均有影响。实验证明，容器直径越小，爆炸极限范围越小。这是因为随着管径的减小，因壁面的冷却效应而产生的热损失就逐步加大，参与燃烧的活化分子就少，导致燃烧温度与火焰传播速度就相应降低，当管径（或火焰通道）小到一定程度时，火焰即不能通过。这一间距称最大灭火间距，亦称之为临界直径。例如，甲烷的临界直径为 0.4～0.5mm，小于临界直径时就无爆炸危险。

容器几何尺寸对爆炸极限的影响也可以从器壁效应得到解释。燃烧与爆炸是由自由基产生一系列连锁反应的结果。在燃烧过程中，只有当新生自由基大于消失的自由基时，燃烧才能继续。但随着管径的减小，自由基与管道壁的碰撞概率相应增大。当尺寸减少到一定程度时，自由基（与器壁碰撞）销毁速度大于自由基产生速度，燃烧反应便不能继续进行。

容器材料也有很大的影响，例如氢和氟在玻璃器皿中混合，甚至放在液态空气温度下于黑暗中也会发生爆炸，而在银制器皿中，一般温度下才能发生反应。

（8）可燃气体的湿度　当可燃气体中有水存在时，可燃气爆炸能力降低，爆炸强度减弱，爆炸极限范围减小。在一定的气体浓度下，随着含水量的上升，爆炸下限浓度略有上升，而爆炸上限浓度显著下降。当含水量达到一定值时，上限浓度与下限浓度曲线汇于一点，当气体混合物中含水量超过该点值时，无论可燃气浓度如何也不会发生爆炸。

其原因在于，混合气中水含量增大，水分子（或水滴）浓度升高，与自由基或自由原子发生三元碰撞的概率也就增大。大量的水分子（或水滴）与自由基或自由原子碰撞而使其失去反应活性，导致可燃气爆炸反应能力下降，甚至完全失去反应能力。

除上述因素外，光对爆炸极限也有影响。众所周知，在黑暗中氢与氯的反应十分缓慢，但在强光照射下则发生连锁反应导致爆炸。又如甲烷与氯的混合气体，在黑暗中长时间内不发生反应，但在日光照射下，便会引起激烈的反应，如果两种气体的比例适当则会发生爆炸。另外，表面活性物质对某些介质也有影响，如在球形器皿内于530℃时，氢与氧完全不反应，但是向器皿中插入石英、玻璃、铜或铁棒时，则发生爆炸。

以上就是对可燃气体爆炸极限影响因素的分析。当然，仅仅是主要因素的分析，此外，诸如表面活性介质等对爆炸极限也有影响，相比以上所述各因素，影响较少，故不再赘述。通过以上分析，可以掌握或了解可燃气体生产，储存，输送过程中的爆炸危险因素，弄清诸因素之间的联系和变化规律，从而在工程设计和生产使用中采取相应的防范措施，防止爆炸事故的发生。

在化工（危险化学品）、石油、等企业的生产、储存和运输中，可燃气体的着火、爆炸是最严重的灾害性事故。最近几年，我国城市天然气及危险化学品企业爆炸重特大事故频频发生，给国家财产和人民生命造成了巨大损失，直接影响着我国经济、社会的可持续发展。重大事故的不断发生，使人们认识到在现代社会企业生产中潜伏着巨大的危险性，因而危险评价越来越受到人们的重视。实践表明，确定危险性气体的爆炸极限，提前预防是防止该类事故的基本前提。

三、火灾爆炸事故的预防与控制

1. 防止可燃可爆系统的形成

（1）根据物质的危险特性进行控制

① 在工艺上进行控制，以火灾爆炸危险性小的物质代替危险性大的物质；其次，根据物质的理化性质，采取不同的防火防爆措施。

② 对本身具有自燃能力的物质，遇空气能自燃、遇水能自燃、爆炸的物质，应分别采取隔绝空气、防水、防潮、降温等措施，防止发生燃烧和爆炸。

③ 两种相互接触能引起燃烧爆炸的物质不能混存。更不能相互接触；遇酸碱能分解、燃烧、爆炸的物质要严禁与酸碱接触；对机械作用比较敏感的物质要轻拿轻放。

④ 对易燃、可燃气体或蒸气要根据它们对空气的相对密度采用相应的排空方法和防火防爆措施；密度轻于空气的可燃气体可直接向高空排放，而相对密度大的丙烷（1.51）就要采取火炬的方式排空。对可燃液体，要根据物质的沸点、饱和蒸气压考虑设备的耐压强度、储存温度、保温降温措施，根据它们的闪点、爆炸范围、扩散性采取相应的防火防爆措施。

⑤ 对于不稳定的物质，在储存中应添加稳定剂。异戊二烯、苯乙烯、氯乙烯、丙烯腈等有聚合放热自燃爆炸的危险物质，储存中要加入苯二酚、苯酮等作为阻聚剂。对受到阳光作用能生成具有爆炸性过氧化物的某些液体，必须存放在金属桶内或暗色玻璃瓶中。

⑥ 物质的带电性能，直接关系到在生产、储运过程中是否能产生静电危险，对能产生静电的物质要采取防静电措施。

（2）防止可燃物外泄外溢　密闭设备系统时防止可燃气体、蒸气、粉尘与空气形成爆炸性混合物的最有力的措施之一。对于有压设备，更需要保持其密闭性，防止可燃气体、蒸气、粉尘逸出到空气中；负压操作可有效防止系统中的爆炸性气体、有毒气体向系统外的逸散，但在负压条件下，要防止系统的密闭性差，导致空气吸入到系统内。特别是在打开阀门时，外界空气通过缝隙进入负压系统，达到气体混合物的爆炸极限而发生爆炸。为了保证设备的密闭性，应注意以下几点安全要求。

① 有燃烧爆炸危险的设备管道，少用法兰连接，尽量使用焊接。必须使用法兰连接的，应根据压力的要求，选用不同的法兰。密封垫圈的选用，要符合温度、压力、介质的要求，一般工艺采用石棉橡胶垫圈；高温高压、腐蚀性介质的工艺，采用聚四氟乙烯塑料垫圈。

② 输送可燃气体、液体的管道应采用无缝钢管，盛装腐蚀性介质的容器底部尽量不装设阀门，腐蚀性液体应从顶部抽吸排出。

③ 接触高锰酸钾、氯酸钾、硝酸钾、漂白粉等氧化剂的生产传动装置要严加密封，定期更换润滑油，防止粉尘进入变速箱中与润滑油混融引起火灾。

④ 对正压和负压的设备系统，要严加控制压力，防止超压。在定期检修时，要做气密性检验。在设备运行过程中，可用皂液、pH 试纸或其他方法检查密闭情况。

（3）惰性气体保护　化工（危险化学品）生产中常用的惰性气体有氮气、二氧化碳、水蒸气及烟道气等没有燃烧危险的气体，使用最为广泛的是氮气。惰性气体作为保护性气体，可以阻止形成燃烧爆炸系统，常在以下几个方面使用：

① 压碎、研磨、筛分、混合易燃固体物质及粉状物料输送时，用惰性气体作覆盖保护；

② 在可燃气体或蒸气的物料系统中，充入惰性气体，使系统保持正压，防止形成爆炸性混合物；

③ 利用惰性气体进行正压输送易燃液体或高温物料的保护；

④ 对能产生火花的电气、仪表采用充氮的方法进行正压保护；

⑤ 对易燃易爆系统进行动火检修时，用惰性气体吹扫，置换出系统中的可燃气体和蒸气；

⑥ 有火灾爆炸危险的设备、储槽、管线等与惰性气体的管路相连，当发生危险时，可用惰性气体覆盖，进行保护和灭火。

惰性气体在化工（危险化学品）生产场所中应用很广，输送惰性气体的管路往往与多种危险物质生产系统相连通，因此，必须采取措施防止危险物料窜入惰性气体系统。若易燃易爆或具有腐蚀性的介质窜入惰性气体系统，不但起不到保护作用，反而能产生很大的危险。使用惰性气体的用量，可根据危险系统允许的最高含氧量来计算。但对生产装置而言，实际的氧含量必须比临界的最高氧含量再低 10％。

（4）通风置换　在有火灾爆炸危险的场所内，尽管采取很多措施使设备密闭，但总会有部分可燃气体、蒸气或粉尘泄漏出来。采用通风置换、除尘可以降低场所内可燃物的含量，是防止形成爆炸性混合物的一个重要安全措施。

用于通风措施的空气必须是干净的，如果空气中含有易燃易爆危险气体，不应循环使用。排风设备和送风设备应独立设置通风室，与易燃易爆气体、粉尘隔绝，温度超过 80℃ 的空气或其他气体的排风设备，应用非燃烧材料制成。有燃烧爆炸危险的粉尘排风系统，应采用不产生火花的除尘设备。当粉尘与水接触生成爆炸性气体时，不应采用湿式除尘系统。通风管道不宜穿过防火墙，以免发生火灾时，火势顺管道通过防火墙扩散蔓延。

（5）安全监测及连锁

① 信号报警　在化工（危险化学品）生产中，出现危险状态时，信号报警装置可以警告操作人员并使其采取措施，消除事故隐患。通常发出的报警信号有声、光、颜色等形式，而报警装置一般都和测量仪表相联系，当有关测量参数超过控制指标时，该装置就会发出相应的报警信号。保险装置在信号装置发出危险信号时，能自动采取措施消除不正常状态或补救危险状况。例如，气体燃烧炉当燃料压力降得太低时，便会熄火。此时可燃气仍继续流出，并扩散到整个炉内，重新点火时就有可能发生爆炸。为了防止这种事故，可在输气管上安装保险装置。当炉火熄灭时，自动切断气源。又如，当可燃物发生局部燃烧时，信号系统把测出的信号传至保险装置，扑灭已点燃的小火，避免造成灾害。

② 安全连锁　安全连锁是利用机械或电气控制依次接通各仪器或设备，并使之彼此发生联系，若不符合规定的程序，则仪器和设备便不能启动、运转或停车，以达到安全生产的目的。在化工（危险化学品）生产中，连锁装置常被用于如下一些情况：

a. 同时或依次开启两种物料的阀门；

b. 在反应的一定程度需要用惰性气体保护时；

c. 打开设备前应预先解除压力或降温时；

d. 当两种或多种部件、设备、机器由于误操作而容易引起事故时；

e. 当工艺控制参数达到某一危险值，立即启动紧急处理装置时；

f. 危险部位或区域禁止无关人员入内时。

例如，硫酸和水的混合操作中，必须先往设备中注水后再注入硫酸，否则将会发生飞溅灼伤工人，为此，可将注水阀和注酸阀进行连锁，这样就可以防止因工人疏忽而发生颠倒操作程序的事故了。

③ 火灾爆炸检测装置　火灾爆炸检测装置主要是指火灾检测仪和爆炸检测仪两类。

a. 火灾检测仪　是发现火灾苗头的设备，它能测出火灾初期陆续出现的火灾信息，主要有：感温式、感烟式、感光式、感气式等多种形式。利用以上各种探测器组装成火焰报警器、报警网、自动灭火系统。

b. 爆炸检测仪　主要是指在生产和使用爆炸性气体的场所使用的检测爆炸性气体泄漏和其他空气中的含量的检测仪。在易泄漏可燃气体或蒸气的部位，设置固定式可燃气体报警仪，以随时检测泄漏情况。可燃气体报警器一次仪表的安装高度应考虑泄漏物质气态的相对密度。检测相对密度大于空气的液化石油气，应安装在距地面 50cm 处；检测相对密度小于空气的天然气、煤气等宜安装在设备上方或天花板附近。可燃气体报警器的二次仪表要安装在控制室。对危险性很大的部位，宜采用强制性定向接收装置，利用空气抽出器或水喷射器抽取气样。对没有设置固定检测仪的其他部位，应用便携式可燃气体检测仪随时检测。另外，在检修动火前必须用便携式检测仪随时监测，以保证检修工作的顺利进行。

2. 工艺参数的安全控制

化工（危险化学品）生产过程中，工艺参数主要是指温度、压力、流量、物料配比等。

按工艺要求，工艺参数严格控制在安全限度内，防止超温、超压、物料泄漏是防火防爆的基本措施之一，也是实现安全生产的基本保证。

（1）温度控制　温度是化工（危险化学品）生产中的主要控制参数之一。不同的化学反应都有其最适宜的反应温度，正确控制反应温度不但对保证产品质量、降低消耗有重要意义，而且也是防火防爆所必需的。温度过高，能引起剧烈的反应而发生冲料或爆炸，也可能引起反应物的分解着火；温度过低，有时会造成反应减慢或停滞，而一旦反应温度恢复正常时，往往会由于未反应的物料过多而发生剧烈反应甚至爆炸。同时，温度过高还会使降温设施发生故障，液化气体和低沸点介质汽化，发生超压爆炸；而温度过低还会使某些物料冻结，造成管路堵塞或破裂，致使易燃物泄漏发生火灾和爆炸。为了严格温度控制，应当采取如下措施。

① 移去反应热　化学反应过程一般都伴有热效应，对放热反应，为了使放出的热量及时传出，防止超温，既要控制传热介质温度，又要保持适当的传热速度。移去反应热量的常用方法有夹套冷却法、内蛇管冷却法、夹套内蛇管兼用冷却法。

② 防止搅拌中断　在化学反应过程中，搅拌可以加速热量的传导，使物料进行均匀的混合反应。如果搅拌中断，能导致散热不良或局部反应剧烈而发生危险。例如，苯与浓硫酸进行磺化反应时，物料加入后若迟开搅拌，会造成物料分层，搅拌开动后反应剧烈，冷却系统来不及将大量的反应热移走，导致热量积聚，温度升高，未反应完的苯受热汽化，造成管线超压爆裂。为此，加料前必须开动搅拌，防止物料积存。在此生产过程中，对能引发火灾爆炸事故的生产设施，为防止停电、机械故障等引起的搅拌中断，可采取双路供电、增设人工搅拌装置等防止搅拌中断的事件发生。

③ 正确选用传热介质　生产中常用的传热介质有热水、水蒸气、甘油、矿物油、联苯醚、熔盐、汞和熔融金属、烟道气等。正确选择热载体对加热过程的安全也很重要。在选择热载体时，要考虑使用的温度范围和传热速率，避免使用与反应物料性质相抵触的物质作为传热介质。环氧乙烷很容易与水发生剧烈反应，甚至极微量的水分渗到液体环氧乙烷中，也容易引起自聚发热导致发生爆炸。因此，对这类物料冷却或加热时，不能选择水或水蒸气作为传热介质，而应选择液状石蜡作为传热介质。同样，在常温下加热裂解、蒸馏易燃、可燃液体时，不能用明火加热而应采用水蒸气加热。

（2）原料、材料控制

① 控制投料速度　对于放热反应，投料速度不能超过设备的传热能力，否则会引起温度急剧上升，并引发副反应或引起物料的分解、突沸而冲料着火、爆炸。如果投料速度突然减小，能引发两种情况：一是加料量太少，使温度计接触不到液面而导致误判断，造成事故；二是导致物料温度降低，反应物不能完全反应而积累下来，若此时采取了不适当的升温措施，会使积聚物同时参与反应，温度和压力突然升高而造成事故。

② 控制投料配比　反应物料的配比关系要严格控制，反应物料的浓度、含量、流量、重量等影响配比的因素都要准确地进行分析和计量。

对连续化程度较高，危险性较大的化工（危险化学品）生产，尤其要注意投料的配比。例如：环氧乙烷生产中乙烯和氧的混合反应，硝酸生产中氨和空气的氧化反应，丙烯腈生产中的丙烯、氨、空气的氧化反应等，其投料配比邻近爆炸下限，反应温度接近或超过其自燃点，一旦比例失调，就能引发爆炸火灾事故。特别是在开停车过程中，反应物的浓度发生变化，开车时催化剂活性较低，容易造成反应器出口氧浓度过高而引发事故。为了保证安全，应尽量减少开停车次数，经过分析核对气体含量，并设置连锁装置，控制好原料的配比。

催化剂对化学反应速率的影响很大，如果配比失误，催化剂过量，就可能发生危险。可燃或易燃物与氧化剂的反应，要严格控制氧化剂的投料量和投料速度。在某一比例下能形成爆炸性混合物的生产过程，其物料配比应严格控制在爆炸极限范围以外。如工艺条件允许，可添加水、水蒸气或惰性气体进行稀释保护。

③ 控制投料顺序　化工（危险化学品）生产中，按照规定的顺序进行投料既是工艺的要求，又是安全的要求。氯化氢的合成，必须先加氢后加氯，三氯化氮的生产是先加磷后加氯，否则就有燃爆危险。又如，用2,4-二氯酚、对硝基氯苯和碱生产除草醚时，三种原料必须同时加入反应罐。若只加2,4-二氯酚和碱，就会生产二氯酚钠盐，在240℃下能分解爆炸；若只加硝基氯苯和碱，则反应后生成对硝基氯酚钠盐，在200℃下也能分解爆炸。为了防止顺序颠倒，应将进料阀门进行互相连锁。

④ 控制原料纯度和副反应　有许多化学反应，往往由于反应物料中含有危险性杂质而造成副反应或过反应，以致造成燃烧和爆炸事故。因此，对生产原料、中间产品及成品应有严格的质量检验，以保证其纯度和含量。

例如，以乙炔和氯化氢为原料生产聚氯乙烯过程中，氯化氢中游离氯一般不允许超过0.005%。因为过量游离氯与乙炔反应会生成四氯乙烷而立即爆炸。同样，乙炔生产中要求电石中含磷不超过0.08%，因为电石中的磷是以磷化钙的形式存在的，它遇水后生成磷化氢，遇空气即燃烧，可导致乙炔与空气混合气体的爆炸。

反应物料中的少量有害成分未清除干净，在生产的初始阶段可能没有太大的影响，但随着物料的不断循环，就会越积越多，最终导致事故的发生。所以，在生产过程中，可以采用定期排空或其他处理办法来防止爆炸性气体的积聚。在高压法合成甲醇的生产中，在甲醇分离器之后的气体管道上设置放空管，通过控制放空量来保证系统中甲烷和氯气的含量在13%～15%的范围内。有时有害杂质来源于未清理干净的设备，所以对此类设备一定要清除干净，符合要求后才能投料生产，这是安全生产的最基本的要求。

(3) 紧急情况下的停车处理　生产中若发生停电、停气、停水等紧急情况时，生产装置就必须进行紧急停车处理。此时从生产调度控制到原料、气源、蒸汽、冷却水等都存在一个平衡的问题，而这种平衡必须能保证生产装置的安全。理想的情况是：企业有一套完整可靠的自动监控系统，当发生停电、停气、停水等紧急情况时，能将生产系统各部位的参数变化迅速测出，指挥控制系统在电、气、水不足的情况下，切断某些部位的供应，对重点保护装置或部位继续保持高比例的供给或控制某些装置停车。

在生产装置的自动化程度不高的情况下，就要靠现场操作人员的手动调节和控制，这就要求进行事故演练。这种演练是指现场处置方案的演练，提高应对突发事故的技能，调度人员要正确果断指挥，操作人员具有判断、排除故障的能力。

3. 清除点火源

火源是化工（危险化学品）企业生产不可缺少的重要能源，也是引发火灾爆炸的主要危险因素。因此，必须对火源实行科学、严格的管理，既要合理利用作为能源的火源，又要控制和消除引起火灾爆炸事故的火源。一般来说，在化工（危险化学品）生产中能引发事故的火源有：明火、高温表面、冲击摩擦、自燃发热、电气火花、静电火花、化学反应热、管线照射等。

(1) 明火　包括加热明火、检修用火、高架火炬、吸烟及机动车辆的排气管火星等。根据化工系统火灾爆炸重大事故的统计，明火引发的事故占50%以上。因此，严格控制管理好明火，对化工（危险化学品）企业的防火防爆十分重要。

生产用明火加热炉应集中布置在厂区的边缘，位于有易燃物料设备全年最小频率风向的下风侧，与露天布置的液化烃设备和甲类生产厂房的防火间距不小于15m，加热炉的燃烧室与设备应分开或隔离，加热炉的钢支架应覆盖耐火极限不小于1.5h的耐火层，烧燃料气的加热炉应设长明灯和火焰检测器。为防止烟筒飞火，炉膛内的燃烧要充分，烟筒要有足够的高度并安装熄火器。对熬炼设备要经常检查，防止烟道气窜火和熬锅破漏，熬锅内物料不能过满，以防溢出并要严格控制加热温度。

使用气焊、电焊、喷灯进行安装和维修时，必须办理动火证，在采取了防护措施，确保安全后方能动火。在对生产、盛装易燃物料的设备、管道进行动火作业时，要严格进行隔离、置换、清洗、动火分析等规定，使用惰性气体进行吹扫置换并经气体分析合格后方可动火。化工（危险化学品）企业动火前半小时合格分析的标准如下：

① 爆炸下限小于4%的可燃气体、蒸气，其含量不得超过0.2%；

② 爆炸下限大于或等于4%的可燃气体、蒸气，其含量不超过0.5%；

③ 混合气体则以爆炸下限最低的为合格标准；

④ 氧气设备的氧含量不超过22% 当需要动火的系统与其他设备联通时，应将相连接的管道拆下断开或加堵金属盲板隔绝，防止易燃的物料进入检修系统，在动火时发生燃烧或爆炸。金属盲板除保持严密不漏外，还应能承受一定的压力。

在积存有可燃气体或蒸气的管沟、深坑、下水道内及附近区域，没有消除危险前，不能进行动火作业。电焊线破损应及时更换和修理，不能利用与有燃烧爆炸危险的生产设备相连接的金属件作连接电焊地线，以防在电路接触不良的地方产生高温或电火花。在有爆炸危险的场所使用喷灯，应按动火制度执行，并将周围可燃物清理干净。

（2）摩擦和撞击 机器上转动设备的摩擦，铁器的互相撞击或铁器工具打击混凝土地面等，都有可能产生高温火花，这种火花可以认为是撞击或摩擦下来的高温固体颗粒。如果火花微粒的直径是0.1mm，根据测试其携带的热能是1.76mJ；如果火花微粒的直径是1.0mm，其带有的热能就是176mJ。由于火花带有的能量超过了大多数可燃气体、蒸气、粉尘的最小点火能量。因此，摩擦与撞击往往成为火灾爆炸的起因，在易燃易爆场所，要避免发生摩擦和撞击，防止发生火灾和爆炸的危险。

机器上的轴承缺油及润滑不均匀，会因摩擦而发热，引起附着的可燃物着火。因此，对运转设备的轴承等传动部位要经常检查及时加润滑油，保持良好润滑，并及时清除附着的可燃污垢。实际上，设备的润滑管理是化工（危险化学品）企业安全管理的重要内容之一。

易燃易爆场所内，避免使用铁器工具，应采用青铜合金制作的安全工具。具有燃烧、爆炸危险的生产厂房内，禁止穿带钉子的鞋，地面应使用不发生火花的材料铺设。

装运盛装易燃易爆危险化学品的金属容器时，不要拖拉、抛掷、震动，防止互相撞击产生火花。倾倒或抽取可燃液体时，用铜锡合金或铝皮等不发火的材料将容易摩擦撞击的部位覆盖起来。

为了防止钢铁零件随物料带入设备内发生撞击起火，可在粉碎机、搅拌机、混合机等设备上安装磁力离析器（俗称除铁器），吸出、剔除钢铁零件。在破碎、研磨特别危险物质（如碳化钙）的加工过程中，采用惰性气体保护。

（3）高温表面 化工（危险化学品）生产的加热、干燥装置，高温物料输送管线，高压蒸汽管路及某些反应设备的金属表面等，其表面温度都比较高，能成为燃烧爆炸的点火源。为防止发生事故，采取的主要措施是采用绝热材料对热表面进行保温隔热处理，防止易燃材料与高温设备、管道表面接触。高温表面上的污垢和物料要经常清除，不准在高温管线或设备上搭晒衣物。

（4）自燃发热　某些易燃易爆物质具有自燃发热的特性。如硝化棉、赛璐珞、黄磷及一些含油物质等。硝化棉、赛璐珞的自燃一般发生在高温潮湿的条件下，因此，它们应存放在通风阴凉干燥处。黄磷应存放在水中与空气隔绝，防止发生自燃。油布、油纸应放入铁通内，放置在安全地方，并应及时清理，以防自燃。

（5）电气、静电火花　电火花是引起可燃气体、蒸气及粉尘与空气混合物燃烧爆炸的重要着火源。在具有爆炸、火灾的危险场所，如果电气设备不符合防爆规程的要求，则电气设备所产生的火花、电弧和危险温度就可能导致火灾爆炸事故的发生。静电火花也可引起可燃性气体、蒸气及可燃性粉尘的燃烧爆炸。在化工（危险化学品）生产中，物料泄漏喷出、摩擦搅拌，液体以及粉体物料的输送均可因产生静电而导致火灾爆炸事故的发生。

4. 限制火灾爆炸蔓延扩散的措施

限制火灾爆炸蔓延扩散是防止已发生的火灾爆炸扩展到其他临近部位，是防灾的一条重要措施。这些措施必须从建厂设计开始时就要认真考虑。

（1）阻火装置　是为了防止外部火焰或火星进入有燃烧爆炸危险的设备、管道、容器，或阻止火焰在设备和管道之间扩展，防止火灾爆炸发生。常用的阻火装置包括阻火器、回火防止器、单向阀、安全液封等。

① 阻火器　在容易引起燃烧爆炸的高热设备、燃烧室、高温氧化炉、高温反应器上，输送可燃气体、易燃液体的管线之间，以及易燃液体、可燃气体的容器、设备、管道的排气管末端，常用阻火器阻火。其阻火原理是根据火焰在管中蔓延的速度随着管径的减小而降低，同时随着管径的减小，热损失的增大，导致火焰熄灭。常用的阻火器有：机械阻火器、液封阻火其、料封阻火器等。

② 回火防止器　是在气焊或气割作业时，防止火焰进入容器并阻止火焰在管路中蔓延的阻火装置。它的作用原理和阻火器相同。回火防止器通常安装在乙炔发生器、乙炔瓶、乙炔管道上。乙炔站要安装容量大的集中式回火防止器，操作岗位通常配置容量小的回火防止器，只供一把焊枪或气割枪使用。

③ 单向阀　也称止逆阀、止回阀，仅允许液体向一定的方向流动，遇有回流时即自动关闭，可防止高压窜入低压，引起管道、容器和设备的爆炸；也可作为可燃气体管线上的防止回火的安全装置，如液化石油气瓶上的调压阀就是单向阀的一种。生产中常用单向阀有升降式、摇板式、球式单向阀等。如果水、水蒸气、空气、氯气等辅助管线与可燃气体、液体的设备、管线相连接，为防止在不正常条件下出现的倒流造成事故的，应在压缩机和油泵出口管线上设置单向阀。在高、低压系统之间，为防止高压窜入低压造成事故，在低压系统上要设置单向阀。

④ 安全液封　用于低压系统的阻火，一般装在气体管线与生产设备之间，或设置在污水管道之间，有敞开式和封闭式两种。液封阻火的基本原理是由于有液体封在进、出气管线之间，在液封两侧的任何一侧着火，火焰都会在液封处被熄灭，从而阻止火势蔓延。在化工（危险化学品）、石化企业，在有可燃气体、易燃液体、蒸气或油污的污水管网上常设置水封井，水封井中的水封高度不得小于 200mm 水柱。安全水封的使用过程中要注意检查水位，

冬季要防止冻结。

（2）阻火设施 是指把火灾限定在一定范围内，阻断火热蔓延的安全构件或设施。常用的阻火设施有防火门、防火墙、防火堤、事故存油罐、防火积液坑等。

（3）防爆泄压装置 是指设置在工艺设备上或受压窗口上，能够防止压力突然升高或爆炸冲击波对设备、容器的破坏的安全防护装置。主要有安全阀、爆破片、泄爆门等。

① 安全阀 通常安装在不正常条件下可能超压甚至破裂的设备或机械上。操作压力大于0.07MPa的锅炉、钢瓶等压力容器；顶部操作压力大于0.03MPa的蒸发器和汽提塔；往复式压缩机的各段出口和电动往复泵、螺杆泵的出口；可燃气体或可燃液体受热膨胀时可能超过设计压力的设备等应安装安全阀。

② 爆破片 又称防爆片（防爆板、防爆膜），是一种断裂型的安全泄压装置。当容器内的压力超过正常工作压力时，爆破片立即断裂，器内的介质通过爆破孔泄放。与安全阀相比，爆破片的密封性好、泄压块，达到爆炸压力后膜片立即破裂，介质大量排出，介质中的污物、黏稠物也不会停止运行。但在容器泄压后也被迫停止运行。因此，它只能装在安全阀不宜使用的压力容器中，也不宜作为液化气体储罐的安全泄压装置。

③ 泄爆门 又称防爆门、泄爆窗，是爆炸时能够掀开泄压，保护设备完整的防爆安全设施。泄爆门安装在燃油和燃煤粉的加热炉燃烧室外壁上。泄爆门的总面积一般按燃烧室内部净面积不少于250m^2/m^3来计算。为了防止燃烧气体喷出伤人或掀开的盖子伤人，泄爆门（窗）应设置在人们不常到的地方，高度不应低于2m，并应定期检修、试动，以防锈蚀、失效。

（4）隔离 对火灾、爆炸危险性大的装置，采取分区隔离和远距离操作等措施，一旦发生火灾爆炸可大大减少灾害带来的损失。

总体设计时，应合理安排工厂布局，装置与装置、装置与库区以及生活区与装置之间要留出足够的安全距离。

各生产工序之间，也要按照危险程度采取适当的隔离措施。对个别危险程度大的设备可以采用隔离操作和设置防爆墙等措施，将操作人员和生产设备隔离，以保护人员和其他设施。

爆炸危险特别突出的装置应远距离隔离，将其设置在单独的特殊构造的建筑物内，操作人员通过各种仪表远距离操作。这样，即使发生爆炸也不至于给工作人员和其他生产装置带来危险。

第二节 电气安全技术

一、触电的危害及预防

1. 电对人体的伤害和影响

（1）电流对人体的伤害 电流对人体会造成多种伤害，如伤害呼吸、心脏和神经系统，使人体内部组织破坏，乃至最后死亡。当电流经过人体时，人体会产生不同程度的刺痛和麻木，并伴随不自觉的肌肉收缩。触电者会因肌肉收缩而紧握带电体，不能自主摆脱电源。

此外，胸肌、膈肌和声门肌的强烈收缩会阻碍呼吸，甚至导致触电者窒息死亡。若带电设备或带电导体的电压较低，对人体的伤害一般只是在接触部位皮肤表面有轻微的斑点或伤痕，对肢体损害不大。能及时脱离电源就不致引起肌肉坏死或骨骼受伤等伤害。若不能及时脱离电源，则由于长时间电流的作用，往往造成机体内部严重伤害，以致死亡。

当带电设备或导体的电压甚高时，在肢体接近带电体的瞬间，将发生电弧放电。由于电弧温度甚高（可达3000℃左右），除了能使肢体的接近部位灼伤外，严重时还会造成大面积烧伤。

电弧烧伤部位，由于电的热效应、化学效应，以及融化和蒸发的金属微粒的侵蚀，往往损害十分严重。如肌肉和神经坏死，骨骼受伤，治疗中多数需要截肢，严重的导致死亡。

在触电者与地接触部位，电击时往往留下击穿的痕迹，小的如米粒，大的如豆，也有更大的。这种伤口，一般在治疗时不易愈合，恢复期较长，有的需要几年才能结疤。

此外，在强烈的电弧刺激下，眼睛也可能受伤造成眼炎，有时需要数日才能恢复视力。除了生理性质的伤害外，神经也可能受伤。

如有的人触电后精神上感到难受，全身倦怠，甚至狂躁易怒，出现惊吓等症状。总之，电对人体的伤害，后果是相当严重的。

(2) 电流对人体伤害的分类　电击和电伤触电事故是电气事故中最为常见的。触电事故往往突然发生，在极短时间内造成严重后果，死亡率极高。

① 电击　通常所说的触电事故指的是电击，它是指电流通过人体内部，使肌肉非自主地发生痉挛性收缩造成的伤害；严重时会破坏人的心脏、肺部以及神经系统的工作，直至危及生命的伤害。由于人体触及带电的导线、漏电设备的外壳或其他带电体，以及由于雷击或电容放电，都可能导致电击。

② 电伤　指电流的热效应、化学效应、机械效应给人体造成的局部伤害，往往在肌体表面留下伤痕，造成电伤的电流比较大。电伤包括电弧烧伤、电烙印、皮肤金属化、电气机械损伤、电光眼等。

(3) 电流对人体造成伤害的因素　造成触电伤亡的主要因素一般有以下几点。

① 通过人体电流的大小。根据电击事故分析得出：当工频电流为0.5～1mA时，人就有手指、手腕麻或痛的感觉；当电流增至8～10mA时，针刺感增强，发生痉挛而抓紧带电体；当接触电流达到20～30mA时，会使人迅速麻痹不能摆脱带电体，而且血压升高、呼吸困难；电流为50mA时，就会使人呼吸停止，身体开始颤动，数秒钟后就可致命。通过人体电流越大，人体生理反应越强烈，病理状态越严重，致命的时间就越短。

② 通电时间的长短。电流通过人体的时间越长后果越严重。这是因为时间越长，人体的电阻就会越低，电流就会增大。同时人的心脏每扩张、收缩一次，就有0.1s的间隙期。在这个间隙期内，人体对电流作用最敏感。所以触电时间越长与这个间隙重合的次数就越多，从而造成的危险也就越大。

③ 电流通过人体的途径。当电流通过人体的内部重要器官时，后果就严重。例如通过头部，会破坏脑神经，使人残疾；通过脊髓，就破坏中枢神经，使人瘫痪；通过肺部会使人呼吸困难；通过心脏，就会引起心脏颤动或停止跳动而致人死亡。这几种伤害中，以心脏伤害最为严重。根据事故统计得出：通过人体途径最危险的是从手到脚；其次是从手到手；危险最小的是从脚到脚，但可能导致二次事故的发生。

(4) 电流的种类　电流可分为直流电、交流电。交流电可分为工频电和高频电。这些电流对人体都有伤害，但伤害程度不同。人体忍受直流电、高频电的能力比工频电强，所以工频电对人体的危害最大。

(5) 触电者的健康状况 电击的后果与触电者的健康状况有关。根据实际资料统计，认为肌肉发达者、成年人、男性摆脱电流的能力强；电击对患有心脏病、肺病、内分泌失调及精神病等患者最危险。他们的触电残疾率最高；另外，对触电有心理准备的人，触电伤害轻。

2. 防止人身触电伤亡事故措施

(1) 电气运行人员倒闸操作安全措施 电气设备倒闸操作工作，必须认真、严肃、正确使用操作票，在实施操作过程中执行倒闸操作“七把关”规定。

a. 填写操作票。值班负责人接到值长操作命令，复诵无误后，向操作人和监护人交代操作任务，由操作人根据电气接线图，参照典型操作票，逐项填写操作任务。

b. 核对操作票。操作人填好操作票复审无误并签名后交给监护人、值班负责人及值长，监护人、值班负责人及值长进行审核，认为正确后，分别在操作票上签名。网管设备的操作，值长在操作票填写完毕并签名后应向调度员汇报操作票已准备完毕。

c. 发布和接受操作任务。进行实际操作前，由值长向值班负责人发布正式的操作命令。发布命令应正确、清楚地使用正规操作术语和设备双重名称。监护人必须向值长复诵操作任务，并得到值长“对，执行”的命令后执行。

d. 操作前的检查或模拟操作。在进行实际操作前，监护人根据操作票中所列项目发布操作口令，操作人听到口令，仔细对照电气主接线图，检查每步操作的正确性。有模拟盘的，监护人根据操作票中所列项目，按照模拟盘使用有关规定，逐项发布操作口令，操作人听到口令并复诵后更改模拟盘。

(2) 实际操作

a. 监护人和操作人一起前往被操作设备位置。核对设备名称、位置、编号及实际运行状态与操作票一致后，操作人在监护人监护下，做好操作准备。

b. 操作人和监护人面向被操作设备，由监护人按照操作票的顺序逐项高声唱票。操作人应注视设备名称编号，按所诵内容独立地、并用手指点这一步操作应动部件后，高声复诵。监护人确认操作人复诵无误后，发出“对、执行”的操作口令。

c. 监护人在操作人完成操作并确认无误后，在该项操作前打“√”，严禁未操作即打“√”。

d. 对于检查项目，监护人唱票后，操作人应认真检查，确认无误后复诵，监护人同时也应进行检查，确认无误后并听到操作人复诵，在该项目前打“√”。

(3) 复核 全部操作项目完成后，应全面复查被操作设备的状态、表计信号指示等是否正常、有无漏项等。

(4) 汇报记录 全部操作完毕后，监护人在操作票的终止号“ㄣ”上盖“已执行”章，并汇报操作完毕，在操作票上记录操作终了时间。

(5) 电气人员巡检安全措施 电气人员巡视电气设备时，应穿绝缘鞋，戴安全帽，由2人一起进行。经领导批准允许单人巡视电气设备时，不得进行其他工作，不得移开或越过遮栏。雷雨天巡视电气设备应穿绝缘靴，不得靠近避雷器和避雷针。巡视设备发现高压电气设备断线接地时，室内不得接近故障点4m以内，室外不得接近故障点8m以内。要进入上述范围，必须穿绝缘靴，要接触设备的外壳和架构时，必须戴绝缘手套。

(6) 检修人员在电气设备上工作的安全措施 在电气设备（线路）上工作，应做好四项组织措施和四项技术措施，才能保证不发生人身伤亡事故。

（7）四项组织措施

① 工作票制度　在电气设备（线路）上工作必须填写工作票或按命令执行。

② 工作许可制度　在电气设备（线路）上工作，除办理工作票以外，还必须得到工作许可人的许可，办理必要的工作许可手续后才能工作。

③ 工作监护制度　在电气设备（线路）上工作，必须在监护人的监护下进行，不允许无监护的自行工作。

④ 工作间断、转移和终结制度　一项工作当日没做完，需要间断次日再干叫工作间断；在同一电气连接部分，用同一张工作票，依次在几个工作地点转移工作叫工作转移；一项工作全部完成了叫工作终结。这三种情况需要办理一定手续，这项制度叫做工作间断、转移和终结制度。

（8）四项技术措施　在全部停电或部分停电的电气设备（线路）上工作，在工作开始前，首先必须做好四项技术措施，这四项技术措施如下。

① 停电　工作前，必须做好有关停电的一系列工作。

② 验电　验证是否有电。

③ 装设接地线（合接地刀闸）　为了防止突然来电伤害现场工作人员和将设备断开部分的残余电荷放尽所做的工作。

④ 悬挂标示牌和装设遮栏　为了警示现场工作人员和其他人员，在工作地点和相关位置，悬挂“禁止合闸，有人工作”、“止步，高压危险!”等一些标示牌和装设一些临时遮栏。

3. 高压试验工作时的安全措施

（1）高压试验工作，必须慎用第一种工作票，执行工作许可制、工作监护制、工作间断、转移和终结制，并办理有关手续。高压试验工作不得少于2人。试验负责人应由有经验的人员担任，负责人在工作开始前应对全体工作人员详细布置当天试验工作中的安全注意事项。

（2）试验工作现场应装设遮栏或围栏，向外悬挂“止步，高压危险”的标示牌。被试设备两端不在同一地点时，另一端应派人看守。

（3）试验工作开始前，必须认真检查试验结线的正确性，检查表计的倍率、量程、挡位的正确性，检查周围人员的状况，在得到试验负责人的同意后，方可开始工作。工作过程中，应有人监护。

（4）变更接线或试验结束时，首先应断开试验电源，然后放电，并将升压设备的高压部分短路接地。未装地线的大电容被试设备，应先放电后再做试验。做高压直流试验时，每告一段落或试验结束时，都要将设备对地放电数次并短路接地。

（5）试验装置的金属外壳应可靠接地。

二、静电的危害及预防

任何物体内部都是带有电荷的，一般状态下，其正、负电荷数量是相等的，对外不显出带电现象，但当两种不同物体接触或摩擦时，一种物体带负电荷的电子就会越过界面，进入另一种物体内，静电就产生了。而且因它们所带电荷发生积聚时产生了很高静电压，当带有不同电荷的两个物体分离或接触时出现电火花，这就是静电放电的现象。产生静电的原因主要有摩擦、压电效应、感应起电、吸附带电等。

在化工（危险化学品）生产中，静电具有很大的作用，如静电喷漆、静电除尘等，同时由于静电的存在，也往往会产生一些危害，如静电放电造成的火灾事故等。随着石化工业的飞速发展，易产生静电的材料的用途越来越广泛，其火灾危险性也随之加大。

1. 火灾危险性

(1) 当物体产生的静电荷越积越多，形成很高的电位时，与其他不带电的物体接触时，就会形成很高的电位差，并发生放电现象。当电压达到 300V 以上，所产生的静电火花，即可引燃周围的可燃气体、粉尘。此外，静电对工业生产也有一定危害，还会对人体造成伤害。

(2) 固体物质在搬运或生产工序中会受到大面积摩擦和挤压，如传动装置中皮带与皮带轮之间的摩擦；固定物质在压力下接触聚合或分离；固体物质在挤出、过滤时与管道、过滤器发生摩擦；固体物质在粉碎、研磨和搅拌过程及其他类似工艺过程中，均可产生静电。而且随着转速加快，所受压力的增大，以及摩擦、挤压时的接触面过大、空气干燥且设备无良好接地等原因，致使静电荷聚集放电，出现火灾危险性。

(3) 一般可燃液体都有较大的电阻，在灌装、输送、运输或生产过程中，由于相互碰撞、喷溅与管壁摩擦或受到冲击时，都能产生静电。特别是当液体内没有导电颗粒、输送管道内表面粗糙、液体流速过快等，都会产生很强摩擦，所产生的静电荷在没良好导除静电装置时，便积聚电压而发生放电现象，极易引发火灾。

(4) 粉尘在研磨、搅拌、筛分等工序中高速运动，使粉尘与粉尘之间，粉尘与管道壁、容器壁或其他器具、物体间产生碰撞和摩擦而产生大量的静电，轻则妨碍生产，重则引起爆炸。

(5) 压缩气体和液化气体，因其中含有液体或固体杂质，从管道口或破损处高速喷出时，都会在强烈摩擦下产生大量的静电，导致燃烧或爆炸事故。

2. 预防措施

(1) 为管道、储罐、过滤器、机械设备、加油站等会产生静电的设备设置良好的接地装置，以保证所产生的静电能迅速导入地下。装设接地装置时应注意，接地装置与冒出液体蒸气的地点要保持一定距离，接地电阻不应大于 10Ω，敷设在地下的部分不宜涂刷防腐油漆。土壤有强烈腐蚀性的地区，应采用铜或镀锌的接地体。

(2) 为防止设备与设备之间、设备与管道之间、管道与容器之间产生电位差，在其连接处，特别是在静电放电可引起燃烧的部位，用金属导体连接在一起，以消除电位差，达到安全的目的。对非导体管道，应在其连接处的内部或外部的表面缠绕金属寻线，以消除部件之间的电位差。

(3) 在不导电或低导电性能的物质中，掺入导电性能较好的填料和防静电剂，或在物质表层涂抹防静电剂等方法增加其导电性，降低其电阻，从而消除生产过程中产生静电的火灾危险性。

(4) 减少摩擦的部位和强度也是减少和抑制静电产生的有效方法。如在传动装置中，采用三角皮带或直接用轴传动，以减少或避免因平面皮带摩擦面积和强度过大产生过多静电。限制和降低易燃液体、可燃气体在管道中的流速，也可减少和预防静电的产生。

(5) 检查盛装高压水蒸气和可燃气体容器的密封性，以防其喷射、漏泄引起爆炸，倾倒或灌注易燃液体时，应用导管沿容器壁伸至底部输出或注入，并需在静置一段时间后才可进行采样、测量、过滤、搅拌等处理。同时，要注意轻取轻放，不得使用未接地的金属器具操作。严禁用易燃液体作清洗剂。

（6）在有易燃易爆危险的生产场所，应严防设备、容器和管道漏油、漏气。勤打扫卫生清除粉尘，加强通风等措施，以降低可燃蒸汽、气体、粉尘的浓度。不得携带易燃易爆危险品进入易产生静电的场所。

（7）可采用旋转式风扇喷雾器向空气中喷射水雾等方法，增大空气相对湿度，增强空气导电性能，防止和减少静电的产生与积聚。在有易燃易爆蒸气存在的场所，喷射水雾应由房外向内喷射。

（8）在易燃易爆危险性较高的场所工作的人员，应先以触摸接地金属器件等方法导除人体所带静电，方可进入。同时还要避免穿化纤衣物和导电性能低的胶底鞋。以预防人体产生的静电在易燃易爆场所引发火灾及当人体接近另一高压电体时造成电击伤害。

（9）可在产生静电较多的场所安装放电针（静电荷消除器），使放电范围的空气游离，空气成为导体，中和静电荷而无法积聚。但在使用这种装置时应注意采取一定的安全措施，因它的电压较高，防止伤人。

（10）预防和消除静电危害的方法还有金属屏蔽法（将带电体用间接的金属导体加以屏蔽可防止静电荷向人体放电造成击伤）；惰性气体保护法（向输送或储存易燃、易爆液体、气体及粉尘的管道、储罐中充入二氧化碳或氮气等惰性气体以防止静电火花引起爆燃等）。

3. 静电感应措施

感应电是电场效应的产物。特别是并行线路和同杆架设的平行线路更为严重。电压越高，平行段越长，间距越小，则感应电压越高。

因此，工作人员对感应电触电问题应该有所认识，工作前要认真做好防范措施，确保工作人员不受伤害。应做好以下措施。

（1）工作人员应戴安全帽、穿绝缘鞋、戴绝缘手套。工作人员在330～500kV电压等级线路上和变电站架构上工作时，应穿静电感应防护服。

（2）接好、接牢、接实地线是防止感应触电至关重要的措施。地线的接地端要接牢、接实，不能虚接。接地端若无可靠接地极，应采用临时接地棒，接地棒的地下埋深应大于0.6m。接地线的上端和导线要挂好，不能有虚接。高处挂地线时，应系好安全带。工作地点周围凡有可能来电或有可能感应电的地方都要挂地线，使工作人员处在地线保护之中。在10kV及以下电压等级线路上工作，工作人员要带小型保安地线，接触导线前应先挂好小地线。

（3）在高压强电场设备区工作时，用绝缘绳索传递金属工器具或其他金属大件时，工作人员应将金属物品先接地再接触，以防感应触电。

（4）在高压强电场设备区的吊车，应可靠接地。

（5）运行操作及检修工作中的注意事项

① 操作中做到“一寻、二核、三思考”一寻：就是要求找对位置，不走错间隔。二核：要求人员对操作的设备进行“三核对”，核对设备位置，核对设备双重编号，核对设备的状态。三思考：操作前想一想，操作中出现问题想一想，弄明白了再操作，切忌带着疑问和问题操作。

② 操作中坚决杜绝以下做法：

a. 操作人员怀疑防误装置卡涩失灵就私自拆除或强行拆除闭锁。

b. 在操作中出现问题没弄清楚就继续操作或粗暴操作，强合强拉开关。

c. 继电保护保安措施做不到位，压板投退不完全。

d. 在操作中误动误碰保护或开关。擅自更改操作票。设备状态操作，不按调令逐个写票。

三、雷电的危害及预防

1. 雷电放电及其特点

随着空中云层电荷的积累，其周围空气中的电场强度不断加强。当空气中的电场强度达到一定程度时，在两块带电异性电荷的雷云之间或雷云与地之间的空气绝缘就会被击穿而剧烈放电，出现耀眼的电光，同时，最大的放电电流所产生的高温，使周围的空气或其他介质发生猛烈膨胀，发出震耳欲聋的响声，这就是我们通常说的雷电。

雷电放电在本质上与一般电容器放电现象相同，是两个带异性电荷的板极发生电荷的中和，所不同的是作为雷电放电的两个板极大多是两块并不是良导体的雷云，或一块雷云对大地；同时，板极间的距离要比电容器板极间的距离大得多，通常可达几公里至几十公里。因此，雷电放电可以说是一种特殊的电容器放电现象。

雷电放电大多数发生在带异性电荷的高空雷云之间，也有少数发生在雷云与大地之间。雷云与地面间的空气绝缘被击穿而发生雷云对地的放电现象，这就是所谓的落地雷。雷电对电气设备和人身的危害，主要来源于落地雷。

落地雷具有很大的破坏性。当雷击地面电气设备时，雷电流通过电气设备泄入地中，高达几十甚至数百千安的雷电流通过设备时，必然在其电阻（设备的自身电阻和接地电阻）上产生降压，其值可高达数百万甚至数千万伏，这一压降称为“直击雷过电压”。若雷电并没有直击 设备，而是发生在设备附近的两块雷云之间或雷云对地面的其他物体之间，由于电磁和静电感应的作用，也会在设备上产生很高的电压，这称之为感应雷过电压。

2. 雷电的危害

雷电对设备和建筑物放电时，即使时间非常短暂，强大的雷电流也能在电流通道上产生大量的热量，使温度上升到数千度，在电气设备上产生过电压，对电气设备和建筑物造成巨大的破坏，对人身构成巨大的威胁。它的危害来源于以下几个方面。

（1）雷电产生的过电压　雷击电力系统电气设备和输电线路时，产生的直击雷过电压幅值高、陡度大，足以使其绝缘破坏，造成事故；感应过电压虽然其幅值有限，但也对设备和人身安全构成严重的威胁。所以，对直击雷、感应雷都必须采取相应的防护措施。

（2）雷击的高温效应　雷电流流过电气设备、厂房及其他建筑物时，尽管持续时间短，但功率大，其热效应足以使可燃物迅速燃烧起火；当雷击易燃易爆物体，或雷击电波入侵有易燃易爆物体的场所时，雷电放电产生的弧光与易燃易爆物接触，引起火灾和爆炸事故。

（3）雷电的机械效应　雷击建筑物时，雷电流流过物体内部，使物体及附近温度急剧上升，由于高温效应，物体中的气体和物体本身剧烈膨胀，其中的水分和其组成物质迅速分解为气体，产生极大的机械力，加上静电排斥力的作用，将使建筑物造成严重劈裂，甚至爆炸变成碎屑。雷击树木劈裂、雷击无避雷针的烟囱使其倒塌就是很好的例证。

（4）雷电放电的静电感应和电磁感应　雷云的先导放电阶段，虽然其放电时间较长，放电电流也较小，也并没有击中建筑物和设备，但先导通道中布满了与雷云同极性的电荷，在其附近的建筑物和设备上感应出异性的束缚电荷，使建筑物和设备上的电位上升。这种现象叫雷电放电的静电感应。由静电感应产生的设备和建筑物的对地电压可以击穿数十厘米的空气间隙，这对一些存放易燃易爆物质的场所来说是危险的。另外，由于静电感应，附近的金属物之间也会产生火花放电，引起燃烧爆炸。

当输电线路或电气设备附近落雷时，虽然没有造成直击，但雷电放电时，由于其周围电磁场的剧烈变化，在设备或导线上会产生感应过电压，其值最大可达 500kV。这对于电压等级较低、绝缘水平不高的设备或输电线路是非常危险的。在引入室内的电力线路或配电线路上产生过电压，不仅会损坏设备，而且会造成人身伤亡事故。

（5）雷电对人身的伤害　人体若直接遭受雷击，其后果是不言而喻的。多数雷电伤人事故，是由于雷击后的过电压造成的。过电压对人体伤害的形式，可分为冲击接触过电压、冲击跨步过电压及设备过电压对人体的电击三种。

雷击物体时，强大的雷电流沿着其接地体流入大地。雷击冲击电流向大地四周发散所形成的散流使接地点周围形成伞形分布的电位场，人在其中行走时两脚之间出现一定的电位差，即冲击跨步电压。雷电流通过设备及其接地装置时产生冲击电压，人触及设备时手脚之间的电位差就是冲击接触过电压。反击伤害是指避雷针、架构、建筑物及设备等遭受雷击，雷电流流过时产生很高的冲击过电压，当人与其距离足够近时，对人体产生放电而使人体受到的伤害。为了防止雷电对人身伤害事故的发生，《电业安全工作规程》规定，电气运行人员在巡视设备时，雷雨天气不得接近避雷针及其引下线 5m 之内。

另一个不可忽视的问题是沿线路入侵的大气过电压对人体的反击伤害。这种伤害主要发生在雷电波沿低压配电线入侵室内的时候。资料表明：在雷害较多的江南地区，由于雷击输配电线路造成的雷电波侵入室内，导致的雷害事故占整个雷害事故的 44%。雷电波入侵造成的反击伤害事故往往是严重的。某地区统计的 50 起雷击架空线路事故中，竟有 210 多人死亡。雷击架空线路时的过电压可高达 2000～3000kV。例如，某灯光球场的吊灯距地 4m，雷电波入侵后发生对地放电；某宿舍的配电线路上落雷，宿舍共有 9 处放电，还将灯下 0.4m 处的人击倒。事故调查分析表明，发生这类事故的用户进线大部分是木电杆，且绝缘子的铁脚没有接地。将绝缘子的铁脚接地后，事故率大大降低。

3. 电力系统的防雷保护

电力系统的防雷措施主要是装设防雷装置。一方面，防止雷直击导线、设备及其他建筑，另一方面，当雷击产生过电压时，限制过电压值，保护设备和人身安全。防雷装置主要有避雷针、避雷线、避雷网、避雷带及避雷器等。避雷针、网、带主要用于露天变配电设备保护；避雷线主要用于保护电力线路及配电装置，避雷网、带主要用于建筑物的保护；避雷器主要用于限制雷击产生的过压，保护电气设备的绝缘。

（1）避雷针　为了防止建筑物、构筑物和露天的变配电设备遭受直击雷的袭击，装设避雷针是最有效的方法。避雷针的保护原理就其本质而言，并非“避雷”，而是“引雷”。当雷云接近地面时，雷云放电朝着电场强度大的方向发展。避雷针利用在空中高于其被保护对象的有利地位，把雷电引向自身，将雷电流引入大地，而达到使被保护物“避雷”的目的。

避雷针由三部分组成：雷电接受器、接地引下线、接地体。

① 雷电接受器　也叫接闪器，是指避雷针耸立天空的“针”的部分，装在整套装置的最上面，用以引雷放电。接闪器一般由镀锌或镀铬的圆钢或钢管制成，长 1～2m，圆钢的直径不小于 16mm，钢管的直径不小于 25mm，壁厚不小于 2.75mm。

② 接地引下线　是避雷针的中间部分，其作用是将雷电流引到地下。引下线的截面积不但应根据雷电流通过时的短时发热稳定条件计算，而且还要考虑其机械强度。一般引下线

可采用载流量较大，且融化温度较高的多股钢绞线，也可采用价格便宜，截面积不小于 $48mm^2$ 的扁钢。若采用钢筋混凝土铁构架时，也可采用钢筋或钢铁构架作引下线。引下线入地前 2m 的一段应加以保护，以防腐蚀和机械损伤。

为了减小阻抗，接地引下线应选择最短的路径敷设，敷设时应避免转角或尖锐的弯曲，要使引下线到接地体之间形成一条平坦的通道。若中间必须弯曲时，应减小弯曲半径。否则，将使引下线阻抗增大，雷电流流过时，产生大的压降，造成反击事故。

③ 接地装置　即接地体，是避雷针的最底部分。接地体的作用不仅是将雷电流安全地导入地中，而且还要进一步将雷电流均匀地散开，不至于在接地体上产生过高的电压降。因此，避雷针的接地装置所用材料的最小尺寸应稍大于其他接地装置所用材料的最小尺寸，以得到较小的接地电阻。避雷针的接地采用人工接地体。一般用直径为 40 ～50mm 的钢管，40mm×40mm×4mm 或 50mm×50mm×5mm 的角钢、圆钢、扁钢等制成。接地体可垂直埋设或水平埋设，垂直埋设的接地装置一般以两根以上 2.5m 左右长度的角钢或钢管打入地下，并在上端用扁钢或圆钢将它们连在一起，接地体可以成排放置，也可以环形布置。水平埋设的接地装置一般在多岩地区使用，可呈放射形，也可以成排或环形布置。

在一定高度的避雷针下面，有一个安全区，在这个区域中物体基本能保证不受雷击，这个安全区即避雷针的保护范围。避雷针与被保护设备及其接地装置的距离不能太近，以防避雷针落雷时对设备造成反击。

(2) 避雷线　避雷线由架空地线、接地引下线和接地体组成。架空地线是悬挂在空中的接地导体，其作用和避雷针一样，对被保护物起屏蔽作用，将雷电流引向自身，通过引下线安全地泄入地下。因此，装设避雷线也是防止直击雷的主要措施之一。

避雷线的保护范围是带状的，对建筑物有伸长部分的被保护物最为合适。同时，由于避雷线对输电线路有屏蔽、耦合作用，对雷电流有分流作用，可以有效降低输电线杆塔遭受雷击时的过电压的幅值和陡度，限制沿输电线入侵到发电厂、变电所的雷电波，故它主要用于输电线路的防雷保护。当建筑物、配电装置面积较大，用避雷针保护不经济时，也可用避雷线拉成网状，组成避雷带、避雷网保护。

避雷线保护输电线路时，避雷线对外侧导线的保护作用通常用保护角来表示，保护角愈小，其可靠程度愈高；保护角愈大，雷电绕过避雷线直击于输电线路即绕击的可能性就愈大。对于雷电活动频繁、电压等级较高的输电线路可以用双避雷线保护。经验证明，保护角在 20°～25°以下时，绕击的概率能够下降到很低的程度。

(3) 避雷器　是电力系统广泛使用的防雷设备，它的作用是限制过电压幅值，保护电气设备的绝缘。避雷器与被保护设备并联，当系统中出现过电压时，避雷器在过电压作用下，间隙击穿，将雷电流通过避雷器、接地装置引入大地，降低了入侵波的幅值和陡度。过电压之后，避雷器迅速截断在工频电压作用下的电弧电流及工频续流，而恢复正常。

电力系统所使用的避雷器主要有管型避雷器、阀型避雷器、氧化锌避雷器三种。

① 管型避雷器　管型避雷器由产气管、产气管内部间隙和外部间隙三部分组成。产气管内的产气材料与电弧接触时，能产生气体。过电压时，管型避雷器的内、外部间隙相继击穿，雷电流通过间隙、接地装置流入大地，将过电压降到一定的数值，达到保护设备绝缘的目的。当过电压过去之后，通过放电间隙的是工频接地断路电流，其数值相当大，在管子内部间隙之间产生强烈的电弧，管子材料汽化，压力升高，气体从管口喷出，纵吹灭弧，电弧熄灭，使管型避雷器接地部分与系统断开，恢复正常运行。见图 3-3 所示。

② 阀型避雷器　阀型避雷器的基本元件是火花间隙（或称放电间隙）和非线性的电阻片（俗称阀片，由 SiC 为主要原料烧结而成）。它们串联叠装在密封的磁套管内，上部接电力系统，下部接接地装置。

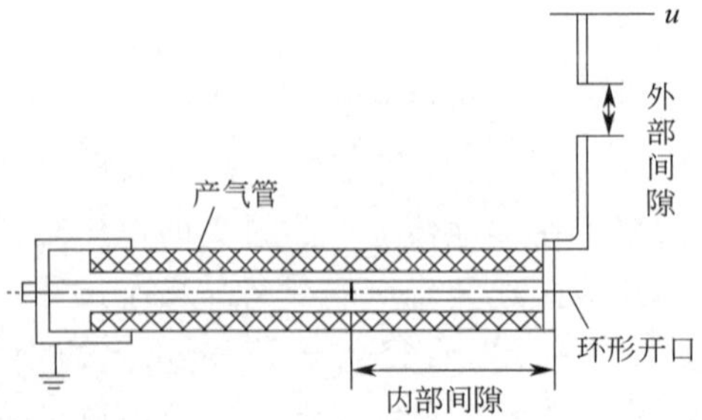

图 3-3　管型避雷器的原理结构

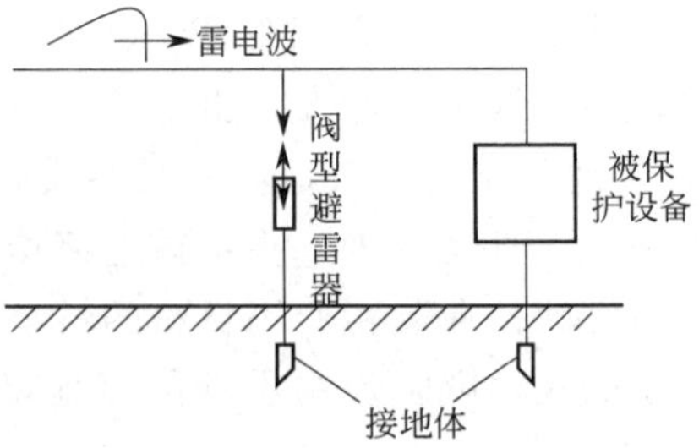

图 3-4　阀型避雷器的保护原理

阀型避雷器的保护原理如图 3-4 所示。当电力系统中出现危险的过电压时，火花间隙很快被击穿，大的冲击电流通过阀片流入大地。由于阀片电阻的非线性特性，通过大的冲击电流时，阀片的电阻变小，在阀片上产生的冲击压降较低，与被保护设备的绝缘水平相比，尚留有一定的裕度，使被保护物不致被过电压所损坏。过电压过去以后，避雷器处于电网额定电压下工作，冲击电流变成工频续流，其值较雷电冲击电流小得多，阀片电阻升高，进一步限制工频续流，在电流过流时熄弧，系统恢复正常状态。阀型避雷器主要分为普通阀型避雷器和磁吹阀型避雷器。阀型避雷器具有较好的保护特性，故作为发电厂、变电所的发电机、变压器等电气设备的主要防雷设备。

阀型避雷器在泄放雷电流时，由于阀片还有一定的电阻，在其两端仍会产生较高的电压，在这个高电压下会发生绝缘的击穿，对附近的工作人员产生伤害，且对于存在缺陷的避雷器，在雷雨天气还有爆炸的可能性，故工作人员应注意对避雷器危害性的防护。

③ 氧化锌避雷器　是一种新型避雷器。这种避雷器的阀片以氧化锌（ZnO）为主要原料，附加少量能产生非线性特性的金属氧化物，经高温焙烧而成。氧化锌阀片具有理想的非线性特性，当作用在阀片上的电压超过某一值（此值称为动作电压）时，阀片电阻很小，相当于导通状态。导通后的氧化锌阀片上的残压与流过它的电流基本无关，为一定值。而在工作电压下，流经氧化锌阀片的电流很小，仅为 1mA，实际上相当于绝缘，不存在工频续流；同时，这样小的电流不会使氧化锌阀片烧坏。因此，氧化锌避雷器的结构简单，不需要用串联间隙来隔离工作电压。

氧化锌避雷器具有良好的非线性特性、无续流、残压低、无间隙、体积小、重量轻、通流能力较好，可以用于直流系统等特点。因此，氧化锌避雷器具有很大的发展前途，将逐步取代有间隙的普通阀型避雷器。

4. 雷电触电的人身防护

危险化学品生产厂、变电所、输电线路等系统的电气设备及建筑物、构筑物等，都应安装尽可能完善的防雷保护，使雷电对电气设备及工作人员的威胁大大减小。考虑危化品厂的电力系统的运行特点、工作人员及人们正常生活的规律性，根据雷电触电事故分析的经验教训，必须注意雷电触电的防护问题，以保证人身安全。

雷暴时，变电所的工作人员应尽量避免接近容易遭到雷击的户外配电装置。在进行巡回检查时，应按规定的路线进行，在巡视高压室外配电装置时，应穿绝缘鞋，并不得靠近避雷针和避雷器。

雷电时，禁止在室外和室内的架空引入线上进行检修和试验工作，若正在做此类工作，应立即停止，并撤离现场。

① 雷电时，应禁止室外高处检修、试验工作，禁止户外高处带电作业及等电位工作。

② 对输配电线路的运行和维护人员，雷电时，严禁进行倒闸操作和更换保险的工作。

③ 雷暴时，非工作人员应尽量减少外出。如果外出工作遇到雷暴时，应停止高压线路上的工作，并就近进入下列场所暂避。

a. 有防雷设施的或有宽大金属架或宽大的建筑物等。

b. 有金属顶盖和金属车身的汽车、封闭的金属容器等。

c. 依靠建筑物屏蔽的街道，或有高大树木屏蔽的公路，但最好要离开墙壁和树干 8m 以外。

进入上述场所后，切不要紧靠墙壁、车身或树干。

④ 雷暴时，应尽量不到或离开下列场所和设施。

a. 小丘、小山、沿河小道。

b. 河、湖、海滨和游泳池。

c. 孤立突出的树木、旗杆、高塔、烟囱和铁丝网等处。

d. 输电线路铁塔、装有避雷针和避雷线的木杆等。

e. 没有保护装置的车棚、牲畜棚和帐篷等小建筑物和没有接地装置的金属顶凉亭。

f. 帆布篷的吉普车，非金属顶或敞篷的汽车和马车。

⑤ 在旷野中遇到雷暴时，应注意以下几点。

a. 铁钳、长工具、步枪等不要仰上扛在肩上，应要用手提着。

b. 不要将有金属支柱的伞撑开打着，要提着。

c. 人多时不要挤在一起，要尽量分散隐蔽。

d. 遇球雷（滚动的火球）时切忌不要跑动，以免球雷顺着气流追赶。

⑥ 雷暴时，室内人员要注意以下几点。

a. 应尽量远离六线：电灯线、电话线、有线广播线、收音机一类的电源线、电视天线和电视机天线等。

b. 不工作时，少打电话，不要套耳机看电视。

c. 在无保护装置的房屋内，尽量远离梁柱，金属管道、窗户和带烟囱的炉灶。

d. 要关闭门窗，防止球雷随穿堂风而入。

四、电气火灾及预防

1. 电气火灾形成的主要原因

（1）相间短路

① 安装、接线疏忽引起相间短路。断路器进线接线端子的连接螺钉未达到国家标准规定值、连接松弛（特别是有振动的场所），使接触电阻增大，时间过长便爆出火花，进而引起相间短路。因为电流短路发生在断路器前面，不流过断路器，故断路器无法保护；而有些短路电流值又未达到上一级保护断路器的动作整定值，上一级断路器不动作（如仅为上一级断路器额定电流的 7 倍，属于延时范围，动作时间为 7s 左右），即在上一级断路器跳闸之前

导线已被烧毁，导致电气火灾。

② 裸电线安装太低，金属物不慎碰在电线上；线路上有金属物件或小动物跌落，发生电线之间的跨接。

③ 安装断路器的场所严重潮湿，断路器虽未合闸，但其上的刀开关因疏忽被合上，则在断路器电源端的相间（如连接为裸铜排）因布满水汽，引起相间击穿而短路，致使配电箱被烧，楼房建筑物起火。

④ 架空线路电线间距太小、挡距过大、电线松弛，有可能发生两线相碰；架空电线与建筑物、树木距离太近，使电线与建筑物或树木接触；电线机械强度不够，导致电线断落接触大地，或断落在另一根电线上。

⑤ 安装、修理人员接错线路，或带电作业时造成人为碰线，引起相间短路。

（2）电线绝缘层失效　使用绝缘电线、电缆时，没有按具体环境选用，使绝缘受高温、潮湿或腐蚀等影响，失去了绝缘能力；线路年久失修，绝缘层陈旧老化或受损，使线芯裸露；电源过电压使电线绝缘被击穿。

（3）单相接地故障　对于ITT系统，相线碰外壳或金属管道等引起的短路，通常受接地电阻的限制，短路的电流约15.7A，多数熔断器或断路器无法在如此小的电流下熔断或跳闸，就会引起打火或接弧；TN系统的PE线端子和接头发生接触不良，不易察觉，一旦发生磁壳等接地故障，将迸发高阻抗的电火花或拉电弧，限制了短路电流，使保护电器不能及时动作，而电弧、电火花的局部高温将使易燃物起火。

2. 过载（超负荷）

一般导线的最高允许工作温度为65℃，过载时导线的温度超过这个温度值，会使绝缘加速老化，甚至损坏，引起火灾事故。发生过载的主要原因有以下几种。

（1）导线截面积选择不当，实际负载超过了导线的安全载流量。

（2）在线路中接入了过多或功率过大的电气设备，超过了配电线路的负载能力。

（3）由于设计时选择的断路器（熔断器）额定电流比线路的允许持续载流量、配电保护整定值大很多，当发生过载时，断路器在规定的时间内不动作，线路就长期处于过载状态，对绝缘、接线端子和周围物体形成损害。

（4）线路实际载流量超过设计载流量，其断路器频繁跳闸，无法用电。如强行使用（如用铜丝代替熔丝或拆除断路器），就会因过载引起火灾。

（5）三相负载不平衡 对于大量的单相设备，由于三相负载不平衡，引起某相电压升高，严重时将烧毁单相用电设备，导致起火。如以下三种形式。

① 负载阻抗大小相等而功率因数不相等，则某相出现过电压，严重时可达1.27倍额定电压。

② 负载阻抗大小不等而功率因数相等，负载阻抗大的一相电压最高，最大值可达1.73倍额定电压。

③ 如果三相负载阻抗和功率因数都不相等，最大相的负载过电压有可能达2.36倍额定电压。

3. 接触电阻过大

发生接触电阻过大的主要原因有以下几点。

（1）安装质量差，造成导线与导线、导线与电气设备连接点连接不牢。

(2) 导线的连接处沾有杂质，如氧化层、泥土、油污等。

(3) 接点由于长期震动或冷热变化，使接头松动。

(4) 铜铝混接时，由于接头处理不当，在电腐蚀作用下接触电阻会很快增大。线路接通电源之后，电流通过电线、接头和设备就会发热，这是正常现象。接头做得好，接触电阻不大，连接点的发热量就小，可以保持正常温度。如果接头接得不好，接触电阻就会增大，同时产生的热量也就多。在一定电流下，电阻越大，发热量就越多，因此有较大接触电阻的线段就会强烈发热，使温度急剧升高引起导线绝缘层燃烧并引燃附近电线上的粉尘、纤维等物质，造成火灾。如棉纺厂的电动机振动时，就有可能使接头松动，产生接触电阻过大，因局部温度升高引燃棉尘或飞絮发生火灾。

4. 泄漏电流

当用电器或电源插座内部的灰尘增多并遇到雷雨天气或气候潮湿时，因绝缘受损或线路对地电容大，相对产生泄漏电流。如泄漏电流达 300mA（对额定电流为 40A 的线路，泄漏电流是 100mA），故障处的消耗功率约为 20W，时间延续 2h，将使绝缘进一步遭损，而造成相对地短路（若不使用剩余电流动作保护器 RC，而使用熔断器或小型断路器动作），时间略长，引起火花放电，酿成火灾。

5. 电气火灾的预防措施

电气火灾虽然呈逐年上升趋势，但通过采取积极有效的预防措施，完全可以减少电气火灾事故的发生。

(1) 严格按照规范要求设计，提高安装施工质量　设计部门应将电气作为一个设计重点，成立鉴定组认真审核；各地公安消防部门应严格把关，监督到位；加强对工作人员的考核，提高安装、操作者的技术（业务）水平；在成套电器产品出厂和安装完毕送电的时候，严加检查，在运行后定期维护保养；要特别注意三相负载的平衡和 N 线、PE 线截面的正确设计与选用。

(2) 配电盘的布置　配电盘上装有熔断器，在熔断器中以安装有保险丝，当通过保险丝的电流超过允许的安全数值时它就会熔断，因此不能将配电盘布置在堆放有可燃物品的上方，防止炽热的熔珠落后将物品引燃。保险丝的熔断电流通常为额定电流的 1.5～2.0 倍，对家庭中正常用电时各用电器总功率之和不超过 1100W 的选择 5A 的保险丝就可以了，当通过它的电流超过 7A 时就会自动熔断达到保护的目的。

如果选用的保险符合规格但又经常熔断电源线路或用电器具有音量，应及时地查找原因清除隐患，切不可随意更换粗保险丝或干脆用铜、铁丝代替使熔断器起不到保护作用。对单相电度表选择也要参照用电总功率，只要保证用电时通过它的总电流不超过电表自身的额定电流就可以了另外有条件的家庭还可以安装漏电保护器，当家庭中发生人员触电等事故时它可以及时动作并切断电流。

(3) 电线的选择　首先是电线绝缘层经过十几年使用逐渐松散老化会造成轻微漏电，严重时会造成短路起火，因此要更换电线。还有用电负荷对电线的要求，如果家中电线的安全用电量在 2200W（10A），晚上同时使用电灯、电视、空调等用电器用电量达到 2100W，此时再使用一个功率为 500W 的电熨斗电路就超负荷了，如果再使用微波炉就更加危险了。在过负荷情况下使用的电线绝缘层的老化速度会快，如果线芯放出的热量使绝缘层的温度超过 250℃电线就会着火，因此对电线的选择要考虑用电电流，然后加以确定。最后还要根据环境正确的选择导线类型，在干燥的屋子里可以采用一般绝缘导线，而在潮湿的屋子里则要采用有保护层的绝缘导线，如铝皮线、塑料护套线等，对经常移动的电气设备要采用软线等。

（4）合理的布置电线　某户居民刚装修过的住宅不久便发生了火灾，后经调查认定是装修工将电线直接敷设在墙裙里，电线短路引燃了墙裙。对电线采取明敷时要防止绝缘层受损，通过可燃装饰物表面时要穿轻质阻燃套，有吊顶的房间其吊顶内的电线应采用金属管配线。对于需要穿过墙壁的电线为了防止绝缘层破损应将硬塑料管砌于墙内，两端出口伸出墙面约 1cm。

（5）正确安装使用电气设备　电气设备安装常常不被重视，如照明电路中使用与负荷电流不相适应的熔丝、导线及铝排安装连接不合要求，跌落保险的上、下线与装设地点的故障容量不匹配，以及动力、操作电缆距热源太近又没有可靠的隔热措施等原因都可能引发电气火灾。因此，电气设备的正确安装必须遵循安装使用说明书和标准、规范的要求，保证电气设备在预定的环境下工作。

（6）监督单位加大对电气产品质量的管理力度　各级主管部门和工商、技术监督、机械、轻工、等部门，要加强对各类电气产品的质量监督，提高电气产品的安全系数。对违法生产、销售假冒伪劣产品的厂家，要依法严厉打击。使用者在使用前应向有关单位咨询，选用正规厂家生产的合格产品。

（7）大量推广、使用 RC　我国现行的国家电气规范和标准主要着眼于人身触电安全保护和作接地短路保护的辅助措施，而对防止线路受过电流、机械损伤、绝缘陈旧老化等可能引起的火灾目前未作强制的、全面规范性的保护规定。接地故障电流实际上是一种很大的对地泄漏电流，在产生单相接地大电流之前，往往有较小的漏电流先兆，其破坏绝缘，常常引导大的单相接地电流的发生，因此推广、使用 RC 已是刻不容缓的大事。目前，国内使用的 RC 产品主要有以下几个品种。

① 带有过载、短路、漏电保护的 RC（习惯称漏电断路器），不带过载、短路仅有漏电保护的 RC（习惯称漏电开关）以及漏电继电器（漏电时不断开保护器，仅作报警用，它也可与接触器、断路器组装为漏电断路器或漏电开关）。

② 目前国内市场供应的智能型万能式（框架式）断路器如 W45 系列、HSW1 型、CW1 型和 W16、W40 等万能式断路器，都有单相接地故障电流保护的功能。

③ 国外的产品（如 ABB 公司的 SACE），在其 S 系列塑壳式断路器上派生出漏电保护器。

（8）应用红外线测温、超声波控测等技术对电气火灾隐患进行诊断　通常，人们用肉眼无法看到建筑内电气存在的火灾隐患，而通过红外线测温、超声波控测等技术定期进行电气消防安全检测，能够及时发现电气火灾隐患。公安消防部门应将电气检测作为建筑工程消防验收的前置条件，并积极督促各单位进行电气检测。消防安全重点单位和公众聚集场所应定期进行电气消防安全检测，对发现的电气火灾隐患及时予以整改。

（9）采用电气火灾早期报警产品　目前，电气火灾隐患的早期报警技术属于新兴学科，但已经引起了国内科研、生产部门的高度重视。防火漏电监控设备在漏电监控方面属于先期预报警系统。与传统火灾自动报警系统不同的是电气火灾早期报警是为了避免损失，而传统火灾自动报警系统是为了减少损失，所以已经安装了火灾自动报警系统的单位，仍需要安装防火漏电报警系统。据报道，日本的人均用电量是中国的 8 倍多，日本从 1989 年开始强制性要求各用户安装防火漏电报警装置，从此，每年电气火灾发生的数量以13%的比例在下降。可见安装防火漏电报警装置以后，可以有效消除电气火灾隐患，减少电气火灾的发生。

（10）加强用电安全宣传，提高用电安全意识 要向各单位和广大员工广泛宣传安全用电常识，普及安全用电常识，提高其安全用电意识，扭转只用不管的用电状况。对电气防火设计、施工、安装人员进行必要的消防安全培训，学习电气防火常识及有关规定、标准，做到持证上岗，责任到人，严禁违章操作，提高电气防火设计、安装施工队伍的整体技术水平。在新建、改建、扩建过程中，要严格执行设计规范，把好设计、施工质量关，对不符合质量安全要求的，坚决改正或予以更换，以减少电气火灾发生的可能。

电气火灾虽然随着经济和社会的发展呈逐年上升趋势，但这并不是一个普遍的、不可改变的规律。日本是世界上工业发达国家之一，电力工业也十分发达，但日本的电气火灾仅占火灾总数的5%，这主要是因为日本采取了一系列预防电气火灾事故的强有力的措施。可见，做好电气火灾事故的预防工作所收到的经济效益和社会效益是巨大的。为预防电气火灾事故的发生，必须进行全面的综合管理，采取有针对性的技术措施，才能收到较好的效果。

第三节 化学反应过程安全技术

一、光气及光气化工艺

1. 工艺简介

光气及光气化工艺包含光气的制备工艺，以及以光气为原料制备光气化产品的工艺路线，光气化工艺主要分为气相和液相两种。

2. 典型工艺

① 一氧化碳与氯气的反应得到光气。

② 光气合成双光气、三光气。

③ 采用光气作单体合成聚碳酸酯。

④ 甲苯二异氰酸酯（TDI）的制备。

⑤ 4,4′-二苯基甲烷二异氰酸酯（MDI）的制备等。

3. 危险性分析

① 光气为剧毒气体，在储运、使用过程中发生泄漏后，易造成大面积污染、中毒事故。

② 反应介质具有燃爆危险性。

③ 副产物氯化氢具有腐蚀性，易造成设备和管线泄漏使人员发生中毒事故。

4. 工艺参数控制

① 一氧化碳、氯气含水量。

② 反应釜温度、压力。

③ 反应物质的配料比。

④ 光气进料速度。

⑤ 冷却系统中冷却介质的温度、压力、流量等。

5. 安全控制的基本要求

① 一氧化碳、氯气含水量。

② 反应釜温度、压力。

③ 反应物质的配料比。

④ 光气进料速度；冷却系统中冷却介质的温度、压力、流量等。

⑤ 事故紧急切断阀。

⑥ 紧急冷却系统。

⑦ 反应釜温度、压力报警连锁。

⑧ 局部排风设施。

⑨ 有毒气体回收及处理系统。

⑩ 自动泄压装置。

⑪ 自动氨或碱液喷淋装置。

⑫ 光气、氯气、一氧化碳监测及超限报警。

⑬ 双电源供电。

6. 宜采用的控制方式

光气及光气化生产系统一旦出现异常现象或发生光气及其剧毒产品泄漏事故时，应通过自控连锁装置启动紧急停车并自动切断所有进出生产装置的物料，将反应装置迅速冷却降温，同时将发生事故设备内的剧毒物料导入事故槽内，开启氨水、稀碱液喷淋，启动通风排毒系统，将事故部位的有毒气体排至处理系统。

二、电解工艺(氯碱)

1. 工艺简介

电解是电流通过电解溶液或熔融电解质时，在两个电极上所引起的化学反应。

2. 典型工艺

(1) 氯碱工业

① 反应原理：

阳极反应：$2Cl^- - 2e^- \longrightarrow Cl_2\uparrow$(氧化反应)

H^+比Na^+容易得到电子，因而H^+不断从阴极获得电子被还原为氢原子，并结合成氢气从阴极放出。

阴极反应：$2H^+ + 2e^- \longrightarrow H_2\uparrow$(还原反应)

在上述反应中，H^+是由水的电离生成的，由于H^+在阴极上不断得到电子而生成H_2放出，破坏了附近的水的电离平衡，水分子继续电离出H^+和OH^-，H^+又不断得到电子变成H_2，结果在阴极区溶液里OH^-的浓度相对地增大，使酚酞试液变红。因此，电解饱和食盐水的总反应可以表示为：

② 总反应：

$$2NaCl + 2H_2O \longrightarrow 2NaOH + Cl_2\uparrow + H_2\uparrow$$

工业上利用这一反应原理，制取烧碱、氯气和氢气。

在上面的电解饱和食盐水的实验中，电解产物之间能够发生化学反应，如NaOH溶液和Cl_2能反应生成NaClO、H_2和Cl_2混合遇火能发生爆炸。在工业生产中，要避免这几种产物混合，常使反应在特殊的电解槽中进行。生产原理及工艺由电解氯化钠溶液制取烧碱、氯气和氢气的工业生产，是重要的基础化学工业之一。我国的氯碱工业主要采用两种生产工艺。

③ 以氯碱工业为基础的化工生产 NaOH、Cl_2和H_2都是重要的化工生产原料，可以进一步加工成多种化工产品，广泛用于各工业。所以氯碱工业及相关产品几乎涉及国民经济及人民生活的各个领域。

由电解槽流出的阴极液中含有30%的NaOH，称为液碱，液碱经蒸发、结晶可以得到固碱。阴极区的另一产物湿氢气经冷却、洗涤、压缩后被送往氢气储柜。阳极区产物湿氯气经冷却、干燥、净化、压缩后可得到液氯。

$$2NaOH+Cl_2 \longrightarrow NaCl+NaClO+H_2O$$
$$H_2O+Cl_2 \longrightarrow HCl+HClO$$
$$H_2+Cl_2 \longrightarrow 2HCl$$
$$2NaOH+CO_2 \longrightarrow Na_2CO_3\text{(苏打)}+H_2O$$
$$NaOH+CO_2 \longrightarrow NaHCO_3\text{(小苏打)}$$

随着人们环境保护意识的增强，对以氯碱工业为基础的化工生产过程中所造成的污染及其产品对环境造成的影响越来越重视。例如，现已查明某些有机氯溶剂有致癌作用，氟氯烃会破坏臭氧层等，因此已停止生产某些有机氯产品的措施。

（2）电解铝 电解铝就是通过电解得到的铝。现代电解铝工业生产采用冰晶石-氧化铝融盐电解法。熔融冰晶石是溶剂，氧化铝作为溶质，以碳素体作为阳极，铝液作为阴极，通入强大的直流电后，在950～970℃下，在电解槽内的两极上进行电化学反应，即电解。

氧化铝作为溶质，以碳素体作为阳电解铝极，铝液作为阴极，通入强大的直流电后，在950～970℃下，在电解槽内的两极上进行电化学反应，即电解。

铝电解生产可分为侧插阳极棒自焙槽、上插阳极棒自焙槽和预焙阳极槽三大类。

自焙槽生产电解铝技术有装备简单、建设周期短、投资少的特点，但却有烟气无法处理，污染环境严重，机械化困难，劳动强度大，不易大型化，单槽产量低等一些不易克服的缺点，当前已基本上被淘汰。

当前世界上大部分国家及生产企业都在使用大型预焙槽，槽的电流强度很大，不仅自动化程度高，能耗低，单槽产量高，而且满足了环保法规的要求。

我国已完成了180kA、280kA和320kA的现代化预焙槽的工业试验和产业化。以节能增产和环保达标为中心的技术改进与改造，促进自焙槽生产技术向预焙槽转化，获得了巨大成功。

根据电解铝的生产工艺流程，电解铝的生产成本大致由下面几部分构成。

① 原材料：氧化铝、冰晶石、氟化铝、添加剂（氟化钙、氟化镁等）、阳极材料。

② 能源成本：电力（直流电和交流电）、燃料油。

③ 人力成本：工资及其他管理费用。

④ 其他费用：设备损耗及折旧、财务费用、运输费用、税收等。

（3）丙烯腈电解二聚生产己二腈 己二腈（ADN）主要用于生产己二胺（尼龙66的原料）、己内酰胺等化工原料。在电子工业、轻工工业以及其他有机合成工业中也有广泛的应用，也可用于制取火箭的燃料、也可用于电镀工业、洗涤添加剂和杀虫剂。丙烯腈（AN）电解二聚法是生产己二腈的主要方法之一。反应式如下。

$$2H_2C=CHCN+2e^-+2H^+\longrightarrow NC(CH_2)_4CN$$

（4）硝基苯制苯胺　苯胺是染料工业中重要的中间体，可用于制造酸性墨水G、酸性媒介BS，是橡胶助剂的重要原料，用于制造防老剂甲、防老剂丁、防老剂RD及防老剂4010等。也可作为医药磺胺药的原料，同时，也是生产香料、塑料、清漆、胶片等的中间体；并可作为炸药中的稳定剂。其反应方程式如下。

$$C_6H_5NO_2+Fe+H_2O\longrightarrow C_6H_5NH_2+Fe_3O_4$$

3. 危险性分析

（1）火灾危险性分析

① 物质的性质氯碱企业可根据生产过程，把物质划分为原料、中间产品、产品三个阶段，列出各阶段具备易燃、易爆性的物质，找到原则解决方案。

a. 原料氯碱生产原料主要涉及原盐，水，电石等。这些物质中，电石遇水产生乙炔的反应伴随放出大量的反应热，乙炔是可燃性气体，在高温条件下与空气发生剧烈的燃烧反应。所以，电石的存放是原料中最大的火灾隐患，企业应建立严格的存放保管和出入库管理制度。

b. 中间产品氯碱企业的中间产品主要是氯气、氢气和乙炔等。氯气既可与氢气发生燃烧反应又可与之发生爆炸反应；氢气、乙炔均能与氧气发生燃烧反应。综上所述，对氯气系统主要防止因氯中含氢超标潜在的火灾隐患，如严格控制进槽盐水流量和膜压差，可以有效防止和延缓离子膜的损坏，从而避免氯中含氢超标的发生。对氢气及乙炔系统而言，主要是防止因空气漏入带来的潜在危险，保持设备和管道良好的气密性、合理的操作压力以及开车时采用惰性气体置换系统中空气等措施，可以有效避免和减轻空气漏入带来的潜在危险。

② 产品氯碱企业的主要产品为烧碱和PVC树脂。需要指出的是PVC树脂存放时应严禁明火。

③ 生产工艺条件生产工艺条件的影响因素主要包括温度、压力、流量、液位及成分等。

在离子膜电解中，要求膜压差为0.015MPa左右，氢气压力控制约为0.055MPa。这样，既可保护离子膜；又因氢气压力比大气压略高，减轻空气漏入系统的程度，在一定程度上抑制火灾的发生。离子膜电解时，要求进槽盐水小流量且较为稳定。其原因在于：正常生产时，若盐水流量波动较大，会使离子膜受到较大的冲击力，加速损坏隔膜，从而使氢气漏入氯气系统，在电解槽和氯干燥系统埋下爆炸、火灾隐患。在危险化学（化工）企业生产中，生产工艺是核心，要做好防火工作，就必须要培养职工严格执行操作规程，严格控制工艺指标的意识。

（2）工艺危险性分析

① 电解食盐水的过程中，产生的氢气是极易燃的气体，氯气是氧化性很强的剧毒气体，如果两种气体混合在一起极易发生爆炸事故，当氯气中氢的含量达到5%以上，随时可能在光照或受热或撞击或静电的情况下发生爆炸。

② 电解原料或化盐水中有氨或铵存在时，氨或铵在电解过程中的酸性条件（$pH<4.5$）下与氯气或次氯酸发生反应生产三氯化氮，它是一种爆炸性物质，原料中铵盐含量过高或液氯排污不及时，易在液氯汽化系统富集，极易造成三氯化氮爆炸事故。三氯化氮爆炸事故的形成如下。

a. 产生的条件　控制三氯化氮的产生，仅靠传统的控制办法是否全面，是否有其他产生三氯化氮的途径？要弄清这个问题，就必须弄清三氯化氮产生的条件。

在氨、铵盐或有机胺（如尿素）存在的情况下，遇到氯、次氯酸或次氯酸盐时，都能产生含氮的氯化物。但是，反应生成物是氯的铵盐还是三氯化氮，这要看反应时的条件。

在中、低压生产的条件下，反应生成物主要决定于溶液的 pH 值。当 pH＞9 时，反应生成物是一氯铵或二氯铵：

$$NH_3+Cl_2 = NH_2Cl+HCl$$
$$NH_3+2Cl_2 = NHCl_2+2HCl$$

当 pH＜5 时，反应生成物是三氯化氮：

$$NH_3+3Cl_2 = NCl_3+3HCl$$
$$NH_3+3HClO = NCl_3+3H_2O$$
$$NH_3+2Cl_2 \longrightarrow NCl_3+ HCl$$

因此，在氯气和液氯的生产中，控制氨、铵盐或有机胺（如尿素）从各种途径混入系统是非常重要的。

b. 产生的途径　从当前大多数氯碱企业的生产工艺看，系统中混入氨、铵盐或有机按（如尿素）的途径有两个。

一是从原料部分直接混入，这就是按传统方法严格控制入电解槽盐水的总铵量（常是控制原料盐、水等的含氨和铵量），防止在电解等环节的酸性环境下产生三氯化氮。

二是系统外含氨、铵盐或有机胺（如尿素）的物质因设备损坏而进入到系统内，与氯气或液氯反应生成三氯化氮。如含氨的冷冻盐水因氯冷凝器突然穿孔而进入到系统内，也会形成三氯化氮。对于后一种产生三氯化氮的途径，往往被忽视。

据调查，绝大部分企业都用氯制冷的方法生产液氯。用氨在氨蒸发器内蒸发吸热使氯化钙盐水降低温度，再用低温氯化钙溶液通过换热器（氯冷凝器）给氯气供冷，使气氯冷凝为液氯。一些企业发生过氨蒸发器泄漏事故，使一部分氨溶解在氯化钙溶液里（氯化钙溶液里是否含氨，用 pH 试纸一测便知），修好氨蒸发器后，对含氨的冷冻盐水不及时更换。如果氯冷凝器受腐蚀突然穿孔，含氨的冷冻盐水就会进入氯气一侧（通常冷冻盐水一侧的压力高于氯气一侧），则立即发生反应，并生成三氯化氮。这是因为有水和大量氯存在的情况下 pH＜5 的环境很快就形成缘故。

因此，用氨制冷方法生产液氯的企业一方面要加强设备管理，定期检查和检测氨蒸发器、氯冷凝器等设备，防止设备发生泄漏；另一方面要增加对冷冻盐水的分析或测试，经常检查冷冻盐水是否含氨，如果含氯要及时更换，确保氨不能进入到氯系统。

c. 超标时的紧急处理　尽管人们千方百计地控制产生三氯化氮，但由于分析或设备管理等方面的疏忽，还是有可能造成液氯中的三氯化氮超标，因此要制订氯化氮超标时紧急处理的方案，防止因处理不当而引发三氯化氮爆炸事故。紧急处理三氯化氮超标应注意以下几个问题。

一是在储槽或汽化器等设备中三氯化氮超标时，要严格控制采用汽化氯的办法处理。因液氯汽化会使大部分三氯化氮留在液氯中，使氯化氮浓度不断提高，达到爆炸的浓度（含5%就可能发生爆炸）。将液氯直接从容器中压出去处理要相对安全些。现在一些企业采用泵增压包装液氯或倒罐的办法，消除了三氯化氮在设备内浓缩的可能，比汽化氯增压的办法要相对安全些。

二是对三氯化氮严重超标（接近 5%时）的液氯不但禁止用汽化的方法处理，而且处理中要严格控制产生震动或超声波、控制阳光、镁光等强光直接照射，控制与臭氧、氧化氮、油脂等有机物接触。因为这些外界条件可以引起三氯化氮分解爆炸。

三是尽量减少现场紧急处理的人员。处理方案一经确定，现场处理的人员要尽量减少，防止一旦发生意外造成多人伤亡。

(3) 电解液滴的腐蚀性　电解液滴的腐蚀性很强。氢氧化钠、湿氯气、氯水、盐酸、次氯酸钠等均是有较强的腐蚀性的物质，应当加强控制和管理。液氯的生产、储运、输送、运输过程中很有可能发生液氯泄漏，这些都是比较危险的。

4. 电解工艺（氯碱）的安全技术

(1) 槽体　电解槽设计为并联式的箱体结构，阳极用不锈钢材料，阴极为箱体，因考虑到用碱性电解液，所以阴极箱体用耐腐蚀的碳钢材料。阴阳两极间采用市场上普遍使用的石棉隔膜，用来隔开电解过程中的氢气与氧气，方便于提取高纯氢。

(2) 电源　因槽体为并联式，电流的要求为低电压，高电流。基于工艺和安全使用性，将电源设计为变压器耦合输出的开关电源，且电压在一定范围可调，称调宽变压器耦合式开关电源。

(3) 提纯　采用箱体式槽体，整体结构是密封的。氧气在电解过程中及时排入大气，又用石棉隔膜将氢氧隔开，尽量减小氧气与氢气的混合后氢气爆炸的可能性。石棉隔开的氢气，由于内部电解仍在进行，气源不断增加使得内部压力增大，氢气根据设计的管路经过气水分离器，干燥过滤器，进入储存罐。

(4) 压力、防爆、储存　储存罐计划设计为 2.5L 左右的容量（可并接数个储存罐），材质为 1.2mm 不锈钢，压力设计在 0～0.2MPa。槽体抗爆设计为 2mm 以上的碳钢材质。连接管路均采用 PE 管。在储气罐连接管路中，并入二路压力开关，对压力的控制起到双保险，另并入一个高压泄气开关，用来防止气压过高对管路产生爆破。在气水分离后管道使用单向导通阀，防止气体由于停机后压力不平衡，重新进入电解槽中，也可以预防回火。

(5) 流量　目前根据计算，理论上得出的流量预计在 300～500mL/min。$1m^3$ 的氢气需要 35h 左右的时间。

(6) 功率　实际用电要在操作中测试出来，根据设计电路分析，在 200W 左右。

(7) 电解液　为了提高电解时的效率，允许加入适量的电解介质，采用氢氧化钠与水的溶液作为介质。将氢氧化钠按比例加入水中混合，因具有强碱性，所以避免皮肤直接接触。如不小心接触到氢氧化钠或氢氧化钠溶液，只需及时用大量的清水冲洗即可。

(8) 机壳设计　考虑管路在意外情况下出现泄漏及破损，要求箱体设计具有良好通风。由于电路中的电流较大，为防止漏电伤人，因此外壳上设计为绝缘，并且在部件连接间，用绝缘体隔开连接的螺丝螺帽等。壳体表面用油漆进行耐磨、防水、防锈、防腐处理。

(9) 整机设计　整机设计有压力指示表，电流指示表，方便观看气压及电流大小。可根据此标准判断机器的正常性。控制电路有开关、过流保险丝、接地。

(10) 喷枪　静电喷枪是以接地被涂物为正电极，涂料雾化装置为负电极，并将涂料雾化装置带高负电压，在二极间制成静电界，使雾化涂料粒子带负电，使涂料有效地被吸着于相反电极的被物面上的方法谓之静电涂装。因此，有必要用到喷枪，在电解工艺中普遍使用小喷枪。

5. 电解工艺参数控制

① 电解槽内液位。

② 电解槽内电流和电压。

③ 电解槽进出物料流量。

④ 可燃和有毒气体浓度。

⑤ 电解槽的温度和压力；原料中铵含量。

⑥ 氯气杂质含量（水、氢气、氧气、三氯化氮等）等。

6. 安全控制的基本要求

① 电解槽温度、压力、液位、流量报警和联锁。

② 电解供电整流装置与电解槽供电的报警和联锁。

③ 紧急连锁切断装置；事故状态下氯气吸收中和系统。

④ 可燃和有毒气体检测报警装置等。

7. 电解工艺（氯碱）安全联锁系统

（1）安全联锁系统工艺危险特点　电流通过电解质溶液或熔融电解质时，在两个极上所引起的化学变化称为电解反应。涉及电解反应的工艺过程为电解工艺。许多基本化学工业产品（氢、氧、氯、烧碱、过氧化氢等）的制备，都是通过电解来实现的。

（2）工艺危险特点

① 电解氯化钠溶液过程中产生的氢气是极易燃烧的气体，氯气是氧化性很强的剧毒气体，两种气体混合极易发生爆炸。当氯气中含氢量达到 5%以上，则可能在光照或受热情况下发生爆炸。

② 如果氯化钠溶液中存在的铵盐超标，在适宜的条件（pH＜4.5）下，铵盐和氯作用可生成氯化铵，浓氯化铵溶液与氯还可生成黄色油状的三氯化氮。三氯化氮是一种爆炸性物质，与许多有机物接触或加热至 90℃以上以及被撞击、摩擦等，即发生剧烈的分解而爆炸。

③ 电解溶液腐蚀性强。

④ 液氯的生产、储存、包装、输送、运输可能发生液氯的泄漏。

（3）电解工艺（氯碱）安全联锁

① 电解槽温度、压力、液位、流量报警和联锁。

② 电解供电整流装置与电解槽供电的报警和联锁。

③ 紧急联锁切断装置；事故状态下氯气吸收中和系统。

④ 可燃和有毒气体检测报警装置等。

⑤ 电解工艺（氯碱）安全联锁系统宜采用的控制方式。将电解槽内压力、槽电压等形成联锁关系，系统设立联锁停车系统。

三、氯化工艺

1. 工艺简介

氯化是化合物的分子中引入氯原子的反应，包含氯化反应的工艺过程为氯化工艺，主要包括取代氯化、加成氯化、氧氯化等。

2. 典型工艺

以氯原子取代有机化合物中氢原子的过程称之为氯化。主要包括取代氯化、加氢氯化、氧氯化等过程。主要工艺如下：

（1）取代氯化

① 氯取代烷烃的氢原子制备氯代烷烃。

② 氯取代苯的氢原子生产六氯化苯。

③ 氯取代萘的氢原子生产多氯化萘。

④ 甲醇与氯反应生产氯甲烷。

⑤ 乙醇和氯反应生产氯乙烷（氯乙醛类）。

⑥ 醋酸与氯反应生产氯乙酸。

⑦ 氯取代甲苯的氢原子生产苄基氯等。

（2）加成氯化

① 乙烯与氯加成氯化生产 1,2-二氯乙烷。

② 乙炔与氯加成氯化生产 1,2-二氯乙烯。

③ 乙炔和氯化氢加成生产氯乙烯等。

（3）氧氯化

① 乙烯氧氯化生产二氯乙烷。

② 丙烯氧氯化生产 1,2-二氯丙烷。

③ 甲烷氧氯化生产甲烷氯化物。

④ 丙烷氧氯化生产丙烷氯化物等。

（4）其他工艺

① 硫与氯反应生成一氯化硫。

② 四氯化钛的制备。

③ 黄磷与氯气反应生产三氯化磷、五氯化磷等。

3. 危险性分析

（1）氯化反应是一个放热过程，尤其在较高温度下进行氯化，反应更为剧烈，速度快，放热量较大。

（2）所用的原料大多具有燃爆危险性。

（3）常用的氯化剂氯气本身为剧毒化学品，氧化性强，储存压力较高，多数氯化工艺采用液氯生产是先汽化再氯化，一旦泄漏危险性较大。

（4）氯气中的杂质，如水、氢气、氧气、三氯化氮等，在使用中易发生危险，特别是三氯化氮积累后，容易引发爆炸危险。

（5）生成的氯化氢气体遇水后腐蚀性强。

（6）氯化反应尾气可能形成爆炸性混合物。

4. 安全技术控制

（1）氯化物料的控制　常采用汽水混合法来对液氯进行升温汽化，加热温度不得超过50℃。在汽化过程中，由于汽化吸热而使液氯冷却，造成汽化的氯气流量降低无法满足生产时，可将液氯钢瓶的一端置于温水中加温。

（2）氯化过程控制　氯化反应为放热过程，对高温下的氯化过程，反应会更激烈。因此，一般反应设备须有良好的冷却系统，严格控制氯气的流量，避免因氯气流量过快，温度剧升而引发事故。因氯化过程有火灾爆炸的危险，所以生产中应严格控制各种火源，现场应安装可燃气体检测和报警系统，使用的电气设备必须符合防火防爆的要求。

（3）安全防护装置　氯化反应除了设置相应的温度报警和仪表联锁装置、搅拌控制和联锁系统、紧急冷却系统、紧急停车系统外，还应设置安全阀、高压阀、紧急放空阀、液位计、单向阀及紧急切断装置等安全设备与附件。对生产过程中产生氯化氢气体的工艺过程，应增设吸收和冷却装置，以除去尾气中大部分氯化氢。

5. 工艺参数的控制

① 氯化反应釜温度和压力。

② 氯化反应釜搅拌速率。

③ 反应物料的配比。

④ 氯化剂进料流量。

⑤ 冷却系统中介质的温度、压力、流量。

⑥ 氯气杂质含量。

⑦ 氯化反应尾气组成。

6. 宜采取的控制方式

将氯化反应釜内温度、压力与釜内搅拌、氯化剂流量、氯化反应釜夹套冷却水进水阀形成联锁关系，设立紧急停车系统。

安全设施，包括安全阀、高压阀、紧急放空阀、液位计、单向阀及紧急切断装置等。

四、硝化工艺

1. 工艺简介

化工（危险化学品）生产中硝化反应用得很多。比如硝基苯的生产，国内大多采用锅式变温硝化工艺，而国外采用了绝热硝化工艺，也有采用泵式硝化，管式硝化工艺的；甲苯的硝化，二硝化，三硝化常常采用带内盘管的硝化釜，有的硝化釜还带提升机，可以完成硝化、分离油水层的功能；另外一些小产量的中间体均采用搅拌反应釜硝化，间歇反应。

2. 典型工艺

（1）直接硝化法

① 丙三醇与混酸反应制备硝酸甘油。

② 氯苯硝化制备邻硝基氯苯、对硝基氯苯。

③ 苯硝化制备硝基苯。

④ 蒽醌硝化制备 1-硝基蒽醌。

⑤ 甲苯硝化生产三硝基甲苯（俗称梯恩梯，TNT）。

⑥ 丙烷等烷烃与硝酸通过气相反应制备硝基烷烃等。

（2）间接硝化法　苯酚采用磺酰基的取代硝化制备苦味酸等。

（3）亚硝化法

① 2-萘酚与亚硝酸盐反应制备 1-亚硝基-2-萘酚。

② 二苯胺与亚硝酸钠和硫酸水溶液反应制备对亚硝基二苯胺等。

3. 危险性分析

（1）反应速度快，放热量大。大多数硝化反应是在非均相中进行的，反应组分的不均匀分布容易引起局部过热导致危险。尤其在硝化反应开始阶段，停止搅拌或由于搅拌叶片脱落等造成搅拌失效是非常危险的，一旦搅拌再次开动，就会突然引发局部激烈反应，瞬间释放大量的热量，引起爆炸事故。

（2）反应物料具有燃爆危险性。

（3）硝化剂具有强腐蚀性、强氧化性，与油脂、有机化合物（尤其是不饱和有机化合物）接触能引起燃烧或爆炸。

（4）硝化产物、副产物具有爆炸危险性。

4. 安全控制的基本要求

① 反应釜温度的报警和联锁。

② 自动进料控制和联锁。

③ 紧急冷却系统。

④ 搅拌的稳定控制和联锁系统。

⑤ 分离系统温度控制与联锁。

⑥ 塔釜杂质监控系统。

⑦ 安全泄放系统等。

5. 重点监控工艺参数

① 硝化反应釜内温度、搅拌速率。

② 硝化剂流量。

③ 冷却水流量。

④ pH 值。

⑤ 硝化产物中杂质含量。

⑥ 精馏分离系统温度。

⑦ 塔釜杂质含量等。

6. 宜采取的控制方式

将硝化反应釜内温度与釜内搅拌、硝化剂流量、硝化反应釜夹套冷却水进水阀形成联锁关系，在硝化反应釜处设立紧急停车系统，当硝化反应釜内温度超标或搅拌系统发生故障，能自动报警并自动停止加料。分离系统温度与加热、冷却形成联锁，温度超标时，能停止加热并紧急冷却。

硝化反应系统应设有泄爆管和紧急排放系统。

五、合成氨工艺

1. 工艺简介

生产合成氨的主要原料有天然气、石脑油、重质油和煤（或焦炭）等。

（1）天然气制氨　天然气先经脱硫，然后通过二次转化，再分别经过一氧化碳变换、二氧化碳脱除等工序，得到的氮氢混合气，其中尚含有一氧化碳和二氧化碳约 0.1%～0.3%（体积），经甲烷化作用除去后，制得氢氮摩尔比为 3 的纯净气，经压缩机压缩而进入氨合成回路，制得产品氨。以石脑油为原料的合成氨生产流程与此流程相似。

（2）重质油制氨　重质油包括各种深度加工所得的渣油，可用部分氧化法制得合成氨原料气，生产过程比天然气蒸气转化法简单，但需要有空气分离装置。空气分离装置制得的氧用于重质油气化，氮作为氨合成原料外，液态氮还用作脱除一氧化碳、甲烷及氩的洗涤剂。

（3）煤（焦炭）制氨　随着石油化工和天然气化工的发展，以煤（焦炭）为原料制取氨的方式在世界上随着石油和天然气的紧缺也在大面积的采用。

氨主要用于制造氮肥和复合肥料，氨作为工业原料和氨化饲料，用量约占世界产量的12%。硝酸、各种含氮的无机盐及有机中间体、磺胺药、聚氨酯、聚酰胺纤维和丁腈橡胶等都需直接以氨为原料。液氨常用作制冷剂。

贮运商品氨中有一部分是以液态由制造厂运往外地。此外，为保证制造厂内合成氨和氨加工车间之间的供需平衡，防止因短期事故而停产，需设置液氨库。液氨库根据容量大小不同，有不冷冻、半冷冻和全冷冻三种类型。液氨的运输方式有海运、驳船运、管道运、槽车运、卡车运。

2. 制作工艺流程

（1）原料气制备将煤和天然气等原料制成含氢和氮的粗原料气。对于固体原料煤和焦炭，通常采用汽化的方法制取合成气；渣油可采用非催化部分氧化的方法获得合成气；对气态烃类和石脑油，工业中利用二段蒸汽转化法制取合成气。

（2）净化对粗原料气进行净化处理，除去氢气和氮气以外的杂质，主要包括变换过程、脱硫脱碳过程以及气体精制过程。

① 一氧化碳变换过程　在合成氨生产中，各种方法制取的原料气都含有CO，其体积分数一般为12%～40%。合成氨需要的两种组分是H_2和N_2，因此需要除去合成气中的CO。变换反应如下：

$$CO+H_2O \xlongequal{} CO_2+H_2+Q \tag{3-1}$$

$$CO+H_2 \xlongequal{} C+H_2O \tag{3-2}$$

由于CO变换过程是强放热过程，必须分段进行以利于回收反应热，并控制变换段出口残余CO含量。第一步是高温变换，使大部分CO转变为CO_2和H_2；第二步是低温变换，将CO含量降至0.3%左右。因此，CO变换反应既是原料气制造的继续，又是净化的过程，为后续脱碳过程创造条件。

② 脱硫脱碳过程　各种原料制取的粗原料气，都含有一些硫和碳的氧化物，为了防止合成氨生产过程催化剂的中毒，必须在氨合成工序前加以脱除，以天然气为原料的蒸汽转化法，第一道工序是脱硫，用以保护转化催化剂，以重油和煤为原料的部分氧化法，根据一氧化碳变换是否采用耐硫的催化剂而确定脱硫的位置。工业脱硫方法种类很多，通常是采用物理或化学吸收的方法，常用的有低温甲醇洗法（rectisol）、聚乙二醇二甲醚法（selexol）等。

粗原料气经CO变换以后，变换气中除H_2外，还有CO_2、CO和CH_4等组分，其中以CO_2含量最多。CO_2既是氨合成催化剂的毒物，又是制造尿素、碳酸氢铵等氮肥的重要原料。因此变换气中CO_2的脱除必须兼顾这两方面的要求。

一般采用溶液吸收法脱除CO_2。根据吸收剂性能的不同，可分为两大类。一类是物理吸收法，如低温甲醇洗法，聚乙二醇二甲醚法，碳酸丙烯酯法。一类是化学吸收法，如热钾碱法，低热耗本菲尔法，活化MDEA法，MEA法等。

③ 气体精制过程　经CO变换和CO_2脱除后的原料气中尚含有少量残余的CO和CO_2。为了防止对氨合成催化剂的毒害，规定CO和CO_2总含量不得大于$10cm^3/m^3$。因此，原料气在进入合成工序前，必须进行原料气的最终净化，即精制过程。

目前在化工（危险化学品）生产中，最终净化方法分为深冷分离法和甲烷化法。深冷分离法主要是液氮洗法，是在深度冷冻（<－100℃）条件下用液氮吸收分离少量CO，而且

也能脱除甲烷和大部分氩，这样可以获得只含有惰性气体 100cm³/m³ 以下的氢氮混合气，深冷净化法通常与空分以及低温甲醇洗结合。甲烷化法是在催化剂存在下使少量 CO、CO_2 与 H_2 反应生成 CH_4 和 H_2O 的一种净化工艺，要求入口原料气中碳的氧化物含量（体积分数）一般应小于 0.7%。甲烷化法可以将气体中碳的氧化物（$CO+CO_2$）含量脱除到 10cm³/m³ 以下，但是需要消耗有效成分 H_2，并且增加了惰性气体 CH_4 的含量。甲烷化反应如下：

$$CO+3H_2 \longrightarrow CH_4+H_2O=-206.2\text{kJ/mol}$$

$$CO_2+4H_2 \longrightarrow CH_4+2H_2O=-165.1\text{kJ/mol}$$

（3）氨合成将纯净的氢、氮混合气压缩到高压，在催化剂的作用下合成氨。氨的合成是提供液氨产品的工序，是整个合成氨生产过程的核心部分。氨合成反应在较高压力和催化剂存在的条件下进行，由于反应后气体中氨含量不高，一般只有 10%～20%，故采用未反应氢氮气循环的流程。氨合成反应式如下：

$$N_2+3H_2 \longrightarrow 2NH_3(g)=-92.4\text{kJ/mol}$$

3. 危险性分析

在合成氨装置的操作中，万一发生重大事故，操作人员的健康将会受到严重损害，因此要求本装置设备安全可靠。本装置在高温高压下处理 H_2、N_2、NH_3 的混合气，以及液氨和气氨。这些物质的主要危害是中毒、着火和爆炸。因此应避免可燃物在现场使用存放。合成触媒含有金属盐类，它能毒害和刺激皮肤及黏膜。因此在触媒装、卸时应制订专门有效的防护措施，并配备足够的防护用品，以保护操作人员的健康。合成氨工艺装置区的所有管理、操作和维修人员，必须严格遵守各项规定，并需要经过专门培训，以获得管理这些设施的经验。

（1）氨的性质　在常温下氨是一种碱性的、具有强烈的刺激性气味的无色气体，在高压或低温下可以液化。液氨能够引起冻伤，高浓度的气氨会造成严重的烧伤。

正常允许的最大氨浓度是 50mL/m³ 空气或 35mg/m³ 空气，操作人员在这种环境下工作，对身体不会造成什么危害。一旦有氨泄漏出来，其氨浓度大大超过允许的极限值，这时就会出现危险。

人体最容易受到损害的部位是：眼睛、黏膜（口腔、咽喉、呼吸系统、肺部、生殖器官等）万一吞咽氨水或液氨，也会损坏喉部、食道和胃。即使是受到伤害的时间很短，只要喉部和肺部受到严重的损害，都会造成死亡。因此当处理液氨时要特别小心。下面给出氢气和氨在空气中的自燃温度及爆炸极限，见表 3-4。

表 3-4　氢气、氨的自燃温度和爆炸极限

气体	自燃温度	爆炸极限(体积)/%
氢气	580℃	4.1～75
氨	630℃	15.0～28.0

（2）健康损害　当氨泄漏时，可利用氨很容易溶解在水中的性质，可通过喷洒充足的水来除去氨。1 份氨要使用 100 份水才算是足够的。

氨在空气中的爆炸范围是 15.0%～28.0%（体积），氢气在空气中的爆炸范围是 4.1%～75%（体积），因此本装置内禁止使用明火、明火灯具和抽烟。如果在安装或检修工作中需要焊接或其他要求用火的工作必须进行时，应当得到主管部门领导批准（按规定办理动火证），并采取适当的安全措施，在有关人员的监护下进行。

当处理有氨的容器、贮罐、管线和阀门时必须要在隔离、卸压、排尽、氮气置换、水冲洗、加盲板工作完成后进行。

遇到着火时，要用水使周围得到冷却，直到火熄灭为止。如果在火被熄灭前切断供水，将可能引起爆炸。

（3）人身伤害

① 如果发生氨泄漏，操作人员应迅速离开装置区，用湿毛巾捂住自己的嘴和鼻子，以保护呼吸系统。如果条件不允许，至少应用手绢或上衣的袖子捂住嘴和鼻子。

② 可以用玻璃棒或木棒蘸一些15%的盐酸溶液（防止灼伤），或用湿润的红色石蕊试纸来检查泄漏。如果出现白色混浊或石蕊试纸变蓝表示有氨存在。

③ 当必须在有氨的环境中工作时（如维修阀门、设备停车、抢救伤员等），必须配备适当的防护设备，通常使用氧气呼吸器或长管面具，而且必须穿上特殊的密闭式防护服以保护身体。正常允许的最大氨浓度是50mL/m^3。

④ 当处理液氨或氨水时，操作人员应戴上密闭的护目镜，以保护眼睛，防止溅伤。

⑤ 使用过滤防毒面具时，过滤罐应当是4型的，灰色防氨。正常情况下，新鲜过滤罐的使用期为三年。即使没有被使用过，三年期满后也不能再使用。

⑥ 对操作人员要定期进行救护和防火训练，强调防护设备的重要性，确定报警的顺序。在特殊的事故情况下，必须通知消防队，确保事故在控制之下。

⑦ 为了保证操作人员的人身安全，必须配备适当数量的防护装备。

（4）火灾爆炸　合成氨生产过程中压缩机、合成塔、换热器、脱硫塔、转化炉、天然气管道、合成气管道、锅炉等存在火灾爆炸的危险。生产工艺条件中高温、高压使可燃气体爆炸极限扩宽，极易在设备和管道内发生爆炸。高温、高压气体物料从设备管线泄漏时会迅速膨胀与空气混合形成爆炸性混合物，遇到明火或因高流速物料与裂口处摩擦产生静电火花引起着火和空间爆炸。气体压缩机等转动设备在高温下运行会使润滑油挥发裂解，在附近管道内造成积炭，可导致积炭燃烧或爆炸。高温、高压可加速设备金属材料发生蠕变、改变金相组织，还会加剧氢气、氮气对钢材的氢蚀及渗氮，加剧设备的疲劳腐蚀，使其机械强度减弱，引发物理爆炸。液氨大规模事故性泄漏会形成低温云团引起大范围人群中毒，遇明火还会发生爆炸。

（5）中毒窒息　生产过程中存在的有毒、窒息性物质有硫化氢、一氧化碳、氨、二氧化碳、氮气等。操作不当、安全设施未设置或设置不完善，如反应器、泵、管道和鼓风机等处发生泄漏，扩散会造成人员中毒窒息事故。超温、超压运行容易造成设备、阀门、管道疲劳、脆变、老化，低温、湿度、臭氧同时对设备、阀门、管道造成锈蚀、脆变等损伤。都可能引起毒物、易燃液体、易燃气体泄漏，从而造成中毒。

（6）高温灼烫　装置中一段转化炉、合成塔、热力管道、锅炉、蒸发器等都属高温设备，内部最高温度可达900℃以上，如保温层效果不好或绝热层有损坏，当作业人员接触又未戴手套，极有可能造成高温烫伤。过热蒸汽及热物料管道绝热层有损坏，高热介质会对人员造成烫伤。

（7）噪声、机械伤害等其他危险性因素　生产区压缩机、风机等设备是噪声发生源，当噪声的大小超过一定值后，不仅影响工厂正常的工作和生产，且对人员健康和安全生产会造成一定的危害。生产过程中使用了大量的机械设备，还有带动这些机械设备运转的电机、泵等运动部件，由于设备的选型、安装、操作及检修等未采取正确手段，极易发生机械伤害。另外，还存在高处坠落、粉尘、触电危害，雷电、静电对人、设备和建筑的损害。

4. 安全技术

（1）重点监控工艺参数

① 反应釜内温度、压力。

② 反应釜内搅拌速率。

③ 反应物流量。

④ 助剂流量。

⑤ 反应物的配料比。

⑥ 反应物浓度。

（2）安全控制的基本要求

① 反应釜内温度和压力与反应进料、紧急冷却系统的报警和联锁。

② 搅拌的稳定控制系统。

③ 安全泄放系统。

④ 可燃和有毒气体检测报警装置等。

（3）宜采用的控制方式　化学反应操作中，要严格控制反应物浓度、投料配比、进料速度和反应温度等。必要时应设置自动比例调节装置和自动联锁控制装置。

将化学反应釜内温度、压力与釜内搅拌、反应物流量、反应釜夹套冷却水进水阀形成联锁控制，在化学反应釜处设立紧急停车系统，当化学反应釜内温度或压力超标或搅拌系统发生故障时自动停止加料并紧急停车。安全泄放系统。

5. 安全防护

如果操作人员触及到液氨、气氨或浓氨水时，应立即采取以下措施。

（1）把伤员移出有毒区，脱去被氨沾染的衣服（包括内衣），并把伤员放在淋浴器下冲洗，呼叫救护人员和医生。

（2）皮肤上小面积的烧伤应当用大量的水冲洗或用醋酸水溶液冲洗。

（3）万一触及眼睛时，让伤员躺下睁开眼睛，用足够的清水冲 15min，或用 3%的硼酸溶液清洗，然后请眼科医生处理。

（4）当伤员已吸入氨时，应让他饮水或吸醋蒸汽。伤员不能做深呼吸，也不许走动，应用担架抬送。如果有可能，可以吸氧，但不能做人工呼吸。

（5）如果呼吸停止，应采用口对口的人工呼吸，或借助呼吸器帮助呼吸。

（6）如果吞食氨的伤员还有知觉，应让他喝牛奶或蛋白。

（7）在任何情况下都应请来医生救治。

六、裂解(裂化)工艺

1. 工艺简介

裂解是指石油系的烃类原料在高温条件下，发生碳链断裂或脱氢反应，生成烯烃及其他产物的过程。产品以乙烯、丙烯为主，同时副产丁烯、丁二烯等烯烃和裂解汽油、柴油、燃料油等产品。

烃类原料在裂解炉内进行高温裂解，产出组成为氢气、低/高碳烃类、芳烃类以及馏分为288℃以上的裂解燃料油的裂解气混合物。经过急冷、压缩、激冷、分馏以及干燥和加氢等方法，分离出目标产品和副产品。

在裂解过程中，同时伴随缩合、环化和脱氢等反应。由于所发生的反应很复杂，通常把反应分成两个阶段。第一阶段，原料变成的目的产物为乙烯、丙烯，这种反应称为一次反应。第二阶段，一次反应生成的乙烯、丙烯继续反应转化为炔烃、二烯烃、芳烃、环烷烃，甚至最终转化为氢气和焦炭，这种反应称为二次反应。裂解产物往往是多种组分混合物。影响裂解的基本因素主要为温度和反应的持续时间。化工生产中用热裂解的方法生产小分子烯烃、炔烃和芳香烃，如乙烯、丙烯、丁二烯、乙炔、苯和甲苯等。

2. 危险性分析

(1) 重点监控单元　裂解炉、制冷系统、压缩机、引风机、分离单元。因为这些设备和操作单元的危险性较大。

(2) 在高温（高压）下进行反应，装置内的物料温度一般超过其自燃点，若漏出会立即引起火灾。

(3) 炉管内壁结焦会使流体阻力增加，影响传热，当焦层达到一定厚度时，因炉管壁温度过高，而不能继续运行下去，必须进行清焦，否则会烧穿炉管，裂解气外泄，引起裂解炉爆炸。

(4) 如果由于断电或引风机机械故障而使引风机突然停转，则炉膛内很快变成正压，会从窥视孔或烧嘴等处向外喷火，严重时会引起炉膛爆炸。

(5) 如果燃料系统大幅度波动，燃料气压力过低，则可能造成裂解炉烧嘴回火，使烧嘴烧坏，甚至会引起爆炸。

(6) 有些裂解工艺产生的单体会自聚或爆炸，需要向生产的单体中加阻聚剂或稀释剂等。

3. 典型工艺

① 热裂解制烯烃工艺。

② 重油催化裂化制汽油、柴油、丙烯、丁烯。

③ 乙苯裂解制苯乙烯。

④ 二氟一氯甲烷（HCFC-22）热裂解制得四氟乙烯（TFE）。

⑤ 二氟一氯乙烷（HCFC-142b）热裂解制得偏氟乙烯（VDF）。

⑥ 四氟乙烯和八氟环丁烷热裂解制得六氟乙烯（HFP）等。

4. 工艺参数控制

① 裂解炉进料流量。

② 裂解炉温度。

③ 引风机电流。

④ 燃料油进料流量。

⑤ 稀释蒸汽比及压力。

⑥ 燃料油压力。

⑦ 滑阀差压超驰控制、主风流量控制、外取热器控制、机组控制、锅炉控制等。

5. 安全控制的基本要求

① 裂解炉进料压力、流量控制报警与联锁。

② 紧急裂解炉温度报警和联锁。

③ 紧急冷却系统；紧急切断系统。

④ 反应压力与压缩机转速及入口放火炬控制。

⑤ 再生压力的分程控制；滑阀差压与料位。

⑥ 温度的超驰控制。

⑦ 再生温度与外取热器负荷控制。

⑧ 外取热器汽包和锅炉汽包液位的三冲量控制。

⑨ 锅炉的熄火保护。

⑩ 机组相关控制。

⑪可燃与有毒气体检测报警装置等。

6. 宜采用的控制方式

（1）将引风机电流与裂解炉进料阀、燃料油进料阀、稀释蒸汽阀之间形成联锁关系，一旦引风机故障停车，则裂解炉自动停止进料并切断燃料供应，但应继续供应稀释蒸汽，以带走炉膛内的余热。

（2）将燃料油压力与燃料油进料阀、裂解炉进料阀之间形成联锁关系，燃料油压力降低，则切断燃料油进料阀，同时切断裂解炉进料阀。

（3）分离塔应安装安全阀和放空管，低压系统与高压系统之间应有逆止阀并配备固定的氮气装置、蒸汽灭火装置。

（4）将裂解炉电流与锅炉给水流量、稀释蒸汽流量之间形成联锁关系；一旦水、电、蒸汽等公用工程出现故障，裂解炉能自动紧急停车。

（5）反应压力正常情况下由压缩机转速控制，开工及非正常工况下由压缩机入口放火炬控制。

（6）再生压力由烟机入口蝶阀和旁路滑阀（或蝶阀）分程控制。

（7）再生、待生滑阀正常情况下分别由反应温度信号和反应器料位信号控制，一旦滑阀差压出现低限，则转由滑阀差压控制。

（8）再生温度由外取热器催化剂循环量或流化介质流量控制。

（9）外取热汽包和锅炉汽包液位采用液位、补水量和蒸发量三冲量控制。

（10）带明火的锅炉设置熄火保护控制。

（11）大型机组设置相关的轴温、轴振动、轴位移、油压、油温、防喘振等系统控制。

（12）在装置存在可燃气体、有毒气体泄漏的部位设置可燃气体报警仪和有毒气体报警仪。

七、氟化工艺

1. 工艺简介

氟化是化合物的分子中引入氟原子的反应，涉及氟化反应的工艺过程为氟化工艺。氟与有机化合物作用是强放热反应，放出大量的热可使反应物分子结构遭到破坏，甚至着火爆炸。氟化剂通常为氟气、卤族氟化物、惰性元素氟化物、高价金属氟化物、氟化氢、氟化钾等。

2. 典型工艺

（1）直接氟化　黄磷氟化制备五氟化磷等。

(2) 金属氟化物或氟化氢气体氟化 SbF_3、AgF_2、CoF_3 等金属氟化物与烃反应制备氟化烃；氟化氢气体与氢氧化铝反应制备氟化铝等。

(3) 置换氟化

三氯甲烷氟化制备二氟一氯甲烷；

2,4,5,6-四氯嘧啶与氟化钠制备 2,4,6-三氟-5-氟嘧啶等。

(4) 其他氟化物的制备 浓硫酸与氟化钙（萤石）制备无水氟化氢等。

3. 危险性分析

氟化反应是一个放热过程，一般都在较高温度下进行氟化，反应剧烈，速度快，热量变化较大。所用的原料大多具有燃爆危险性、毒性或腐蚀性，一旦泄漏危险性较大。

(1) 固有危险性 是指氟化反应中的原料、产品、中间产品等本身具有的危险有害特性。

① 爆炸危险性 氟化反应涉及的原料、产品、中间产品等部分具有燃爆性，如三氯乙烯遇明火高热能引起燃烧爆炸，黄磷受摩擦、撞击或与氧化剂接触能立即燃烧甚至爆炸。氟化使用的浓硫酸具有强氧化性，与有机物接触能剧烈反应，与普通金属反应放出氢气，极易发生爆炸。

② 腐蚀及中毒危险性 氟化反应涉及的氟化氢、浓硫酸等均为强腐蚀性物质，部分氟化反应产生粉尘，能对人体造成伤害，如使用浓硫酸与萤石制备氟化氢过程中，生成的硫酸钙。

③ 火灾危险性 氟化反应涉及的原料、产品、中间体等大多具有易燃性。如制取 R134a 使用的三氯乙烯，制取五氟化磷使用的黄麟等都具有易燃的特性。

(2) 反应过程的危险性

① 反应过程的危险 氟化反应是一个放热过程，尤其在较高温度下进行氟化，反应更为剧烈。如果放出的热量不能及时移出，就会造成反应温度的进一步升高，而氟化所用的原料多为有机易燃物和强氧化剂，容易造成泄漏，导致有毒物质扩散，并且在这样高的温度下，如果物料泄漏还会造成着火或引起爆炸。

② 原料储存过程的危险性 氟化反应中氟化剂有气态氟化氢、固体黄磷和各种浓度的酸。这些物质大多具有毒性、强腐蚀性或易燃易爆性，一旦泄漏或爆炸，将会造成重大安全和环境事故。

4. 工艺参数控制

① 氟化反应釜内温度、压力。

② 氟化反应釜内搅拌速率。

③ 氟化物流量。

④ 助剂流量。

⑤ 反应物的配料比。

⑥ 氟化物浓度。

5. 安全控制

① 反应釜内温度和压力与反应进料、紧急冷却系统的报警和联锁。

② 搅拌的稳定控制系统。

③ 安全泄放系统。

④ 可燃和有毒气体检测报警装置等。

6. 宜采用的控制方式

氟化反应操作中，要严格控制氟化物浓度、投料配比、进料速度和反应温度等。必要时应设置自动比例调节装置和自动联锁控制装置。

将氟化反应釜内温度、压力与釜内搅拌、氟化物流量、氟化反应釜夹套冷却水进水阀形成联锁控制，在氟化反应釜处设立紧急停车系统，当氟化反应釜内温度或压力超标或搅拌系统发生故障时，自动停止加料并紧急停车。

八、加氢工艺

1. 工艺简介

加氢是在有机化合物分子中加入氢原子的反应，涉及加氢反应的工艺过程为加氢工艺，主要包括不饱和键加氢、芳环化合物加氢、含氮化合物加氢、含氧化合物加氢、氢解等。

2. 工艺危险特点

（1）反应物料具有燃爆危险性，氢气的爆炸极限为4%～75%，具有高燃爆危险特性。

① 氢气　氢气与空气混合成为爆炸性混合物，遇火星、高热能引起燃烧。室内使用或储存氢气，当有漏气时，氢气上升滞留屋顶，不宜自然排出，遇到火星时会引起爆炸。

② 原料及产品　加氢反应的原料及产品多为易燃、可燃物质。例如，苯、萘等芳香氢类；硝基苯、乙二腈等硝基化合物或含氮氢类；一氧化碳、丁醛、甲醇等含氧化合物以及石油化工中馏分油、减压馏分油等油品均具有火灾危险性。

（2）腐蚀性

① 加氢为强烈的放热反应，氢化反应大多在高温高压下进行，在这种条件下，氢可以对设备钢材 产生腐蚀，使钢制设备强度降低，发生氢脆。

② 在石油化工工业中加氢精制多同时伴随脱氢过程，产生的副产品硫化氢、氨气等物质均有腐蚀性，对设备和装置有较大的腐蚀威胁。

（3）催化剂再生和活化过程中易引发燃烧和爆炸；部分氢化反应过程使用的催化剂如雷尼镍属于易燃固体。

（4）加氢反应尾气中有未完全反应的氢气和其他杂质在排放时易引发着火或爆炸。

① 物理爆炸　加氢工艺多为气液相或气相反应，在整个加氢过程中，装置内基本处于高压条件下进行。在操作条件下，氢腐蚀设备产生氢脆现象，降低设备强度，如操作不当发生爆炸事故，这种爆炸属于物理爆炸。

②化学爆炸　加氢工艺中，氢气的爆炸极限为4%～75%，当出现泄漏，或装置内混入空气或氧气，易发生爆炸危险。在某些加氢工艺中如一氧化碳加氢制甲醇工艺，其原料一氧化碳亦为易燃易爆气体，产品甲醇为甲B类可燃液体，在操作温度下甲醇为气态，当出现泄漏也能导致设备爆炸。如苯加氢制造环己烷、苯酚加氢制环己醇、丁醛气相加氢生产丁醇等工艺中，原料、产品在常温下为液态，但在操作条件下为气态，若出现泄漏可导致爆炸。这种爆炸是化学爆炸。

（5）中毒危险性　氢化反应中不同原料和产品毒性差异较大。如：

① 不饱和烃及馏分油　如环戊二烯、乙炔、常、减压馏分油等无毒；

② 芳香烃　如苯酚、甲苯等为中低毒性物质，部分有腐蚀性；

③ 含氮化合物　如硝基苯、苯胺等有较强的毒性。

（6）工艺过程的危险　加氢反应过程为放热反应，且反应温度、压力较高，所用材料大多为易燃易爆，部分原料和产品有毒性和腐蚀性。所以，加氢反应工程存在诸多不安全因素。加氢反应中当反应物反应不均匀、管式反应器堵塞、反应器受热不均匀等原因，造成的反应器内温度、压力急剧升高导致爆炸或局部温度升高造成反应器泄漏导致爆炸。氢在高压下腐蚀设备，使设备强度下降导致物理爆炸。

3. 典型工艺

① 不饱和炔烃、烯烃的三键和双键加氢　环戊二烯加氢生产环戊烯等。

② 芳烃加氢　苯加氢生成环己烷；苯酚加氢生产环己醇等。

③ 含氧化合物加氢　一氧化碳加氢生产甲醇；丁醛加氢生产丁醇；辛烯醛加氢生产辛醇等。

④ 含氮化合物加氢　己二腈加氢生产己二胺；硝基苯催化加氢生产苯胺等。

⑤ 油品加氢　馏分油加氢裂化生产石脑油、柴油和尾油；渣油加氢改质；减压馏分油加氢改质；催化（异构）脱蜡生产低凝柴油、润滑油基础油等。

4. 重点监控工艺参数

① 加氢反应釜或催化剂床层温度、压力；加氢反应釜内搅拌速率。

② 氢气流量。

③ 反应物质的配料比。

④ 系统氧含量。

⑤ 冷却水流量。

⑥ 氢气压缩机运行参数、加氢反应尾气组成等。

5. 安全控制的基本要求

① 温度和压力的报警和联锁。

② 反应物料的比例控制和联锁系统。

③ 紧急冷却系统。

④ 搅拌的稳定控制系统。

⑤ 氢气紧急切断系统。

⑥ 加装安全阀、爆破片等安全设施。

⑦ 循环氢压缩机停机报警和联锁。

⑧ 氢气检测报警装置等。

6. 宜采用的控制方式

将加氢反应釜内温度、压力与釜内搅拌电流、氢气流量、加氢反应釜夹套冷却水进水阀形成联锁关系，设立紧急停车系统。加入急冷氮气或氢气的系统。当加氢反应釜内温度或压力超标或搅拌系统发生故障时自动停止加氢，泄压，并进入紧急状态。安全泄放系统。重点监控单元加氢反应釜、氢气压缩机。

九、重氮化工艺

1. 工艺简介

一级胺与亚硝酸在低温下作用，生成重氮盐的反应。脂肪族、芳香族和杂环的一级胺都可以进行重氮化反应。涉及重氮化反应的工艺过程为重氮化工艺。通常重氮化试剂是由亚硝酸钠和盐酸作用临时制备的。除盐酸外，也可以使用硫酸、高氯酸和氟硼酸等无机酸。脂肪族重氮盐很不稳定，即使在低温下也能迅速自发分解，芳香族重氮盐较为稳定。

2. 危险性分析

（1）重氮盐在温度稍高或光照的作用下，特别是含有硝基的重氮盐极易分解，有的甚至在室温时亦能分解。在干燥状态下，有些重氮盐不稳定，活性强，受热或摩擦、撞击等作用能发生分解甚至爆炸。

（2）重氮化生产过程所使用的亚硝酸钠是无机氧化剂，175℃时能发生分解、与有机物反应导致着火或爆炸。

（3）反应原料具有燃爆危险性。

3. 典型工艺

（1）顺法

对氨基苯磺酸钠与 2-萘酚制备酸性橙-Ⅱ染料。

芳香族伯胺与亚硝酸钠反应制备芳香族重氮化合物等。

（2）反加法

间苯二胺生产二氟硼酸间苯二重氮盐。

苯胺与亚硝酸钠反应生产苯胺基重氮苯等。

（3）亚硝酰硫酸法　2-氰基-4-硝基苯胺、2-氰基-4-硝基-6-溴苯胺、2,4-二硝基-6-溴苯胺、2,6-二氰基-4-硝基苯胺和 2,4-二硝基-6-氰基苯胺为重氮组分与端氨基含醚基的偶合组分经重氮化、偶合成单偶氮分散染料。

2-氰基-4-硝基苯胺为原料制备蓝色分散染料等。

（4）硫酸铜触媒法　邻、间氨基苯酚用弱酸（醋酸、草酸等）或易于水解的无机盐和亚硝酸钠反应制备邻、间氨基苯酚的重氮化合物等。

（5）盐析法　氨基偶氮化合物通过盐析法进行重氮化生产多偶氮染料等。

4. 工艺参数控制

① 重氮化反应釜内温度、压力、液位、pH 值。

② 重氮化反应釜内搅拌速率。

③ 亚硝酸钠流量。

④ 反应物质的配料比。

⑤ 后处理单元温度等。

5. 安全控制的基本要求

重氮化反应放热量较大，造成反应失控的原因可能有：原料的质量、投料配比、顺序、时间、数量不符合规定，操作失误等，引起剧烈反应使容器内压力突然增高；搅拌和冷却系统停止运转而引起聚热升温，有些黏度较大的物料，即使搅拌冷却系统正常运转，也得不到充分冷却，以致局部聚热升温，使反应器内压力升高；设备长期运行，换热面上积聚污垢形成热阻，使热交换量下降，危险性增加。

（1）原料、产品的安全运输和储存　芳胺和亚硝酸钠必须分车运输，隔离存放；产品重氮盐搬运时必须轻装轻卸，杜绝摩擦、撞击；储存时，重氮盐、亚硝酸钠应远离火源、电源或其他热源，避开日光照射。

（2）严格控制投料量和速度 亚硝酸钠投料结束后，应用淀粉碘化钾试纸检测反应液，呈微蓝色则表示投料量合适。若发现亚硝酸钠过量较多，应及时采取补救措施，如用尿素等碱性物质中和过量的亚硝酸钠。亚硝酸钠投料速度的控制应根据芳胺的碱性不同而有所区别，原料为碱性较强的芳胺，亚硝酸钠的投料速度一定要缓慢。

（3）严格控制操作条件 生产过程中，重氮化反应和重氮盐产物干燥的操作条件，特别是温度必须严格控制。重氮化反应温度一般控制在0～5℃或更低，否则会发生燃烧、爆炸。

（4）配备安全装置和设备 重氮化反应釜应配置单元安全监控系统装置，包括液位、流速、温度、压力等基本反应参数的自动监控、自动超限报警和自动应急控制装置。

重氮盐干燥设备应配置自动控制调温系统，如温度探测、调节、搅拌、冷却联锁装置，干燥设备应配置温度测量、加热热源开关、惰性气体保护的联锁装置。

对硝基酸钠和芳族重氮盐极易自燃或分解爆炸，这类物料干燥时的出料宜采用悬浮或溶液出料法，且流速不宜过快，以免在机械或压力出料的摩擦作用下引发爆炸。

重氮化反应釜应安装伸向室外高空释放氧化氮气体的不燃材料制成的排放管，并在此管上安装阻火器，定期清洗管中的残积物。重氮盐用蒸汽干燥时，干燥室应安装温度计和防爆门，加热蒸汽管道应安装压力计。重氮化合物的粉碎、研磨车间应配有良好的通风设备。

（5）处理工艺安全管理 应采用陶瓷、玻璃或木质设备进行重氮化反应或储存重氮化合物，不能用铁、铜、锌等金属设备。重氮化反应完毕后，应将场地和设备用水冲洗干净。停用的重氮化反应釜要储满清水，废水直接排入下水道。

重氮盐的后处理工序中，要经常清除粉碎车间设备上的粉尘，防止物料洒落在干燥车间的热源上，或凝结在输送设备的摩擦部位。

6. 宜采用的控制方式

（1）将重氮化反应釜内温度、压力与釜内搅拌、亚硝酸钠流量、重氮化反应釜夹套冷却水进水阀形成联锁关系，在重氮化反应釜处设立紧急停车系统，当重氮化反应釜内温度超标或搅拌系统发生故障时自动停止加料并紧急停车。安全泄放系统。

（2）重氮盐后处理设备应配置温度检测、搅拌、冷却联锁自动控制调节装置，干燥设备应配置温度测量、加热热源开关、惰性气体保护的联锁装置。安全设施包括安全阀、爆破片、紧急放空阀等。

（3）重氮化工艺真正的危险是干燥的重氮盐的存在，干燥的重氮盐遇热、震动、摩擦就会立刻爆炸。因此，消除重氮盐的存在是保证重氮化工艺安全的关键。具体方法如下。

① 要求对重氮盐溶液进行过滤的重氮化工艺。重氮盐过滤装置在正常生产时的停用期间必须保持湿润，应使用雾状水24h时不间断对过滤装置进行喷洒。当重氮盐过滤装置长时间停用时，应该使用5%的氢氧化钠水溶液彻底清洗，不准留死角。然后再用清水冲洗3次以上。

② 过滤出的重氮盐渣滓，必须使用纯碱或30%的氢氧化钠水溶液进行充分搅拌处理。处理后的重氮盐渣滓必须呈碱性。

③ 重氮化反应设备停用或拆除前，必须使用5%的氢氧化钠水溶液彻底清洗，对于设备的死角更要仔细清洗。绝不能留死角。然后再用清水清洗3次以上。

④ 严禁对重氮盐进行干燥。

⑤ 重氮盐应现用现制造，生产出的重氮盐必须立即全部使用完，不得留存。

十、氧化工艺

1. 工艺简介

氧化为有电子转移的化学反应中失电子的过程，即氧化数升高的过程。多数有机化合物的氧化反应表现为反应原料得到氧或失去氢。涉及氧化反应的工艺过程为氧化工艺。常用的氧化剂有：空气、氧气、双氧水、氯酸钾、高锰酸钾、硝酸盐等。

2. 典型工艺

① 乙烯氧化制环氧乙烷。

② 甲醇氧化制备甲醛。

③ 对二甲苯氧化制备对苯二甲酸。

④ 异丙苯经氧化-酸解联产苯酚和丙酮。

⑤ 环己烷氧化制环己酮。

⑥ 天然气氧化制乙炔。

⑦ 丁烯、丁烷、C4 馏分或苯的氧化制顺丁烯二酸酐。

⑧ 邻二甲苯或萘的氧化制备邻苯二甲酸酐。

⑨ 均四甲苯的氧化制备均苯四甲酸二酐。

⑩ 苊的氧化制 1,8-萘二甲酸酐。

⑪ 3-甲基吡啶氧化制 3-吡啶甲酸(烟酸)。

⑫ 4-甲基吡啶氧化制 4-吡啶甲酸 (异烟酸)。

⑬ 2-乙基己醇(异辛醇)氧化制备 2-乙基己酸(异辛酸)。

⑭ 对氯甲苯氧化制备对氯苯甲醛和对氯苯甲酸。

⑮ 甲苯氧化制备苯甲醛、苯甲酸。

⑯ 对硝基甲苯氧化制备对硝基苯甲酸。

⑰ 环十二醇/酮混合物的开环氧化制备十二碳二酸。

⑱ 环己酮/醇混合物的氧化制己二酸。

⑲ 乙二醛硝酸氧化法合成乙醛酸。

⑳ 丁醛氧化制丁酸。

㉑ 氨氧化制硝酸等。

3. 危险性分析

在化工（危险化学品）生产过程中，氧化工艺涉及的原料、产物、中间产物、副产物等物质本身所具有的危险危害特性，其工艺条件、设备设施及装置等的特殊性，决定该工艺区别于其他化工过程的危险性。在物料、工艺与设备方面存在着如下危险性。

◆ 反应原料及产品具有燃爆危险性。

◆ 反应气相组成容易达到爆炸极限，具有闪爆危险。

◆ 部分氧化剂具有燃爆危险性，如氯酸钾，高锰酸钾、铬酸酐等都属于氧化剂，如遇高温或受撞击、摩擦以及与有机物、酸类接触，皆能引起火灾爆炸。

◆ 产物中易生成过氧化物，化学稳定性差，受高温、摩擦或撞击作用易分解、燃烧或爆炸。

(1) 氧化工艺装置缺少前期试验验证与可参考的类比工程资料，工艺条件与参数选择不当，导致工艺装置从一开始就缺少安全生产的科学性，极有可能发生各类事故。

在氧化工艺技术开发之前应对该化学反应的机理进行了解、熟悉并充分研究，借助试验结果与参照类比工程再进行工程的设计与施工。每个工艺与装置首先需要通过实验室的小试与中试，再进一步扩大试验，逐渐放大，确保工艺条件的选择具有充分的安全性与科学性。若缺少此类必要的前期工作，对工艺过程的危险性未作透彻了解与辨识，盲目放大试验结果，极有可能在后续的试验与工业生产中引发安全生产事故。如：反应物料的选择不当、反应温度与压力等工艺参数选择不合理、反应器与配套设施的型式选择不当、设备设施构造存在缺陷、工艺与安全自动控制系统设计不合理等，均可能导致生产装置工艺参数偏离安全范围，甚至有可能直接引发物料泄漏、设备破裂与火灾爆炸等事故，也可能为日后的事故的发生埋下隐患。

如，对硝基甲苯采用氧气氧化法制对硝基苯甲酸工艺，需要在高温加压条件下反应，控制釜温 130～170℃，压力为 0.4～0.6MPa，以醋酸为溶剂，乙酸钴、溴化钾作催化剂，其反应式如下。

该氧化釜采用间歇作操作，液相中对硝基甲苯浓度为 23%，乙酸浓度为 77%，气相中主要是乙酸蒸气与氧气。根据温度与压力大小计算可知，气相中乙酸蒸气浓度为 28%～57%。在常温、常压下乙酸的爆炸极限为 5.4%～17%，但随着温度、压力升高其爆炸极限范围会扩大，尤其是爆炸上限的上升更为明显，往往造成气相空间形成爆炸性混合物，在可能的点火源作用下极有可能发生爆炸。所以，为了确定合理的工艺参数，确保装置安全运行，首先应对物料的爆炸极限进行充分试验，获取有价值的基础资料，并以此确定氧化反应的工艺条件与设备设施及装置的技术要求。

(2) 各类反应物可造成火灾、爆炸、化学灼伤、中毒等

① 火灾、爆炸　被氧化的物质大部分是易燃易爆物质。如乙烯、丁烷、天然气均是易燃气体，异丙苯、对二甲苯、乙醛、甲醇均是易燃液体，此类物质具有饱和蒸汽压低、爆炸极限下限低、爆炸极限范围宽、最小点火能量低等特点，泄漏后在空气中易形成爆炸性混合气体，一旦遇点火源即可形成火灾、爆炸。环氧乙烷、乙炔、甲醛等氧化产物也同样具有很大的火灾爆炸危险性。

② 反应物具有较强的助燃性与不稳定性，可能引起火灾与爆炸　氧化反应所用的氧化剂具有很大的助燃危险性，一旦泄漏与有机物、酸类物质混合接触，有着火，甚至爆炸危险，如氧、铬酸酐、高锰酸钾、硝酸、四氧化氮和臭氧等；有些氧化剂本身不稳定性，遇高温或受撞击、摩擦等作用会引起本身的分解性爆炸。如氯酸钾、高氯酸、双氧水以及其他有机过氧化物等。各类氧化产物，如异丙苯经氧化制得的过氧化氢异丙苯，甲乙酮经氧化制得的过氧化甲乙酮等均属于有机过氧化物，本身稳定性很差，且具有一定燃烧性，遇高温或受撞击、摩擦等点火源均极易引起火灾、爆炸。

③ 反应物具有很强的毒害性，可引起人员中毒等　氨、二氧化硫、甲醇等原料以及环氧乙烷、丙烯腈、甲醛、三氧化硫、氮氧化物等氧化产物均具有较强的刺激性与毒害性，可引起人员中毒，有些物质还具有致癌性。

④ 反应物具有强腐蚀性，可引起化学灼伤与设备、建筑物等腐蚀　硝酸、顺丁烯二酸酐、醋酸等均属于酸性腐蚀性；氨溶于水生产的氨水为碱性腐蚀品。此类化学品泄漏可引起严重的化学灼伤，腐蚀相关设备设施与建筑物，间接引发各类事故。氧化反应过程会释放出大量热量，若未能将这些反应热及时转移，将导致反应装置的温度、压力急剧升高，同时副反应速率增加，引起火灾与爆炸。

（3）温度的升高可引起物料危险性增强　工艺温度的升高可能超过反应物的燃点从而引起燃烧并引发火灾，同时高温可引起爆炸性混合物的爆炸极限范围变大，导致生产装置的危险性显著增大，可能引起物料爆炸。尤其是采用空气或氧气作为氧化剂的气-固相氧化工艺，其反应温度一般在300℃以上，若反应温度升高，此种危险性后果则更为严重。如在对二甲苯氧化制粗对苯二甲酸工艺中，在反应温度达到200℃、反应压力高于1.6MPa的情况下，氧化反应器尾气中的对二甲苯（自燃点529℃）蒸气和醋酸（自燃点565℃）蒸气都能自燃，发生剧烈燃烧，并有可能导致反应器爆炸。

① 温度升高可引起设备内部压力增大，设备泄漏与破裂的危险增加。对于密闭式设备温度升高导致设备或系统的压力升高，高温还会引起设备设施的密封性与强度的降低，以上两方面的作用最终可导致设备内物料泄漏与设备破裂甚至爆炸等危险。

② 温度升高将引起物料分解、燃烧与爆炸。反应温度升高会引起物料分解与催化剂活性降低，从而造成副反应的增强，并可能超过易燃物的自燃点而引起火灾、爆炸事故。

如：在丙烯氨氧化制丙烯腈工艺中，若反应温度超过500℃时，氨的分解和氧化反应将明显加剧，会产生大量的N_2、NO和NO_2气体。

③ 反应温度过低会引起爆炸危险。对大部分氧化工艺而言，反应温度过低可能引起停车等，一般不会直接造成危险。但是如下情形仍可能引起安全事故。

a. 反应温度过低，会引起反应速度减慢或停滞。通常反应温度升高10℃，反应速率则增加约2～4倍。若操作人员误判，过量投料，待反应温度恢复至正常时，则往往会由于反应物浓度过高而致反应速率大大升高，造成反应温度急剧升高，反应过程失控，甚至爆炸。

b. 反应温度过低可能造成中间产物积累而引起爆炸。如对于乙醛液相氧化法制醋酸，反应温度过低是危险的，会造成反应速度变慢，从而易造成反应液中过氧醋酸的积累，一旦温度回升，过氧醋酸就会剧烈分解，引起爆炸。

c. 反应温度过低时，还会使某些物料冻结使管路堵塞或破裂。

④ 冷却介质选择不当，搅拌散热措施不足，可引起工艺温度失控，诱发事故。冷却介质仅允许在一定的温度范围内使用，其温度过高或过低将可能发生分解、凝固与结焦等，均可能造成传热不良，致使反应温度上升。若搅拌效果不良，致使传热速度变慢，易造成温度失控，或局部温度过高，将引发反应条件异常。若冷却介质的供应系统设计不当，冷量供应不足，或缺少备用泵等应急措施，也可能引起反应器内部温度过高。

⑤ 氧化反应后的气体冷却不及时，可能引起发生“尾烧”现象。氧化反应后的气体若具有易燃易爆，若未采取措施使之急冷，很可能在出反应器的时候发生“尾烧”现象，如乙烯氧化制环氧乙烷，环氧乙烷本身易燃，在高温及固体酸催化剂作用下异构为乙醛，乙醛进一步氧化为二氧化碳和水，并释放出热量引起温度升高，是很危险的状况，因此通常另设冷却器以加强急冷。

（4）进料配比或系统组分不当，可能使反应器内形成爆炸性混合物，极易引起反应器爆炸。反应器内的物料配比或组成不当，可引起爆炸危险，或致反应温度失控等，常见的事故原因及发生途径有以下几种。

① 氧化剂与被氧化物配比不当，可形成爆炸性混合物。对于在爆炸极限浓度之上操作的氧化工艺，若被氧化物的浓度降低，或对于在爆炸极限下限之下操作的，若被氧化物的浓度升高，使系统的气体混合物进入爆炸极限之内，由于高温、或其他各种可能的点火源作用，就会发生火灾、爆炸。

此外，气-液相氧化工艺而言，若进料配比不当，或操作错误，可能在气相中发生爆炸。如乙醛液相氧化法制醋酸，应严格控制进气中的氧气含量，主要原因是在氧化液中参与反应的氧气是有限的，若进气中的氧含量增加，反应后逸出的氧气也随之增加，在塔顶氧气浓度可能达到5%，而与乙醛气体形成爆炸性气体，极易引起爆炸。对二甲苯氧化制粗对苯二甲酸工艺也存在同样的危险。

② 反应抑制剂不足，物料危险性增强，可能引起爆炸。氧化反应的抑制剂加入不足或浓度过低，对混合物的爆炸危险性与系统的反应速率影响很大。如甲醇氧化制甲醛，必须加入水蒸气，以降低混合气的爆炸危险性；在乙烯氧化制环氧乙烷工艺中需要保持二氧化碳、二氯乙烷在一定范围，分别具有惰性化作用与抑制深度氧化作用。

③ 催化剂含量不足引起爆炸。液相催化氧化工艺中，催化剂用量不足，将使氧化深度不足，如乙醛液相氧化法制醋酸，若氧化液中的醋酸锰催化剂含量低于0.08%或更低，逸入塔顶的氧将大量增加，导致塔顶气相中的氧含量升高，容易导致火灾、爆炸。

(5) 催化剂性能降低或停留时间过短，均可能引发火灾、爆炸等危险。若催化剂未及时更换、填充不当或中毒等原因可造成催化剂性能降低，或物料停留时间过短，可造成被氧化物质、氧化剂等未被完全消耗，或使副反应增强，生成不稳定的副产物并在系统中累积，可能造成反应器与后续工段的火灾、爆炸等危险。如氨氧化制硝酸工艺，若催化剂活性降低、停留时间过短，造成氨的转化率下降（一般应保持在98%以上），因此未反应的氨与氧化氮发生反应，生成硝酸铵与亚硝酸铵，可能引起强烈爆炸。氧化炉刚开车时，温度低、转化率低，最易生成硝酸铵和亚硝酸铵。当反应温度达315℃时，一氧化氮又会使硝酸铵分解成亚硝酸铵，也容易发生爆炸。因此，在尚未升至正常反应温度（800～900℃）时，反应后的气体应放空吸收处理。

(6) 原料纯度与杂质不符合要求，或预处理不到位等可造成各类事故发生。反应物料中的某些杂质可能引起工艺参数波动与异常，最明显影响是造成催化剂活性降低，可通过间接作用而引起各类事故。如采用空气作为氧化剂，应对空气进行除尘、除有机物等预处理，以防止催化剂中毒。因此，应结合具体工艺、装置等分析这方面可能带来的具体危险后果。

(7) 设备设施选型、设计不当，或擅自更换配件，或缺少安全附件，无法满足物料、工艺条件与安全保护的要求，从而可能引起危险。

氧化工艺除氧化反应器之外，还有各类与之配套的设备设施，如换热器、塔器、储罐、槽、泵、压缩机、搅拌器、管道、阀门、密封材料等。氧化反应器等需承受反应温度与压力的作用，局部还承受高温差的冷缩热胀影响。同时与物料直接接触的设备材质与密封件还应满足物料的腐蚀作用。为了防止反应器超压而发生容器破裂，需要设置安全阀、爆破片等安全保护装置。与反应器配套的管件等在耐温、耐压以及耐腐蚀等方面无法满足要求，在使用中很可能造成设备设施变形、破裂与强度降低等，均可能引起危险。

如，在气-固催化氧化装置中，在操作中有可能发生设备内火灾，如氧化反应器与易燃介质的进料装置之间，尾气锅炉与氧化反应器之间，若缺少阻火器、水封等阻火隔断措施或此类设施本身失效，一旦引起火灾，极有可能造成火灾在整个工艺系统中蔓延，甚至导致爆炸。

(8) 高温物料与设备易造成人员烫伤。氧化反应的温度普遍较高，如天然气部分氧化制乙炔工艺，其反应温度甚至达到1500℃，有的反应装置可副产高温蒸汽等，此类装置一旦发生高温物料泄漏极易造成人员烫伤，高温设备设施若缺少保温措施，也可能引起烫伤。

4. 重点监控工艺参数

① 氧化反应釜内温度和压力。

② 氧化反应釜内搅拌速率。

③ 氧化剂流量。

④ 反应物料的配比。

⑤ 气相氧含量。

⑥ 过氧化物含量等。

5. 安全控制的基本要求

氧化反应需要加热，但反应过程又是放热反应。其物料配比接近于爆炸下限，倘若配比失调，温度控制不当，极易导致火灾爆炸事故的发生。氧化剂本身、氧化反应的中间产物和最终产物有些也具有火灾爆炸危险，若遇高温或受撞击、摩擦以及与有机物、酸类接触，都能引起着火爆炸。因此，氧化反应过程控制火灾爆炸是安全工作的重中之重。

(1) 反应釜温度和压力的报警和联锁。在催化剂氧化过程中，对于放热反应，应控制适宜的温度、流量，防止超温、超压和混合气体处于爆炸范围之内。最好是安装有温度、压力、流量等自动报警联锁装置。

(2) 反应物料的比例控制和联锁及紧急切断动力系统。氧化过程中如以空气或氧气作氧化剂时，反应物料的配比（可燃气体和空气的混合比例）应严格控制在爆炸范围之外。空气进入反应器前，应经过气体净化装置，除去空气中的灰尘、水汽、油污以及可使催化剂活性降低或中毒的杂质，以保持催化剂的活性，减少起火和爆炸的危险。因此，反应物料的配比一定要有仪表控制联锁。

(3) 紧急断料系统。使用硝酸、高锰酸钾等氧化剂时，要严格控制加料速度，防止多加、错加。固体氧化剂应粉碎后使用，最好呈溶液状态使用，反应中应不间断搅拌，严格控制反应温度，决不允许超过被氧化物质的自燃点。如若发生超温现象，投入紧急断料系统。

(4) 设置急冷却系统。其目的是当出现紧急情况时，启动紧急冷却系统，降低温度，保障安全。

(5) 紧急送入惰性气体的系统；当生产系统出现燃烧的紧急情况，用惰性气体进行保护，因为惰性气体不燃烧，可起到灭火和保护系统的作用。

(6) 设置气相氧含量监测、报警联锁，将十分有利于快速停止生产系统，氧含量超标后有可能发生重大事故，及时报警联锁停车，使装置安全地停下来。

(7) 设置安全泄放系统，其目的是发生紧急情况时能泄放出气体，使之保护设备装置免受爆炸或撕裂的破坏。

(8) 设置可燃有毒气体检测报警装置，对生产系统在运行中出现的工艺波动，致使有毒、可燃的气体逸出，这时检测仪器仪表报警，提醒操作者采取措施，避免人员中毒和发生燃烧爆炸事故。

6. 宜采用的控制方式

将氧化反应釜内温度和压力与反应物的配比和流量、氧化反应釜夹套冷却水进水阀、紧急冷却系统形成联锁关系，在氧化反应釜处设立紧急停车系统，当氧化反应釜内温度超标或搅拌系统发生故障时自动停止加料并紧急停车。配备安全阀、爆破片等安全设施。

十一、过氧化工艺

1. 工艺简介

向有机化合物分子中引入过氧基（—O—O—）的反应称为过氧化反应，得到的产物为过氧化物的工艺过程为过氧化工艺。

2. 典型工艺

① 双氧水的生产。

② 乙酸在硫酸存在下与双氧水作用，制备过氧乙酸水溶液。

③ 酸酐与双氧水作用直接制备过氧二酸。

④ 苯甲酰氯与双氧水的碱性溶液作用制备过氧化苯甲酰。

⑤ 异丙苯经空气氧化生产过氧化氢异丙苯等。

3. 危险性分析

① 过氧化物都含有过氧基（—O—O—），属含能物质，由于过氧键结合力弱，断裂时所需的能量不大，对热、振动、冲击或摩擦等都极为敏感，极易分解甚至爆炸。

② 过氧化物与有机物、纤维接触时易发生氧化、产生火灾。

③ 反应气相组成容易达到爆炸极限，具有燃爆危险。

4. 重点监控工艺参数

① 过氧化反应釜内温度。

② pH 值。

③ 过氧化反应釜内搅拌速率。

④（过）氧化剂流量。

⑤ 参加反应物质的配料比。

⑥ 过氧化物浓度。

⑦ 气相氧含量等。

5. 安全控制的基本要求

① 反应釜温度和压力的报警和联锁。

② 反应物料的比例控制和联锁及紧急切断动力系统。

③ 紧急断料系统；紧急冷却系统。

④ 紧急送入惰性气体的系统。

⑤ 气相氧含量监测、报警和联锁。

⑥ 紧急停车系统。

⑦ 安全泄放系统。

⑧ 可燃和有毒气体检测报警装置等。

6. 宜采用的控制方式

将过氧化反应釜内温度与釜内搅拌电流、过氧化物流量、过氧化反应釜夹套冷却水进水阀形成联锁关系，设置紧急停车系统。过氧化反应系统应设置泄爆管和安全泄放系统。

十二、胺基化工艺

1. 工艺简介

胺化是在分子中引入胺基（R_2N—）的反应，包括 R—CH_3 烃类化合物（R 为氢、烷基、芳基）在催化剂存在下，与氨和空气的混合物进行高温氧化反应，生成腈类等化合物的反应。涉及上述反应的工艺过程为胺基化工艺。

2. 危险性分析

（1）反应介质具有燃爆危险性；在胺基化生产过程中，所用的原料、产品、辅料、催化剂等是有机易燃物料和强氧化剂，如甲醇、环氧乙烷、丙烯等，其火灾危险类别多为甲类。生产、储存、使用过程，这些物质泄漏后可与空气形成爆炸性混合物，遇到明火、高温能引起燃烧和爆炸。

（2）在常压下20℃时，氨气的爆炸极限为15%～27%，随着温度、压力的升高，爆炸极限的范围增大。因此，在一定的温度、压力和催化剂的作用下，氨的氧化反应放出大量热，一旦氨气与空气比失调，就可能发生爆炸事故；作为胺基化反应的主要原料氨气或液氨，虽然其火灾危险类别为乙类，但液氨储罐、液氨钢瓶、汽化器、输送管道等处均属于压力容器或压力管道。在使用过程中，这些压力容器和压力管道受高温、暴晒。烘烤极易导致超压，从而引起火灾爆炸。

（3）由于氨呈碱性，具有强腐蚀性，在混有少量水分或湿气的情况下无论是气态或液态氨都会与铜、银、锡、锌及其合金发生化学作用；由于储罐、计量罐、反应釜、管道、阀门等设备、设施的材质与氨的化学性质不匹配，可造成设备、设施的腐蚀。季风的水汽也会加速厂房、设备和钢结构的腐蚀速度，影响厂房、设备的使用周期，降低安全系数。

（4）氨易与氧化银或氧化汞反应生成爆炸性化合物（雷酸盐）。胺反应温度基化反应为放热反应，反应温度都在适当温度下进行反应。化学反应由于温度下降而造成反应速度减慢或停滞，当反应温度恢复时由于未反应的物料过多发生剧烈反应而造成爆炸。由于温度下降使物料冻结、堵塞管道甚至造成设备、管道破裂，跑、冒、溢、漏易燃易爆物料而引发火灾爆炸事故。

（5）中毒。胺基化工艺过程中，无论是反应物、生成物，还是中间产物、副产物、尾气等，均具有不同的毒性。这些毒物主要经呼吸道和皮肤进入体内，亦可经消化道进入。可引起呼吸系统、神经系统、消化系统、循环系统、泌尿系统等的损伤。尤其胺基化工艺中温度较高，一旦有毒物质的蒸气泄漏，对人体的伤害更大。中毒事故的主要诱因包括：生产现场缺乏检验设施、人员违反操作规程、设备有缺陷、个人防护用品用具缺乏、安全附件缺失等。

（6）化学灼伤。氨气、液氨均具有强腐蚀性，在使用和尾气处理过程中，操作不当发生泄漏，如果直接接触到操作人员的皮肤、眼睛等部位，有可能造成化学性皮肤灼伤和化学性眼睛灼伤等。因此，生产现场必须设有冲洗设备和洗眼器。

3. 典型工艺

① 邻硝基氯苯与氨水反应制备邻硝基苯胺。

② 对硝基氯苯与氨水反应制备对硝基苯胺。

③ 间甲酚与氯化铵的混合物在催化剂和氨水作用下生成间甲苯胺。

④ 甲醇在催化剂和氨气作用下制备甲胺。

⑤ 1-硝基蒽醌与过量的氨水在氯苯中制备1-氨基蒽醌。

⑥ 2,6-蒽醌二磺酸氨解制备2,6-二氨基蒽醌。

⑦ 苯乙烯与胺反应制备*N*-取代苯乙胺。

⑧ 环氧乙烷或亚乙基亚胺与胺或氨发生开环加成反应，制备氨基乙醇或二胺。

⑨ 甲苯经氨氧化制备苯甲腈。

⑩ 丙烯氨氧化制备丙烯腈等。

4. 工艺参数控制

① 胺基化反应釜内温度、压力。

② 胺基化反应釜内搅拌速率。

③ 物料流量。

④ 反应物质的配料比。

⑤ 气相氧含量等。

5. 安全控制的基本要求

① 反应釜温度和压力的报警和联锁。

② 反应物料的比例控制和联锁系统。

③ 紧急冷却系统。

④ 气相氧含量监控联锁系统。

⑤ 紧急送入惰性气体的系统。

⑥ 紧急停车系统。

⑦ 安全泄放系统。

⑧ 可燃和有毒气体检测报警装置等。

6. 宜采用的控制方式

将胺基化反应釜内温度、压力与釜内搅拌、胺基化物料流量、胺基化反应釜夹套冷却水进水阀形成联锁关系，设置紧急停车系统。

安全设施，包括安全阀、爆破片、单向阀及紧急切断装置等。

十三、磺化工艺

1. 工艺简介

苯分子等芳香烃化合物里的氢原子被硫酸分子里的磺酸基（$—SO_3H$）所取代的反应。磺化反应过程 一种向有机分子中引入磺酸基（$—SO_3H$）或磺酰氯基（$—SO_2Cl$）的反应过程。磺化过程中磺酸基取代碳原子上的氢称为直接磺化；磺酸基取代碳原子上的卤素或硝基，称为间接磺化。通常用浓硫酸或发烟硫酸作为磺化剂，有时也用三氧化硫、氯磺酸、二氧化硫加氯气、二氧化硫加氧以及亚硫酸钠等作为磺化剂。

2. 典型工艺

磺化反应可分为直接磺化和间接磺化两大类。

（1）磺化体系碘值与反应时间的关系曲线直接磺化。用硫酸进行磺化是可逆反应，在一定条件下生成的磺酸又会水解。在很多情况下，磺化温度会影响磺基进入芳环的位置。例如，萘用浓硫酸在低温下进行磺化，主要生成易水解的萘-1-磺酸，而高温磺化则主要生成难水解的萘-2-磺酸。磺化是放热反应，低温磺化时需要冷却，而高温磺化则需要加热保温。

根据所用磺化剂的种类不同而区分为：

① 过量硫酸磺化　大多数芳香族化合物的磺化采用此法。用浓硫酸磺化时，反应通式为：$2H_2SO_4 \rightleftharpoons H_3^+O + HSO_4^- + SO_3$。反应生成的水使硫酸浓度下降、反应速率减慢，

因此要用过量很多的磺化剂。难磺化的芳烃要用发烟硫酸磺化。这时主要利用其中的游离三氧化硫，因此也要用过量很多的磺化剂。

$$Ar—H+SO_3^- \longrightarrow Ar\text{-}SO_3H$$

式中，Ar—表示芳基。

② 三氧化硫磺化　优点是磺化时不生成水，三氧化硫用量可接近理论量，反应快、废液少。但三氧化硫过于活泼，在磺化时易于生成砜类等副产物，因此常常要用空气或溶剂稀释使用。主要用于由十二烷基苯制十二烷基苯磺酸钠等表面活性剂的磺化过程。

③ 共沸去水磺化　用于从苯和氯苯制苯磺酸和对氯苯磺酸。特点是将过量6～8倍的苯蒸气在120～180℃通入浓硫酸中，利用共沸原理由未反应的苯蒸气将反应生成的水不断地带出，使硫酸浓度不致下降太多，此法硫酸的利用率高。因磺化时用苯蒸气，又简称气相磺化。

④ 烘焙磺化　用于某些芳伯胺的磺化。特点是将芳伯胺与等摩尔比的浓硫酸先制成固态硫酸盐，然后在180～230℃烘焙，或是将芳伯胺与等摩尔比的硫酸，在三氯苯介质中在180℃加热，并蒸出反应生成的水。如从苯胺制对氨基苯磺酸。

⑤ 氯磺酸磺化　用等摩尔比的氯磺酸使芳烃磺化可制得芳磺酸苯二甲。用摩尔比为1∶4～5或更多的氯磺酸，可制得芳磺酰氯。

例如：从2-萘酚制2-萘酚-1-磺酸，从乙酰苯胺制对乙酰胺基苯磺氯。

⑥ 用三氧化硫加氯气或加臭氧磺化脂肪族化合物一般不能用三氧化硫或其水合物进行磺化，因为它或是不起作用，或是使脂肪族化合物发生氧化分解，从而生成复杂的混合物。烷烃可用二氧化硫加氯气或加臭氧的混合物作磺化剂，在紫外光照射下进行磺氯化或磺氧化。

⑦ 加成磺化　某些烯烃化合物可以与亚硫酸氢盐发生加成磺化。例如顺丁烯二酸二异辛酯与亚硫酸氢钠在水介质中在110～120℃可反应而得琥珀酸二辛酯-2-磺酸钠盐（渗透剂T）间接磺化。

（2）间接磺化　有机化合物分子中碳原子上的卤素或硝基比较活泼时，如果与亚硫酸钠作用可被磺基所置换；磺化反应器以硫酸、氯磺酸或三氧化硫在液相磺化时一般用釜式反应器。以气态三氧化硫使十二烷基苯磺化时用膜式反应器。以 SO_2+Cl_2 或 SO_2+O_2 使烷烃磺氯化或磺氧化时，用气液鼓泡反应器。

产品用途。在有机分子中引入磺酸基可增加产物的水溶性和酸性。大部分水溶性染料（如直接染料、酸性染料和活性染料等）都含有磺酸基。有些磺酸盐是阴离子表面活性剂，如洗涤剂、润湿剂、渗透剂、乳化剂、增溶剂等。聚合物的磺酸盐包括有分散剂、强酸性离子交换树脂、弹性体、水溶性合成胶和增稠剂等。芳环上的磺基还可转化为羟基、氨基、氯基、氰基等，从而制得一系列中间体。有时，为了定位或有利于其他反应的进行，可先在芳环上暂时引入磺酸基，完成特定反应后，再进行磺酸基水解。磺酰氯基是活泼基团，从芳磺酰氯可制得芳磺酰胺和芳磺酸酯等一系列产物。

在有机物分子中引入磺基（$—SO_3H$）的反应叫磺化。脂肪族化合物通常用间接的方法磺化。芳香族化合物主要用直接磺化（亲电取代反应）。常用的磺化剂有浓硫酸、发烟硫酸等。磺化反应一般按下列历程进行。

3. 危险性分析

（1）固有危险　磺化工艺涉及的原料、中间产品，产品多数具有可燃性。如苯、甲苯、十二烷基苯等。磺化剂均具有氧化性和强腐蚀性，有些原料具有毒性。如苯胺、苯、三氧化硫等。

（2）工艺过程的危险

① 磺化反应是放热反应，每引入一个磺酸基放热 30～50kcal/mol，若在反应过程中得不到有效的冷却和良好的搅拌，反应热的积聚有可能引起超温，导致剧烈的反应。放出更多的热量，可能发生燃烧反应，造成起火或爆炸。

② 由于生产所需的磺化原料是可燃物，而磺化剂是强氧化剂，二者相互作用的条件下进行磺化反应是十分危险的，已经具备了燃烧的条件，若投料顺序颠倒，浓硫酸与水生成稀硫酸并放热，稀硫酸与浓硫酸相比有较大的腐蚀性，超温至燃点，导致燃烧或爆炸事故。

③ 低温磺化反应时，严格控制反应温度，若控制的温度偏低时，反应速度较慢，可能积累较多的未反应物料，使反应物料浓度增加，当恢复到较高正常的反应温度时，剧烈反应，瞬间放出大量的热导致超温，引起着火或爆炸事故。

④ 反应介质具有强酸腐蚀性，若忽视了设备监控因设备腐蚀失效会造成物料泄漏事故。

⑤ 生产过程中，所用磺化剂，三氧化硫、浓硫酸、发烟硫酸、氯磺酸等，有强烈的刺激性和氧化性，若泄漏会造成灼烧、腐蚀、中毒等危害，浓硫酸和发烟硫酸有脱水性性，雨水放出大量热量生成稀酸放热，所以使用过程中应严加防护。

4. 工艺参数控制

① 磺化反应釜内温度。

② 磺化反应釜内搅拌速率。

③ 磺化剂流量；冷却水流量。

5. 安全控制的基本要求

① 反应釜温度的报警和联锁。

② 搅拌的稳定控制和联锁系统。

③ 紧急冷却系统。

④ 紧急停车系统。

⑤ 安全泄放系统。

⑥ 三氧化硫泄漏监控报警系统等。

6. 宜采用的控制方式

将磺化反应釜内温度与磺化剂流量、磺化反应釜夹套冷却水进水阀、釜内搅拌电流形成联锁关系，紧急断料系统，当磺化反应釜内各参数偏离工艺指标时，能自动报警、停止加料，甚至紧急停车。磺化反应系统应设有泄爆管和紧急排放系统，以防止意外情况的发生。

十四、聚合工艺

1. 工艺简介

聚合工艺是指把单体小分子通过相互连接成为链状大分子，尤其非常大的分子，一般分子量达到 5000 以上，甚至可以达到几千万。从而得到一种新的材料的工艺过程。

2. 典型工艺

（1）聚烯烃生产

① 聚乙烯生产。

② 聚丙烯生产。

③ 聚苯乙烯生产等。

（2）聚氯乙烯生产

a. 电石乙炔法生产氯乙烯；

b. 合成法生产氯化氢；

c. 盐酸脱吸法生产氯乙烯；

d. 氯乙烯悬浮聚合工艺。

（3）合成纤维生产

① 涤纶生产。

② 锦纶生产。

③ 维纶生产。

④ 腈纶生产。

⑤ 尼龙生产等。

（4）橡胶生产

① 丁苯橡胶生产。

② 顺丁橡胶生产。

③ 丁腈橡胶生产等。

（5）乳液生产

① 醋酸乙烯乳液生产。

② 丙烯酸乳液生产等。

（6）涂料黏合剂生产

① 醇酸油漆生产。

② 聚酯涂料生产。

③ 环氧涂料黏合剂生产。

④ 丙烯酸涂料黏合剂生产等。

（7）氟化物聚合

① 四氟乙烯悬浮法、分散法生产聚四氟乙烯。

② 四氟乙烯（TFE）和偏氟乙烯（VDF）聚合生产氟橡胶和偏氟乙烯-全氟丙烯共聚弹性体（俗称 26 型氟橡胶或氟橡胶-26）等。

3. 危险性分析

（1）固有危险性

① 火灾危险性　参加聚合反应介质的自聚和燃爆危险性：单烯烃聚合单体包括液态的乙烯、丙烯、氯乙烯、苯乙烯等，都属于甲类火灾危险性易燃液体。二烯聚合所指的单体主要包括丁二烯、双环戊二烯、苯乙烯、丙烯腈、乙烯、丙烯等都是易燃物质，其蒸气能与空气形成爆炸性混合物。有些单体的储存温度低于沸点，所以需要在氮气保护下储存。有些单体是在压力下储存，在向储罐投单体前，应彻底用氮气置换。除乙烯、丙烯外其他单体都有自聚的特性，生成聚合物后容易堵塞输送管道。二烯烃（丁二烯、双环戊二烯）不仅能自聚，而且还能生成过氧化物，这是一种有爆炸危险的不稳定物质。

单烯烃聚合反应的引发剂（催化剂）一般是不稳定物质，有的为强氧化剂，有的可分解爆炸，有的易自燃，与空气或其他物质接触可发生激烈的化学反应，甚至引起爆炸，如过氧化物、偶氮化合物、烷基铝和三氟化硼。

② 爆炸危险性 如烯烃聚合所需单体丁二烯、双环戊二烯、苯乙烯、丙烯腈、乙烯、丙烯等易燃物质的蒸气能与空气形成爆炸性混合物，有些单体的储存温度低于沸点，所以需要在氮气保护下储存，有些单体是在压力下储存的，在向储罐投单体前，应彻底用氮气置换。除乙烯、丙烯外其他单体都有自聚的特性，生成聚合物后容易堵塞输送管道。二烯烃（丁二烯、双环戊二烯）不仅能自聚，而且还能生成过氧化物，这是一种有爆炸危险的不稳定物质。

③ 中毒危险性 环氧乙烷、苯乙烯、氯乙烯等反应物具有一定的毒性。如环氧乙烷属于高度危害，氯乙烯属于极度危害，其余大多属于轻度危害，如乙烯、苯乙烯等。

(2) 工艺过程的危险性

① 聚合分类

a. 本体聚合 这种聚合方法往往由于聚合热不易传导散出而导致危险。例如在高压聚乙烯生产中，每聚合 1kg 乙烯会放出 3.8mJ 的热量，倘若这些热量未能及时移去，则每聚合 1%的乙烯，即可使釜内温度升高 12～13℃，待升高到一定温度时，就会使乙烯分解，强烈放热，有发生暴聚的危险。一旦发生暴聚，则设备堵塞，压力骤增，极易发生爆炸。

b. 溶液聚合 这种聚合方法在聚合和分离过程中，易燃溶剂容易挥发和产生静电火花。溶液聚合是单体溶于溶剂中形成均相体系，在催化剂的作用下，反应生成聚合物。此聚合方式所采用带搅拌的设备能保证反应体系热量分布均匀，但是因大量使用易燃可燃液体作为溶剂，其燃烧爆炸危险性大。

c. 悬浮聚合 这种聚合方法在整个聚合过程中，如果没有严格控制工艺条件，致使设备运转不正常，则易出现溢料，如若溢料，则水分蒸发后未聚合的单体和引发剂遇火源极易引发着火或爆炸事故。

d. 乳液聚合 这种聚合方法常用无机过氧化物（如过氧化氢）作引发剂，如若过氧化物在介质（水）中配比不当，温度太高，反应速度过快，会发生冲料，同时在聚合过程中还会产生可燃气体。

e. 缩合聚合 缩合聚合是吸热反应，但由于温度过高，也会导致系统的压力增加，甚至引起爆裂，泄漏出易燃易爆的单体。

② 高活性的单体易发生氧化、自聚、热聚反应 聚合原料单体基本上为由碳氢构成的不饱和烃，性质活泼，在高温下容易发生氧化、自聚和热聚反应。例如丁二烯在一定条件下，能在设备内生成性质极不稳定的丁二烯过氧化物、端基聚合物和自聚物。过氧化物易分解爆炸；自聚物则能在设备中迅速积累增加，致使设备或管道胀裂，大量物料流出，引起燃烧和爆炸。

③ 高压设备和管道内物料易泄漏，形成爆炸性混合物 聚合过程是在较高温度和压力条件下的密闭设备和管道中进行的，其原料包括溶剂及其他助剂，绝大部分属于易燃易爆物质，数量大、爆炸极限宽、闪点低和易挥发。生产过程中，可燃物料泄漏常有发生。易燃气体或液体蒸气一般比空气重，泄漏出来后往往沉积于地表、沟渠及厂房死角，并且长期积聚不散，与空气易形成爆炸性混合气体，碰到火源便会发生燃烧甚至爆炸。

④ 聚合反应若温度控制不当，易发生暴聚 聚合反应均为放热和热动力不稳定过程，当热量来不及导出时会出现“暴聚”现象，反应失去控制而引发爆炸事故。例如：每千克乙烯聚合时可能产生约 3500kJ 的热量，而乙烯物料的比热在聚合反应的温度和压力下约为 2.6kJ/(kg·℃)，如果乙烯聚合转化率每升高 1%，则反应物料温度因反应热会升高 12～13℃；此热量若得不到及时移出，当体系温度升到 350℃以上时，乙烯便会发生爆炸性分

解。环氧乙烷聚合时放出85～125kJ/mol热量，而其蒸发热仅为25.5kJ/mol，所以环氧乙烷聚合时，容器中能产生相当高的环氧乙烷蒸气压力，从而引起爆炸。

⑤ 催化剂的性质增大过程的危险性　聚合过程所使用的催化剂，有的为强氧化剂，有的易分解爆炸，有的易自燃。如三乙基铝，三异丁基铝，异戊基铝，一氯二乙基铝与二乙基铝的等分子混合物等与空气接触立即燃烧，遇水易爆炸。催化剂三氟化硼和空气接触也会发生剧烈反应，冒白烟。过氧化物催化剂遇高温则会发生分解、爆炸。聚合过程中催化剂加入过量，引发剂的比例过高，聚合反应速度加快，产生的反应热不易导出，还可能导致暴聚。

⑥ 原料含杂质引发危险　原料中的某些杂质，对聚合有催化作用或能引起不良副反应，其结果会使聚合过程变得无法控制。高压聚乙烯生产中，原料乙烯不纯，尤其是含乙炔量过高，压缩时就易聚合放热而发生爆炸。丁二烯中含氧量为500ppm时，就会产生端基聚合物。

⑦ 聚合产物具有潜在的危险性　聚合产物黏性大，设备和管道常有被其黏堵的可能性。采用管式聚合器的最大问题是反应后的聚合产物黏挂管壁发生堵塞，引起管内压力和温度变化，甚至因局部过热引起物料裂解，成为爆炸事故的原因。此外，从生产装置中清理出来的自聚物、热聚物遇空气容易自燃。

⑧ 聚合后处理过程中，在设备内可能形成爆炸性混合物　聚合反应完毕后，聚合器内除聚合体外，还有未反应完的单体、溶剂、乳化剂、催化剂等易燃易爆物。若后处理不当，会引发危害。例如用气体压出聚氯乙烯聚合物料时，若气体为压缩空气，则空气中的氧会与物料中残存的氯乙烯形成爆炸性混合物。

⑨ 静电危险性分析　大多聚合产品，如聚氯乙烯、橡胶、合成纤维等，其电阻率大都在$10^{12}\Omega\cdot cm$左右（$10^{11}\sim10^{14}\Omega\cdot cm$），最易产生静电，又由于在聚合产品输送过程至粉体聚合物料仓以及由料仓分装的过程，都很容易产生静电，易引起静电起火或爆炸，影响产品质量，妨碍生产和伤害人体等危害。

4. 工艺参数控制

① 反应器温度控制。

② 反应器的压力控制。

③ 反应过程中单体或引发剂流量的控制。

④ 冷却水流量的控制。

⑤ 聚合工艺反应釜搅拌速率的控制。

⑥ 料仓静电的消除控制。

⑦ 可燃气体和液体浓度控制。

⑧ 操作温度高于物料闪点的操作控制。

5. 安全控制的基本要求

（1）控制方案　聚合反应应实现反应釜温度和压力的自控、并设置信号报警和安全联锁系统。当温度上升速度过快，反应釜的温度和压力达到报警设定值时，发出声光报警；当反应釜的温度和压力达到或超过安全联锁设定值时，紧急停车（包括切断热源，中止进料、停止滴加，启动紧急冷却系统），必要时加入解聚（或阻聚）剂中止（或延缓）反应。对于单体聚合反应中因工艺参数失控而引起的过压、危及设备或管道时，除了设置上述自控、信号报警和安全联锁系统外，还应设置紧急泄放系统。

反应过程应根据工艺需求确定和控制搅拌转速。并宜将搅拌转速与关键原料（如单体、引发剂等）进料阀门设置安全联锁。当搅拌转速偏离设定值时或搅拌失效时，发出声光信号，紧急切断进料系统。必要时根据实际情况，采取进一步的补救措施（如降温或加入解聚剂等）。

（2）投料顺序与投料量的控制要求

① 各原料之间的投料顺序和物料配比对聚合反应至关重要。反应时应确保投料顺序和各物料投料的准确性。

② 反应釜的投料量不超过釜体容量的70%，兑稀釜的投料量不超过容量的80%，反应釜内物料液面不低于釜体夹套的加热高度，搅拌时液面应有效淹没温度计的测温点。

③ 严格控制催化剂（特别是过氧化物）的浓度及投料量的准确性。对于需要匀速进料的单体聚合反应，应设置自动滴加控制装置，以控制单体及引发剂进入反应釜的速度，并根据反应温度变化调节滴加速度，以确保反应平稳进行。

（3）温度控制要求

① 严格控制单体温度，防止单体自发聚合。

② 应将反应温度与单体流量、引发剂滴加量、滴加速度与冷媒系统形成联锁。

③ 设置工艺不同时段要求的反应温度和时间，并与冷热媒系统形成联锁。

④ 根据各类聚合反应特点及其溶剂安全兑稀的要求（必须不高于引起副反应的温度，且低于兑稀的初馏点），确定和控制物料兑稀温度。

⑤ 当反应釜夹套采用电加热方式时，加热电源开关应与物料温度和冷媒进料阀门联锁。

（4）压力控制要求　反应釜内压力的升高主要来源于温度升高导致的反应釜内物料（蒸汽压增大）汽化而产生的，控制压力关键在于控制反应釜内温度，若反应产物黏性大，设备和管道常有被其黏堵的可能性。黏堵的发生易引起釜内压力和温度的变化，甚至成为爆炸的诱发原因。因此，应设置釜内压力与紧急泄压系统的报警及联锁。

（5）搅拌速率控制要求　反应搅拌的选型和转速，直接影响搅拌效果。如果搅拌装置运转不正常，不但影响传热效果，甚至引发聚合过程的反应失控、胶化或暴聚。因此，应根据工艺需求确定和控制搅拌转速，必要时，应将搅拌转速与关键原料进料阀门设置安全联锁。

（6）安全泄压控制要求　单体聚合反应釜应设置紧急泄放的防爆膜、泄放管外接密闭的事故泄料槽。事故泄料槽、放空管应设置在安全地点，并符合相关规范要求。

6. 宜采用的控制方式

将聚合反应釜内温度、压力与釜内搅拌电流、聚合单体流量、引发剂加入量、聚合反应釜夹套冷却水进水阀形成联锁关系，在聚合反应釜处设立紧急停车系统。当反应超温、搅拌失效或冷却失效时，能及时加入聚合反应终止剂。安全泄放系统。

十五、烷基化工艺

1. 工艺简介

把烷基引入有机化合物分子中的碳、氮、氧等原子上的反应称为烷基化反应。涉及烷基化反应的工艺过程为烷基化工艺，可分为C—烷基化反应、N—烷基化反应、O—烷基化反应等。

2. 危险性分析

（1）反应介质具有燃爆危险性；被烷基化的物质大都具有着火爆炸危险。如苯是甲类液体，闪点－11℃，爆炸极限1.5%～9.5%；苯胺是丙类液体，闪点71℃，爆炸极限

1.3%～4.2%。

（2）烷基化催化剂具有自燃危险性，遇水剧烈反应，放出大量热量，容易引起火灾甚至爆炸；烷基化剂一般比被烷基化物质的火灾危险性要大。如丙烯是易燃气体，爆炸极限2%～11%；甲醇是甲类液体，闪点7℃，爆炸极限6%～36.5%；十二烯是乙类液体，闪点35℃，自燃点220℃。

（3）烷基化反应都是在加热条件下进行，原料、催化剂、烷基化剂等加料次序颠倒、加料速度过快或者搅拌中断停止等异常现象容易引起局部剧烈反应，造成跑料，引发火灾或爆炸事故。烷基化过程所用的催化剂反应活性强。如三氯化铝是忌湿物品，有强烈的腐蚀性，遇水或水蒸气分解放热，放出氯化氢气体，有时能引起爆炸，若接触可燃物，则易着火；三氯化磷是腐蚀性忌湿液体，遇水或乙醇剧烈分解，放出大量的热和氯化氢气体，有极强的腐蚀性和刺激性，有毒，遇水及酸（主要是硝酸、醋酸）发热、冒烟，有发生起火爆炸的危险。

（4）烷基化的产品亦有一定的火灾危险。如异丙苯是乙类液体，闪点35.5℃，自燃点434℃，爆炸极限0.68%～4.2%；二甲基苯胺是丙类液体，闪点61℃，自燃点371℃；烷基苯是丙类液体，闪点127℃。

3. 典型工艺

（1）C-烷基化反应

① 乙烯、丙烯以及长链α-烯烃，制备乙苯、异丙苯和高级化学合成烷基苯。

② 苯系物与氯代高级烷烃在催化剂作用下制备高级烷基苯。

③ 用脂肪醛和芳烃衍生物制备对称的二芳基甲烷衍生物。

④ 苯酚与丙酮在酸催化下制备2,2-对（对羟基苯基）丙烷（俗称双酚A）。

⑤ 乙烯与苯发生烷基化反应生产乙苯等。

（2）N-烷基化反应

① 苯胺和甲醚烷基化生产苯甲胺。

② 苯胺与氯乙酸生产苯基氨基乙酸。

③ 苯胺和甲醇制备*N*,*N*-二甲基苯胺。

④ 苯胺和氯乙烷制备*N*,*N*-二烷基芳胺。

⑤ 对甲苯胺与硫酸二甲酯制备*N*,*N*-二甲基对甲苯胺。

⑥ 环氧乙烷与苯胺制备*N*-(β-羟乙基)苯胺。

⑦ 氨或脂肪胺和环氧乙烷制备乙醇胺类化合物。

⑧ 苯胺与丙烯腈反应制备*N*-(β-氰乙基)苯胺等。

（3）O-烷基化反应

① 对苯二酚、氢氧化钠水溶液和氯甲烷制备对苯二甲醚。

② 硫酸二甲酯与苯酚制备苯甲醚。

③ 高级脂肪醇或烷基酚与环氧乙烷加成生成聚醚类产物等。

4. 工艺参数控制

（1）烷基化反应釜内温度和压力。

（2）烷基化反应釜内搅拌速率。

（3）反应物料的流量及配比等。

5. 安全控制的基本要求

（1）反应物料的紧急切断系统。

（2）紧急冷却系统。

（3）安全泄放系统。

（4）可燃和有毒气体检测报警装置等。

6. 宜采用的控制方式

将烷基化反应釜内温度和压力与釜内搅拌、烷基化物料流量、烷基化反应釜夹套冷却水进水阀形成联锁关系，当烷基化反应釜内温度超标或搅拌系统发生故障时自动停止加料并紧急停车。安全设施包括安全阀、爆破片、紧急放空阀、单向阀及紧急切断装置等。

十六、新型煤化工工艺

1. 工艺简介

新型煤化工以生产洁净能源和可替代石油化工的产品为主，如柴油、汽油、航空煤油、液化石油气、乙烯原料、聚丙烯原料、替代燃料（甲醇、二甲醚）等，它与能源、化工技术结合，可形成煤炭——能源化工一体化的新兴产业。煤炭能源化工产业将在中国能源的可持续利用中扮演重要的角色。这对于中国减轻燃煤造成的环境污染、降低中国对进口石油的依赖均有着重大意义。可以说，煤化工行业在中国面临着新的市场需求和发展机遇。

2. 典型工艺

（1）煤炭液化技术　无论是引进技术还是自主开发，建设煤直接液化或间接液化工厂都需要国内有大量技术配套方面的研究和工程。其中山西潞安煤基合成油示范项目攻克了大型化合成油装置关键工艺技术和装备，通过其在工业规模下生产取得的经验，为下一大规模产业化创造条件。

（2）甲醇和二甲醚合成技术　目前，国内已经建设或拟建设的甲醇生产项目很多，据不完全统计，新上项目的总生产能力不低于1000万吨/年。国外的研究认为，甲醇和二甲醚作为代用发动机燃料（不是少量掺烧），到达用户的全成本大于煤基合成油（煤间接液化），同时二甲醚代替柴油也有相关技术问题需要进一步研究。但其作为煤化工发展的一个方向，对化工（危险化学品）行业的发展仍然具有极其重要的意义。

（3）煤炭焦化　新建煤炭焦化工程项目应立足煤炭企业原料煤特点，采用大型焦炉和能够提高焦炭质量的先进技术以及必要的环保技术，以应对未来优质炼焦煤不足、焦炭市场变化和日益严格的环保政策带来的更加激烈的竞争。

总体说来，要想保证我国的煤化工业良好发展，就需要选择适合煤化工业的结构框架，向发达国家学习新型的技术，并加大对其的探究力度，自主研发相关的技术，进行深入化的研究方向，并对相关的技术进行不断的改善和健全，增加自身的优势，看清市场的发展要求，打造一个属于自己的品牌形象，不断增强自身的竞争力度，进一步提高煤化工企业在经济生活中的重要作用。

3. 危险性分析

① 反应介质涉及一氧化碳、氢气、甲烷、乙烯、丙烯等易燃气体，具有燃爆危险性。

② 反应过程多为高温、高压过程，易发生工艺介质泄漏，引发火灾、爆炸和一氧化碳中毒事故。

③ 反应过程可能形成爆炸性混合气体。
④ 多数煤化工新工艺反应速度快，放热量大，造成反应失控。
⑤ 反应中间产物不稳定，易造成分解爆炸。

4. 工艺参数控制

① 反应器温度和压力。
② 反应物料的比例控制。
③ 料位；液位。
④ 进料介质温度、压力与流量。
⑤ 氧含量。
⑥ 外取热器蒸汽温度与压力。
⑦ 风压和风温。
⑧ 烟气压力与温度。
⑨ 压降；H_2/CO 比。
⑩ NO/O_2 比。
⑪ NO/醇比。
⑫ H_2、H_2S、CO_2 含量等。

5. 安全控制的基本要求

① 反应器温度、压力报警与联锁。
② 进料介质流量控制与联锁。
③ 反应系统紧急切断进料联锁。
④ 料位控制回路。
⑤ 液位控制回路。
⑥ H_2/CO 比例控制与联锁。
⑦ NO/O_2 比例控制与联锁。
⑧ 外取热器蒸汽热水泵联锁。
⑨ 主风流量联锁。
⑩ 可燃和有毒气体检测报警装置。
⑪ 紧急冷却系统。
⑫ 安全泄放系统。

6. 已采用的控制方式

将进料流量、外取热蒸汽流量、外取热蒸汽包液位、H_2/CO 比例与反应器进料系统设立联锁关系，一旦发生异常工况启动联锁，紧急切断所有进料，开启事故蒸汽阀或氮气阀，迅速置换反应器内物料，并将反应器进行冷却、降温。

安全设施，包括安全阀、防爆膜、紧急切断阀及紧急排放系统等。

十七、电石生产工艺

1. 工艺简介

电石生产工艺是以石灰和碳素材料（焦炭、兰炭、石油焦、冶金焦、白煤等）为原料，在电石炉内依靠电弧热和电阻热在高温进行反应，生成电石的工艺过程。电石炉型式主要分为两种：内燃型和全密闭型。

2. 典型工艺

石灰和碳素材料（焦炭、兰炭、石油焦、冶金焦、白煤等）反应制备电石。

3. 危险性分析

① 电石炉工艺操作具有火灾、爆炸、烧伤、中毒、触电等危险性。

② 电石遇水会发生激烈反应，生成乙炔气体，具有燃爆危险性。

③ 电石的冷却、破碎过程具有人身伤害、烫伤等危险性。

④ 反应产物一氧化碳有毒，与空气混合到12.5%～74%时会引起燃烧和爆炸。

⑤ 生产中漏糊造成电极软断时，会使炉气出口温度突然升高，炉内压力突然增大，造成严重的爆炸事故。

4. 工艺参数控制

① 炉气温度。

② 炉气压力。

③ 料仓料位。

④ 电极压放量。

⑤ 一次电流。

⑥ 一次电压。

⑦ 电极电流。

⑧ 电极电压。

⑨ 有功功率。

⑩ 冷却水温度、压力。

⑪ 液压箱油位、温度。

⑫ 变压器温度。

⑬ 净化过滤器入口温度、炉气组分分析等。

5. 安全控制的基本要求

① 设置紧急停炉按钮。

② 电炉运行平台和电极压放视频监控、输送系统视频监控和启停现场声音报警。

③ 原料称重和输送系统控制。

④ 电石炉炉压调节、控制。

⑤ 电极升降控制。

⑥ 电极压放控制。

⑦ 液压泵站控制。

⑧ 炉气组分在线检测、报警和联锁。

⑨ 可燃和有毒气体检测和声光报警装置；设置紧急停车按钮等。

6. 宜采用的控制方式

将炉气压力、净化总阀与放散阀形成联锁关系；将炉气组分氢、氧含量高与净化系统形成联锁关系；将料仓超料位、氢含量与停炉形成联锁关系。

安全设施，包括安全阀、重力泄压阀、紧急放空阀、防爆膜等。

十八、偶氮化工艺

1. 工艺简介

合成通式为 R—N ═N—R 的偶氮化合物的反应为偶氮化反应，式中 R 为脂烃基或芳烃基，两个 R 基可相同也可不同。涉及偶氮化反应的工艺过程为偶氮化工艺。脂肪族偶氮化合物由相应的肼经过氧化或脱氢反应制取。芳香族偶氮化合物一般由重氮化合物的偶联反应制备。

2. 典型工艺

（1）脂肪族偶氮化合物合成　水合肼和丙酮氰醇反应，再经液氯氧化制备偶氮二异丁腈；次氯酸钠水溶液氧化氨基庚腈，或者甲基异丁基酮和水合肼缩合后与氰化氢反应，再经氯气氧化制取偶氮二异庚腈；偶氮二甲酸二乙酯 DEAD 和偶氮二甲酸二异丙酯 DIAD 的生产工艺。

（2）芳香族偶氮化合物合成　由重氮化合物的偶联反应制备的偶氮化合物。

3. 危险性分析

① 部分偶氮化合物极不稳定，活性强，受热或摩擦、撞击等作用能发生分解甚至爆炸。

② 偶氮化生产过程所使用的肼类化合物，高毒，具有腐蚀性，易发生分解爆炸，遇氧化剂能自燃。

③ 反应原料具有燃爆危险性。

4. 工艺参数控制

① 偶氮化反应釜内温度、压力、液位、pH 值。

② 偶氮化反应釜内搅拌速率。

③ 肼流量。

④ 反应物质的配料比。

⑤ 后处理单元温度等。

5. 安全控制基本要求

① 反应釜温度和压力的报警和联锁。

② 反应物料的比例控制和联锁系统。

③ 紧急冷却系统。

④ 紧急停车系统。

⑤ 安全泄放系统。

⑥ 后处理单元配置温度监测、惰性气体保护的联锁装置等。

6. 宜采用的控制方式

将偶氮化反应釜内温度、压力与釜内搅拌、肼流量、偶氮化反应釜夹套冷却水进水阀形成联锁关系。在偶氮化反应釜处设立紧急停车系统，当偶氮化反应釜内温度超标或搅拌系统发生故障时，自动停止加料，并紧急停车。

后处理设备应配置温度检测、搅拌、冷却联锁自动控制调节装置，干燥设备应配置温度测量、加热热源开关、惰性气体保护的联锁装置。

安全设施，包括安全阀、爆破片、紧急放空阀等。

第四节 化工单元操作过程安全技术

一、物料输送

在化工（危险化学品）生产过程中，经常需要将各种原料、中间体、产品以及副产品和废弃物从一个地方输送到另一个地方。由于所输送物料的形态不同（块状、粉状、液体、气体），所采用的输送方式也各异。但不论采取何种形式的输送，保证它们的安全运行都是十分重要的。

1. 液态物料输送

液态物料可借其位能沿管道向低处输送。而将其由低处输往高处或由一地输往另一地（水平输送），或由低压处输往高压处，以及为保证一定流量克服阻力所需要的压头，则需要依靠泵来完成。泵的种类较多，通常有往复泵、离心泵、旋转泵、流体作用泵等。

液态物料输送危险控制要点如下。

(1) 输送易燃液体宜采用蒸气往复泵。如采用离心泵，则泵的叶轮应用有色金属制造，以防撞击产生火花。设备和管道均应有良好接地，以防静电引起火灾。由于采用虹吸和自流的输送方法较为安全，故应优先选择。

(2) 对于易燃液体，不可采用压缩空气压送，因为空气与易燃液体蒸气混合，可形成爆炸性混合物，且有产生静电的可能。对于闪点很低的可燃液体，应用氮气或二氧化碳等惰性气体压送。闪点较高及沸点在130℃以上的可燃液体，如有良好的接地装置，可用空气压送。

(3) 临时输送可燃液体的泵和管道（胶管）连接处必须紧密、牢固，以免输送过程中管道受压脱落漏料而引起火灾。

(4) 用各种泵类输送可燃液体时，其管道内流速不应超过安全速度，且管道应有可靠的接地措施，以防静电聚集。同时要避免吸入口产生负压，以防空气进入系统导致爆炸或抽瘪设备。

2. 气态物料输送

气体物料的输送采用压缩机。按气体的运动方式，压缩机可分为往复压缩机和旋转压缩机两类。气态物料输送危险控制要点如下。

(1) 输送液化可燃气体宜采用液环泵，因液环泵比较安全。但在抽送或压送可燃气体时，进气入口应该保持一定余压，以免造成负压吸入空气形成爆炸性混合物。

(2) 为避免压缩机汽缸、储气罐以及输送管路因压力增高而引起爆炸，要求这些部分要有足够的强度。此外，要安装经核验准确可靠的压力表和安全阀（或爆破片）。安全阀泄压应将危险气体导致安全的地点。还可安装压力超高报警器、自动调节装置或压力超高自动停车装置。

(3) 压缩机在运行中不能中断润滑油和冷却水，并注意冷却水不能进入汽缸，以防发生水锤。

(4) 气体抽送、压缩设备上的垫圈易损坏漏气，应注意经常检查及时换修。

(5) 压送特殊气体的压缩机，应根据所压送气体物料的化学性质，采取相应的防火措施。如乙炔压缩机同乙炔接触的部件不允许用铜来制造，以防产生具有爆炸危险的乙炔铜。

（6）可燃气体的管道应经常保持正压，并根据实际需要安装逆止阀、水封和阻火器等安全装置，管内流速不应过高。管道应有良好的接地装置，以防静电聚集放电引起火灾。

（7）可燃气体和易燃蒸气的抽送、压缩设备的电机部分，应为符合防爆等级要求的电气设备。否则，应穿墙隔离设置。

（8）当输送可燃气体的管道着火时，应及时采取灭火措施。管径在 150mm 以下的管道。一般可直接关闭闸阀熄火；管径在 150mm 以上的管道着火时，不可直接关闭闸阀熄火，应采取逐渐降低气压。通入大量水蒸气或氮气灭火的措施。但气体压力不得低于 50～100Pa 严禁突然关闭闸阀或水封。以防回火爆炸。当着火管道被烧红时，不得用水骤然冷却。

二、加热、熔融与干燥

1. 加热

加热过程危险性较大。装置加热方法一般为蒸汽或热水加热、载热体加热以及电加热等。

（1）采用水蒸气或热水加热时，应定期检查蒸汽夹套和管道的耐压强度，并应装设压力计和安全阀。与水会发生反应的物料，不宜采用水蒸气或热水加热。

（2）采用充油夹套加热时，需将加热炉门与反应设备用砖墙隔绝，或将加热炉设于车间外面。油循环系统应严格密闭，不准热油泄漏。

（3）为了提高电加热设备的安全可靠程度，可采用较大截面的导线，以防过负荷；采用防潮、防腐蚀、耐高温的绝缘，增加绝缘层厚度。添加绝缘保护层等措施。电感应线圈应密封起来，防止与可燃物接触。

（4）电加热器的电炉丝与被加热设备的器壁之间应有良好的绝缘，以防短路引起电火花，将器壁击穿，使设备内的易燃物质或漏出的气体和蒸气发生燃烧或爆炸。在加热或烘干易燃物质，以及受热能挥发可燃气体或蒸气的物质，应采用封闭式电加热器。电加热器不能安放在易燃物质附近。导线的负荷能力应能满足加热器的要求，应采用插头向插座上连接方式，工业上用的电加热器，在任何情况下都要设置单独的电路，并要安装适合的熔断器。

（5）在采用直接用火加热工艺过程时，加热炉门与加热设备间应用砖墙完全隔离，不使厂房内存在明火。加热锅内残渣应经常清除以免局部过热引起锅底破裂。以煤粉为燃料时，料斗应保持一定存量，不许倒空，避免空气进入，防止煤粉爆炸；制粉系统应安装爆破片。以气体、液体为燃料时，点火前应吹扫炉膛，排除积存的爆炸性混合气体，防止点火时发生爆炸。当加热温度接近或超过物料的自燃点时，应采用惰性气体保护。

2. 熔融

熔融过程是利用加热将固态物料融化为液态的单元操作。在化工（危险化学品）生产中常常将某些固体物料（如苛性钠、苛性钾、硝酸盐等）熔融之后进行化学反应。另外，还有某些固体物质需熔融后以利于使用和加工，如沥青、石蜡和松香等物质的使用。

（1）熔融设备　分为敞开式和密封式两种。熔融过程一般在 150～350℃下进行，加热方式根据物料的熔点，选择介质加热（如热水、水蒸气或高温导热油）或直接火焰加热。

（2）危险性分析　主要危险来源于被熔融物料的化学特性、熔融时的黏稠程度、熔融过程所产生的副产品、熔融设备、加热方式等各个方面。

① 熔融物料的危险性。对闪点低、熔点低、自燃点低的固体物料进行熔融时，如采用

明火加热会因温度过高引起火灾事故的发生，特别是熔融物料中含有杂质时，如沥青、石蜡等可燃物料中含有极易形成喷油而引发火灾；另外，熔碱过程中的碱屑或碱液飞溅到皮肤上或眼睛里会造成人员灼伤。碱熔物和硝酸盐中若含有无机盐等杂质应尽量除掉，否则这些无机盐因不熔融会造成局部过热、烧焦，导致熔融物喷出而造成人员烧伤。

② 加热过程的危险性。熔融温度一般在150～350℃，可采用烟道气、油浴或金属加热，这些加热介质在操作过程中有很大的危险性，稍有不慎就有可能造成人员烧伤。使用煤气加热时应注意煤气泄漏引起的中毒事故。

③ 局部过热的危险性。进行熔融时是否安全，与物质的黏稠度有很大的关系。一般来讲，熔融物的黏稠度越大，物料越容易黏贴在加热设备管壁或加热锅底，当温度升高时易结焦，产生局部过热引发着火或爆炸事故。

④ 熔融挥发物。熔融过程因高温会产生很多小分子的挥发物，当空气中挥发物达到一定浓度、遇到能量时易发生爆炸，挥发物对人员的身体健康和环境的影响也是有害的。

（3）危害控制措施

① 选择安全的加热方式。在熔融过程中加热方式的选择和加热温度的控制是防火防爆的重要措施。根据熔融物料的性质选择合适的加热方式和升温速率，加热温度要控制在熔融物料的自燃点以下，以免温度达到自燃点而引起火灾。一般要求要尽可能避免用直接火焰加热，如果没有其他办法，生产要求急需必须使用时，尽量将火焰避开熔融物质。

② 防止物料外溢。进行操作时，设备内的物料不能装得太少，但也不能过多。物料太少温度不易控制，易发生结焦而起火；物料过多，特别是含有水分和杂质时，一旦沸腾外溢会造成相当大的危险情况，一般要求盛装物料不超过设备容量的2/3，并在熔融设备上设置防溢装置，避免溢出的物料与明火接触。如需要某种熔融物料进行稀释，必须在安全温度以下进行，如用煤油稀释沥青时，必须在煤油的自燃点以下进行，以免发生着火事故。

③ 设备安全。为了确保熔融设备的安全，必须在熔融设备上安装必要的安全装置和安全设施，必须定期对设备进行检查，发现隐患及时检修。如果是采用高压蒸汽加热的熔融设备，须安装压力表、安全阀、液位计等安全附件，在熔融生产操作现场必须安装可燃、易燃、有毒气体检测报警系统。

3. 干燥

干燥按其热量供给湿物料的方式，可分为传导干燥、对流干燥、辐射干燥和介电加热干燥。干燥按操作压强可分为常压干燥和减压干燥；按操作方式可分为间歇式干燥与连续式干燥。常用的干燥设备有厢式干燥器，转筒干燥器、气流干燥器、沸腾床干燥器、喷雾干燥器。为防止火灾、爆炸、中毒事故的发生，干燥过程要采取以下安全措施：

（1）当干燥物料中含有自燃点很低或含有其他有害杂质时必须在烘干前彻底清除掉，干燥室内也不得放置容易自燃的物质。

（2）干燥室与生产车间应用防火墙隔绝，并安装良好的通风设备，电气设备应防爆或将开关安装在室外。在干燥室或干燥箱内操作时，应防止可燃的干燥物直接接触热源，以免引起燃烧。

（3）干燥易燃易爆物质，应采用蒸汽加热的真空干燥箱，当烘干结束后，去除真空时，一定要等到温度降低后才能放进空气；对易燃易爆物质采用流速较大的热空气干燥时，排气用的设备和电动机应采用防爆的；在用电烘箱烘烤能够蒸发易燃蒸气的物质时，电炉丝应完全封闭，箱上应加防爆门；利用烟道气直接加热可燃物时，在滚筒或干燥器上应安装防爆片，以防烟道气混入一氧化碳而引起爆炸。

（4）间歇式干燥，物料大部分靠人力输送，热源采用热空气自然循环或鼓风机强制循环，温度较难控制，易造成局部过热，引起物料分解造成火灾或爆炸。因此，在干燥过程中，应严格控制温度。

（5）在采用洞道式、滚筒式干燥器干燥时，主要是防止机械伤害。在气流干燥，喷雾干燥、沸腾床干燥以及滚筒式干燥中，多以烟道气、热空气为干燥热源。

（6）干燥过程中所产生的易燃气体和粉尘同空气混合易达到爆炸极限。在气流干燥中，物料由于迅速运动相互激烈碰撞、摩擦易产生静电；滚筒干燥过程中，刮刀有时和滚筒壁摩擦产生火花，因此，应该严格控制干燥气流风速，并将设备接地；对于滚筒干燥，应适当调整刮刀与筒壁间隙，并将刮刀牢牢固定，或采用有色金属材料制造刮刀，以防产生火花。用烟道气加热的滚筒式干燥器，应注意加热均匀，不可断料，滚筒不可中途停止运转。斗口有断料或停转应切断烟道气并通氮。干燥设备上应安装爆破片。

三、蒸发与蒸馏

1. 蒸发

蒸发按其采用的压力可以为常压蒸发、加压蒸发和减压蒸发（真空蒸发）。按其蒸发所需热量的利用次数可分为单效蒸发和多效蒸发。蒸发过程要注意如下问题：

（1）蒸发器的选择应考虑蒸发溶液的性质，如溶液的黏度、发泡性、腐蚀性、热敏性，以及是否容易结垢、结晶等情况。

（2）在蒸发操作中，管内壁出现结垢现象是不可避免的，尤其当处理易结晶和腐蚀性物料时，使传热量下降。在这些蒸发操作中，一方面应定期停车清洗、除垢；另一方面改进蒸发器的结构，如把蒸发器的加热管加工光滑些，使污垢不易生成，即使生成也易清洗，提高溶液循环的速度，从而可降低污垢生成的速度。

2. 蒸馏

化工（危险化学品）生产中常常要将混合物进行分离，以实现产品的提纯和回收或原料的精制。对于均相液体混合物，最常用的分离方法是蒸馏。要实现混合液的高纯度分离，需采用精馏操作。

在常压蒸馏中应注意易燃液体的蒸馏热源不能采用明火，而采用水蒸气或过热水蒸气加热较安全。蒸馏腐蚀性液体，应防止塔壁、塔盘腐蚀，造成易燃液体或蒸气逸出，遇明火或灼热的炉壁而产生燃烧。蒸馏自燃点很低的液体，应注意蒸馏系统的密闭，防止因高温泄漏遇空气自燃。对于高温的蒸馏系统，应防止冷却水突然漏入塔内，这将会使水迅速汽化，塔内压力突然增高而将物料冲出或发生爆炸。启动前应将塔内和蒸汽管道内的冷凝水放空，然后使用。在常压蒸馏过程中，还应注意防止管道、阀门被凝固点较高的物质凝结堵塞，导致塔内压力升高而引起爆炸。在用直接火加热蒸馏高沸点物料时（如苯二甲酸酐），应防止产生自燃点很低的树脂油状物遇空气而自燃。同时，应防止蒸干，使残渣焦化结垢，引起局部过热而着火爆炸。油焦和残渣应经常清除。冷凝系统的冷却水或冷冻盐水不能中断，否则未冷凝的易燃蒸气逸出使局部吸收系统温度增高，或窜出遇明火而引燃。

真空蒸馏（减压蒸馏）是一种比较安全的蒸馏方法。对于沸点较高、在高温下蒸馏时能引起分解、爆炸和聚合的物质，采用真空蒸馏较为合适。如硝基甲苯在高温下分解爆炸、苯乙烯在高温下易聚合，类似这类物质的蒸馏必须采用真空蒸馏的方法以降低流体的沸点。借以降低蒸馏的温度，确保其安全。

四、冷却、冷凝与冷冻

冷却与冷凝的主要区别在于被冷却的物料是否发生相的改变，若发生相变则成为冷凝，否则，如无相变只是温度降低则为冷却。冷却、冷凝操作在化工（危险化学品）生产中十分重要，它不仅涉及生产，而且也严重影响防火安全，反应设备和物料由于未能及时得到应有的冷却或冷凝，常是导致火灾、爆炸的原因。在工业生产过程中，蒸气、气体的液化，某些组分的低温分离，以及某些物品的输送、储藏等，常需将物料降到比水或周围空气更低的温度，这种操作称为冷冻或制冷。

冷冻操作的实质是利用冷冻剂自身通过压缩—冷却—蒸发（或节流、膨胀）的循环过程，不断地由被冷冻物体取出热量（一般通过冷载体盐水溶液传递热量），并传给高温物质（水或空气），以使被冷冻物体温度降低。一般说来，冷冻程度与冷冻操作技术有关，凡冷冻范围在－100℃以内的称冷冻；而在－100～－200℃或更低的，则称为深度冷冻或简称深冷。

（1）冷却（凝）及冷冻过程的危险控制要点如下。

① 应根据被冷却物料的温度、压力、理化性质以及所要求冷却的工艺条件，正确选用冷却设备和冷却剂。忌水物料的冷却不宜采用水作冷却剂，必需时应采取特别措施。

② 应严格注意冷却设备的密闭性，防止物料进入冷却剂中或冷却剂进入物料中。

③ 冷却操作过程中，冷却介质不能中断，否则会造成积热，使反应异常，系统温度、压力升高，引起火灾或爆炸。因此，冷却介质温度控制最好采用自动调节装置。

④ 开车前，首先应清除冷凝器中的积液；开车时，应先通入冷却介质，然后通入高温物料；停车时，应先停物料，后停冷却系统。

⑤ 为保证不凝可燃气体安全排空，可充氮进行保护。

⑥ 高凝固点物料，冷却后易变得黏稠或凝固，在冷却时要注意控制温度，防止物料卡住搅拌器或堵塞设备及管道。

（2）冷冻过程的安全措施

① 对于制冷系统的压缩机、冷凝器、蒸发器以及管路系统，应注意耐压等级和气密性，防止设备、管路产生裂纹、泄漏。此外，应加强压力表、安全阀等的检查和维护。

② 对于低温部分，应注意其低温材质的选择，防止低温脆裂发生。

③ 当制冷系统发生事故或紧急停车时，应注意被冷冻物料的排空处置。

④ 对于氨压缩机，应采用不发火花的电气设备；压缩机应选用低温下不冻结且不与制冷剂发生化学反应的润滑油，且油分离器应设于室外。

⑤ 注意冷载体盐水系统的防腐蚀。

五、筛分与过滤

1. 筛分

在工业生产中，为满足生产工艺的要求，常常需将固体原料、产品进行筛选，以选取符合工艺要求的粒度，这一操作过程称为筛分。筛分分为人工筛分和机械筛分。筛分所用的设备称为筛子，通过筛网孔眼控制物料的粒度。按筛网的形状可分为转动式和平板式两类。

筛分过程的危险控制要点。在筛分可燃物时，应采取防碰撞打火和消除静电措施，防止因碰撞和静电引起粉尘爆炸和火灾事故。

2. 过滤

过滤是使悬浮液在重力、真空、加压及离心的作用下，通过细孔物体，将固体悬浮微粒截留进行分离的操作。按操作方法，过滤分为间歇过滤和连续过滤两种；按推动力分为重力过滤、加压过滤、真空过滤和离心过滤。过滤采用的设备为过滤机。

六、粉碎与混合

1. 粉碎

（1）将粉碎机安装在适当位置，接通电源，即可启用。

（2）使用前应检查机件传动部分是否有松动和其他不正常现象，机器运转方向应与箭头方向一致。

（3）使用时先进行空载试验 1～2min，待观察无异常现象方可投料，进料时应逐渐增大物流量，并随时观察电动机耗电电源和运转情况，待加料与电源平衡运转正常后，定死下料闸板，进行工作。中途如因物料太潮，黏结性太大，影响出粉，应将物料烘干或更换较粗的筛板。更换筛板只需将前盖打开即可进行，安装前盖时应注意两边手轮松紧一致，保证前盖与机壳密封。停车前应先停止加料，让机器运转 5～20min 后再停车。以便减少残留物料。

（4）保养及维修

a. 定期检查轴承，更换高速黄油，以保证机器正常运转，要经常检查易损件，如有磨损严重现象要及时更换。

b. 机器使用时如发现主轴转速逐步减退，必须将电动机向下调节，这样能使机器达到规定转速，发现异常应停机检查。

c. 开机时严禁金属物料流入机器内部，如铁钉、铁块等。

d. 工作结束后，须清洗机器各部分的残留物料，停用时间较长必须擦净机器，用篷布罩好。

2. 混合

混合过程中可能对操作人员的危害不只是粉尘，可能接触的其他粉尘中对人员的危害要看化学品品的种类及性质。人们对于已经制造出的物品，也不能完全知道其性质。由此带来的职业危害远不只尘肺病那么简单，有使操作人员受到未知伤害的可能性大大加大。牵扯化工（危险化学品）生产中易燃、可燃的物品，有些还有燃烧及爆炸的可能性。

负压操作可以从本质上让其操作人员不与粉尘接触，达到本质安全。操作时应注意的事项时负压不能过高，以免化学品被吸走或导致设备损坏，造成经济损失及人员伤亡。其次注意管道内不能积聚可燃物品，以免发生火灾爆炸。三要注意管道的畅通，达到最佳的效果。也可用操作人员面部加正压的空气呼吸器。

第五节　设备设施安全技术

一、化工机械设备分类

化学工业生产中所用的机器和设备的总称。化工生产中为了将原料加工成一定规格的成品，往往需要经过原料预处理、化学反应以及反应产物的分离和精制等一系列化工过程，实现这些过程所用的机械，常常都被划归为化工设备。

1. 主要分类

（1）化工机器　指主要作用部件为运动的机械，如各种过滤机，破碎机，离心分离机、旋转窑、搅拌机、旋转干燥机以及流体输送机械等。

（2）化工设备　指主要作用部件是静止的或者只有很少运动的机械，如各种容器（槽、罐、釜等）、普通窑、塔器、反应器、换热器、普通干燥器、蒸发器，反应炉、电解槽、结晶设备、传质设备、吸附设备、流态化设备、普通分离设备以及离子交换设备等。化工机械的划分是不严格的，一些流体输送机械（如泵、风机和压缩机等）在化工管理部门常被称为化工机械，但同时它们又是各种工业生产中的通用机械。近代化工机械的设计和制造，除了依赖于机械工程和材料工程的发展外，还与化学工艺和化学工程的发展紧密相关。化工机械主要研究机械的耐腐蚀等，还有电化学等范围。

2. 设备特点

化工机械是化学工厂中必不可少的生产装备，化工机械有别于其他机械的显著特点。

（1）涉及的能量形式多种多样，相互间转换过程也较复杂，最常见的能量形式有热能，机械能，化学能、电磁能等。

（2）工质性质多变，如其组成、组分及其相态的多变等。

（3）运行工况域十分宽阔，操作参数特殊，如高低压、高低转速、高低温、高低黏度等。

（4）具有优良的适应不同化学性质要求的特点。从而构成了化工机械装备特殊结构的千变万化。大体上可以分为化工设备和化工机器两类。

二、设备腐蚀、泄漏及控制

1. 腐蚀

任何材料在一定的环境中都会产生氧化还原反应而发生变化，腐蚀是指物质和周围介质接触过程中，发生物理、化学或电化学反应等而使材料遭受破坏或性能变化的一个过程．相对于化工行业，机械设备种类多，数目庞大，而且化工生产中这些机械设备多处于高温、高压、酸碱、交流电场、低温、粉尘、酸、碱、盐、腐蚀性气体等环境中，这就给化工机械设备的腐蚀提供了一个相当有利的环境，而正是因为腐蚀的存在，给化工机械设备带来了许多严重的破坏，使设备的使用寿命大大缩短；另外化工机械设备的腐蚀造成了设备及连接管道的跑、冒、滴、漏，设备长时间的腐蚀没有得到及时保养和维护，会造成严重的设备事故，小则引起系统生产的不稳、设备的损坏，大则引起设备的报废、爆炸甚至引起人员的伤亡、环境的污染。不仅给化工企业造成较大的损失，也给环境、生态等造成不良影响。然而化工设备的腐蚀是不可避免的，只能采取有效的措施进行减缓，因此研究化工机械设备腐蚀的原因和机理，在一定程度上控制和减小化工机械设备的腐蚀，对于化工（危险化学品）企业的生产是十分积极的，也对化工行业的安全稳定运行有非常深远的意义。

（1）腐蚀的特性

a. 腐蚀具有普遍性和广泛性　腐蚀具有广泛性和普遍性，任何物质如金属、木材、皮毛等都会发生氧化还原反应。只不过在特定的环境中如潮湿、导电、酸碱等环境下腐蚀速率进行得快，在干燥、无氧的环境下腐蚀发生得慢。因此腐蚀在于任何物质身上都是会发生的，其具有普遍性和广泛性。

b. 腐蚀具有持续性　腐蚀属于一种材料的变形或损毁，或快或慢腐蚀无时无刻不在发生。腐蚀的过程的发生是一个持续、累积过程。有些物质相对稳定，腐蚀过程比较缓慢，几十年几百年才能用肉眼观察到，可有些物质的腐蚀发生得非常快，如活泼金属的生锈数分钟就能明显观察到变化。

c. 腐蚀的非线性发生　速度受到很多因素影响，在有利条件下腐蚀发生得快，在稳定的环境中腐蚀速率较慢，因而物质腐蚀的过程并非是一个线性过程，而是随着外界环境的变化而发生变化。

d. 腐蚀的自发性和必然性　物质腐蚀的发生完全是一个自发过程，发生是必然的，就像水向低处流一样。我们控制腐蚀就像要阻止水向低处流。从化学的角度来说就是从不稳定态向稳定态转化的过程。金属的腐蚀是金属提纯的逆向过程，腐蚀的过程是自发性的具有必然性。

（2）化工机械设备腐蚀的分类

a. 电化学腐蚀　是所有金属材料腐蚀的最主要的一种形式。当金属材料与电解质溶液接触，就会发生原电池反应，相对比较活泼的金属失去电子而被氧化，这种腐蚀叫做电化学腐蚀。化工机械设备的电化学腐蚀大多发生在比较潮湿或装有电解质盐溶液介质设备的环境之中；电化学腐蚀就是氧化还原反应的一种，而大多数化工机械的金属部件都会接触到类似电解质溶液的环境。化工企业发生电化学腐蚀的设备有罐体、管道、泵体、阀门、反应釜等接近电解质溶液的设备。

b. 化学腐蚀　金属材料与接触到的强氧化性物质直接发生氧化还原反应，而被氧化损耗的过程就是最常见的化学腐蚀。化工企业在生产过程中所涉及的腐蚀性物质种类非常多，如盐酸、硫酸、硝酸、烧碱、等酸碱类物质。这些物质直接可以和化工机械设备发生化学反应生成金属盐和氢气，而造成腐蚀的部位多为直接与酸碱接触的管道、阀门、泵体等。

c. 其他腐蚀　由于所处的环境非常复杂，因而化工机械腐蚀的形式非常多，根据腐蚀的形态可以将腐蚀分为整体腐蚀和局部腐蚀，局部腐蚀可以分为电偶腐蚀、缝隙腐蚀、孔蚀、晶间腐蚀、选择性腐蚀、焊接应力腐蚀、磨损腐蚀、点状腐蚀、疲劳腐蚀等。对化工行业来说，机械设备的腐蚀以电化学腐蚀、焊接应力腐蚀、缝隙腐蚀及疲劳腐蚀为主，特别是电化学腐蚀最为严重，多种腐蚀的结果最终均导致电化学腐蚀。

（3）化工设备的防腐措施

① 选用新型抗腐蚀材料设备　目前大量化工机械设备都是用普通的碳素钢材料制成，这种材料在干燥、无腐蚀介质的环境中抗腐蚀性能较强，如果用在酸碱、潮湿、电场等环境下其抗腐蚀性能就会大大下降，很容易被腐蚀。因而化工企业选用化工设备必须用抗腐蚀性能较强的合金材料。目前耐蚀材料的开发有了很大的进步，如高耐抗的金属材料、负荷高分子材料诸如耐蚀塑料、玻璃钢、工程塑料、工程陶瓷等的研发都有了长足的发展。因此在选用化工机械设备的时候必须考虑清楚使用环境而选用合适材质的设备，抗腐蚀材料的设备可以大大提高化工机械设备的抗腐蚀性能。

a. 外表涂料　外表增加抗氧化性能的涂料可以增强化工机械设备和腐蚀环境介质的隔绝，从而起到抗腐蚀效果。如抗酸碱涂料、耐高温涂料、氟树脂涂料等，都可以对化工机械设备表面漆刷一层涂料保护膜来隔绝酸碱、腐蚀性气体、高温、电场等环境，以此增强化工机械设备的抗腐蚀性能。

b. 衬胶垫层　作为化工容器、储罐、反应釜、管道等设备都可以选用适当的防腐衬胶作为内里，保护这些设备材料直接与所承载的介质的接触，减少这些设备的腐蚀，通常选用的衬胶材质必须是高强度的材料。选用耐蚀性能优异的衬胶材料可以有效防止化工和减缓容器、管道等的腐蚀。

c. 增设电镀层 对于一些处于高腐蚀环境中的零部件，通常采用电镀层抗腐蚀，通常在这些零件表面电镀一层高抗腐蚀的材质或可以钝化的材质形成一层细致的保护膜，以此降低化工机械设备零部件与腐蚀介质或腐蚀环境直接接触而造成的腐蚀，从而增强化工机械设备的抗腐蚀性能。

② 增设电化学保护装置 是利用电化学腐蚀的逆向原理对化工机械设备采取的一种保护方法，通常在被保护的化工设备上设立阴极保护装置，该装置主要是在被保护的机械设备上接入阴极电流，使被保护的机械设备的金属材料的电位变负，从而减小金属电子流失而产生的电化学腐蚀，这种保护往往用在形体比较简单的化工机械设备上。

③ 在化工设备介质中添加腐蚀缓冲剂 在机械设备承载介质中添加缓蚀剂是非常常见的一种防腐蚀措施，诸如循环水中添加腐蚀阻垢剂，一方面减小换热设备上的结垢，另一方面增强管道设备及换热设备的耐腐蚀，对于汽提塔等介质中可以添加腐蚀剂的工艺，均可以使用这种方法进行抗腐蚀，缓蚀剂的浓度通常都控制在很低的范围，一方面不影响化工生产工艺要求，另一方面延长了设备因腐蚀而造成的频繁停车维修。

2. 泄漏

(1) 泄漏的表现形式 危险化学品企业泄漏的表现形式。化工生产过程中的泄漏主要包括易挥发物料的逸散性泄漏和各种物料的源设备泄漏两种形式。逸散性泄漏主要是易挥发物料从装置的阀门、法兰、机泵、人孔、压力管道焊接处等密闭系统密封处发生非预期或隐蔽泄漏；源设备泄漏主要是物料非计划、不受控制地以泼溅、渗漏、溢出等形式从储罐、管道、容器、槽车及其他用于转移物料的设备进入周围空间，产生无组织形式排放（设备失效泄漏是源设备泄漏的主要表现形式），见图 3-5 所示。

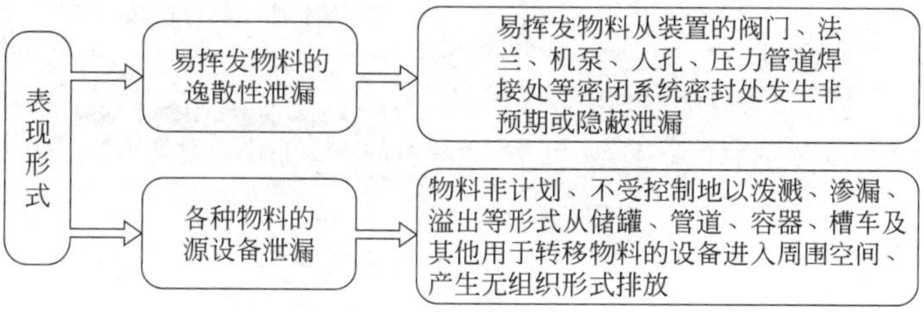

图 3-5 泄漏的表现形式

① 密封失效导致泄漏 在危险化学品企业的生产过程中，大多设备管线的压力与温度是影响其密封性的重要原因。例如在高温作用下，工艺介质的黏度小，渗透性增加，介质对垫片和法兰的溶解与腐蚀作用将大大加剧，这在客观上对密封的要求提高了。同时，密封组合件各部分也存在较大温差，由此产生的温差应力是密封组合件各部分的热膨胀不均匀，在危险化学品生产中，在操作温度与操作压力的联合作用下，要求的密封比压增加，导致压紧面松弛，致使密封比压下降而产生泄漏。

② 设备本身的缺陷导致泄漏 由于受我国机械制造技术的影响，一方面，由于机械加工的结果，机械产品的表面必然存在各种缺陷和形状尺寸的偏差，在机械零件连接处不可避免地会产生间隙，工作介质就会通过间隙面而产生泄漏。另一方面，在危险化学品生产中必然发生腐蚀、裂纹、磨损、老化、外力破坏、设计不尽合理、制造质量欠缺、安装不够精确、工艺条件变化、操作出现失误等均可导致材料失效，进而出现泄漏。

③ 异常工况导致泄漏　在危险化学品企业的生产运行过程中，常常会出现如下情况：一是在生产遇到紧急情况时，系统温度的急升和急降，致使各个部件产生的膨胀不均匀，也会导致密封失效；二是操作人员未按操作规程进行操作，致使设备超温、超压，严重时可导致设备本体发生物理性爆炸，从而发生工艺气体、液体、固体的泄漏。

④ 人的因素导致泄漏　国家安监总局对危险化学品企业的操作人员有严格的规定，因为危险化学品生产的操作要求操作者技术熟练、安全意识强、安全技能高、安全培训到位，并取得特种作业操作证才能上岗作业。但是，在执行的过程中，某些危险化学品企业做得不到位，表现在如下几个方面：一是操作人员素质差，安全教育培训不到位，员工对规章、制度、规程等不了解，致使操作不平稳，甚至误操作，这样发生工艺泄漏的可能性增大；二是操作者思想麻痹，安全防范意识不强，在工作中常常表现出违章操作、侥幸心理、有章不循、盲目蛮干，这样发生的泄漏事故不胜枚举；三是管理不到位，在危险化学品生产过程中，责任不明确，管理制度不健全，指定的规程不详细，不具可操作性，这种状况下导致的泄漏事故也时有发生；四是操作者责任心不强，没有强烈的主人翁意识，对生产工艺设备不按要求保养，巡回检查走过场，发现问题不报告也不及时处理，这样极有可能发生泄漏。

（2）泄漏的预防措施　在危险化学品企业工艺安全管理中，对于泄漏的治理关键是要坚持“预防为主”的方针，采取积极的预防措施，有计划地对危险化学品生产装置进行防护、检修、维修、改造、更新、替代。变事后堵漏为事前预防。这样就可有效地减少泄漏的发生，减轻其危害，确保危险化学品装置安全、稳定、长周期、连续、满负荷运行。见图 3-6 所示。

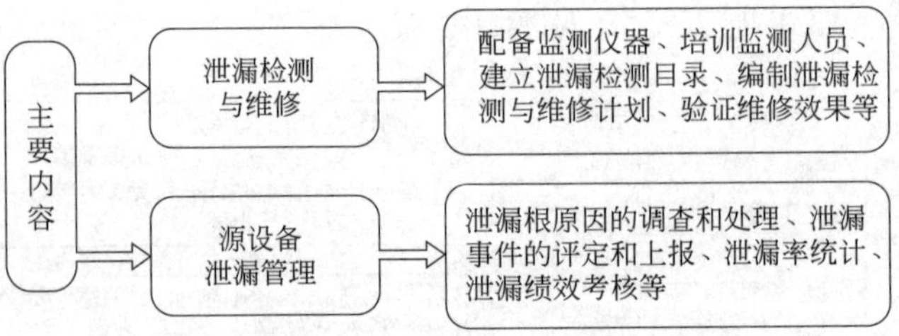

图 3-6　泄漏管理的主要内容

① 优化装置设计，从源头提升防泄漏水平　优化设计以预防和控制泄漏。在设计阶段，要全面识别和评估泄漏风险，从源头采取措施控制泄漏危害。要尽可能选用先进的工艺路线，减少设备密封、管道连接等易泄漏点，降低操作压力、温度等工艺条件。在设备和管线的排放口、采样口等排放阀设计时，要通过加装盲板、丝堵、管帽、双阀等措施，减少泄漏的可能性，对存在剧毒及高毒类物质的工艺环节要采用密闭取样系统设计，有毒、可燃气体的安全泄压排放要采取密闭措施设计。

优化设备选型。企业要严格按照规范标准进行设备选型，属于重点监控范围的工艺以及重点部位要按照最高标准规范要求选择。设计要考虑必要的操作裕度和弹性，以适应加工负荷变化的需要。要根据物料特性选用符合要求的优质垫片，以减少管道、设备密封泄漏。

新建和改扩建装置的管道、法兰、垫片、紧固件选型，必须符合安全规范和国家强制性标准的要求；压力容器与压力管道要严格按照国家标准要求进行检验。选型不符合现行安全规范和强制性标准要求的已建成装置，泄漏率符合规定的，企业要加强泄漏检测，监护运行；泄漏率不符合要求的，企业要限期整改。

② 把好本质安全关，从源头上消除泄漏隐患　为减少泄漏的发生，要从本质安全做起。一是要按规范设计。国家安监总局颁布的《化工建设项目安全设计管理导则》（AQ/T3033—2010）和《化工企业工艺安全管理实施导则》（AQ/T3034—2010）是设计和管理的依据。危险化学品企业在设计时要依据这个设计标准，根据工艺条件和储存介质的特性，正确选择材料、材质、结构、连接方式、密封装置等，落实可靠的安全措施；二是把好物资采购的质量关，按照设计标准选用符合要求的材料，进厂前必须做好质量抽样检查。对于代用材料，一定要由设计单位重新核算，严禁使用低等级代替高等级材料；三是控制好设备的现场制作，有些危险化学品企业因工艺的需要，要在施工现场制作一些非标设备，因受场地、环境、条件的限制，对这些现场制作的非标设备，它的本质安全性很难保证，因此，要特别注意把好非标设备的本质安全关和安装过程的质量关。必须选择有资质的施工单位按规范施工，加强施工过程的安全管理，出现缺陷立即整改，确保设备管线的质量符合要求；四是对一些新管线、新设备投用前严格按照规范做好耐压试验、气压试验和无损检验，严防有隐患的管线、设备投入生产。

科学选择密封配件及介质。运转设备选择密封介质和密封件时，要充分兼顾润滑、散热。使用水作为密封介质时，要加强水质和流速的检测。输送有毒、强腐蚀介质时，要选用密封油作为密封介质，同时要充分考虑针对密封介质侧大量高温热油泄漏时的收集、降温等防护措施，对于易汽化介质要采用双端面或串联干气密封。

完善自动化控制系统。凡是涉及重点监管危险化工工艺和危险化学品的生产装置，要按安全控制要求设置自动化控制系统、安全联锁或紧急停车系统和可燃及有毒气体泄漏检测报警系统。紧急停车系统、安全联锁保护系统要符合功能安全等级要求。危险化学品储存装置要采取相应的安全技术措施，如高、低液位报警和高高、低低液位联锁以及紧急切断装置等。

③ 把好使用和维修关，提高设备安全可靠度　危险化学品企业设备投用后，必须正确使用和维护。一是要严格按照规程操作。不得超温、超压、超震动、超位移、超负荷生产，控制正常生产的操作条件，减少人为操作所导致的泄漏事故；二是严格执行设备维护保养制度。认真做好润滑、盘车、巡检等工作。做到运转设备振动不超标，密封点无漏气、漏液。出现故障时，及时发现、及时按维护检修规程维修，及时消除缺陷，防止问题、故障和后果扩大；三是加强管理。在危险化学品企业必须强化全员参与意识，树立预防泄漏就是预防事故就是提高经济效益的思想，完善各项安全管理制度和安全技术操作规程，加强员工技术培训和安全教育培训，提高员工的安全操作技能，减少或杜绝危险化学品企业泄漏事故的发生。

④ 把好设备检测关，实现泄漏的超前预防　在危险化学品生产装置中泄漏事故的发生，往往和生产设备状况不良有直接关系。危险化学品企业泄漏管理主要包括泄漏检测与维修和源设备泄漏管理两个方面。通过预防性、周期性的泄漏检测发现早期泄漏并及时处理，避免泄漏发展为事故。泄漏检测与维修管理工作包括：配备监测仪器、培训监测人员、建立泄漏检测目录、编制泄漏检测与维修计划、验证维修效果等。源设备泄漏管理工作包括：泄漏根原因的调查和处理、泄漏事件的评定和上报、泄漏率统计、泄漏绩效考核等。泄漏检测维修工作要实行 PDCA 循环（戴明环）管理方式。对所有的泄漏事件都要参照事故调查要求严格管理。

利用有关仪器对危险化学品生产装置进行定期检测和在线检测，分析并预测发展趋势，提前预测和发现问题，在泄漏发生之前对设备、管线进行维修、维护、检修，及时消除事故隐患，使检修有的放矢，具有针对性，避免失修或过剩维修，减少突发性泄漏事故的发生，提高装置的运行水平，提高企业的经济效益。可以通过常规的无损检测技术与超声波、涡流、渗透、磁粉、射线和红外热成像、声发射、全息照相等检测技术结合起来，可使状态检测与故障诊断更加准确、快速。

⑤ 完善防护监控设施，保障安全生产　在危险化学品企业的生产装置上必须设置齐全可靠的安全阀、呼吸阀、压力表、爆破片、放空管等安全设施，当生产过程中出现超高压力等异常情况时，紧急排泄物料，防止突然超压对设备、管线造成损害和设备发生爆炸的危险；对密封面、阀门、疏水器、安全阀等部位采取适当的防护措施，防止杂物和异物进入，损坏设施及设备，减少泄漏的发生；危险化学品企业的生产必须采用控制系统，电视监控系统和报警指示系统等先进的信息技术，使操作人员在控制室内，既能掌握流量、压力、温度、液位等指标的信息，又能清楚地实时观察到装置区的生产现场情况，并实现报警和自动控制；对危险化学品企业的安全防护设施必须定时、定点和日常进行维护，确保其灵敏可靠，这样对防止泄漏具有十分重要的作用。

三、 设备检查、 检测及维护管理

1. 设备检查

指对机器设备的运行情况、工作精度、磨损程度等进行检验、测试的工作。目的在于：全面掌握设备技术状况的变化和磨损情况，及时查明和消除设备的隐患，针对检查发现的问题，提出改进设备维护工作的措施，有目的地做好维修前的各项准备工作，以提高修理质量和缩短修理时间。分为每日检查和定期检查，功能检查和精度检查。

每日检查一般在交接班时由设备操作人员执行，并同日常保养结合起来；定期检查是按计划日程表，在操作者参加下，由专职维修人员执行；功能检查是对设备的各项功能进行检验和测定，如油封系统是否漏油，防尘密闭情况是否良好，滑动面是否保持要求的光滑度、有无划伤等；精度检查是对设备的加工精度进行全面检查和测定，以确定设备精度的变化情况。检查方法应根据检查项目的实际情况，分别采取目视、耳听、手摸以及运用科学的检测仪器、仪表等。

2. 设备检测

（1）检测仪器校正、维护计划

① 周期设定　仪器使用部门应依仪器购入时的设备资料、操作说明书等资料，填制“仪器校正、维护基准表”设定定期校正维护周期，作为仪器年度校正、维护计划的拟订及执行的依据。

② 年度校正计划及维护计划　仪器使用部门应于每年年底依据所设定的校正、维护周期，填制“仪器校正计划实施表”、“仪器维护计划实施表”作为年度校正及维护计划实施的依据。

（2）校正计划的实施

① 仪器校正人员应依据“年度校正计划”执行日常校正，精度校正作业，并将校正结果记录于“仪器校正卡”内，一式二份存于使用部门。

②仪器外协校正。有关精密仪器每年应定期由使用单位通过质量管理部或研发部申请委托校正，并填立“外协请修单”以确保仪器的精确度。

（3）仪器使用与保养

① 仪器使用人进行各项检验时，应依“检验规范”内的操作步骤操作，使用后应妥善保管与保养。

② 特殊精密仪器，使用部门主管应指定专人操作与负责管理，非指定操作人员不得任意使用（经主管核准者例外）。

③ 使用部门主管应负责检核各使用者操作正确性，日常保养与维护，如有不当的使用与操作应予以纠正教导并列入作业检核扣罚。

④ 各生产单位使用的仪器设备（如量规）由使用部门自行校正与保养，由质量管理部不定期抽检。

⑤ 仪器保养

a. 仪器保养人员应依据“年度维护计划”执行保养作业并将结果记录于“仪器维护卡”内。

b. 仪器外协修造：仪器邦联保养人员基于设备、技术能力不足时，保养人员应填立“外表请修申请单”并呈主管核准后送采购办理外协修造。

3. 设备的维护保养

（1）设备的维护保养　通过擦拭、清扫、润滑、调整等一般方法对设备进行护理，以维持和保护设备的性能和技术状况，称为设备维护保养。设备维护保养的要求主要有四项。

① 清洁　设备内外整洁，各滑动面、丝杠、齿条、齿轮箱、油孔等处无油污，各部位不漏油、不漏气，设备周围的切屑、杂物、脏物要清扫干净。

② 整齐　工具、附件、工件（产品）要放置整齐，管道、线路要有条理。

③ 润滑良好　按时加油或换油，不断油，无干磨现象，油压正常，油标明亮，油路畅通，油质符合要求，油枪、油杯、油毡清洁。

④ 安全　遵守安全操作规程，不超负荷使用设备，设备的安全防护装置齐全可靠，及时消除不安全因素。

设备的维护保养内容一般包括日常维护、定期维护、定期检查和精度检查，设备润滑和冷却系统维护也是设备维护保养的一个重要内容。

设备的日常维护保养是设备维护的基础工作，必须做到制度化和规范化。对设备的定期维护保养工作要制订工作定额和物资消耗定额，并按定额进行考核，设备定期维护保养工作应纳入车间承包责任制的考核内容。设备定期检查是一种有计划的预防性检查，检查的手段除人的感官以外，还要有一定的检查工具和仪器，按定期检查卡执行，定期检查又称为定期点检。对机械设备还应进行精度检查，以确定设备实际精度的优劣程度。

设备维护应按维护规程进行。设备维护规程是对设备日常维护方面的要求和规定，坚持执行设备维护规程，可以延长设备使用寿命，保证安全、舒适工作环境。其主要内容应包括：

a. 设备要达到整齐、清洁、坚固、润滑、防腐、安全等的作业内容、作业方法、使用的工器具及材料、达到的标准及注意事项；

b. 日常检查维护及定期检查的部位、方法和标准；

c. 检查和评定操作工人维护设备程度的内容和方法等。

（2）设备的三级保养制　三级保养制度是我国20世纪60年代中期开始的，在总结前苏联计划预修制在我国实践的基础上，逐步完善和发展起来的一种保养修理制，它体现了我国设备维修管理的重心由修理向保养的转变，反映了我国设备维修管理的进步和以预防为主的维修管理方针的更加明确。三级保养制内容包括：设备的日常维护保养、一级保养和二级保养。三级保养制是以操作者为主对设备进行以保为主、保修并重的强制性维修制度。三级保养制是依靠群众、充分发挥群众的积极性，实行群管群修，专群结合，搞好设备维护保养的有效办法。

① 设备的日常维护保养　设备的日常维护保养，一般有日保养和周保养，又称日例保和周例保。

a. 日例保　由设备操作工人当班进行，认真做到班前四件事、班中五注意和班后四件事。

◆ 班前四件事　消化图样资料，检查交接班记录。擦拭设备，按规定润滑加油。检查手柄位置和手动运转部位是否正确、灵活，安全装置是否可靠。低速运转检查传动是否正常，润滑、冷却是否畅通。

◆ 班中五注意　注意运转声音，设备的温度、压力、液位、电气、液压、气压系统，仪表信号，安全保险是否正常。

◆ 班后四件事　关闭开关，所有手柄放到零位。清除铁屑、脏物，擦净设备导轨面和滑动面上的油污，并加油。清扫工作场地，整理附件、工具。填写交接班记录和运转台时记录，办理交接班手续。

b. 周例保　周例保由设备操作工人在每周末进行。保养时间，一般设备 2h，精、大、稀设备 4h。

◆ 外观　擦净设备导轨、各传动部位及外露部分，清扫工作场地。达到内外洁净无死角、无锈蚀，周围环境整洁。

◆ 操纵传动　检查各部位的技术状况，紧固松动部位，调整配合间隙。检查互锁、保险装置。达到传动声音正常、安全可靠。

◆ 液压润滑　清洗油线、防尘毡、滤油器，油箱添加油或换油。检查液压系统，达到油质清洁，油路畅通，无渗漏，无研伤。

◆ 电气系统　擦拭电动机、蛇皮管表面，检查绝缘、接地，达到完整、清洁、可靠。

② 一级保养　是以操作工人为主，维修工人协助，按计划对设备局部拆卸和检查，清洗规定的部位，疏通油路、管道，更换或清洗油线、毛毡、滤油器，调整设备各部位的配合间隙，紧固设备的各个部位。一级保养所用时间为 4～8h，一级保养完成后应做记录并注明尚未清除的缺陷，车间机械员组织验收。一级保养的范围应是企业全部在用设备，对重点设备应严格执行。一级保养的主要目的是减少设备磨损，消除隐患、延长设备使用寿命，为完成到下次一保期间的生产任务在设备方面提供保障。

③ 二级保养　是以维修工人为主，操作工人参加来完成。二级保养列入设备的检修计划，对设备进行部分解体检查和修理，更换或修复磨损件，清洗、换油、检查修理电气部分，使设备的技术状况全面达到规定设备完好标准的要求。二级保养所用时间为 7 天左右。

二级保养完成后，维修工人应详细填写检修记录，由车间机械员和操作者验收，验收单交设备动力科存档。二级保养的主要目的是使设备达到完好标准，提高和巩固设备完好率，延长大修周期。实行“三级保养制”，必须使操作工人对设备做到“三好”、“四会”、“四项要求”并遵守“五项纪律”。

三级保养制突出了维护保养在设备管理与计划检修工作中的地位，把对操作工人“三好”、“四会”的要求更加具体化，提高了操作工人维护设备的知识和技能。三级保养制突破了原苏联计划预修制的有关规定，改进了计划预修制中的一些缺点、更切合实际。在三级保养制的推行中还学习吸收了军队管理武器的一些做法，并强调了群管群修。三级保养制在我国企业取得了好的效果和经验，由于三级保养制的贯彻实施，有效地提高了企业设备的完好率，降低了设备事故率，延长了设备大修理周期、降低了设备大修理费用，取得了较好的技术经济效果。

(3) 精、大、稀设备的使用维护要求

① 四定工作

a. 定使用人员。按定人定机制度，精、大、稀设备操作工人应选择本工种中责任心强、技术水平高和实践经验丰富者，并尽可能保持较长时间的相对稳定；

b. 定检修人员。精、大、稀设备较多的企业，根据本企业条件，可组织精、大、稀设备专业维修或修理组，专门负责对精、大、稀设备的检查、精度调整、维护、修理；

c. 定操作规程。精、大、稀设备应分机型逐台编制操作规程，加以显示并严格执行；

d. 定备品配件。根据各种精、大、稀设备在企业生产中的作用及备件来源情况，确定储备定额，并优先解决。

② 精密设备使用维护要求

a. 必须严格按说明书规定安装设备；

b. 对环境有特殊要求的设备（恒温、恒湿、防震、防尘）企业应采取相应措施，确保设备精度性能：

c. 设备在日常维护保养中，不许拆卸零部件，发现异常立即停车，不允许带病运转；

d. 严格执行设备说明书规定的切削规范，只允许按直接用途进行零件精加工。加工余量应尽可能小。加工铸件时，毛坯面应预先喷砂或涂漆；

e. 非工作时间应加护罩，长时间停歇，应定期进行擦拭，润滑、空运转；

f. 附件和专用工具应有专用柜架搁置，保持清洁，防止研伤，不得外借。

(4) 动力设备的使用维护要求　动力设备是企业的关键设备，在运行中有高温、高压、易燃、有毒等危险因素，是保证安全生产的要害部位，为做到安全连续稳定供应生产上所需要的动能，对动力设备的使用维护应有特殊要求：

① 运行操作人员必须事先培训并经过考试合格；

② 必须有完整的技术资料、安全运行技术规程和运行记录；

③ 运行人员在值班期间应随时进行巡回检查，不得随意离开工作岗位；

④ 在运行过程中遇有不正常情况时，值班人员应根据操作规程紧急处理，并及时上报；

⑤ 保证各种指示仪表和安全装置灵敏准确，定期校验。备用设备完整可靠；

⑥ 动力设备不得带病运转，任何一处发生故障必须及时消除；

⑦ 定期进行预防性试验和季节性检查；

⑧ 经常对值班人员进行安全教育，严格执行安全保卫制度。

(5) 设备的区域维护　又称维修工包机制。维修工人承担一定生产区域内的设备维修工作，与生产操作工人共同做好日常维护、巡回检查、定期维护、计划修理及故障排除等工作，并负责完成管区内的设备完好率、故障停机率等考核指标。区域维修责任制是加强设备维修为生产服务、调动维修工人积极性和使生产工人主动关心设备保养和维修工作的一种好形式。

设备专业维护主要组织形式是区域维护组。区域维护组全面负责生产区域的设备维护保养和应急修理工作，它的工作任务是：

① 负责本区域内设备的维护修理工作，确保完成设备完好率、故障停机率等指标；

② 认真执行设备定期点检和区域巡回检查制，指导和督促操作工人做好日常维护和定期维护工作；

③ 在车间机械员指导下参加设备状况普查、精度检查、调整、治漏，开展故障分析和状态监测等工作。

区域维护组这种设备维护组织形式的优点是：在完成应急修理时有高度机动性，从而可使设备修理停歇时间最短。而且值班钳工在无人召请时，可以完成各项预防作业和参与计划修理。设备维护区域划分应考虑生产设备分布、设备状况、技术复杂程度、生产需要和修理钳工的技术水平等因素。可以根据上述因素将车间设备划分成若干区域，也可以按设备类型划分区域维护组。流水生产线的设备应按线划分维护区域。区域维护组要编制定期检查和精度检查计划，并规定出每班对设备进行常规检查时间。为了使这些工作不影响生产，设备的计划检查要安排在工厂的非工作日进行，而每班的常规检查要安排在生产工人的午休时间进行。

（6）提高设备维护水平的措施　为提高设备维护水平应使维护工作基本做到三化，即规范化、工艺化、制度化。

① 规范化就是使维护内容统一，哪些部位该清洗、哪些零件该调整、哪些装置该检查，要根据各企业情况按客观规律加以统一考虑和规定。

② 工艺化就是根据不同设备制订各项维护工艺规程，按规程进行维护。

③ 制度化就是根据不同设备不同工作条件，规定不同维护周期和维护时间，并严格执行。对定期维护工作，要制订工时定额和物质消耗定额并要按定额进行考核。

设备维护工作应结合企业生产经济承包责任制进行考核。同时，企业还应发动群众开展专群结合的设备维护工作，进行自检、互检，开展设备大检查。

四、安全设施、安全仪表管理

1. 安全设施管理

（1）安全设施定义　指企业（单位）在生产经营活动中，将危险、有害因素控制在安全范围内，以及减少、预防和消除危害所配备的装置（设备）和采取的措施。

（2）安全设施的分类

① 预防事故设施

a. 检测、报警设施　压力、温度、液位、流量、组分等报警设施，可燃气体、有毒有害气体、氧气等检测和报警设施，用于安全检查和安全数据分析等检验检测设备、仪器。

b. 设备安全防护设施　防护罩、防护屏、负荷限制器、行程限制器，制动、限速、防雷、防潮、防晒、防冻、防腐、防渗漏等设施，传动设备安全锁闭设施，电器过载保护设施，静电接地设施。

c. 防爆设施　各种电气、仪表的防爆设施，抑制助燃物品混入（如氮封）、易燃易爆气体和粉尘形成等设施，阻隔防爆器材，防爆工器具。

d. 作业场所防护设施　作业场所的防辐射、防静电、防噪音、通风（除尘、排毒）、防护栏（网）、防滑、防灼烫等设施。

e. 安全警示标志　包括各种指示、警示作业安全和逃生避难及风向等警示标志。

② 控制事故设施

a. 泄压和止逆设施　用于泄压的阀门、爆破片、放空管等设施，用于止逆的阀门等设施，真空系统的密封设施。

b. 紧急处理设施　紧急备用电源，紧急切断、分流、排放（火炬）、吸收、中和、冷却等设施，通入或者加入惰性气体、反应抑制剂等设施，紧急停车、仪表联锁等设施。

③ 减少与消除事故影响设施

a. 防止火灾蔓延设施　阻火器、安全水封、回火防止器、防油（火）堤，防爆墙、防爆门等隔爆设施，防火墙、防火门、蒸汽幕、水幕等设施，防火材料涂层。

b. 灭火设施　水喷淋、惰性气体、蒸气、泡沫释放等灭火设施，消火栓、高压水枪（炮）、消防车、消防水管网、消防站等。

c. 紧急个体处置设施　洗眼器、喷淋器、逃生器、逃生索、应急照明等设施。

d. 应急救援设施　堵漏、工程抢险装备和现场受伤人员医疗抢救装备。

e. 逃生避难设施　逃生和避难的安全通道（梯）、安全避难所（带空气呼吸系统）、避难信号等。

f. 劳动防护用品和装备　包括头部，面部，视觉、呼吸、听觉器官，四肢，躯干防火、防毒、防灼烫、防腐蚀、防噪声、防光射、防高处坠落、防砸击、防刺伤等免受作业场所物理、化学因素伤害的劳动防护用品和装备。

（3）安全设施的管理

化工（危险化学品）企业安全设施的完善直接关系到对生产工艺过程实现有效控制、对突发异常情况能够迅速处理，是实现安全生产的前提和保证。

从目前危险化学品企业的现状来看，安全监管部门通过从严把关，从危险化学品建设项目的初步设计审查、安全生产的日常监察以及开展各项专项行动，使得危险化学品企业的安全设施硬件方面基本能够到位。

但在实际运行过程中存在许多问题：一是部分企业宣传培训教育不到位，部分员工对安全设施的重要性认识不够，为操作方便擅自将部分安全设施拆除，或图省事不按规定配备必要的防护用品。如某危化企业发生的一起爆炸事故，就是由于操作工擅自将用于导除静电的装置拆除，导致产生静电集聚引起易燃易爆介质爆炸；二是对部分安全设施如压力表、安全阀、检测报警系统、自动控制系统等未能够按期检测，导致这部分安全设施成为"聋子的耳朵——摆设"，一旦发生异常情况，将不能起到预先警示、紧急排放或远程控制的作用。据统计，在化工企业事故中有6%左右是由于安全设施失灵引起误操作导致发生事故的。三是部分危化企业将原先设计配置的安全设施如泄压片、自动联锁装置等擅自拆除。四是部分危化企业对安全设施选型不符合要求，在某危化企业发生的有毒气体泄漏以及某危化企业发生的反应釜爆炸事故中，虽然设备上配置了紧急泄压装置，但由于超过设备压力等级，导致在发生事故前未能起到紧急泄压作用等等。所以，如何保证危化企业安全设施的完好有效，让危化企业员工能够正确认识安全设施的重要性并能熟练使用，既是危化企业日常安全管理的重要方面，也是危化企业日常安全监督的重要内容。

化工（危险化学品）企业的安全管理者、设备管理者，在日常监察过程中，发现的部分生产者因考虑到维护成本问题，对包括自动联锁切断、自动控制系统、可燃有毒气体报警、温度压力报警、自动泄爆装置等相关安全设施的日常维护保养、定期检验检测不到位，导致上述安全设施不能满足生产安全的需要。因此，安全管理者将从落实化工（危险化学品）企业安全生产主体责任、督促化工（危险化学品）企业与相关部门签订维护保养协议、利用日常和专项监察活动检查危化企业维护保养情况，对未按期进行保养、检验、检测的给予行政处罚，逐步消除化工（危险化学品）企业安全设施方面存在的问题和隐患。

2. 安全仪表管理

加强仪表安全管理，在化工（危险化学品）企业中就是加强自动化和工业自动控制管理。在化工（危险化学品）企业中，员工们说仪表是工厂的眼睛，实际上，现代自动控制系统不仅仅是工业生产的眼睛，同时还是工业生产的大脑。

（1）安全联锁的原理　在控制中安全联锁装置只有在特定的启动条件下才能进行防护启动，否则安全联锁是不会触发的，设备的危险部位停止运动的时候安全装置才能启动进行保护。联锁装置可以通过机械、电子、电气、液压、气动或者组合方式使得机械的操控机构相互联锁或者操控机构和电源、阀门等直接联锁。目前在化工企业中如果规模较小其产品和工艺的危险度不是很高，普通联锁机构在 DCS 系统中就可发挥作用。而大型的化工装置往往设置有独立的 DCS 装置，对于系统实现总有安全联锁功能和紧急制动功能、安全仪表系统等要优于 DCS 系统，更加的快速、安全、可靠的保证系统在危险中停车。按照国际化工安全系统标准的规定，安全系统和过程控制系统应分开，进行独立设置。近些年来专用的制动与仪表安全系都可以独立在 DCS 控制系统之外，且提高了安全级别。在化工装置安全运行的时候，机械制动与安全仪表控制系统是静态化的，不需要人为干预，同时其位于 DCS 系统之上，成为了独立的安全保护系统。这样的安全系统保持一种在线状态，一旦出现系统参数异常则会对控制系统发出保护信号，在系统控制范围内作出及时响应，从而保证化工装置在故障中停车。

（2）安全联锁的突出作用　安全联锁装置突出的特点就是联锁性，即在故障中保证所有相关的系统都会相互制约，从而使得两种运动或者操控协调起来，保证多个系统的同步安全控制。是各种生产设备使用最多并安全可靠的装置。其主要作用：防止同时接通两个以及多个相互干扰的系统运行模式；控制多个运行同时传动到一个执行部件；防止运行流程出现顺序误差，即不允许一个运行模式没有完成便开始下一个流程；防止错误操作，如按钮或者手柄出现反向操作；控制工艺参数，电压、温度、压力、流速等，并设定限值来实现安全联锁；出现工艺故障的时候及时地通过联锁进行安全停车。

（3）仪表的安全管理

① 仪表联锁保护系统安全管理　联锁分为工艺联锁和设备联锁，根据其重要性分为 A、B 两类。其中关键、重要的工艺系统联锁和可能涉及发生人身伤害、设备损坏或产品重大质量事故的联锁划分为 A 类连锁。

联锁需要变更（包括设定值、联锁程序、原理等的变更），解除、恢复、取消时，应事先提出申请，由申请方办理审批单，交主管部门或生产部门审核。机动部门负责设备联锁，生产部门负责工艺联锁，在审批单上应写明原因，实施方案和采取的安全防范措施。

B 类联锁的解除由技术助理以上人员提出，装置主管工程师以上人员签字同意，主任以上人员批准，A 类联锁保护系统解除由装置主管工程师提出，主任以上人员签字同意，企业主管部门负责人批准。对涉及装置和大型设备安全运行的重要联锁的解除，主管部门根据实际情况报企业技术总负责人审批。

在获准同意对联锁保护系统进行变更、解除、恢复、取消后，实施前必须到主管部门办理联锁工作票，票上详细写明作业依据，作业执行人及作业监护人，作业内容和作业时间等。

为杜绝误操作，必须采用双人操作的方式，一人操作，一人现场监护。操作前应仔细检查和对联锁状况，在操作过程中应与工艺操作人员保持密切联系。作业完成后，作业人和监护人必须在联锁工作票上详细记录作业内容并签字确认。

联锁的解除期限最长为 6 个月仍不能投用的联锁必须从新办理审批单。具备投用条件的联锁，应及时办理恢复投用手续，及时恢复投用。

新装置投料试车前或设备检修后投用之前，应对所有的联锁回路进行全面的检查确认，对联锁保护系统进行联校。新装置的联锁检查试验由工程建设单位牵头，组织相关单位中交前完成，并按试验结果填写联锁试验单，由参加联锁检查的人员签字，后作为中交资料交给甲方机动部门保存。装置修理后联锁试验由装置技术人员向机动部门提出，由机动部门组织机、电、仪专业人员会同工艺一同进行试验，按试验结果填写试验单，参加联锁试验的人员在联锁试验单上签字。联锁试验单一式三份，机动部门、检维修部门、运行部门各保存一份。

联锁系统的盘前开关，按钮由操作人员负责操作，盘后开关，按钮由仪表人员负责操作，仪表人员在处理联锁系统时，如果需要操作盘前开关、按钮等，必须事先和工艺负责人联系，获准后由操作人员进行操作。作业完成后，必须及时通知操作人员，由操作人员确认工艺状况，将开关、按钮等复位。

联锁保护系统所用器件（包括一次检测元件和执行元件），运算单位等应按各自规定的效验标准标定周期进行效验和标定，通常可见装置停车大检修进行检修、效验、标定。新更换的原件、仪表和设备必须经过检验和标定合格后，方可装入系统。

② 可燃、有毒气体检测报警仪安全管理　可燃、有毒气体检测报警仪的配置、选型应严格执行《石油化工企业可燃气体和有毒气体检测报警设计》规定。报警仪的选型应符合下列规定：

a. 可燃气体报警仪的功能、结构、性能和质量应符合国家法定要求。并取得国家计量行政部门颁发的计量器具生产许可证，国家指定防爆检验部门发放的防爆合格证。

b. 技术先进、质量稳定、反应灵敏、便于维修、保证备品备件的供应。

c. 根据使用场所爆炸危险区域的划分，选择检测仪的防爆类型；根据使用场所被检测的可燃气体的类别、级别、组别选择检测仪的防爆等级、组别。

d. 当使用场所存在能使检测主题中毒的硫、砷、磷、卤素化合物等介质时，应选择抗毒性检测仪。

e. 多点式指示报警仪应具有相对的独立，互不影响的报警功能，并能区分和识别报警场所的位号。

可燃毒性气体报警器的安装必须符合有关规范规定的要求。

◆ 根据可燃、毒性气体的密度和主要风向，确定检测仪的安装高度和位置。

◆ 检测仪宜安装在无冲击、无振动、无强电磁场干扰的场所。

◆ 尽可能减少雨水对检测元件的影响。

◆ 指示报警仪和报警仪的安装位置，应考虑便于操作和检测的原则。报警仪应有其对应检测仪所在位置的指示标牌或检测仪的分布图。

◆ 检测仪的安装和接线应按制造厂规定的要求进行，并应符合防爆仪表安装接线的有关规定。

③ 可燃气体检测报警仪的日常维修、故障处理及检修

a. 检测仪为隔爆型时，不得在超出规定的条件范围下使用，在仪表通电情况下，严禁拆卸检测仪。

b. 每日巡回检测时，应按动试验按钮、检查指示、报警系统是否工作正常；经常检查检测仪是否意外进水，防止检测元件浸水受潮后影响其工作性能。

c. 可燃气体及有毒气体检测报警仪检定每年不少于一次，由主管部门统一安排。根据环境条件和仪表工作状况，仪表维修以每三个月通气一次，检查和试验报警仪是否正常，填写相关记录。检定、校准人员应取得有效的计量检定员证书。

④ 在线分析仪表安全管理　在线分析仪表的配置，选型应遵循《石油化工自动化仪表选型设计规范》，仪表设备主管部门应参与在线分析仪表的选用和配置。在线分析仪表选型应考虑以下原则。

a. 选用的在线分析仪表应技术成熟、性能可靠、操作、维修方便。

b. 选用的分析仪表技术应满足被分析介质的操作温度，压力和物料性质的要求；仪表的各种技术指标，必须满足工艺流程要求。

c. 用于腐蚀性介质测量或安装，在易燃、易爆危险场所的在线分析仪表，应符合有关标准规范的规定。

d. 用于控制系统的分析仪表，其线性范围和响应时间需满足控制系统的要求。

e. 当在线分析仪表需要与 DCS 进行数据通信时，应有通用的通信接口，其通信协议、通信速率应和 DCS 系统一致。

⑤ 在线分析仪表的使用、日常维修、故障处理和检修

a. 在线分析仪表的操作及维护保养人员应经过培训，取得相应的资格证书。

b. 严格执行在线分析仪表有关定期检查、定期检验制度、搞好计划检修工作。

c. 在线分析仪表运行时如发现示值异常或故障，维护人员应及时进行处理，并对故障现象、原因、处理方法及结果做好记录。

d. 各种标准仪器应按有关计量法规要求进行周验，严禁使用超期未检或检定不合格的标准仪器，标定时应采用经计量行政部门批准、颁布并具有相应标准物质《制造计量器具许可证》的单位提供的标准仪器。

e. 对参加联锁的在线分析仪表进行维护检修时，应严格按照《仪表联锁保护系统安全管理》的条文执行。

第四章

风 险 管 控

第一节 危险有害因素与风险评价

一、化工(危险化学品)企业安全生产特点与主要风险

1. 生产特点

(1) 化工（危险化学品）生产使用的原料、半成品和成品种类繁多 绝大部分是易燃、易爆、有毒、有害、有腐蚀的危险化学品。这给生产中的这些原材料、燃料、中间产品和成品的贮存和运输都提出了特殊的要求。

(2) 化工（危险化学品）生产要求的工艺条件苛刻 有些化学反应在高温、高压下进行，有的要在低温、高真空度下进行。如由轻柴油裂解制乙烯、进而生产聚乙烯的生产过程中，轻柴油在裂解炉中的裂解温度为800℃；裂解气要在深冷（−96℃）条件下进行分离；纯度为99.99%的乙烯气体在294kPa压力下聚合，制取聚乙烯树脂。

(3) 生产规模大型化 采用大型装置可以明显降低单位产品的建设投资和生产成本，提高劳动生产能力，降低能耗。因此，世界各国都积极发展大型化工生产装置。但大型化会带来重大的潜在危险性。

(4) 生产方式的高度自动化与连续化 化工（危险化学品工）生产已经从过去落后的手工操作、间断生产转变为高度自动化、连续化、智能化生产；生产设备由敞开式变为密闭式；生产装置从室内走向露天；生产操作由分散控制变为集中控制。同时，也由人工手动操作变为仪表自动操作，进而又发展为计算机控制。连续化与自动生产是大型化的必然结果，但控制设备也有一定的故障率。据美国石油保险协会统计，控制系统发生故障而造成的事故占炼油厂火灾爆炸事故的6.1%。

正因为化工（危险化学品）生产具有以上特点，安全生产在化工（危险化学品）行业就更为重要。一些发达国家的统计资料表明，在化学工业企业发生的爆炸事故中，化工（危险化学品）企业就占到1/3。此外，化工（危险化学品）生产中，不可避免地要接触有毒有害的化学物质，化工（危险化学品）行业职业病发生率明显高于其他行业。

2. 主要风险

在危险化学品企业的生产经营运行过程中，存在物理性、化学性、生物性、心理性、行为性和其他等六类危险、有害因素，且危险化学品生产经营活动是一个动态过程，危险、有害因素与生产工艺、物料、设备、环境等息息相关，并在生产经营过程中不断变化，使得企业时常面临着设备缺陷、疲劳、老化、腐蚀、振动、泄漏、辐射、管理不善等问题，而从业人员又要接触生产经营环境中的各种危险、有害因素。同时，由于装置设备的设计缺陷原

因、施工或设备质量原因、人为原因、防护缺陷原因、管理薄弱等原因，都增大了发生事故的可能性，诸多的危险、有害因素可能会导致火灾、爆炸、物体打击、车辆伤害、机械伤害、高处坠落等事故的发生。因此，做好事故控制与预防工作是危险化学品生产经营企业的重要工作。

二、风险管理的原则与程序

1. 风险管理原则

（1）强调事前管理　抓好事前控制，重在抓预防。要抓好源头控制严格落实安全管理制度、安全设计方案、安全评价制度、安全“三同时”规定、安全标准化建设，对未经审批达不到安全生产条件的一律不予批准生产。再者就是抓安全教育、抓安全培训，实施全员安全培训工程，严格落实持证上岗制度和岗前培训制度，重点抓好企业主要负责人、安全管理人员、特种作业人员培训考核和企业“三级安全教育”。强调事前管理。即在化工（危险化学品）企业发生生产方面的损失之前，就对可能出现的损失进行评价和预测，并根据企业实际情况采取相应的预防措施，将损失减小到最低。

（2）以数量化佐证衡量风险程度　对于风险，理论上还没有统一的定义。风险都是源自未来事件的不确定性，从数学角度看，它表明的是各种结果发生的可能性。在金融学中，研究风险是为了研究投资的风险补偿，对风险的数学度量，是以投资（资产）的实际收益率与期望收益率的离散程度来表示的。最常见的度量指标是方差和标准差。

风险衡量也称风险估测，是在识别风险的基础上对风险进行定量分析和描述，即在对过去损失资料分析的基础上，运用概率和数理统计的方法对风险事故的发生概率和风险事故发生后可能造成的损失的严重程度进行定量的分析和预测。

通过风险衡量，计算出较为准确的损失概率，可以使风险管理者在一定程度上消除损失的不确定性。对损失幅度的预测，可以使风险管理者了解风险所带来的损失后果，进而集中力量处理损失后果严重的风险，对企业影响小的风险则不必过多投入，如可以采用自留的方法处理。

安全风险的预测和判别是化工（危险化学品）企业安全风险管理的基础内容也是关键步骤，企业安全风险的衡量既需要定性分析又需要定量分析，又要通过各种计算将安全风险的各种指标进行量化的分析，以数据化的佐证进一步合理衡量安全风险的程度，以更加准确地预测安全风险、评价安全风险并采取积极的预防措施。

（3）预设最坏的情境　对于安全风险的预测，化工（危险化学品）企业应预先假设最坏的情况，即当企业安全生产出现严重状况时，企业将会受到的影响，并据此采取一定的预防措施，以保证企业能够扭转乾坤，应对最不利的局面。

（4）模拟评估　化工（危险化学品）企业在安全风险管理中，除了要分析现有的以及可能出现的安全风险，还要对风险的成因进行进一步的分析，并采取合理有效的预防和控制措施，将安全风险控制在安全范围内。

（5）弹性化调整　化工（危险化学品）企业所处的内部环境以及外部环境是不断变化的，因而企业的安全风险管理和控制不能是一成不变的，而应该是具有弹性的，这主要体现在调整措施上的弹性化。具体的，化工（危险化学品）企业应根据企业以往的安全生产及经济状况资料，以及企业目前所处的局势，及时调整安全风险管理措施，如修订化工（危险化学品）企业安全风险指标标准值以及修订企业安全风险区间等等。

2. 风险管理的程序

（1）风险识别　风险识别是风险管理的第一步，它是指对企业、家庭或个人面临的和潜在的风险加以判断、归类和对风险性质进行鉴定的过程。即对尚未发生的、潜在的和客观存在的各种风险，系统、连续地进行识别和归类，并分析产生风险事故的原因。风险识别主要包括感知风险和分析风险两方面内容。风险在一定时期和某一特定条件下是否客观存在，存在的条件是什么，以及损害发生的可能性等都是风险识别阶段应予以解决的问题。

（2）风险估测　风险估测是在风险识别的基础上，通过对所收集的大量资料进行分析，利用概率统计理论，估计和预测风险发生的概率和损失程度。风险估测不仅使风险管理建立在科学的基础上，而且使风险分析定量化，为风险管理者进行风险决策、选择最佳管理技术提供了科学依据。

（3）风险评价　风险评价是指在风险识别和风险估测的基础上，对风险发生的概率、损失程度，结合其他因素进行全面考虑，评估发生风险的可能性及其危害程度，并与公认的安全指标相比较，以衡量风险的程度，并决定是否需要采取相应的措施。处理风险，需要一定费用，费用与风险损失之间的比例关系直接影响风险管理的效益。通过对风险的定性、定量分析和比较处理风险所支出的费用，来确定风险是否需要处理和处理程度，以判定为处理风险所支出的费用是否有效益。

（4）选择风险管理技术　根据风险评价结果，为实现风险管理目标，选择最佳风险管理技术是风险管理中最为重要的环节。风险管理技术分为控制型和财务型两类。前者的目的是降低损失频率和缩小损失范围，重点在于改变引起意外事故和扩大损失的各种条件；后者的目的是以提供基金的方式，对无法控制的风险做财务上的安排。

（5）评估风险管理效果　评估风险管理的效果是指对风险管理技术适用性及收益性情况的分析、检查、修正和评估。风险管理效益的大小，看是否能以最小风险成本取得最大安全保障。同时，在实务中还要考虑风险管理与整体管理目标是否一致，是否具有具体实施的可行性、可操作性和有效性。风险处理对策是否最佳，可通过评估风险管理的效益来判断，见图 4-1 所示。

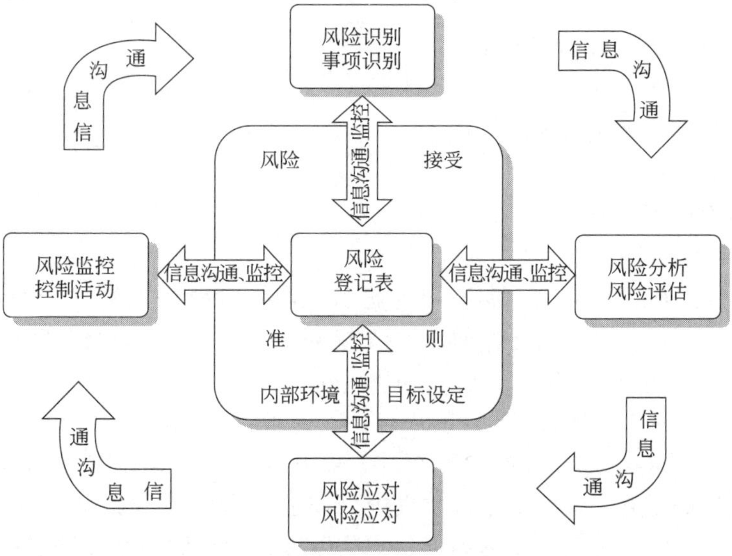

图 4-1　风险控制程序示意

三、危险有害因素辨识与评价

1. 危险有害因素辨识

目前，在我国安全评价工作中，对危险、有害因素的分类主要有三个标准，安全评价中常用按“导致事故的直接原因”、“参照事故类别”和“职业健康”的分类方法进行分类。

(1) 按导致事故的直接原因进行分类　《生产过程危险和有害因素分类与代码》(GB/T13861—2009)，将生产过程中的危险和有害因素分为4大类。

① 人的因素

a. 心理、生理性危险、有害因素。包括负荷超限：指易引起疲劳、劳损、伤害等的负荷超限；健康状况异常：指伤、病期；从事禁忌作业；心理异常；辨识功能缺陷；其他心理、生理性危险。

b. 行为性危险、有害因素。包括指挥错误，操作错误，监护失误，其他错误，其他行为性危险和有害因素。

② 物的因素

a. 物理性危险和有害因素　包括设备、设施缺陷；防护缺陷；电的危害；噪声危害；振动危害；电磁辐射；运动物危害；明火；能够造成灼伤的高温物体；能够造成冻伤的低温物体；粉尘与气溶胶；作业环境不良；信号缺陷；标志缺陷；其他物理危险有害因素。

b. 化学性危险和有害因素　包括易燃易爆性物质；自燃性物质；有毒物质；腐蚀性物质；其他化学性危险和有害因素。

c. 生物性危险和有害因素　包括致病微生物；传杂病媒介物；致害动物；致害植物；其他生物性危险和有害因素。

③ 环境因素

a. 室内作业场所环境不良；

b. 室外作业场所环境不良；

c. 地下（含水下）作业环境不良；

d. 其他作业环境不良。

④ 管理因素

a. 职业安全卫生组织机构不健全；

b. 职业安全卫生责任未落实；

c. 职业安全卫生管理规章制度不完善；

d. 职业安全投入不足；

e. 职业健康管理不完善；

f. 其他管理因素缺陷。

(2) 参照事故类别进行分类　参照《企业职工伤亡事故分类标准》(GB 6441—1986)，综合考虑起因物、引起事故的诱导性原因、致害物、伤害方式等，将危险因素分为20类。

a. 物体打击；b. 车辆伤害；c. 机械伤害；d. 起重伤害；e. 触电；f. 淹溺；g. 灼烫；h. 火灾；i. 高处坠落；j. 坍塌；k. 冒顶片帮；l. 透水；m. 放炮；n. 火药爆炸；o. 瓦斯爆炸；p. 锅炉爆炸；q. 容器爆炸；r. 其他爆炸；s. 中毒和窒息；t. 其他伤害。

(3) 按职业健康分类　参照卫生部颁发的《职业危害因素分类目录》，将危害因素分为粉尘、放射性物质、化学物质、物理因素、生物因素、导致职业性皮肤病的危害因素、导致职业性眼病的危害因素、导致职业性耳鼻喉口腔疾病的危害因素、职业性肿瘤的职业危害因素、其他职业危害因素等10类。

各行各业的差别较大，主要的危险、有害因素各不同，为了便于准确地辨识危险有害、因素，查找事故隐患，提出经济可行的安全对策措施，应制订一个统一的危险、有害因素辨识标准，根据各行业本身特点，划分危险、有害因素的类别。

2. 危险有害因素评价

企业应依据已确定的评价方法、评价准则，定期进行风险评价。企业在进行风险评价时，应从影响人、财产和环境等三个方面的可能性和严重程度分析，重点考虑以下因素：火灾和爆炸；冲击和撞击；中毒、窒息和触电；有毒有害物料（主要包括原材料、产品、中间产品）的泄漏；生产工艺过程；其他化学、物理性危害因素；人机工程因素；设施、设备、装置的腐蚀、缺陷；公用工程及辅助设施对环境的可能影响等。

企业应记录重大风险，确定风险控制措施。在确定重大风险时应考虑：有关法规、标准的要求；风险发生的可能性和后果的严重性；企业的声誉和社会关注程度等。

化工（危险化学品）生产过程中的主要职业性危害表现为职业性中毒。化工（危险化学品）中的刺激性毒物常引起呼吸系统损害，严重时可使人发生肺水肿；氰化物、砷、硫化氢、一氧化碳、醋酸氨、有机氟等易引起中毒性休克；砷、锑、钡、有机汞、三氯乙烷、四氯化碳等易引起中毒性心肌炎；黄磷、四氯化碳、三硝基甲苯、三硝基氯苯等可能引起肝损伤；重金属盐可造成中毒性肾损伤；窒息性气体、刺激性气体以及亲神经毒物均可引起中毒性脑水肿；苯的慢性中毒主要损害血液系统，表现为白细胞、血小板减少及贫血，严重时出现再生障碍贫血；汞、铅、锰等可引起严重的中枢神经系统损害。橡胶行业、石油行业、印染行业、油漆涂料行业还多发职业性肿瘤。

危险化学物品、易燃易爆物品场所，历来是安全、消防监督管理的重点，单位和个人在运输、装卸、生产、使用、储存、保管过程中，无不小心谨慎，但即使如此，这类场所还是事故多发。这类场所导致火灾、爆炸事故发生的常见因素有以下几种。

（1）静电　设备、物体和人体上积累静电，其放电时便容易引燃易燃蒸气、粉尘和纤维而导致火灾爆炸。这可根据具体情况，通过接地、连接、电离、增湿、工作人员不穿容易产生静电的工作服等一系列防静电的措施来防止。

（2）化学作用　由于对化工生产的控制失灵，或化学物质与其他物质发生作用，以及非稳定的化合物进行分解往往导致起火。这可由合理的操作、测试和控制来防止；也可由细心的管理来避免，特别是避免加热和震动来加以防止。

（3）自燃物　有些可燃物质在没有外来热源作用的情况下，其本身进行的生物、物理或化学作用而产生热，当达到一定的温度和氧含量时，发生自燃，如渗油的纸、布等均能发生自燃。这可通过加强管理和合理的操作来防止。

（4）摩擦热　发热的轴承、失调的或已损坏的部件、原料的堵塞或卡位，以及动力驱动装置和传输装置的不良配合都能造成摩擦起火，这些可通过定期的检查、维修和润滑而加以预防。

（5）金属杂质　金属杂质进入机器内摩擦打出火花，特别是棉纺厂内这种火花以及磨碎和粉碎作业场所产生的火花容易造成起火，这可通过消除原料中的杂质来预防，也可用磁铁或其他分离器除去外来杂质。

（6）雨水　水能灭火，这是常人都明白的道理。但水有时也能成为“纵火犯”。例如，如果存有钠等活泼金属的房间漏水，则易使钠与水发生化学反应而燃烧爆炸，因此房间不得漏雨，并将钠放在煤油中保存，切勿露出油面，并不得与含水物质同库存放。

(7) 氧化物　氧化铁、氧化铜等氧化物与乙炔接触后，会加速乙炔产生爆炸的过程，起媒介作用。根据经验，当压力为0.5MPa（4个表压）时，乙炔与发热的小铁管表面接触而产生爆炸的最低温度如下：有氧化铁时为280℃；有氧化铜时为240℃；有铁锈（氢氧化铁）时为280～300℃。由此可见，氧化铁和氧化铜等都是可以引起乙炔气爆炸的触媒剂，所以除锈工作应引起重视。

四、风险评价方法

风险识别和分析的方法，可以采用如下方法：

(1) 工作危害分析（Job Hazard Analysis，JHA）　是一种比较细致的分析作业过程中存在危害的方法。它将一项工作活动分解为相关联的若干个步骤，识别出每个步骤中的危害，并设法控制事故的发生。这是一种定性与定量相结合的方法，先辨识出工作中的危害，然后通过风险评价，确定其数值大小来确定风险的大小和分级，然后采取相应的措施。

工作危害分析的主要步骤是先确定待分析的工作，然后将该工作划分为若干个步骤，再辨识出每一步骤的潜在危害，最后确定相应的预防措施。分析前应当成立分析小组，确定分析的具体工作，把这项工作分解成若干步骤后，填写到工作危害分析记录表中。记录表包括工作步骤，该步骤的潜在危害、主要后果、风险度和建议改进措施等内容。

(2) 安全检查表分析（SCL）　为了系统地找出系统中的不安全因素，把系统加以剖析，列出各层次的不安全因素，然后确定检查项目，以提问的方式把检查项目按系统的组成顺序编制成表，以便进行检查或评审，这种表就叫做安全检查表。安全检查表是进行安全检查，发现和查明各种危险和隐患、监督各项安全规章制度的实施，及时发现并制止违章行为的一个有力工具。由于这种检查表可以事先编制并组织实施，自20世纪30年代开始应用以来已发展成为预测和预防事故的重要手段。安全检查表的优缺点。

① 能够事先编制，故可有充分的时间组织有经验的人员来编写，做到系统化、完整化，不至于漏掉能导致危险的关键因素。

② 可以根据规定的标准、规范和法规，检查遵守的情况，提出准确的评价。

③ 表的应用方式是有问有答，给人的印象深刻，能起到安全教育的作用。表内还可注明改进措施的要求，隔一段时间后重新检查改进情况。

④ 简明易懂，容易掌握。

⑤ 只能作定性的评价，不能给出定量评价结果。

⑥ 只能对已经存在的对象评价。

(3) 预危险性分析（PHA）　也可称为危险性预先分析，是在每项工程、活动之前（如设计、施工、生产之前），或技术改造之后（即制订操作规程前和使用新工艺等情况之后），对系统存在的危险因素类型、来源、出现条件、导致事故的后果以及有关防范措施等作一概略分析的方法。

通过预先危险性分析，力求达到4项基本目标。

① 大体识别与系统有关的一切主要危险、危害。在初始识别中暂不考虑事故发生的概率。

② 鉴别产生危害的原因。

③ 假设危害确实出现，估计和鉴别对人体及系统的影响。

④ 将已经识别的危险、危害分级，并提出消除或控制危险性的措施。分级标准如下：

Ⅰ级——安全的，不至于造成人员伤害和系统损坏；

Ⅱ级——临界的，不会造成人员伤害和主要系统的损坏，并且可能排除和控制；

Ⅲ级——危险的，会造成人员伤害和主要系统损坏，为了人员和系统安全，需立即采取措施；

Ⅳ级——破坏性的，会造成人员死亡或众多伤残，及系统报废。

(4) 危险与可操作性分析（HAZOP） HAZOP 分析法是按照科学的程序和方法，从系统的角度出发对工程项目或生产装置中潜在的危险进行预先的识别、分析和评价，识别出生产装置设计及操作和维修程序，并提出改进意见和建议，以提高装置工艺过程的安全性和可操作性，为制订基本防灾措施和应急预案进行决策提供依据。

与传统的安全分析和安全评估方法相比 HAZOP 分析方法具有三大特点：首先是确立了系统安全的观点，而不是单个设备完全的观点；其次是系统性、完善性好，有利于发现各种可能的潜在危险；再次是结构性好，易于掌握。

危险和可操作性研究方法可按分析的准备、完成分析和编制分析结果报告三个步骤来完成。由各种专业人员（如，工艺、设备、自控、现场操作人员等）按照规定的方法对偏离设计的工艺条件进行过程危险和可操作性研究。鉴于此，虽然某一个人也可能单独使用危险与可操作性研究方法，但这绝不能称为危险和可操作性研究。所以，危险和可操作性研究方法与其他安全评价方法的明显不同之处是，其他方法可由某人单独使用，而危险和可操作性分析则必须由一个多方面的、专业的、熟练的人员组成的小组来完成。

HAZOP 分析是以偏差，生产运行过程中工艺状态参数与操作控制中可能出现的偏差，为导向的分析过程，首先需要将被分析流程根据设计意图、功能、设备等要素，以及分析者的工作习惯划分为若干节点，而后逐次考虑各个节点上出现的各种可能的偏差，针对每个偏差，需要分析其可能的原因、可能导致的后果、有无对应的安全措施，其危害程度如何，是否需要提出整改建议等。

典型的 HAZOP 工作流程。整个分析过程以“头脑风暴”的小组会议形式进行。HAZOP 要求有业主的操作人员，设计单位的工艺，设备，仪表，安全人员，以及由专业公司提供的 HAZOP 主席与记录人员共同参与。HAZOP 主席作为提问者，利用自身的丰富经验，引导全体人员共同参与头脑风暴形式的讨论，并确保讨论不因各方利益的自身原因产生技术偏差。参与 HAZOP 的人员，特别是工艺人员除了熟悉流程熟悉图纸等必需的技术要求外，应该提前接受 HAZOP 的相关培训，熟悉 HAZOP 的思维形式与讨论方法，能够从安全而非仅仅工艺的角度就可能出现的偏差进行深入分析。

(5) 故障树分析（Fault Tree Analysis，FTA） 是美国贝尔电报公司的电话实验室于 1962 年开发的，它采用逻辑的方法，形象地进行危险的分析工作，特点是直观、明了，思路清晰，逻辑性强，可以做定性分析，也可以做定量分析。体现了以系统工程方法研究安全问题的系统性、准确性和预测性，它是安全系统工程的主要分析方法之一。

它的特点是：从系统的角度来说，故障既有因设备中具体部件（硬件）的缺陷和性能恶化所引起的，也有因软件，如自控装置中的程序错误等引起的。此外，还有因为操作人员操作不当或不经心而引起的损坏故障。

它是一种从系统到部件，再到零件，按“下降形”分析的方法。它从系统开始，通过由逻辑符号绘制出的一个逐渐展开成树状的分枝图，来分析故障事件（又称顶端事件）发生的概率。同时也可以用来分析零件、部件或子系统故障对系统故障的影响，其中包括人为因素和环境条件等在内。

它对系统故障不但可以做定性的而且还可以做定量的分析；不仅可以分析由单一构件所引起的系统故障，而且也可以分析多个构件不同模式故障而产生的系统故障情况。因为故障树分析法使用的是一个逻辑图，因此，不论是设计人员或是使用和维修人员都容易掌握和运用，并且由它可派生出其他专门用途的“树”。例如，可以绘制出专用于研究维修问题的维修树，用于研究经济效益及方案比较的决策树等。

由于故障树是一种逻辑门所构成的逻辑图，因此适合于用计算机来计算；而且对于复杂系统的故障树的构成和分析，也只有在应用计算机的条件下才能实现。

显然，故障树分析法也存在一些缺点。其中主要是构造故障树的多余量相当繁重，难度也较大，对分析人员的要求也较高，因而限制了它的推广和普及。在构造故障树时要运用逻辑运算，在其未被一般分析人员充分掌握的情况下，很容易发生错误和失察。例如，很有可能把重大影响系统故障的事件漏掉；同时，由于每个分析人员所取的研究范围各有不同，其所得结论的可信性也就有所不同。

（6）事件树分析（Event Tree Analysis，ETA）　起源于决策树分析（简称DTA），它是一种按事故发展的时间顺序由初始事件开始推论可能的后果，从而进行危险源辨识的方法。一起事故的发生，是许多原因事件相继发生的结果，其中，一些事件的发生是以另一些事件首先发生为条件的，而一事件的出现，又会引起另一些事件的出现。在事件发生的顺序上，存在着因果的逻辑关系。事件树分析法是一种时序逻辑的事故分析方法，它以一初始事件为起点，按照事故的发展顺序，分成阶段，一步一步地进行分析，每一事件可能的后续事件只能取完全对立的两种状态（成功或失败，正常或故障，安全或危险等）之一的原则，逐步向结果方面发展，直到达到系统故障或事故为止。所分析的情况用树枝状图表示，故叫事件树。它既可以定性地了解整个事件的动态变化过程，又可以定量计算出各阶段的概率，最终了解事故发展过程中各种状态的发生概率。

（7）作业条件危险性分析（LEC）　对于一个具有潜在危险性的作业条件，影响危险性的主要因素有三个：

① 发生事故或危险事件的可能性；

② 暴露于这种危险环境的情况；

③ 事故一旦发生可能产生的后果。

用公式来表示，则为：

$$D=L\times E\times C$$

式中　D——作业条件的危险性；

L——事故或危险事件发生的可能性；

E——暴露于危险环境的频率；

C——发生事故或危险事件的可能结果。

① 发生事故或危险事件的可能性　事故或危险事件发生的可能性与其实际发生的概率相关。若用概率来表示时，绝对不可能发生的概率为0；而必然发生的事件，其概率为1。但在考察一个系统的危险性时，绝对不可能发生事故是不确切的，即概率为0的情况不确切。所以，将实际上不可能发生的情况作为“打分”的参考点，定其分数值为0.1。

此外，在实际生产条件中，事故或危险事件发生的可能性范围非常广泛，因而人为地将完全出乎意料、极少可能发生的情况规定为1；能预料将来某个时候会发生事故的分值规定为10；在这两者之间再根据可能性的大小相应地确定几个中间值，如将“不常见，但仍然可能”的分值定为3，“相当可能发生”的分值规定为6。同样，在0.1与1之间也插入了与某种可能性对应的分值。于是，将事故或危险事件发生可能性的分值从实际上不可能的事件为0.1，经过完全意外有极少可能的分值1，确定到完全会被预料到的分值10为止。

② 暴露于危险环境的频率　众所周知，作业人员暴露于危险作业条件的次数越多、时间越长，则受到伤害的可能性也就越大。为此，规定了连续出现在潜在危险环境的暴露频率分值为10，一年仅出现几次非常稀少的暴露频率分值为1。以10和1为参考点，再在其区间根据在潜在危险作业条件中暴露情况进行划分，并对应地确定其分值。例如，每月暴露一次的分定为2，每周一次或偶然暴露的分值为3。当然，根本不暴露的分值应为0，但这种情况实际上是不存在的，是没有意义的，因此无须列出。

③ 发生事故或危险事件的可能结果　造成事故或危险事故的人身伤害或物质损失可在很大范围内变化，以工伤事故而言，可以从轻微伤害到许多人死亡，其范围非常宽广。因此，需要救护的轻微伤害的可能结果，它值规定为1，以此为一个基准点；而将造成许多人死亡的可能结果规定为分值100，作为另一个参考点。在两个参考点1～100之间，插入相应的中间值。

④ 危险性　确定了上述3个具有潜在危险性的作业条件的分值，并按公式进行计算，即可得危险性分值。据此，要确定其危险性程度时，则按下述标准进行评定。

由经验可知，危险性分值在20以下的环境属低危险性，一般可以被人们接受，这样的危险性比骑自行车通过拥挤的马路去上班之类的日常生活活动的危险性还要低。当危险性分值在20～70时，则需要加以注意。危险性分值70～160的情况时，则有明显的危险，需要采取措施进行整改。同样，根据经验，当危险性分值在160～320的作业条件属高度危险的作业条件，必须立即采取措施进行整改。危险性分值在320分以上时，则表示该作业条件极其危险，应该立即停止作业直到作业条件得到改善为止。

这些方法有各自的适用范围和优缺点，在使用时需要根据不同的企业、不同的工艺，对分析目标进行研究，选择适合的方法进行分析。

第二节　重大危险源管理

一、定义

长期地或临时地生产、加工、搬运、使用、或贮存危险物质，且危险物质的数量等于或超过临界量的单元（包括场所和设施）。

单元指一个（套）生产装置、设施或场所，或同属一个工厂的且边缘距离小于500m的几个（套）生产装置、设施或场所。

二、辨识与评估

1. 辨识

重大危险源辨识，是指发现、识别系统中重大危险源的工作。对危险源的辨识、确认是实行监控、管理的基础。防止重大事故的第一步是确认或辨识重大危险源。对危险源的辨识基本原则是：

（1）有发生爆炸、火灾危险；

（2）有中毒窒息危险；

（3）有高处坠落危险；

（4）有烧伤、烫伤、腐蚀危险；

（5）有飞溅物打击危险；

（6）有被物体绞、碾、挤压、撞击、切割、挂带危险；

（7）有被车辆提升系统伤害危险；

（8）有坍塌、倾覆、滑坡、压埋危险；

（9）有触电伤害危险；

（10）其他容易导致人员伤害、建筑物破坏、设备损坏危险。

2. 评估

安全评估报告应包括如下内容：

（1）安全评估的主要依据；

（2）重大危险源的基本情况；

（3）危险、有害因素辨识；

（4）可能发生的事故种类及严重程度；

（5）重大危险源等级；

（6）防范事故的对策措施；

（7）应急救援预案的评价；

（8）评估结论与建议等。

重大危险源的评价是一项十分复杂的技术性工作，需要系统地收集设计、运行及其他与重大危险源有关的资料和信息。对重大危险源的关键部分，尤其应进行分析和评价，找出潜在的工艺缺陷、失误因素和预防重点。评估事故发生的可能性和严重程度。重大危险源的评价等级一般分为四级：

① 一级重大危险源：$R\geqslant 200\text{m}$（其中：R 为死亡半径）；

② 二级重大危险源：$100\text{m}\leqslant R<200\text{m}$；

③ 三级重大危险源：$50\text{m}\leqslant R<100\text{m}$；

④ 四级重大危险源：$R<50\text{m}$。

要做好对重大危险源的监控工作，一级重大危险源最严重，要重点加强监控，四级重大危险源比较轻，但也要做好监控工作。

生产经营单位要制定管理制度，切实加强对重大危险源的监控。通过对重大危险源的危险性进行评价，可以掌握重大危险源的危险性及其可能导致重大事故发生的事件，了解重大事故发生后的潜在后果，并提出事故预防措施和减轻事故后果的措施。

三、监控与管理

在对重大危险源进行辨识和评价后，企业应通过技术措施和组织措施，对重大危险源进行严格的控制和管理。其中技术措施包括化学品的选用，设施的设计、建造、运行、维修以及有计划的检查；组织措施包括对人员的培训与指导，提供保证其安全的设备，对工作人员、外部合同工和现场临时工的管理。

企业应在规定的期限内对已辨识和评价的重大危险源，向当地安全生产监督管理部门提交安全评价报告。如属新建的重大危险设施，则应在其投入运转之前提交安全预评价报告。安全评价报告应详细说明重大危险源的状况，其内容应包括危险设备、设施的情况，工艺过程，使用的危害物质的性质、数量，有关安全系统的情况，可能引发事故的危险因素及前提条件，安全操作和预防失误的控制措施，可能发生的事故的类型，事故发生的可能性及后果，限制事故后果的措施，现场应急救援预案等。

安全评价报告应根据重大危险源的变化，以及新知识和新技术进展情况进行修改和增补，并由政府安全生产监管部门进行检查和评审。

第三节　隐患排查与治理

一、定义

1. 安全生产事故隐患

安全生产事故隐患(隐患、事故隐患或安全隐患)，是指生产经营单位违反安全生产法律、法规、规章、标准、规程和安全生产管理制度的规定，或因其他因素在生产经营活动中存在可能导致事故发生的物的危险状态，人的不安全行为和管理上的缺陷。

在事故隐患的三种表现中，物的危险状态是指生产过程或生产区域内的物质条件(如材料、工具、设备、设施、成品、半成品)处于危险状态；人的不安全行为是指人在工作过程中的操作、指示或其他具体行为不符合安全规定；管理上的缺陷是指在开展各种生产活动中所必需的各种组织、协调等行为存在的缺陷。

2. 事故隐患的分级

(1) 一般事故隐患，是指危害和整改难度较小，发现后能够立即整改排除的隐患。

(2) 重大事故隐患，是指危害和整改难度较大，应当全部或者局部停产停业，并经过一定时间整改治理方能排除的隐患，或者因外部因素影响致使生产经营单位自身难以排除的隐患。

3. 化工(危险化学品)企业事故隐患分类

① 生产工艺类；

② 机械设备类；

③ 电气仪表类；

④ 建构筑物类；

⑤ 作业环境类；

⑥ 技术管理类。

二、隐患排查

隐患排查是指生产过程经营单位组织安全生产管理人员、工艺技术人员和其他相关人员对本单位的事故隐患进行排查，并对排查出的事故隐患，按照事故隐患的等级进行登记，建立事故隐患档案信息等。换句话说就是，识别事故隐患的存在并确定其特性和等级的过程。

1. 隐患排查模式

危险化学品企业应建立隐患排查模式，即“隐患排查体系→风险评价体系→监控治理体系”。实现“查找隐患→风险评估→整改治理→预防事故”闭环管理的安全生产长效机制。隐患排查体系是：公司（厂）、车间、班组定期排查和岗位自查；风险评价体系：由专业技术人员组成评价组织，定期进行作业活动的风险评估；监控治理体系：公司（厂）、车间、班组和岗位进行分级监控治理。

2. 隐患治理

隐患治理是指消除或控制隐患的活动或过程。对排查出的事故隐患，应当按照事故隐患的等级进行登记，建立事故隐患信息档案，并按照职责分工实施监控治理。对于一般事故隐患，由于其危害和整改难度较小，发现后应当由生产经营单位（车间、分厂、班组等）负责人或者有关人员立即组织整改。对于重大事故隐患，由生产经营单位主要负责人组织制订并实施事故隐患治理方案。

3. 隐患排查步骤

（1）编制隐患排查计划，制定隐患排查表　排查表要有项目、内容。计划要结合实际，项目要具体，内容要全面。排查之后要能获取有价值的信息。

（2）组织检查人员，进行有效工作　根据检查要求挑选排查人员，隐患排查人员要有一定的专业知识和一定的工作经验，有对工作高度负责的责任心。

（3）实施隐患排查　查阅文件和记录，检查作业规程，安全技术措施，安全生产责任制以及相关记录等是否齐全，有效，是否在现场得到执行、落实。并对生产作业现场进行观察，对所有生产人员、生产设备、安全设施、作业环境、操作行为等方面进行系统检查，查找人的不安全行为，物的不安全状况，环境的不安全状态以及事故征兆等。

（4）判断处理　隐患排查结束后，整理排查记录，找出存在的问题和隐患，进行分析评价，确定监控等级，提出整改意见，采取相应措施，跟踪复查验收，实现隐患管理闭环。

4. 隐患排查治理体系

（1）掌握企业底数和基本情况。根据企业规模、管理水平、技术水平和危险因素等条件，掌握企业底数和基本情况，对企业进行分类分级，建立“按类分级、依级监管”的模式。

（2）制定隐患排查标准。依据有关法律法规、标准规范和安全生产标准化建设的要求，结合各地区、各行业（领域）实际，以安全生产标准化建设评估标准为基础，细化隐患排查标准，明确各类企业每项安全生产工作的具体标准和要求，使企业知道“做什么、怎么做”，使监管部门知道“管什么、怎么管”，实现安全隐患排查治理工作有章可循，有据可依。

（3）建立隐患排查治理信息系统。包括企业隐患自查自报系统，隐患动态监管统计分析评价系统等内容，形成既有侧重又统一衔接的综合监管服务平台，实现隐患排查治理工作全过程记录和管理。

（4）明确安全监管职责。在地方党委、政府的统一领导下，进一步理顺和细化有关部门和属地的安全监管职责，明确“管什么、谁来管”的问题。

（5）明确安全监管方式。在分类分级的基础上，对企业在监管频次、监管内容等方面实行差异化监管监察，提高监管工作的针对性和有效性。

（6）制订安全生产工作考核办法。突出工作过程和结果量化，将有关部门和企业建设隐患排查治理体系、日常执法检查等相关工作完成情况过程的各项指标，纳入安全生产工作年终考核，提高监管的约束力和公信力。

三、隐患整改与治理

1. 隐患治理的原则

（1）彻底清除原则 即采用无危险的设备和技术进行生产或称之为实现系统的本质安全化。这样即使人员操作失误或个别部件发生故障时都会因有完善的安全装置而避免伤亡事故的发生。

（2）降低隐患因素数值的原则 即隐患因某种原因不能消除时，应使隐患导致事故危害程度降低到人们可以接受的水平。如，作业中的粉尘，不能完全排出时，则可加强个人防护。达到降低吸入量的目的。

（3）距离防护原则 某些隐患因素的作用，依然与距离有关的规律减弱。因而采用距离防护即可有效降低其危害。如对噪声、辐射的防护等。

（4）时间防护原则 即使人处在隐患危险作用的环境中的时间尽量缩短到安全限度之内。

（5）屏蔽原则 在隐患危害作用的范围内设置障碍。如，吸收放射线的铅屏蔽。

（6）坚固原则 提高结构强度，增加安全性。

（7）薄弱环节原则 利用薄弱元件使危险因素来达到危险值之前预先破坏。如，保险丝、安全阀、泄压膜等。

（8）不接近原则 使人不落入危险因素作用的地带，如，安全栅栏等。

（9）闭锁原则 以某种方式保证一些元件，强制发生相互作用，达到安全操作。如，起重机械的超负荷限制器和行程开关等。

（10）取代原则 对无法消除危险的隐患场所，用自动控制器或机器人代替人操作。

2. 隐患整改

企业在隐患排查整改工作中，其整改及其方案的核心都是通过具体的治理措施来实现的，在常规下这些整改措施大体上可分为工程技术措施和管理措施两大类，另外再加上重大事故隐患整改中需要做的临时性的特护措施和应急措施。

（1）整改措施的基本要求

① 能消除或减弱生产过程中产生的危险，有害因素。

② 处置危险和有害物，并降低到国家规定的限值内。

③ 预防生产装置失灵和操作失误产生危害，有害因素。

④ 能有效地预防重大事故和职业危害的发生。

⑤ 若发生意外事故时，能为遇险人员提供自救和互救条件。

在企业中隐患整改的方式是多种多样的，因为企业必须考虑成本投入，需要用最小的代价获得最适当（不一定是最好）的结果。有时候隐患整改很难完全彻底消除隐患，这就要求必须在遵守安全生产法律法规和标准规范的前提下，将其风险降低到企业可以接受的程度。在安全生产实践中我们可以这样说："最好"的方针不一定是最适当的，而最适当的方法一定是"最好"的。例如，在生产现场员工为正确佩戴安全帽是一个典型的低级别的隐患，其整改方式在企业中主要是排查（检查、督察）人员对其批评教育，责令其马上纠正，对这种隐患通常是没有必要制订治理方案的。但如果对某些隐患经过数理统计分析，发现这种现象普遍存在，已经成为一种习惯性和群体性违章，那么就要将其隐患级别上升、并研究制订整改方案，采取多种措施和手段进行治理。

（2）工程技术措施　工程技术措施的实施等级顺序一般是：直接性安全技术措施、间接性安全技术措施、指示性安全技术措施等；根据等级顺序的要求应该遵循的具体按消除、预防、减弱、隔离、联锁、警告的等级顺序来选择安全技术措施；在选择时要根据具体实际选择具有针对性、可操作性和经济合理性并符合国家有关安全生产法律法规、标准和设计规范的规定。根据安全技术措施等级顺序的要求，应当遵循以下具体原则。

① 消除　尽可能从根本上消除危险、有害因素；如采用无害化工艺技术，生产过程中以无害物质代替有害物质，实现自动化作业，实行遥控技术等，在现代大型危险化学品生产中采用 DCS 控制系统即属于此类。

② 预防　当在生产作业过程中消除危险、有害因素有困难时，可采取预防性安全技术措施，来预防危险、有害、危害的发生。如现在多数企业中使用的安全阀、安全屏护、漏电保护装置、安全电压、熔断器、防爆膜、事故排放装置、紧急切断装置等均属于此类。

③ 减弱　在生产中既无法消除危险、有害因素，也难以预防的情况下，可采取减少危险、危害的安全技术措施，如设置局部通风排除毒气装置，生产过程中以低毒物质代替高毒物质，降低温度、湿度装置、避雷接地装置、消除静电装置、减振消声装置等都能起到减弱的作用。

④ 隔离　在生产过程中无法消除、预防、减弱的情况下应将操作人员与危险、有害因素隔开和将不能共存的物质分开。如遥控作业，设置安全罩、防护屏、隔离操作室、安全距离，事故发生时的自救装置（如防护服、防毒面具）等。

⑤ 联锁　当操作者失误发生误操作时或在设备运行中一旦达到危险状态时，应通过联锁装置终止危险、危害的发生。例如，在危险化学品企业生产过程中，为了防止危险物质的泄漏和超温超压而发生爆炸、燃烧、中毒事故，均在各个重要岗位和重大操作步骤设置了较多的仪表控制联锁装置。

⑥ 警告　在生产中生产现场易发生故障和危险性较大的地方，配置醒目的安全色，安全标志，必要时也可设置声、光或声光组合报警装置。

（3）安全管理措施　企业的安全管理措施往往在隐患排查整改工作中受到忽视，即使有也是些老生常谈式的提高安全意识，加强培训教育，强化安全检查等几种。其实安全管理措施往往能系统地解决很多普遍存在的和长期存在的事故隐患，这就需要在实施隐患排查治理时，管理者主动和有意识地研究分析隐患产生原因中的管理因素，发现和掌握其管理规律，通过修订和制订有关规章制度和操作规程并贯彻执行从根本上来解决问题。

（4）闭环管理　在企业隐患排查整改工作中实行“闭环管理”是现代安全生产管理中的基本要求，对任何一个过程的管理最终都要通过“闭环”才能做好结束。隐患排查整改工作的收尾工作也是“闭环管理”，要求整改措施完成后，企业主管部门和人员对其结果进行验证和效果评估。验证就是检查措施的实现情况，是否按方案和计划逐一落实了，效果评估是对完成的措施是否起到了隐患排查治理和整改的作用，是彻底解决了问题还是部分的、达到某种可接受程度的解决问题，是否真正能做到“预防为主”。当然不可忽视还有，是否隐患的治理整改措施会带来或产生新的风险也需要特别关注。

第四节　变更管理

一、变更的范围

变更管理（Management of change，MOC）；有变更的需求就要有变更的控制和管理。在化工（危险化学品）企业的生产过程中，经常因为时间、空间、人员、工艺、原料、材料、管理等的变化而发生一系列的变更。

1. 概念

变更（Change request，CR）管理是项目管理中的最重要过程之一。一个项目，一个过程、一个工艺流程、一个生产企业，从开始就处于不停地变化中。用户需求变了，需要调整计划或者设计；测试发现了问题需要对错误代码进行变更；甚至人员流失了，也需要项目进行一定的调整以适应这种情况。Bug 管理、需求管理、风险控制等本质上都是项目变更的一种。它们都是为了保证项目在变化过程中始终处于可控状态，并随时可跟踪回溯到某个历史状态。孤立地看单个变更（CR）的生命周期，那么它是比较简单的，大致就是提出—审核—修改这么一个过程。但变更管理并不是单纯的一个数据库记录，做个备忘而已。在这么一个简单的流程中，变更管理要能体现出它的两个重要用途，一个是控制变更，保证项目可控；一个是变更度量分析，帮助组织提供自己的开发能力。

2. 意义

为了保证项目可控，项目管理者要充分了解变更的信息，衡量变更实施对项目的冲击，才能决定是否要修改。比如问题是否严重必须马上得到修改，问题的修改是否很复杂，是否会牵扯到很多方面。这些信息，大致可以归为两类，一类是变更的自身信息，比如复现步骤等；一类是关联信息，比如某个功能变更实施后，对项目其他模块的影响分析，这类信息通常不可能由变更提出人来提供，而需要变更审核者结合多方面信息进行分析。

实施变更管理的一个更重要且更有意义的作用就是对变更进行度量分析。在项目进行过程中，对变更进行分析，可以很好地了解项目当前质量状态；定时进行项目复盘，分析组织中变更的产生原因和解决方法，及时了解组织中常见错误并有针对性地改正，才能促使组织的开发能力不断得到提高。

二、变更管理的程序和要求

1. 变更的程序

（1）提出　记录变更的详细信息，相当于一个备忘。需要记录的信息可能根据不同组织和不同项目的规定而不同。要点在于变更提出者能简明扼要记录下有价值的信息，比如缺陷发生时的环境，要变更的功能。变更管理工具不仅要能方便记录信息，而且要给记录者一些记录的提示信息，帮助记录者准确的记录变更。

（2）审核　审核者首先要确认变更意义，确认是否要修改；其次审核者要确认变更可能产生的影响，根据影响分析决定是否要修改变更的内容以及对项目其他方面做同步改变；最后就是指派项目成员实施该变更。在这里，关键是审核者要能对变更的相关影响有清楚的认识，这认识并不是说如何修改变更，而是如果修改了该变更，有可能带来什么影响，是否值得修改。很显然，这些信息不是变更提出者在记录时会给出的，而应该是审核者自己辅助其他系统或者工具进行判断。

（3）实施修改　根据变更要求进行修改。

① 首先要保证修改实施是完全而彻底的，比如提了一个需求变更，不能只改了需求文档而不改代码或者用户文档。在组织分工情况下，如何协调多个小组的同步变更保证工作产品一致性正成为一个很严峻的问题。

② 实现变更的一个初始目的就是为了项目的跟踪回溯，那么，针对变更而做的修改也应该被记录下来并被和变更关联起来，实现 why、what 的双向跟踪。

③ 确认变更确实得到了实施（或者拒绝变更的理由是合理的）。

④ 查询和度量分析：项目管理者需要了解项目中各个变更的当前状态，根据变更状态做出各种管理决定；度量分析变更数据，了解项目质量状况；定期进行复盘，寻找变更根源，进行有针对性，甚至是制度的改进。变更流程见图 4-2 所示。

2. 变更的要求

（1）生产管理变更　由生产技术部门组织相关部门在全公司范围内进行培训培训、学习。

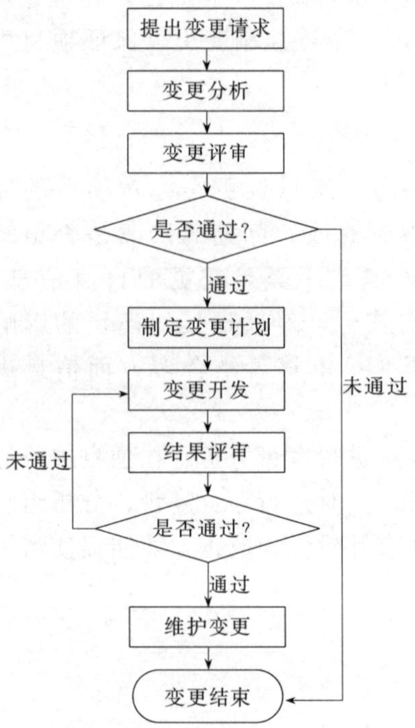

图 4-2　一般变更管理流程

（2）人员变更　新入厂职工、内部岗位调动、离岗复岗、临时来厂人员等。由安全技术监管部门按照《安全培训教育制度》的要求，进行三级安全教育。教育合格后，取得安全教育合格证，才能做到持证上岗。

（3）工艺变更　因新、改、扩建项目引起的技术变更，原料及介质变更，工艺流程及操作条件等变更，工艺设备的改进，操作规程的变更等。由工艺变更的技术负责部门制订所需的新规程、制度，并对使用单位、人员进行工艺变更培训教育。教育内容包括变更的内容、使用注意事项、新的规程制度等，使使用者掌握变更后的安全操作技能。

（4）设备设施变更　因更换与原设备不同的设备和配件，设备材料代用，临时性的电气设备变更等。由变更负责部门制订新的技术操作规程、制度等，并对使用单位进行变更培训教育。教育内容包括变更的内容、使用注意事项、新的规程制度等，使使用者掌握安全操作的技能。

（5）场所变更指工作场所、环境发生变化　场所变更时由场所所属单位主要负责人对其职工进行变更交底和安全注意事项。

三、变更风险管理

化工（危险化学品）企业的风险不只是由变更引起的，但变更往往是风险的重要来源；对其存续期间的任何变更都应该重视，而对需求变更则应格外重视。要对变更的来源进行分类，对变更的必要性、合理性、可行性进行分析，要规定变更申请、批准及实施程序，要对该变更所引发的一系列相应变更无一遗漏地确认；对该变更所产生的负面影响进行预测并采取必要的应对措施，以使风险降至最小。

1. 变更与风险

风险是指可能发生的损失、损害及危险。把变更与风险放在一起考虑，是由信息系统工程的特点决定的。在信息系统工程项目存续期内变更往往频繁发生。变更不等于风险，有些变更是必须做的，有些变更是无可奈何的，有些变更是由于事先准备不充分、考虑不周到造成的，还有些变更是不必要的。风险也不都是由变更引起的，但变更往往是风险的重要来源。要预测可能发生的变更，应对一定要发生的变更，拒绝不必要的、随心所欲的变更，减少乃至控制变更带来的风险。不要只从负面看待风险，风险有时还蕴藏着机会。

2. 风险识别

首先要识别风险来源，由此可预测风险事件的发生与识别风险症状。在立项、人员、计划、质量、成本、进度、合同、安全、技术、外包外购、沟通协调等各管理要素中都对应着可能的风险条件。可采用流程图（或称鱼刺图）和访谈等工具、方法帮助识别风险。

3. 风险分析

风险分析是一种评价风险的过程，帮助项目管理人员决定在具体的风险面前采取什么态度：是应对还是接受还是忽略。这要看风险的程度而定。

要尽量采用量化方法进行风险分析。通过量化分析，项目管理人员能够按优先顺序排列风险，并建立一个阈值，以决定哪种风险应受到重视。

4. 风险应对

（1）应对风险的三项基本措施：规避、接受和减轻。

（2）制订风险应对计划并执行，包括，风险管理计划、应急计划和应急储备。

5. 风险控制

风险控制包括：随时追踪风险已经、正在和将要发生的变化；预测和判断风险的应对是否会引起更新的风险发生，对用于风险管理的资源配置进行调整，调整风险应对计划，采取临时紧急应变措施等。

第五章

作 业 安 全

第一节　试生产与开停车安全管理

一、试生产安全管理

1. 安全准备

(1) 建设（生产）单位应保证危险化学品工程建设、生产准备和试车期间的安全生产资金投入。

(2) 化工（危险化学品）装置试车之前，建设（生产）单位应按《安全生产法》等法律、法规的规定，设置安全生产管理机构网络或配备专职安全生产管理人员。在试车期间，还应根据需要增加安全管理人员，满足安全试车需要。

(3) 建设（生产）单位应按照《危险化学品从业单位安全标准化通用规范》(AQ3013—2008) 的规定，结合本企业特点，组织制定各项安全生产责任制、安全生产管理制度等。

(4) 建设（生产）单位要充分收集和整理汇编国内外有关安全技术资料和事故案例，本企业危险化学品装置的安全、消防设施使用维护管理规程和消防设施分布及使用资料等，明确化工（危险化学品）装置试车前必须具备的安全条件，形成培训教材，实施针对性安全教育。

(5) 建设（生产）单位的主要负责人、安全生产管理人员和特种作业人员，必须依法接受政府有关主管部门组织的安全生产培训教育、安全作业培训，经考核合格取得安全资格证书或特种作业操作资格证书后，方可任职或上岗作业。

建设（生产）单位必须对所有员工进行严格的安全教育，使其具备必要的安全生产知识，熟悉有关的安全生产规章制度和安全操作规程，掌握本岗位的安全操作和应急操作技能。新职工必须经过厂、车间、班组三级安全教育。未经安全生产教育和培训合格的从业人员，不得上岗作业。

建设（生产）单位必须对参与试车的施工人员、工程监理人员、外聘保运人员等进行相应的、严格的安全教育。

(6) 建设（生产）单位必须按照设计文件和国家有关标准的规定，为职工提供符合国家标准或者行业标准的劳动防护用品，并监督、教育职工正确佩戴、使用。

(7) 建设（生产）单位应按风险评价管理程序，运用工作危害分析（JHA)、安全检查表分析（SCL)、预先危险性分析（PHA）等方法，对各单元装置及辅助设施进行分析，辨识可能发生的危险因素和危险的区域等级，制定相应措施，编制事故应急预案。要把防泄漏、防明火、防静电、防雷击、防电器火花、防爆炸、防冻裂、防灼伤、防窒息、防震动、防违章、防误操作等，作为安全预防的主要内容。

(8) 大型化工（危险化学品）装置以及危险性较高、工艺技术复杂的化工装置，建设（生产）单位应采用危险与可操作性分析（HAZOP）技术，系统、详细地对工艺过程和操作进行检查，对拟订的操作规程进行分析，列出引起偏差的原因、后果，以及针对这些偏差及后果应使用的安全装置，提出相应的改进措施。

(9) 建设（生产）单位必须建立应急救援组织和队伍，按照危险化学品装置的规模、危险程度，依据有关标准规定，编制三级（一般为公司级、车间级和班组级）应急救援预案，履行企业内部审批程序，配备应急救援器材，组织学习和演练。

化工（危险化学品）装置试车现场的应急通道设置应符合有关标准规范的要求：试车前通道、出入口和通向消防设施的道路应保持畅通；建筑物的安全疏散门，应向外开启，其数量符合要求；设备的框架或平台的安全疏散通道应布置合理；疏散通道设有应急照明和疏散标志；设置风向标。

(10) 建设（生产）单位必须按照《危险化学品重大危险源辨识》（GB18218—2009）及安全评价资料，辨识重大危险源，并将重大危险源及相关安全措施、应急救援预案报当地安监部门和有关部门备案。

(11) 建设（生产）单位应组织调查化工装置周边环境的安全条件，及早准备相应的措施，确保试车周边环境的安全。

① 化工（危险化学品）装置选址应符合国家和地方有关城乡规划、安全、环保、消防、职业卫生等法律、法规、规章和标准的要求，周边计划搬迁的村庄、居民区、建（构）筑物、工厂设施等应搬迁完毕，其他影响安全生产的遗留问题应彻底解决。

② 涉及重大危险源和易燃、易爆、易中毒及严重噪音污染等危害的化工（危险化学品）装置试车前，建设（生产）单位应按有关规定要求，以适当方式向周边企业和居民区进行危害告知。

③ 周边各种生产、生活活动可能对危险化学品装置试车安全产生严重影响的，建设（生产）单位应将此类活动及有害因素报告当地政府及其有关部门，协助当地政府及其有关部门组织整改并予以消除。

(12) 建设（生产）单位应在化工（危险化学品）装置试车前，研究和制订试车的区域限制措施。

① 试车前，必须划定限制区域，实施化工装置区域人员限制措施。除必须参加现场指挥、联络和生产操作的人员外，未列入试车范围的人员必须撤离到安全区域；所有进出限制区域的人员、车辆必须登记造册，安全告知，指定行车路线，明确联系方式和工作区域。

② 所有进入限制区域内的人员，应实行划区管理、定位管理措施，在试车过程中不得随意超出规定区域。

③ 试车前，装置区域内需在明显位置标识区域限制规定，制定管理制度，实施有针对性的培训。

2. 生产准备

(1) 生产准备工作应从危险化学品建设项目审批（核准、备案）后开始。建设（生产）单位应将生产准备工作纳入项目建设的总体统筹计划，及早组织生产准备部门及聘请设计、施工、监理、生产、安全方面的专家，参与编制危险化学品项目建设统筹计划，参与工程项目的设计审查及设计变更、非标设备监造、工程质量监督、工程建设调度等工作，办理技术交底、中间交接、工程交接等手续，并编制《生产准备工作纲要》。

生产准备工作中必须严格检查和确认以下条件。

① 建设项目采用的生产工艺、技术必须成熟、安全可靠。

② 建设项目的设计、施工、监理，必须由具备相应资质的单位承担。

③ 建设项目使用的设备、材料和其它全部物资，必须符合国家有关标准的规定，确保质量合格。

④ 建设项目在施工安装过程中，必须加强施工质量控制，进行化工专业工程质量监督。

⑤ 安全、环保、职业卫生等设施必须和主体装置同时设计、同时施工、同时投入生产和使用，符合相关要求，经相关检验测试合格并满足试车需要。

⑥ 所有特种设备及其安全附件，必须经法定检测检验合格，依法取得特种设备使用登记证，否则一律不得投入使用。

⑦ 危险化学品装置必须按照施工及验收规范规定的项目进行检验，现场制作的大型储罐应进行强度试验，符合相应规范标准的要求，并有合格的质量证明书。

（2）化工投料试车前，建设（生产）单位必须按照设计文件和工程建设计划的要求，完成全部生产准备工作。要组织设计、施工、监理和建设单位的工程技术人员进行“三查四定”（查设计漏项、查工程质量、查工程隐患；定任务、定人员、定时间、定整改措施），制定试车方案，严格按试车方案和有关规范、标准组织试生产。

3. 组织准备

（1）危险化学品建设项目审批（核准、备案）后，建设（生产）单位应及早组建生产准备及试车的领导和工作机构，根据工程建设进展情况，按照“精简、统一、效能”的原则，统一组织和指挥危险化学品装置生产准备及试车等工作。避免因生产准备工作的延误影响试车工作。

（2）领导机构负责组织、指挥、协调和督导危险化学品装置生产准备和试车工作，其负责人应由建设（生产）单位的主要负责人担任，成员包括主管生产、技术、安全、环保、工程建设、设备动力、物资采购、产品销售和后勤服务等工作的有关负责人；必要时，还应吸收设计、施工、监理、设备制造等单位的有关人员以及同类型企业的有关专家参加。

（3）工作机构应根据危险化学品装置的生产原理、工艺流程和装置组成，分专业或单元系统成立工程技术、安全管理、现场管理和服务保障等方面的若干个工作组，具体设置和职责分工可根据实际确定。各工作组负责人应由建设（生产）单位的分管负责人担任，成员包括各相关专业的骨干人员。

（4）危险化学品装置试车前，建设（生产）单位应建立健全以下主要管理制度：试车指挥机构及相关制度；生产调度制度；设备管理制度；工艺管理制度；安全管理制度；环境保护制度；职业卫生管理制度；原材料供应及产品贮运销售管理制度；以岗位责任制为中心的生产班组管理制度（主要包括各级职能人员的安全生产责任制、岗位责任制、交接班制、巡回检查制、设备维护保养制、质量负责制、岗位练兵制、班组经济核算制等）；企业人力资源、财务、档案、预算、质量、成本、后勤等相应的管理制度。

（5）建设（生产）单位应根据设计文件规定的生产定员，编制具体定员方案和人员配备计划，遵循“按岗定职、按职进人、全员培训、严格考核”的原则，有计划的配备和培训人员。人员配备应符合下列要求。

① 生产技术骨干人员，要有丰富的生产实践和工程建设经验；主要生产技术骨干应在建设项目筹建时到位，参加技术谈判、设计审查、施工监督和生产准备等工作。

② 主要岗位的操作、分析、维修等技能操作人员，应具有高中以上学历，并在预试车阶段到位。

③ 人员配备应注意年龄结构、文化层次、技术和技能等级的构成，在相同或类似岗位工作过的人员应达到项目定员的四分之一以上。

人员培训应符合下列要求。

① 建设（生产）单位应根据化工装置生产特点和从业人员的知识、技能水平，制订全员培训计划，以技能培训和安全教育为重点，分级、分类、分期、分批组织开展培训工作。

② 生产指挥人员及工艺技术骨干、生产班组长和主要岗位操作人员，应经过至少四个阶段的培训，以便熟悉开停车、正常操作、异常情况处置、事故处理等全过程，掌握上下岗位、前后工序、装置内外的相互影响关系；四个阶段培训的全过程要始终贯穿安全培训；机、电、仪修人员掌握设备检修、维护保养技能，熟悉安装调试全过程。

第一阶段：专业培训。培训学习有关化工专业及所涉及危险化学品的基础知识，机械、设备、电气、仪表、分析相关知识，工艺原理和生产流程及操作，危险有害因素及应急救援有关知识等。

第二阶段：实习培训。在同类型企业学习生产操作与控制、设备性能、开停车和事故处理等实际操作知识。实习培训实行“六定二包”，即定带队人、定培训点、定培训人员、定时间、定任务、定期考核，代培单位包教、培训人员包会。

第三阶段：现场演练。按照试车方案要求逐项开展岗位练兵，熟悉现场、工艺、控制、设备、安全等规章制度、前后左右岗位的联系等，通过演练，提高生产指挥、操作控制、应急处置等能力。

第四阶段：实际操作培训。参加化工投料前的各项试车工作，进行实际操作、事故应急处置的技能培训，参加现场的预试车工作，熟悉指挥和操作。

③ 对于成套引进装置的出国培训，应认真选派出国培训的骨干人员，并在合同中明确技术培训和实习培训的有关条件。培训工作实行阶段性考核，上一阶段考核合格后，方可进入下一阶段培训；各阶段的考核成绩应列入个人技术培训档案，作为上岗取证的依据。

4. 技术准备

(1) 技术准备的主要任务是编制各种试车方案、生产技术资料及管理制度，使生产人员掌握各装置的生产操作、设备维护和异常情况处理等技术。

(2) 建设（生产）单位要尽早建立生产技术管理系统，分期分批集中工艺、机械、设备、电气、仪表、计算机、分析等专业方面的技术骨干，通过参加技术谈判和设计方案讨论及设计审查等工作，使其熟练掌握工艺、设备、仪表、安全、环保等方面的技术，具备独立处理各种技术问题的能力。

参加技术准备工作的人员应保持稳定，并对其所承担的专业工作负责到底。

(3) 技术准备工作应以下列内容为重点。

① 组织编制或参与编制及审查预试车方案。

② 组织编制总体试车方案和化工投料试车方案。

③ 组织翻译、复制、审核和编辑引进装置的流程图册、机械简图手册、模拟机说明和操作手册等资料。

④ 组织编制技术培训资料，并以适当方式将各类试车方案（摘要）置于试车现场。

⑤ 组织编制各种技术规程和岗位操作法。

⑥ 收集设计修改项目、操作方法的变更和在安装、试车中出现的重大问题；编制试车阶段的现场应急救援预案。

(3) 建设（生产）单位应在危险化学品装置试车前，组织生产准备部门或聘请设计、施工等单位的相关技术人员，根据“三查四定”的技术资料编制危险化学品装置的试车计划和方案；应在危险化学品装置投料试车二个月之前，根据设计文件和《生产准备工作纲要》，编制出《总体试车方案》，经过反复修改，不断深化、优化，确保安全可靠。总体试车方案应符合本规范的规定。

(4) 建设（生产）单位应根据设计文件，参照国内外同类装置的有关资料，适时完成各种培训教材、技术资料、试车方案，应急救援预案和考核方案的编制工作。

① 培训教材主要包括：工艺、设备、电气、仪表控制等方面的基础知识和专业知识，主要设备结构图，工艺流程简图，生产准备手册，安全、环保、职业卫生及消防、气防知识教材，计算机仿真培训软件等。

② 生产技术资料主要包括：工艺流程图、岗位操作法、安全技术及操作规程、工艺技术规程、环保及职业卫生技术规程、事故应急预案、分析规程、检修规程、主要设备运行规程、电气运行规程、仪表及计算机运行规程、控制与联锁逻辑程序及整定值、设计修改项目和安装试车过程中的重大问题等，各种报表、台帐、技术档案等。

③ 综合性技术资料主要包括：企业和危险化学品装置情况、原材料手册、物料平衡手册、自动控制系统手册、产品质量手册、润滑油（脂）手册、“三废”排放手册、设备手册、备品备件手册、安全设施一览表、阀门及垫片一览表、轴承一览表等，并及时收集整理随机资料。

④ 各种试车方案应覆盖全部试车项目，主要有以下内容。

a. 供电：外电网到总变电（总降）站、总变到各装置变电所、自备电站与外供电网联网、事故电源、不间断电源（UPS）、直流供电等受送电方案。

b. 给排水系统：水源地到化工装置区、原水预处理、脱盐水、循环冷却水系统冲洗、化学清洗、预膜，污水处理场试车方案。

c. 工艺空气和仪表空气：空压机试车、设备及管线吹扫方案。

d. 锅炉及供汽系统：燃料系统、锅炉冲洗、化学清洗、煮炉、烘炉、安全阀定压、各等级蒸汽管道吹扫、减温减压器调校、锅炉（二台以上）并网等方案。

e. 其它工业炉化学清洗、煮炉、烘炉等方案。

f. 空分装置：空压机、空分管道及设备吹扫、试压、气密、裸冷、装填保冷材料等，氮压机、氧压机、液氮、液氧、液氩等系统投用方案。

g. 储运系统：原料、燃料、酸碱、三剂（催化剂、溶剂、添加剂）、润滑油（脂）、中间物料、产品（副产品）等储存、进出厂（铁路、公路、码头、中转站等）方案。

h. 消防系统：消防水、泡沫、干粉、蒸汽、氮气和二氧化碳、可燃和有毒气体报警、火灾报警系统及其他防火、灭火设施等调试方案。

i. 调度通讯系统：呼叫系统、对讲系统、调度电话、消防报警电话等方案。

j. 危险化学品装置的系统清洗、吹扫、试压、气密、干燥、置换等方案。

k. 危险化学品装置的三剂（催化剂、溶剂、添加剂）装填、干燥、活化、升温还原及再生方案。

L. 自备发电机组、事故发电机、自备热电站等试车方案。

m. 危险化学品装置的大机泵、超高压和超高、高径比大的设备以及涉及易燃易爆物品的设备试车方案。

n. 联动试车方案。

o. 危险化学品投料试车方案。

p. 事故应急预案。

q. 试车过程中产生危险废物的处置方案。

(5) 引进装置要翻译并复制工艺详细说明、电气图、联锁逻辑图、自动控制回路图、设备简图、专利设备结构图、操作手册等技术资料，并编制阀门、法兰、垫片、润滑油（脂）、钢材、焊条、轴承等国内外规格对照表。

(6) 危险化学品装置的总体试车方案和化工投料试车方案，应经建设（生产）单位或试车领导机构的主要负责人审批；其余各种试车方案、培训教材、技术资料等，应经建设（生产）单位或试车领导机构的技术总负责人审批。

二、开停车安全管理

1. 开车的安全管理

(1) 试车条件

① 化工（危险化学品）装置化工投料试车前，建设（生产）单位必须组织进行严格细致的试车条件检查。试车应坚持高标准、严要求，精心组织，严格做到“四不开车”，即：条件不具备不开车，程序不清楚不开车，指挥不在场不开车，出现问题不解决不开车。

② 未做好前期准备工作，不具备条件，化工投料试车不得进行。

(2) 试车方案及标准　投料试车方案应由建设（生产）单位负责编制并组织实施，设计、施工单位参与，引进装置按合同执行。主要包括下列基本内容：

① 装置概况及试车目标。

② 试车组织与指挥系统。

③ 试车应具备的条件。

④ 试车程序、进度及控制点。

⑤ 试车负荷与原料、燃料平衡。

⑥ 试车的水、电、汽、气等平衡。

⑦ 工艺技术指标、联锁值、报警值。

⑧ 开、停车与正常操作要点及事故应急措施。环保措施。

⑨ 防火、防爆、防中毒、防窒息等安全措施及注意事项。

⑩ 试车保运体系、试车难点及对策、试车可能存在的问题及解决办法、试车成本预算。

(3) 投料试车应遵守下列规定

① 试车必须统一指挥，严禁多头领导、越级指挥。严格控制试车现场人员数量，参加试车人员必须在明显部位佩戴试车证，无证人员不得进入试车区域。

② 严格按试车方案和操作法进行，试车期间必须实行监护操作制度。

③ 试车首要目的是安全运行、打通生产流程、产出合格产品，不强求达到最佳工艺条件和产量。

④ 化工投料试车阶段不同介质的各种联通管道必须拆除或加盲板隔离。

⑤ 试车必须循序渐进，上一道工序不稳定或下一道工序不具备条件，不得进行下一道工序的试车。

⑥ 仪表、电气、机械人员必须和操作人员密切配合，在修理机械、调整仪表、电气时，应严格执行安全管理规程，事先办理安全作业票（证）。

⑦ 试车期间，分析工作除按照设计文件和分析规程规定的项目和频次进行外，还应按试车需要及时增加分析项目和频次并做好记录。

⑧ 发生事故时，必须按照现场应急处置方案的有关规定果断处理，并依据预案及时上报。

⑨ 化工投料试车应尽可能避开严冬季节，否则必须制订冬季试车方案，落实防冻措施。

⑩ 化工投料试车合格后，应及时消除试车中暴露的缺陷和隐患，逐步达到满负荷试车，为生产考核创造条件。

(4) 化工投料试车应达到下列标准

① 试车主要控制点正点到达，连续运行产出合格产品。

② 不发生重大设备、操作、火灾、爆炸、人身伤害、环保等事故。

③ 安全、环保、消防和职业卫生做到“三同时”，监测指标符合标准。

④ 生产出合格产品后连续运行 72 小时以上。

⑤ 做好物料平衡，控制好试车成本。

2. “倒开车”

(1) “倒开车”是指在主装置或主要工序投料之前，用外供物料先期把下游装置或后工序的流程打通，待主装置或主要工序投料时即可连续生产。通过“倒开车”，充分暴露下游装置或后工序在工艺、设备和操作等方面的问题，及时加以整改，以保证主装置投料后顺利打通全流程，做到化工投料试车一次成功，缩短试车时间，降低试车成本。

(2) 建设（生产）单位在编制试车方案时，应根据装置工艺特点、原料供应的可能，原则采用“倒开车”的方法。

3. 试车队伍

(1) 化工投料试车，应根据化工装置、建设（生产）单位的实际，组成以建设（生产）单位为主，总承包、设计、施工、技术或是开车协助单位以及国内外专家参加的试车队伍。

(2) 建设（生产）单位在试车期间，可根据装置技术复杂程度，聘请专家，组成试车技术顾问组，分析试车的技术难点并提出相应的对策措施。

(3) 设计单位应安排骨干设计人员到达现场，处理试车中发现的设计问题。

(4) 建设（生产）单位可根据试车需要，提前落实开车协助单位或有关技术专家来现场的人员和时间，充分发挥其技术把关和指导作用。

(5) 建设（生产）单位应会同总承包、施工、设计等单位成立保运组织，负责试车期间的保运工作，本着“谁安装、谁保运”的原则，与施工单位签订保运合同。施工单位应实行安装、试车保运一贯负责制，保运人员应 24 小时现场值班，做到全程保运。

4. 停车的安全管理

(1) 常规停车

① 常规停车是指危险化学品装置试车进行一段时间后，因装置检修、预见性的公用工

程供应异常或前后工序故障等所进行的有计划的主动停车。

② 危险化学品装置常规停车应按以下要求做好准备工作：

a. 编制停车方案，参加停车人员均经过培训并熟悉停车方案。

b. 停车操作票、工艺操作联络票等各种票证齐全，并下发岗位。

c. 停车用的工（器）具、劳动防护用品齐备，如专用停车工具、通信工具、事故灯、防护服等。

d. 停车后的置换清洗方案、停车阀位图等。

e. 停车用的各种记录表、记录本等。

③ 化工（危险化学品）装置常规停车方案主要包括以下内容：

a. 停车的组织、人员与职责分工。

b. 停车的时间、步骤、工艺变化幅度、工艺控制指标、停车顺序表以及相应的操作票证。

c. 停车所需的工具和测量、分析等仪器。

d. 危险化学品装置的隔绝、置换、吹扫、清洗等操作规程。

e. 危险化学品装置和人员安全保障措施和事故应急预案。

f. 危险化学品装置内残余物料的处理方式。

g. 停车后的维护、保养措施。

④ 危险化学品装置常规停车应注意以下事项：

a. 指挥、操作等相关人员全部到位。必须填写有关联络票并经生产调度部门及相关领导批准。必须按停车方案规定的步骤进行。

b. 与上下工序及有关工段（如锅炉、配电间等）保持密切联系，严格按照规定程序停止设备的运转，大型传动设备的停车，必须先停主机、后停辅机。

c. 设备泄压操作应缓慢进行，压力未泄尽之前不得拆动设备；注意易燃、易爆、易中毒等危险化学品的排放和散发，防止造成事故。

d. 易燃、易爆、有毒、有腐蚀性的物料应向指定的安全地点或贮罐中排放，设立警示标志和标识；排出的可燃、有毒气体如无法收集利用应排至火炬烧掉或进行其他无毒无害化处理。

e. 系统降压、降温必须按要求的幅度（速率）、先高压后低压的顺序进行，凡需保压、保温的，停车后按时记录压力、温度的变化。

f. 开启阀门的速度不宜过快，注意管线的预热、排凝和防水击等。

g. 高温真空设备停车必须先消除真空状态，待设备内介质的温度降到自燃点以下时，才可与大气相通，以防空气进入引发燃爆事故。

h. 停炉操作应严格依照规程规定的降温曲线进行，注意各部位火嘴熄火对炉膛降温均匀性的影响；火嘴未全部熄灭或炉膛温度较高时，不得进行排空和低点排凝，以免可燃气体进入炉膛引发事故。

i. 停车时严禁高压串低压。停车时应做好有关人员的安全防护工作，防止物料伤人。冬季停车后，采取防冻保温措施，注意低位、死角及水蒸气、管线、阀门、疏水器和保温伴管的情况，防止冻坏。

j. 用于紧急处理的自动停车联锁装置，不应用于常规停车。

（2）紧急停车

① 紧急停车是指化工（危险化学品）装置运行过程中，突然出现不可预见的设备故障、人员操作失误或工艺操作条件恶化等情况，无法维持装置正常运行造成的非计划性被动停车。

紧急停车分为局部紧急停车、全面紧急停车。局部紧急停车是指生产过程中，某个（部分）设备或某个（部分）生产系统的紧急停车，全面紧急停车是指生产过程中，整套生产装置系统的紧急停车。

② 针对化工（危险化学品）装置紧急停车的不可预见性，建设（生产）单位应根据设计文件和工艺装置的有关资料，全面分析可能出现紧急停车的各种前提条件，提前编制好有针对性的停车处置预案。紧急停车处置预案应主要包括以下内容。

a. 能够导致化工（危险化学品）装置紧急停车的危险因素辨识和分析。

b. 导致紧急停车的关键控制点和预先防范措施。

c. 各种工况下化工（危险化学品）装置紧急停车时的人员调度程序、职责分工、紧急停车操作顺序和工艺控制指标。

d. 紧急停车后的装置维护措施。

e. 紧急停车后的人员安全保障措施。

③ 化工（危险化学品）装置紧急应注意以下几点。

a. 发现或发生紧急情况，必须立即按预案规定向试生产指挥部门和有关方面报告，必要时可先处理后报告。

b. 发生停电、停水、停气（汽）时，必须采取措施，防止系统超温、超压、跑料及机电设备的损坏。

c. 出现紧急停车，危及人员安全时，生产场所的检修、巡检、施工等作业人员应立即停止作业，迅速撤离现场。

d. 发生火灾、爆炸、大量泄漏等事故时，应依据制订的现场处置方案首先切断气（物料）源，尽快启动事故应急救援预案。

④ 发生紧急停车后，建设（生产）单位应深入分析工艺技术、设施设备、自动控制和安全联锁停车（ESD）系统等方面存在的问题，认真总结停车过程中和停车后各项应对措施的有效性和安全性，采取措施加以改进，避免或减少各类紧急停车事件的发生。

三、试车的生产考核

1. 试车总结

（1）建设（生产）单位应做好各种试车原始数据的记录和积累工作。

（2）建设（生产）单位原则上应在化工投料试车结束后半年内（中、小型化工装置三个月内），对原始记录整理、归纳、分析的基础上，写出危险化学品装置的试车总结，留存备案。

试车总结应重点包括下列内容：

① 各项生产准备工作。

② 试车实际步骤与进度。

③ 试车实际网络与计划网络的对比图。

④ 试车过程中遇到的难点与对策。

⑤ 开停车事故统计分析。

⑥ 安全设施的稳定性、有效性和存在问题及其对策措施。

⑦ 应急预案的实用性和有效性分析。

⑧ 安全管理规程草案的修订。

⑨ 试车成本分析。

⑩ 试车的经验与教训。意见及建议。

2. 稳定运行考验

（1）化工投料试车结束后，危险化学品装置进入提高生产负荷和产品质量、考验长周期安全稳定运行性能的阶段。建设（生产）单位应逐步加大系统负荷、提高装置产能、降低原料消耗、优化工艺操作指标，对各类安全设施进行长周期运行考验，发现和整改存在的问题，以实现装置安全平稳运行、产品优质高产、工艺指标最佳、操作调节定量、现场环境舒适、经济效益最大的目标。

（2）化工（危险化学品）装置长周期运行应采取的主要措施。

① 对化工（危险化学品）装置工艺指标做进一步测试、核实、修正与定值，使之符合危险化学品装置实际运行工况要求。

② 根据化工（危险化学品）装置运行情况，编制危险化学品装置消缺、检修、改造方案，进行设备优化，消除事故隐患。

③ 自动控制系统全部投用，考察其适用性、灵敏性和安全性。

④ 保证公用工程的总体平衡，满足化工装置在不同生产负荷下长周期安全稳定运行的需要。

（3）化工（危险化学品）装置长周期运行考验应注意的事项。

① 装置的生产负荷应按照低负荷、中负荷、高负荷三个阶段进行稳定运行考验，每个阶段达不到稳定运行要求，不得进入下一个阶段。

② 每一个负荷阶段均要做好进入下一个负荷阶段的设备、工艺和公用工程分析，采取措施，提前消除影响危险化学品装置稳定运行的瓶颈，做好负荷调整准备。

③ 每一个负荷阶段的安全运行条件均要进行严格细致的检查、分析，查找存在的不安全因素，采取措施彻底消除，并做好记录。

④ 危险化学品装置运行期间调节幅度不宜过大，应逐渐找到系统稳定的最佳工况，同时探求系统增加负荷的瓶颈，为系统优化提供依据。

3. 生产考核

（1）生产考核的主要任务是，对化工（危险化学品）装置的生产能力、安全性能、工艺指标、环保指标、产品质量、设备性能、自控水平、消耗定额等是否达到设计要求进行全面考核，包括对配套的公用工程和辅助设施的能力进行全面鉴定。引进装置的生产考核按合同执行。

（2）危险化学品建设项目未经生产考核不得进行竣工验收。

（3）建设（生产）单位应会同建设项目的科研、设计、施工等单位做好如下生产考核前的准备工作。

① 组成以建设（生产）单位为主，科研、设计、施工等单位参加的生产考核工作组，编制考核方案，制订考核工作计划。

② 研究和熟悉考核资料，确定计算公式、基础数据。

③ 查找可能影响考核正常进行的因素。

④ 会同设计部门和设备、仪表提供商等单位，校正考核所需的计量仪表和分析仪器。

⑤ 准备好考核记录表格。

（4）生产考核应在化工投料试车已完成，化工（危险化学品）装置满负荷持续稳定运行，并具备下列条件后进行。

① 满负荷试车条件下暴露出的问题已解决，各项工艺指标调整后处于稳定状态，影响生产考核的问题已经解决。

② 生产运行安全、稳定，备用设备处于良好待用状态。

③ 全部自动控制仪表、在线分析仪表和联锁已投入使用。

④ 分析化验的采样点、分析频次及方法已经确认。

⑤ 原料、燃料、化学药品、润滑油（脂）、备品配件等质量符合设计要求，储备量能满足考核需要。

⑥ 公用工程及辅助设施运行稳定并能满足生产考核的要求。

⑦ 上、下游装置的物料衔接已落实，产品、副产品等包装合格，运输渠道已畅通。

（5）生产考核的主要内容如下。

① 装置生产能力。

② 原料、燃料及动力指标。

③ 主要工艺指标。

④ 产品质量和成本。

⑤ 自控仪表、在线分析仪表和工艺联锁、安全联锁投用情况。

⑥ 机电设备的运行状况。

⑦ 安全设施的稳定性、有效性以及安全生产管理情况。

⑧“三废”排放达标情况。

⑨ 设计合同规定要考核的其他项目。

（6）生产考核时间一般规定为满负荷连续生产 72 小时，特殊情况下可适当延长。

（7）生产考核结束后，由建设（生产）单位提出考核评价报告，参加生产考核的各单位签字确认。

（8）生产考核结果达不到设计要求时，应由建设（生产）单位与总承包、设计、科研等单位共同分析原因，提出处理意见，协商解决，一般不再组织重新考核；确需重新考核的，不宜超过三次。

引进装置考核达不到合同保证值时，应按合同有关条款执行，并载入考核协议书附件，明确解决办法和期限。

（9）生产考核结束后，建设（生产）单位应对生产考核的原始记录进行整理、归纳、分析，编写生产考核总结报告，留存备案，作为项目竣工验收的重要依据。

第二节　特殊作业管理

一、特殊作业的范围、管理程序

1. 特种作业范围

根据国家安全生产监督管理总局相关文件规定，特种作业是指容易发生人员伤亡事故，对操作者本人、他人及周围设施的安全可能造成重大危害的作业。直接从事特种作业的人员称为特种作业人员。特种作业及人员范围包括以下十七种。

（1）电作作业　含发电、送电、变电、配电工，电气设备的安装、运行、检修（维修）、试验工，矿山井下电钳工。

（2）金属焊接、切割作业　含焊接工，切割工。

（3）起重机械（含电梯）作业　含起重机械（含电梯）司机，司索工，信号指挥工，安装与维修工。

（4）企业内机动车辆驾驶　含在企业内码头、货场等生产作业区域和施工现场行驶的各类机动车辆的驾驶人员。

（5）登高架设作业　含 2m 以上登高架设、拆除、维修工，高层建（构）物表面清洗工。

（6）锅炉作业（含水质化验）　含承压锅炉的操作工、锅炉水质化验工。

（7）压力容器作业　含压力容器罐装工、检验工、运输押运工、大型空气压缩机操作工。

（8）制冷作业　含制冷设备安装工、操作工、维修工。

（9）爆破作业　含地面工程爆破、井下爆破工。

（10）矿山通风作业　含主扇风机操作工，瓦斯抽放工，通风安全监测工，测风测尘工。

（11）矿山排水作业　含矿井主排水泵工，尾矿坝作业工。

（12）矿山安全检查作业　含安全检查工，瓦斯检验工，电气设备防爆检查工。

（13）矿山提升运输作业　含提升机操作工，（上、下山）绞车操作工，固定胶带输送机操作工，信号工，拥罐（把钩）工。

（14）采掘（剥）作业　含采煤机司机，掘进机司机，耙岩机司机，凿岩机司机。

（15）矿山救护作业。

（16）危险物品作业　含危险化学品、民用爆炸品、放射性物品的操作工，运输押运工、储存保管员。

（17）经国家安全生产监督管理局批准的其他作业。

2. 特殊作业管理

特种作业人员必须接受与本工种相适应的、专门的安全技术培训、经安全技术理论考核和实际操作技能考核合格，取得特种作业操作证后，方可上岗作业；未经培训，或培训考核不合格者，不得上岗作业。

特种作业人员培训考核实行教考分离制度，国家安全监督管理局负责组织制定特种作业人员培训大纲及考核标准，推荐使用教材。培训机构按照国家局制定的培训大纲和推荐使用教材组织开展培训。各省级安全生产监督管理部门、煤矿安全监察机构或其委托的有资质的单位根据国家局制定的考核标准组织开展考核。

特种作业操作证，由国家安全生产监督管理局统一制作，各省级安全生产监督管理部门、煤矿安全监察机构负责签发。特种作业操作证在全国通用。特种作业操作证不得伪造、涂改、转借或转让。特种作业操作证每 2 年由原考核发证部门复审一次，连续从事本工种 10 年以上的，经用人单位进行知识更新后，复审时间可延长至每 4 年一次。跨地区从业或跨地区流动施工单位的特种作业人员，可向从业或施工所在地的考核发证单位申请复审。

二、特殊作业审批人员、作业人员、监护人员的职责

1. 审批人员的职责

（1）负责特殊作业的安全技术工作，在业务上接受安全管理部门的指导，有权向上级安全管理部门汇报工作。

（2）负责或参与制订、修改特殊作业的安全技术操作规程和安全应急救援预案，并检查在工作中的执行情况。

（3）深入现场检查特殊作业部位、现状，发现隐患及时整改，发现违章作业要及时纠正或制止，对不听劝阻者，可停止其工作并立即报请领导处理。

（4）审批该特殊作业制订的安全措施，并检查安全措施落实情况，确保其安全。

（5）负责审批监督该特殊作业对新入职工人的安全教育，并督促班组搞好新来人员的班组教育。

（6）审批特殊作业编制的安全技术措施、计划，并检查执行情况。

（7）审查现场进行的动火作业，并积极配合动火人员做好各项安全措施的落实工作。审批监护人的工作职责，并要求其不得在动火期间离开动火现场。

2. 作业人员的职责

（1）严格遵守有关的规章制度，遵守劳动纪律。

（2）特殊工种的作业人员要与其他工种积极配合，不违章作业，不违反劳动纪律，有权拒绝违章指挥，确保安全生产。

（3）正确使用保管各种安全防护用具及劳动保护用品。

（4）善于采纳有利于安全作业的意见，对违章指挥作业者能及时予以指出，必要时向有关领导部门报告。

（5）特殊工种的作业人员要服从指挥人员的统一指挥，不得擅自主张，违反施工程序。出现事故要及时上报，发现隐患立即组织人员整改，不得拖延。

（6）认真执行本单位、本部门内所制订的岗位职责，坚持原则，坚决抵制违章指令。

（7）特殊工种的作业人员必须遵章守纪，严格实行岗位责任制，如有违反一律按公司有关条例处理。

（8）要建立特殊工种的作业人员档案。坚持安全知识学习，学习规章制度及安全技术操作规程，进行事故案例分析，自我总结经验教训，不断提高安全技术操作水平。

（9）特殊作业人员应当正确使用、保管各种安全防护用具及劳动保护用品。

（10）持有特种作业操作证的人员，必须严格执行有关部门的持证复审规定，按限期进行复审，凡超过时限未经复审者，不得继续从事原岗位（工种）作业。

（11）严禁酒后上岗、无证上岗。

3. 监护人员的职责

因特殊作业工种繁多，每一个工种都有自己的作业要求和作业规律。在这里，仅把动火作业、受限空间作业、起重作业和高处作业四种作业中监护人的职责作一介绍。

（1）动火作业监护人的职责

① 动火监督人是动火作业的监督者，对动火批准人或其授权人直接负责，对动火作业负有监督责任。

② 动火监督人应经过培训，在现场监督时应佩戴明显标志。

③ 应熟悉动火区域或岗位的生产过程、工艺流程和设备状况，具有应对突发事故的能力。

④ 动火监督人应对照工作动火许可证、动火作业方案和预案逐项检查落实各项安全措施。

⑤ 当发现动火部位与工作动火许可证不相符、动火安全措施不落实或任何异常情况时，动火监督人有权停止动火。

⑥ 动火作业中，动火监督人必须对动火人、动火监护人、动火作业人的行为进行严格监督，发现有违反动火许可证、动火作业方案的行为，必须立即制止，必要时停止作业，并通知动火批准人或其授权人，待隐患整改后，方准许继续作业。

⑦ 动火监督人在动火过程中不得离开现场，动火完工后，应对现场进行检查，确认无火种存在，并在30min后在动火许可证上签字关闭许可证，对作业过程中任何不符合安全要求的情况，记录注明后方可撤离。

(2) 动火作业全过程中监护人必需的工作

① 在禁火区进行动火作业

a. 监护人应检查周边环境，督促将动火部位10m范围内的有毒有害物质全部移除，无法移除的应采取隔离措施进行隔离。

b. 动火作业使用气焊、气割时，乙炔瓶应直立放置，严禁倒放使用。氧气瓶和乙炔气瓶与动火作业地点的距离不应小于10m，两气瓶间距不应小于5m；不准在烈日下暴晒。

c. 进行动火作业时，应关闭附近的门窗，封堵周边的孔洞。

d. 5级（含5级）以上风力时应禁止室外动火作业。

② 监护人应根据现场实际情况及物料特性检查设备防护措施、个人防护措施，落实不到位的禁止动火作业。

③ 监护人应对动火作业证进行逐项审查，明确安全措施是否落实，作业时间，作业范围，作业人及审批手续。

④ 在动火作业过程中，监护人应制止超时间、超范围作业，作业人违章作业。

⑤ 监护人应该时刻在作业现场，不得离开或在监护时做其他工作，如果确实需要离开时，应找有资格的人员进行接替。

⑥ 在动火结束后监护人应留在现场30min以上对现场进行检查，扑灭余火并在动火证最后一栏签字确认。

(3) 有限空间作业监护人职责

① 设置障碍并加标志。“危险，勿进入”的标志当容器或设备打开时，放置在每个进入点 所有涉及的“不得进入”处都已设置障碍。

② 机械救援装置和救生绳。机械救援装置和救生绳的强度应能足以承受两个以上进入者的重量，救生绳的材质应能经受得起工作环境的侵蚀和磨损。机械救援装置的动力源在工作期间应能始终提供。

③ 净化受限空间。冲洗或使用蒸气净化以确保无危险物质残存，进行空气检测以确保受限空间已清洁，若例行空气检测无法进行，准备特殊检测程序。

④ 适当的通风。吹入受限空间的空气应从无污染的区域吸入，受限空间的通风应能满足整个受限空间的换气量不小于2次/min，压缩空气不应作为一种气体源考虑。

⑤ 安全装置就位且状态良好。

a. 洗眼器必须就位且完好。

b. 急救箱物品必须齐全。

c. 应急关停装置须正常。

⑥ 适合限制区域使用的工具

a. 所有的电动工具和灯使用接地故障断路器（GFI）或低压电力（12V）。

b. 所有小工具必须有工具包。

c. 具有锋利开口的工具须有皮套。

d. 气动工具的气源必须是可呼吸空气。

⑦ 通信工具。须有主要和备用通信装置。如无线电对讲机、喇叭、机械通信器具等。

⑧ 确保无其他可能影响此工作的工作证

a. 是否有可能影响通风源的热工、化学品作业。

b. 是否有可能影响锁定的管线开拆、电工作业。

c. 其他可能影响本工作的作业。

d. 若限制区域有电动设备，按照工厂能源隔离/锁闭程序进行锁闭、封锁和检测。

e. 在搅拌等设备的轴上安装机械锁以阻止其在限制区域移动封闭所有管道或在容器处断开。

f. 不可用关闭阀门、锁上已关闭的阀门或使用双重锁的方法为进入限制区域进行隔离。

g. 已断开的管道应安装盲板、加盖或在容器上断开除非开口用于通风，气体测量应在工作开始前进行，工作开始后应保持持续监测。

h. 毒性测试结果应为0%或低于活动水平。氧气测试。氧气浓度应在19.0%以上，若浓度超过23.5%或低于19.0% 应停止工作。

i. 作业证填写情况。

（4）起重吊装监护人职责

① 吊装起重监护人应配合作业人遵循十不吊原则：

a. 信号指挥不明不准吊；

b. 斜牵斜挂不准吊；

c. 吊物重量不明或超负荷不准吊；

d. 散物捆扎不牢或物料装放过满不准吊；

e. 吊物上有人不准吊；

f. 埋在地下物不准吊；

g. 安全装置失灵或带病不准吊；

h. 现场光线阴暗看不清吊物起落点不准吊；

i. 棱刃物与钢丝绳直接接触无保护措施不准吊；

j. 六级以上强风不准吊。

② 监护人对作业证的审查

a. 必须对作业证每一项进行审查，并对作业证上措施逐一督促落实到位。

b. 作业证及作业方案必须得到相关部门的审批。

c. 作业证不得超范围使用。

d. 作业结束监护人应做好现场检查工作。

③ 监护人注意要点

a. 在作业前监护人应配合申请部门做好防护措施。

b. 监护人在监护时应在现场时时监护，不得从事其他作业。

c. 监护人对现场来往人员做好疏导工作，告知人员注意绕行。

d. 对作业人违章作业及违反十不吊原则进行制止并进行上报。

（5）高处作业监护人职责

① 监护人检查作业现场安全措施落实情况

a. 作业现场是否进行隔离并做好标识。

b. 登高的梯子支脚是否已采取防滑措施。

c. 梯子摆放是否安全，是否放在斜坡上或架在有空洞处。

d. 作业工具是否用专用工具包装好。

e. 通信工具是否有效可用。

② 监护人注意要点

a. 在作业前监护人应配合申请部门做好防护措施。

b. 监护人在监护时应在现场时时监护，不得从事其他作业。

c. 监护人对现场来往人员做好疏导工作，告知人员注意绕行。

d. 对作业人违章作业进行制止严重的应进行上报。

三、特殊作业现场安全管理

特殊作业的现场安全管理是整个企业安全管理的重点。因为在化工（危险化学品）生产中，最危险的事情是特殊作业，特殊作业的风险大、难度大、耗时大、费用大是一般作业无法比拟的。只要我们在特殊作业中抓住安全教育、树立风险意识、盯住重点、明确关键、健全考核、风险共担，就能把特殊作业的现场安全管理工作抓严、抓好、抓出成效。

1. 重教育、树理念、强化安全风险意识

推行安全风险管理是对安全生产的新要求，是一项全新的课题，为此，要采取教育培训等形式，使全体职工对安全风险的定义、内容以及推行安全风险管理的意义等情况尽快熟悉、熟知，树立起安全风险意识。

（1）加强培训教育　利用特殊作业危险性较大的时机，组织员工进行安全风险管理知识强化培训教育，就施工现场管控着重强调树立安全风险意识，强调做到“六个必须”：必须树立靠严格管理保安全的理念；必须树立靠设备质量保安全的理念；必须树立靠专业管理保安全的理念；必须树立靠班组建设保安全的理念；必须树立靠安全文化保安全的理念；必须树立靠干部作风保安全的理念。

（2）强化思想认识　进一步强化各级人员的安全风险意识，在特殊作业过程中明确提出只有全面推进安全风险管理，科学制订管控措施，做到超前防范，才能实现全面有效管控安全风险的目标，才能为更高水平的安全生产、安全作业奠定坚实的基础。

（3）灌输风险理念　在推行安全风险管理的过程中，要给全体人员讲解“安全风险控制体系建设和运用管理实施办法”以及安全风险管理与既有安全管理的关系、安全风险等级划分、安全风险控制重点、安全风险建设方案、运用管理制度五个方面对员工进行安全风险管理体系的建设和实施办法进行学习。

2. 坚持标准

设备安全是安全风险控制的重点，那么作业标准化更是保证设备安全的重要举措。作业

人员只有严格按照作业指导书进行作业，在高标准、精细化作业的理念下，才能保证作业质量，才能确保设备安全稳定。

3. 建制度、严考核、落实安全风险要求

（1）健全考核机制　运用经济杠杆实行施工安全风险管理考核，实行包保领导与施工安全联挂考核，健全考核制度。制订相关考核实施办法，作为安全风险管理措施落实的支撑。

（2）实行风险共担　确立安全风险考核激励机制，特别在安全效益方面拿部分资金进行考核，对于特殊作业安全自控达标的车间、班组给予一定的奖励。同时，做到发生问题，全体人员责任共担，以此来激励广大干部、员工牢固树立安全风险意识，切实落实各项特殊作业安全风险管理措施，确保提速作业安全风险管理有序可控。

化工（危险化学品）特殊作业安全风险管理是一个系统工程，具有很强的复杂性。特别是在实施安全风险管理以来，特殊作业安全的压力有增无减，必须对各项施工进行科学研判，找出安全风险点，制订出科学的管控措施，并盯住各个关键环节的有效落实，切实管控好施工安全关，确保一平安，为更高水平安全发展建设做出应有的贡献。

四、化学品生产单位特殊作业安全规程

《化学品生产单位特殊作业安全规范》（GB 30871—2014），是我国在化学品生产企业特殊作业安全管理工作中的行动指南，它从化学品生产企业的动火作业、受限空间作业、盲板抽堵作业、高处作业、吊装作业、临时用电作业、动土作业、断路作业等八大危险作业给出了保障安全的规范和要求，每一个化学品生产单位的领导者、管理者、作业者都应把该规范当做自己行动的指南，在工作中认真学习、贯彻、执行，以此来保障化学品生产企业的安全。

第三节　承包商管理

一、承包商的资质审查、选用

1. 资质审查

（1）承包商的营业执照。

（2）资质证书。

（3）安全生产许可证。

（4）业绩。

（5）人员：项目负责人、技术负责人、质量员、安全员等。

（6）施工机械设备。

（7）财务要求。

（8）信誉。

① 没有被责令停业的，财产被接管、冻结、破产状态的。

② 没有被有关部门通报且取消相应投标资格（处于有效期内）。

③ 申请人没有涉及正在诉讼的案件，或虽涉及正在诉讼的案件但经评审委员会认定不会对承担本项目造成重大影响。

（9）安全协议与安全教育培训。

（10）安全交底与现场安全监督管理。

（11）安全业绩与评价。

2. 选用

（1）承包商选择与评价实施步骤　一般来讲，在对承包商作出系统全面评价，并在此基础上进行选用。

① 分析市场竞争环境　建立基于责任、合作、开放性交流的长期合作关系。首要是分析市场竞争环境，找到针对哪些产品市场开发价值链合作关系才有效，从而与承包商建立必要的合作关系。

② 明确承包商选用的目标　企业必须确定承包商的评价程序，而且必须建立实质性的、实际的目标。评价和选用承包商不仅仅是一个简单评价、选用的过程。它本身也是企业自身和企业与企业之间的一次业务流程的重构过程，如果实施的好，它本身就可以带来一系列的利益。因此，企业必须明确选用承包商的目的是什么，做到有的放矢，这样才能避免盲目，更加有针对性地选用合适的承包商。

③ 建立承包商的评价标准　承包商综合评价的指标体系是企业对承包商进行综合评价的依据和标准。不同行业、企业的产品需求和不同环境下的承包商的侧重点是不一样的。在建立承包商的评价标准时，不外乎都涉及业绩、设备管理、质量控制、人力资源开发、成本控制、技术开发、安全生产、环境保护、用户满意度、交货协议等各个方面。这是一个选用承包商的评价标准，并按此标准来选用承包商。

④ 对承包商进行评价　评价承包商的一个主要工作是调查，即收集有关承包商的生产运作等全方位的信息。在收集承包商信息的基础上，就可以利用一定的工具和技术方法进行评价了。在评价过程后有一个决策点，即根据一定的技术方法选择承包商。如果选择成功，则可以开始实施合作关系。

在实施评价和选择合作关系的过程中，市场需求将不断变化，必要时还需要根据实际情况及时修改承包商的评价标准，或重新开始承包商的选择。因此，选用承包商是一个动态过程，它不是一成不变的。情况发生了变化，标准亦要随之改变。

（2）承包商选用与评价标准　一般来说，可以从以下几个方面概括：

① 承包商自身　价值取向，参与改进的主动性，公司规模，技术背景等。

② 业绩评价　成本分析，交货质量，运输质量，企业信誉，企业发展前景。

③ 业务结构　技术合作，人事简况，财务状况，生产状况，安全技术，产品范围。

④ 企业环境　企业环境，政治法律环境，经济技术环境，自然地理环境，社会文化环境，安全生产环境。

（3）承包商选择与评价体系　为了更全面、更系统、更明晰、更准确地对承包商进行选择评价，利用对以下各方面加权的方法，结合各指标高、中、低等层次所要求达到的高度。每一方面项下各指标加总分数，乘以该方面所赋权重，得出该承包商最后分数。

（4）注意事项

① 企业对承包商给予协助和指导，帮助承包商改进生产和工艺，降低成本、提高质量，以达到企业的柔性指标。

② 在企业和承包商之间经常进行有关成本、作业计划、质量控制、安全生产等信息的交流与沟通，保证信息的一致性和准确性。

③ 建立联合的任务小组解决共同关系的问题，如在化工（危险化学品）企业大型机组

的检修、大型塔器的吊装等作业。在承包商与企业间建立一种基于团队的工作小组，使双方的专业技术人员和管理人员共同解决生产和安全作业过程中遇到的各种问题是较好的方法。

④ 对承包商的激励也是非常重要的。没有有效的激励机制，就不可能维持良好的合作关系，让承包商来分享企业的成功，并且对承包商的业绩进行客观公正的评价，促使承包商不断地改进。

企业通过战略联盟可以扩大企业规模，大大提高自己的竞争能力，应对更大规模的竞争，可以制约并削弱竞争对手。因此，与承包商共同分享信息、抵御外部市场变化的风险，实乃现代企业管理的重要方法之一。

二、安全协议与安全教育培训

1. 安全协议

对承包商安全管理协议书的说明，我们以下面一个具体的协议形式进行阐述。

（甲方）：（以下称甲方 ）　　　　　　　　　　　（乙方）：（以下称乙方）

甲方根据生产需要，将项目发包给乙方，双方就安全管理、安全责任达成以下协定，共同遵守。

（1）本协议适用范围：

① 本协议适用于所有乙方为甲方承包的现场维修服务。

② 项目地址：厂区内，或订单和合同指定的地点。

③ 工程项目的发包形式是订单或合同，即本协议对今后甲乙双方所签订的所有的施工订单和合同适用。

（2）本安全协议有效期限：自××××年××月××日起长期有效。如果今后双方签署更新的安全协议，则以更新的版本为准。

（3）协议内容：

① 甲乙双方必须认真贯彻“安全第一、预防为主、综合治理”的方针，严格遵守国家有关安全生产法律、法规、条例和规定。

② 甲乙双方都应有安全管理体系，包括安全生产负责人、安全生产责任制、安全生产操作规程、安全教育培训制度等。

③ 乙方的法人代表为（　　　），是具备承包项目需要的安全资质和有能力承担安全责任的企业。并提供有效的资质证书。

④ 乙方应指派经验丰富、熟悉安全技术的人员负责项目现场的安全，并对施工现场进行日常安全检查。乙方指派（　　　），联系电话（　　　）。

⑤ 乙方人员工作前，甲方将对其进行入厂安全培训（有效期 1 年），介绍现场危害、甲方的安全规定等。乙方应负责对本单位施工作业人员进行相关的安全教育。

⑥ 乙方应根据本项目特点制订有针对性的安全技术措施并提供甲方发包部门审核，同时对本单位施工人员进行安全技术交底并严格按安全技术措施要求作业。未经安全教育者和安全交底者，不得进入现场工作。

⑦ 乙方人员办理进厂识别证时，涉及特种作业的，必须向安全部提供特种作业人员操作证复印件。

⑧ 乙方人员年龄规定：男不得超过 60 周岁，女不得超过 55 周岁，不得招收童工或未成年工。

⑨ 甲方应经常关心和督促乙方的安全生产工作，发现不安全的地方有权立即指出和制止，并提出整改要求。乙方要立即整改。

⑩ 乙方必须为其人员提供必要的个人劳防用品（工作服、安全鞋、手套、安全帽、安全带等），并督促人员正确穿戴；由于乙方员工自身的原因导致严重工伤事故，甚至死亡的，其责任由乙方公司全部承担。乙方在开工前，必须为所作的工程购买工程意外险，对可能出现的伤亡事故进行保险。保险额度对每个人因为施工中的意外事故导致的死亡或严重伤残的赔偿不能低于×××万元人民币。乙方开工时尚未购买保险的，甲方有权取消承包订单或合同，由此对甲方造成的工期延误等损失，乙方要全部承担。

⑪ 乙方应遵守甲方的保安和厂内交通规定。

⑫ 乙方要确保使用的工具、设备是安全的，并严格按操作规程操作，以保证工作安全。

⑬ 由甲方提供的工具、设备在提交乙方使用前，乙方要认真检查。投入使用后，就表示乙方认可甲方的工具、设备是安全的。

⑭ 乙方涉及特种作业（电、气焊、电工作业、行车工、搭脚手架、登高作业、起重机、有害有毒易爆危险品处理等）的，其操作人员必须持证上岗；有毒有害岗位提供职业体检记录。起重作业必须遵守“十不吊”规定，严禁违章无证操作；严禁不懂电器、机械设备的人擅自操作使用电器、机械设备。

⑮ 乙方如携带易燃易爆物品进厂前，必须向甲方申报并获得批准。危险品应有专人负责保管，储存在安全地方，有防范措施和安全警示标志。所有生产现场涉及需要切送电作业、管路隔断、动火作业、密闭容器、登高作业、挖掘作业、临时用电线路装接等作业时，必须事先主动与发包部门负责该项目的管理人员联系，提出申请并办理《安全工作许可》，理解甲方告知的现场危害及注意事项。任何不安全的工作，乙方有权拒绝执行。

⑯ 乙方人员只能在甲方指定的吸烟点吸烟。乙方人员只能在指定区域内工作，不得随意进入其他生产场所，不得擅自施工及触及运行的设备。

⑰ 乙方必须加强对现场人员的管理，杜绝发生偷盗行为。任何违反安全的行为一经发现，甲方有权决定是否终止合同并视情节轻重相应的处罚权利。

⑱ 乙方应文明施工，不得乱抛、滚、扔工件或物料，作业区域工作环境应经常保持整洁，产生的垃圾、废料要及时清理指定地点。

⑲ 施工现场禁止使用毛竹脚手架。甲乙双方对施工现场的脚手架及各类安全防护设施、安全标志和警告牌，不得擅自拆除更动。如确需拆除更动的，必须经工程项目负责人和甲乙方指派的安全管理人员的同意，并采取必要、可靠的安全措施后方能拆除。任何一方人员如擅自拆除，所造成的后果均由该方人员及其单位负责。

⑳ 甲方不得指派乙方人员从事合同外的任务，如有乙方应予拒绝。

㉑ 在签订合同后，凡是按当地安全生产监督管理等部门规定须审批的项目，乙方应按规定向有关管理部门办理审批手续。

㉒ 贯彻谁施工谁负责安全的原则。承包单位发生重大事故后，双方应协力进行紧急抢救伤员和保护现场，按照“四不放过”的原则认真调查。乙方对自己员工的安全负责，对分承包商的安全负责并且告知分承包商甲方现场的危害所在。

㉓ 在作业现场，由于乙方违反上述协定，或安全技术措施不到位（又未与甲方主管部

门主动联系），或发包给无资质的单位或个人，或现场监督管理不严，或违反甲方安全规定等，造成的人身、设备事故，乙方应承担全部的安全责任。其他情况下，事故的损失按责任协商解决。

㉔ 对承包商违章的处罚，具体见：承包商安全违章处罚细则。

㉕ 本协议订的各项规定适用于立协议单位双方，如遇有同国家有关法律、法规不符者按国家有关规定执行。

㉖ 本协议经立协议双方签字、盖章后立即有效。一式三份，发包部门、承包单位、安全部门各留存一份。

甲方：　　电话：　　日期：　　乙方：　　电话：　　日期：

2. 安全教育与培训

将外部承包商安全管理纳入本单位 HSE 管理体系，是现代企业安全管理的基本要求，在安全生产中要切实做到“谁工作谁负责、谁管理谁负责、谁组织谁负责、谁执行谁负责”，促进 HSE 管理力的不断提高。扎实做好承包商的安全教育和培训，使他们清楚作业前要进行危害分析、制订针对性防范措施、明确的操作规程或程序、没有进行安全技术交底不施工。

针对生产现场不同作业项目的危险特性，业主安全管理人员结合作业现场作业环境、作业方式、人员素质、所用机具等特点，为承包商作业人员进行现场各种作业存在的危险进行分析，对如何预防高处坠落、物体打击、触电、机械伤害等事故进行讲解，帮助承包商作业人员进行现场作业风险识别，消除作业中存在的麻痹、侥幸心理。

承包商要对特种作业人员及项目经理进行相应的安全培训，以强化他们的安全意识，提高他们的安全技能，确保现场作业、施工、维修、维护顺利平安进行，真正做到“平安工地、平安现场、平安过程”。要使承包商的全体人员充分认识到承包商和项目监管人员在施工现场、作业现场的安全管理职责，以及国家、企业对安全生产工作的具体要求，加大对事故隐患的关注度，提高承包商的安全管理意识和安全管理能力。

在（化工）危险化学品企业工地、现场、岗位、过程等，一般对承包商进行的安全教育培训分为五个步骤，其范围和内容如下：

（1）一级（企业级）。适用于短期进入生产区的应急抢修、技术服务、供货提货等承包商方的人员。教育培训的主要内容为：企业概况、生产特点、存在的风险、安全防护措施、禁火区域、应急及注意事项等。可以在入厂前安全教育培训室播放安全教育片，培训后填写《入厂安全教育卡》，经主管安全教育培训的负责人签字确认后，企业安全监管部门发放准入证，穿戴好统一的劳动防护用品入厂。

（2）二级（分厂级）。适用于长期（最少一周时间）以上进入生产区的维修、施工等承包商方的工作人员。安全教育培训的内容为：单位概况及生产特点、存在的风险及预防措施、企业相关的安全要求、危险作业安全要点、个人劳动保护用品佩戴要求、应急响应及逃生知识、典型事故案例等。二级安全教育培训可由分厂组织或有分厂委托有资质的安全教育培训机构承担，以满足承包商方人员的大量进厂需求。实施步骤是由承包商提出申请，主管部门组织不少于 8 小时的安全教育培训，经考试合格后，办理临时入厂证，然后着统一劳保服装方可进入生产区。

（3）三级（车间级）。适用于需要进入现场进行施工、检修作业等相关活动的承包商方人员。教育培训的内容为：属地装置基本情况、存在的风险及防范措施、主要有害物质特性及防护要点、特种劳保用品佩戴要点、能量隔离和作业许可制度、应急响应及逃生知识、属地典型事故案例等。由承包商提出进入属地装置申请，属地进行规定内容的安全教育培训，经考试合格，并进行安全承诺签字后，获得作业许可证，方可进入生产现场。

（4）四级（作业前）。适用于进行工程施工、检修作业的承包商和技术服务等承包商方的施工、检修人员，侧重于现场安全交底。安全教育培训的内容为：作业项目名称，作业内容，作业时间，容器、设备、管道、介质，作业过程可能存在的危害，能量隔离状况，施工、检修风险等级，工器具、防护用品配备情况，应急响应及逃生知识，相关作业典型事故案例，作业前自检方式方法等。一般采用“作业计划任务书”、施工作业计划书、检修任务书讨论会，作业前安全交底会等方式进行。由生产装置和承包方双方参与，进行细致交底和沟通，使承包商方的人员明白“干什么、怎么干、干到什么程度”，从而实现施工、检修作业安全受控、可控。

（5）五级（作业过程）。适用于进行施工、检修作业的承包商和技术服务人员，侧重于现场事故隐患的根治或根除。安全监督人员、项目安全负责人、安全监护人员等在作业现场发现人的不安全行为，物的不安全状态，不良的环境和管理的缺陷等隐患，要及时予以制止和排除。一旦发现了不安全因素，首要是安全地制止作业，其次是耐心沟通交流，再者是获得当事人的安全承诺，第四是待整改合格后方可恢复作业。

三、安全交底与现场安全监督管理

1. 安全技术交底

生产和安全负责人在生产作业前对直接生产作业人员进行的该作业的安全操作规程和注意事项的培训，并通过书面文件方式予以确认。建设项目中，分部（分项）工程在施工前，项目部应按批准的施工组织设计或专项安全技术措施方案，向有关人员进行安全技术交底。重大检修作业前也对作业人员进行安全技术交底。安全技术交底主要包括两个方面的内容：一是在施工方案的基础上，在检修方案的基础上按照施工和检修的要求，对施工和检修方案进行细化和补充；二是要将操作者的安全注意事项讲清楚，保证作业人员的人身安全。安全技术交底工作完毕后，所有参加交底的人员必须履行签字手续，施工负责人、检修负责人、生产班组、检修班组、现场专职安全管理人员三方各留执一份，并纪录存档安全技术交底的内容。

2. 安全技术交底的作用

（1）细化、优化施工方案和检修方案，从施工技术方案和检修技术方案选择上保证施工和检修的安全，让施工和检修的管理、技术人员从施工方案和检修方案的编制、审核上就将安全放到第一的位置。

（2）让一线作业人员了解和掌握该作业项目的安全技术操作规程和注意事项，减少因违章操作而导致事故的可能。

（3）项目施工和检修中的重要环节，严格意义上讲，不做交底是不能开工的。这从制度上保障了安全。

3. 现场安全监督管理

（1）制订规范的检查表　加强作业现场的安全监督管理是确保承包商人员现场安全

的重要措施。而制订作业检查标准是安全监督人员开展检查的工作指导，以此提高检查的全面性、针对性、目的性，从而实现检查监督的有效性。

一是规范安全检查表的制定。安全检查表要根据各工种的依次作业标准为基础，结合安全风险项目、风险点，深入分析作业环节中容易出现违反规定的行为，确定检查的项目、内容。

二是合理、科学制定量化检查标准。明确管理人员每日、周、旬、月、季度、半年等周期要开展检查的内容。所有的安全风险作业都要有检查、有管理的痕迹，安全检查量化要细化到作业的关键环节，通过合理调整检查频次，实现对安全风险的控制。

（2）加强作业过程的控制

① 强化实时监控，充分利用科技设备，对现场作业过程进行监督，及时发现问题处理问题，增强控制能力。

② 对关键作业环节细化作业标准。针对标准中不够明确的作业要求，进行细化，提高监督效果。

③ 加强安全信息管理。完善安全信息管理办法，明确安全信息的等级、管理人员、管理时间、处置办法，做到对现场监督检查有指导性、目的性。并通过分析总结，制定、调整阶段性工作重点。

④ 加强对安全风险的追踪管理。涉及安全的问题必须强化追踪过程管理，不仅要对作业行为进行追踪，还要对责任者加强追踪。

四、安全业绩考核与评价

1. 考核原则

（1）客观公正、实事求是，遵循 DIFR（伤残事故发生率）原则。充分结合安全生产效果及日常安全生产管理工作开展情况，考核结果体现安全工作实际。

（2）定性和定量相结合原则。定性考核主要是对安全生产管理职责履行情况的考核，定量考核主要是对安全生产控制指标的考核。

（3）一票否决原则。各承包商单位超出协议确定的目标责任书指标要求则实行“一票否决”。

2. 考核内容

内容分两个方面，一是安全生产管理职责履行情况，二是安全生产控制指标执行情况。

（1）安全生产管理职责履行情况　安全生产管理职责履行情况以每月（季度）安全生产管理综合评价为依据，全年评价平均分经换算后得分即为年度安全生产履职考核得分，年度安全业绩考核不再对安全履职部分进行考核。

（2）安全生产控制指标控制情况　依据业主方下达的年度安全生产控制指标，下发承包商安全施工、安全检修的安全生产控制指标。于每年年初与各承包商签订安全生产目标责任书，并逐级分解；安全生产控制指标控制情况以年度安全生产控制指标评价为依据，全年评价得分经换算后得分即为年度安全生产控制指标得分。

3. 评价

最简便的评价方法是做一张评价表，在表中列出要评价的具体内容，给每项内容赋予一定的分值。然后进行评分评价，得分超过 80 分者为合格；得分超过 90 分者为良好；得分达到 95 分以上者为优良。如下面的内容为列表中的事项中有 10 项，每项赋予 10 分，得分多少看各承包商在安全工作中的具体表现而定。

(1) 单位主要负责人、现场负责人、安全员及特殊作业人员接受政府主管部门专门教育，持证上岗；所有施工人员接受安全部门入厂安全教育，考试合格后，凭入厂证进厂作业；进入现场前接受施工主管部门及施工所在单位的现场安全教育。

(2) 签订安全环保文明施工协议书，并交纳一定的风险抵押金；所有施工人员签订“HSE 承诺书”。

(3) 遵守国家、地方的 HSE 法律法规、规定、标准及公司的安全管理规定、作业规程；无违章、违纪行为。

(4) 施工（作业）单位根据用工单位的有关规定和要求，为所管施工（作业）人员提供符合安全要求的劳保用品。

(5) 施工单位制订确保工程项目安全施工（作业）的安全技术措施，交公司施工主管部门和安全部门审查。

(6) 安全作业办理相应的作业票证。作业人员穿戴好劳动保护用品，进入施工现场戴好安全帽；不得动用厂内任何设备、设施；作业区域设置明显安全警示标志，监护人员到位；施工结束清理现场，做到工完料尽场地清，严格完工交接手续；做到文明施工，现场秩序井然，无不文明行为；现场临时用电设施，必须安装符合要求的漏电保护器，移动工具、手持式电动工具必须做到一机一闸一保护；电焊机接线要规范，严禁将地线搭接在装置设备或金属框架上。

(7) 施工车辆遵守公司机动车辆进入生产装置区、罐区通行证制度。

(8) 工程项目验收无质量问题；无因承包商原因造成逾期的项目。

(9) 准时出席公司各类安全及专业会议。

(10) 无安全事故，无刑事案件及一般治安事件。

第六章

职业健康管理

《中华人民共和国职业病防治法》实施以来，党和政府高度重视职业病防治工作，随着职业病防治宣传的普及，源头治理和专项整治力度的持续加大，全社会防治意识不断提高，用人单位危害劳动者健康的违法行为有所减少，工作场所职业卫生条件得到改善。同时，职业病危害的检测、评价与控制，职业健康检查以及职业病诊断、鉴定、救治水平不断提升，重大急性职业病危害事故明显减少。但由于涉及企业数量众多，我国目前职业病防治还面临着诸多问题和挑战。据统计，全国每年新报告职业病病例近 3 万例，主要分布在煤炭、化工、有色金属、轻工等不同行业。职业病危害依然严重，职业病防治工作任重而道远。

第一节　职业病危害因素与职业病

根据《职业卫生名词术语》(GBZ/T 224—2010)，职业病危害因素是指在职业活动中产生和（或）存在的、可能对职业人群健康、安全和作业能力造成不良影响的因素或条件，包括化学、物理、生物等因素。而对从事职业活动的劳动者可能导致职业病的各种危害即职业危害。

企业、事业单位和个体经济组织等用人单位的劳动者在职业活动中，因接触粉尘、放射性物质和其他有毒、有害物质等因素而引起的疾病。

从业人员在从事职业活动中，由于接触粉尘、毒物等有害因素有可能对身体健康造成伤害，导致职业病发生。

近年来，随着我国经济快速发展，新技术、新材料、新工艺的广泛应用，以及新的职业、工种和劳动方式不断产生，劳动者在职业活动中接触的职业病危害因素更为多样、复杂。原有的《职业病危害因素分类目录》历时 10 余年，已不能完全反映当前职业病危害因素及职业病现状，有必要进行适当调整。为切实保障劳动者健康及其相关权益，国家卫生计生委、国家安全监管总局、人力资源社会保障部和全国总工会联合对职业病危害因素及职业病分类进行了调整，于 2013 年 12 月和 2015 年 11 月，分别印发了《职业病分类和目录》（国卫疾控〔2013〕48 号）和《职业病危害因素分类目录》（国卫疾控发〔2015〕92 号），将职业病种类调整为 10 大类、132 种，职业病危害因素种类调整为 6 大类、459 种。

与 2002 年原卫生部印发的《职业病危害因素分类目录》相比，新的《职业病危害因素分类目录》（国卫疾控发〔2015〕92 号）将职业病危害因素由 10 大类、115 种调整为 6 大类、459 种，其中，粉尘类 52 种；化学因素 375 种；物理因素 15 种；放射性因素 8 种；生物因素6种；其他因素3种。

根据《职业病分类和目录》（国卫疾控〔2013〕48号），修订后的职业病由原来的10大类、115种，调整为10大类、132种（含4项开放性条款），新增18种职业病。另外，对2项开放性条款和16种职业病的名称进行了整合和调整。

新的《职业病分类和目录》调整倾向生产一线作业人员，例如煤炭、冶金、有色金属、化工、林业、建材、机械加工行业作业人员以及低温作业人员、医疗卫生人员和人民警察等。

第二节 常见工业毒物的危害、侵入途径及控制

一、常见工业毒物的危害

1. 金属与类金属毒物

（1）铅 银灰色软金属，展性强，相对密度11.35，熔点327℃，沸点1620℃。加热至400～500℃即有大量铅蒸气逸出，在空气中迅速氧化成氧化亚铅和氧化铅，并凝结成烟尘。不溶于稀盐酸和硫酸，能溶于硝酸、有机酸和碱液。

铅是全身性毒物，主要是影响卟啉代谢。卟啉是合成血红蛋白的主要成分，因此影响血红素的合成，产生贫血。铅可引起血管痉挛、视网膜小动脉痉挛和高血压等。铅还可作用于脑、肝等器官，发生中毒性病变。

（2）汞 常温下为银白色液体，相对密度13.6，熔点−38.87℃，沸点356.9℃。黏度小，易流动和流散，有很强的附着力，地板、墙壁等都能吸附汞。常温下即能蒸发，温度升高，蒸发加快。不溶于水，能溶于类脂质，易溶于硝酸、热浓硫酸。能溶解多种金属，生成汞齐。

汞离子与体内的巯基、二巯基有很强的亲和力。汞与体内某些酶的活性中心巯基结合后，使酶失去活性，造成细胞损害，导致中毒。

（3）铬 钢灰色、硬而脆的金属，相对密度7.20，熔点1900℃，沸点2480℃。氧化缓慢，耐腐蚀。不溶于水，溶于盐酸、热硫酸。铬化合物中六价铬毒性最大。化肥工业催化剂主要原料铬酸，是强氧化剂，易溶于水，常以气溶胶状态存在于厂房空气中。

六价铬化合物有强刺激性和腐蚀性。铬在体内可影响氧化、还原、水解过程，可使蛋白质变性，引起核酸、核蛋白沉淀，干扰酶系统。六价铬抑制尿素酶的活性，三价铬对抗凝血活素有抑制作用。

（4）锰 浅灰色硬而脆的金属。熔点1260℃，沸点2097℃，易溶于稀酸。

锰及其化合物的毒性各不相同，化合物中的锰的原子价越低毒性越大。工业生产中以慢性中毒为主，多因吸入高浓度锰烟和锰尘所致。轻度中毒表现为失眠、头痛，记忆力减退，四肢麻木，举止缓慢。重度中毒者出现四肢僵直、动作缓慢笨拙，语言不清，智能下降等症状。

2. 有机溶剂

（1）苯 具有芳香气味的无色、易挥发、易燃液体。相对密度0.879，熔点5.5℃，沸点80.1℃。不溶于水，溶于乙醇、乙醚等有机溶剂。

苯的中毒机理目前尚不清楚。一般认为，苯中毒是由苯的代谢产物酚引起的。酚是原浆毒物，能直接抑制造血细胞的核分裂，对骨髓中核分裂最活跃的早期活性细胞的毒性作用更明显，使造血系统受到损害。另外苯有半抗原的特性，可通过共价键与蛋白质分子结合，使蛋白质变性而具有抗原性，发生变态反应。

（2）甲苯　无色具有芳香味的液体。沸点 100.6℃。不溶于水，溶于乙醇、乙醚等有机溶剂。

甲苯毒性较低，属低毒类。工业生产中甲苯主要以蒸气态经呼吸道进入人体，皮肤吸收很少。急性中毒表现为中枢神经系统的麻醉作用和植物性神经功能紊乱症状，慢性中毒主要因长期吸入较高浓度的甲苯蒸气所致，出现头晕、头痛、无力、失眠、记忆力衰退等现象。

（3）四氯化碳　无色、透明、易挥发的油状液体。熔点－22.9℃，沸点 76.7℃。不易燃、遇火或热的表面可分解为二氧化碳、氯化氢、光气和氯气。微溶于水，易溶于有机溶剂。

四氯化碳蒸气主要通过呼吸道进入人体，液体和蒸气均可经皮肤吸收，可引起急性和慢性中毒。

3. 硝基苯和苯胺

硝基苯是五色或淡黄色具有苦杏仁气味的油状液体。相对密度 1.2037，熔点 5.7℃，沸点 210.9℃。几乎不溶于水，能与乙醇、乙醚或苯互溶。

苯胺是有特殊臭味的无色油状液体。相对密度 1.022，熔点－6.2℃，沸点 184.4℃。微溶于水，可溶于乙醇、乙醚和苯等。

苯的硝基和氨基化合物进入人体后，经氧化变成硝基酚和氨基酚，使血红蛋白变成高铁血红蛋白。高铁血红蛋白失去携氧能力，引起组织缺氧。这类毒物还能导致红细胞破裂，出现溶血性贫血，也可直接引起肝、肾和膀胱等脏器的损害。

4. 窒息性气体

窒息性气体中毒是最常见的急性中毒。根据这些窒息性气体毒作用的不同，可将其大致分为三类。

单纯窒息性气体这类气体本身的毒性很低，或属惰性气体，但若在空气中大量存在可使吸入气中氧含量明显降低，导致机体缺氧。正常情况下，空气中氧含量约为 20.96%，若氧含量＜16%，即可造成呼吸困难；氧含量＜10%，则可引起昏迷甚至死亡。属于这一类的常见窒息性气体有氮气、甲烷、乙烷、丙烷、乙烯、丙烯、二氧化碳、水蒸气及氩、氖等惰性气体。

血液窒息性气体血液以化学结合方式携带氧气，正常情况下每克血红蛋白约可携带 1.4mL 氧气，若每 100mL 血液以 15g 血红蛋白计算，约可携带 21mL 氧血；肺血流量约 5L/min，故血液每分钟约从肺中携出 1000mL 氧气。血液窒息性气体的毒性在于它们能明显降低血红蛋白对氧气的化学结合能力，并妨碍血红蛋白向组织释放已携带的氧气，从而造成组织供氧障碍，故此类毒物亦称化学窒息性气体。常见的有一氧化碳、一氧化氮、苯的硝基或氨基化合物蒸气等。

细胞窒息性气体这类毒物主要作用于细胞内的呼吸酶，使之失活，从而阻碍细胞对氧的利用，造成生物氧化过程中断，形成细胞缺氧样效应。由于此种缺氧实质上是一种“细胞窒息”或“内窒息”，故此类毒物也称细胞窒息性毒物，常见的为氰化氢和硫化氢。

（1）窒息性气体的危害

① 缺氧表现 缺氧是窒息性气体中毒的共同致病环节，故缺氧症状是各种窒息性气体中毒的共有表现。轻度缺氧时主要表现为注意力不集中、智力减退、定向力障碍、头痛、头晕、乏力；缺氧较重时可有耳鸣、呕吐、嗜睡、烦躁、惊厥或抽搐，甚至昏迷。但上述症状往往为不同窒息性气体的独特毒性所干扰或掩盖，故并非不同病原引起的相近程度的缺氧都有相同的临床表现。及时地治疗处理，使脑缺氧尽早改善，常可避免发生严重的脑水肿，否则将会导致明显的急性颅压升高表现。

② 急性颅压升高表现

a. 头痛。是早期的主要症状，为全头痛，前额尤甚，程度甚剧，任何可增加颅内压的因素如咳嗽、喷嚏、排便，甚至突然转头均可使头痛明显加重。

b. 呕吐。是颅内压增高的常见症状，主要因延髓的呕吐中枢受压所致。

c. 抽搐。常为频繁的癫痫样抽搐发作，主要因大脑皮层运动区缺血缺氧或水肿压迫所致；若脑干网状结构也受累，则可出现阵发性或持续性肢体强直。

d. 心血管系统变化。早期可见血压升高、脉搏缓慢，乃延髓心血管运动中枢对水肿压迫及缺血缺氧代偿作用所致。

e. 呼吸变化。早期表现为呼吸深慢，亦为延髓的代偿性反应；呼吸中枢若有衰竭，则呼吸转为浅慢、不规则，或有叹息样呼吸，严重时可发生呼吸骤停。

（2）不同窒息性气体中毒的特殊表现

a. 氮气大量吸入引起的症状与前述缺氧表现最为相似，但浓度稍高时常可引起极度兴奋、神情恍惚、步态不稳，如酒醉状，称为“氮酩酊”。极高浓度氮气吸入可使患者迅速昏迷、死亡，称为“氮窒息”。

b. 二氧化碳也属单纯窒息性气体，但因同时伴有 CO_2 潴留、呼吸性酸中毒、高血钾症，故其脑水肿表现常明显而持久。高浓度吸入时可在几秒钟内迅速昏迷、死亡。

c. 一氧化碳为血液窒息性气体，吸入后可迅速与血红蛋白结合生成碳氧血红蛋白（HbCO），故血中 HbCO 测定为诊断 CO 中毒重要依据，血中 HbCO＞10％即有引起急性CO 中毒的可能。由于 HbCO 为鲜红色，而使患者皮肤黏膜在中毒之初呈樱红色，与一般缺氧病人有明显不同，是其临床特点之一；此外，全身乏力十分明显，以至中毒后虽仍清醒，但已难行动，不能自救。其余症状与一般缺氧相近。

d. 氰化氢属细胞窒息性气体，它的中毒临床特点为缺氧症状十分明显，稍高浓度吸入即可引起极度呼吸困难，严重时可出现全身性强直痉挛；极高浓度 HCN 可在数分钟内引起呼吸心跳停止，死亡。由于 HCN 对细胞呼吸酶的强烈抑制作用，细胞几乎丧失利用氧的能力，致使静脉血中仍饱含充足氧气而呈现氧合血红蛋白（HbO_2）之鲜红色，故早期中毒病人之黏膜皮肤颜色较红，成为氰化氢中毒的另一临床特点。

5. 刺激性气体

刺激性气体是工业生产中常遇到的一类有害气体，对人体，特别是对呼吸道有明显的损害，轻者为上呼吸道刺激症状，重者则致喉头水肿、喉痉挛、支气管炎、中毒性肺炎，严重时可发生肺水肿。刺激性气体大多是化学工业的重要原料和副产品，此外在医药、冶金等行业中也经常接触到，多具有腐蚀性，生产过程中常因设备、管道被腐蚀而发生跑冒滴漏现象，或因管道、容器内压力增高而大量外逸造成中毒事故，其危害不仅限于工厂车间，也污染环境。失火、爆炸、大量泄漏等情况下还可造成人群急性中毒。

（1）刺激性气体种类　刺激性气体种类繁多，可按其化学结构分为以下几类。其中某些物质在常态下虽非气体，但可通过蒸发、升华及挥发后以蒸气和气体作用于机体。

① 酸：无机酸如硫酸、硝酸、氢氟酸、铬酸；有机酸如甲酸、乙酸、丙酸、丁酸；乙二酸、丙二酸；丙烯酸。

② 成酸氧化物：如二氧化硫、三氧化硫、二氧化氮、铬酸。

③ 成酸氢化物：如氯化氢、氟化氢、溴化氢。

④ 卤族元素：氯、氟、溴、碘。

⑤ 卤化物：如光气、二氯亚砜、三氯化磷、三氯氧磷、氯化锌。

⑥ 氨、胺：如氨、甲胺、丙胺、乙二胺。

⑦ 酯类：如硫酸二甲酯、氯甲酸甲酯、乙酸甲酯。

⑧ 醛类：如甲醛、乙醛、甲烯醛。

⑨ 醚类：如氯甲基甲醚。

⑩ 强氧化剂：如臭氧。

⑪ 金属化合物：如氧化镉、羟基镍、五氧化二钒。

（2）刺激性气体的危害　刺激性气体常以局部损害为主，仅在刺激作用过强时引起全身反应。决定病变部位和程度的因素是毒物的溶解度和浓度。溶解度与毒物作用部位有关，而浓度则与病变程度有关。高溶解度的氨、盐酸，接触到湿润的眼球结膜及上呼吸道黏膜时，立即附着在局部发生刺激作用；中等溶解度的氯、二氧化硫，低浓度时只侵犯眼和上呼吸道，而高浓度则侵犯全呼吸道；低浓度的二氧化氮、光气，对上呼吸道刺激性小，易进入呼吸道深部并逐渐与水分作用而对肺产生刺激和腐蚀，常引起肺水肿。液态的刺激性毒物直接接触皮肤黏膜可发生灼伤。

① 氯气　黄绿色气体，密度为空气的 2.45 倍，沸点－34.6℃。易溶于水、碱溶液、二硫化碳和四氯化碳等。高压下液氯为深黄色，相对密度为 1.56。化学性质活泼，与一氧化碳作用可生成毒性更大的光气。

氯溶于水生成盐酸和次氯酸，产生局部刺激。主要损害上呼吸道和支气管的黏膜，引起支气管痉挛、支气管炎和支气管周围炎，严重时引起肺水肿。吸入高浓度氯后，引起迷走神经反射性心跳停止，呈“电击样”死亡。

② 光气　无色、有霉草气味的气体，密度为空气的 3.4 倍，沸点 8.3℃。加压液化，相对密度为 1.392。易溶于醋酸、氯仿、苯和甲苯等。遇水可水解成盐酸和二氧化碳。

毒性比氯气大 10 倍。对上呼吸道仅有轻度刺激，但吸入后其分子中的羰基与肺组织内的蛋白质酶结合，从而干扰了细胞的正常代谢，损害细胞膜，肺泡上皮和肺毛细血管受损通透性增加，引起化学性肺炎和肺水肿。

③ 氮氧化物　由 N_2O、NO、NO_2、N_2O_3、N_2O_4、N_2O_5 等组成的混合气体。其中 NO_2 比较稳定，占比例最高。不易溶于水，低温下为淡黄色，室温下为棕红色。

氮氧化物较难溶于水，因而对眼和上呼吸道黏膜刺激不大。主要是进入呼吸道深部的细支气管和肺泡后，在肺泡内可阻留 80%，与水反应生成硝酸和亚硝酸，对肺组织产生强烈刺激和腐蚀作用，引起肺水肿。硝酸和亚硝酸被吸收进入血液，生成硝酸盐和亚硝酸盐，可扩张血管，引起血压下降，并与血红蛋白作用生成高铁血红蛋白，引起组织缺氧。

④ 二氧化硫　无色气体，密度为空气的 2.3 倍。加压可液化，液体相对密度 1.434，沸

点$-10℃$。溶于水、乙醇和乙醚。吸入呼吸道后，在黏膜湿润表面上生成亚硫酸和硫酸，产生强烈的刺激作用。大量吸入可引起喉水肿、肺水肿、声带痉挛而窒息。

⑤ 氨　无色气体，有强烈的刺激性气味，密度为空气的0.5971倍。易液化，沸点$-33.5℃$。溶于水、乙醇和乙醚。遇水生成氢氧化氨，呈碱性。

氨对上呼吸道有刺激和腐蚀作用，高浓度时可引起接触部位的碱性化学灼伤，组织呈溶解性坏死，并可引起呼吸道深部及肺泡损伤，发生支气管炎、肺炎和肺水肿。氨被吸收进入血液，可引起糖代谢紊乱及三羧酸循环障碍，降低细胞色素氧化酶系统的作用，导致全身组织缺氧。氨可在肝脏中解毒生成尿素。

6. 高分子聚合物

高分子化合物也称聚合物或共聚物，是由一种或几种单体聚合或缩聚而成的分子量高达几千至几百万的大分子物质，由于具备许多天然物质难有的优异性能，如强度高、耐腐蚀、绝缘性好、质量轻等，已广泛应用于国民经济各个领域。

高分子化合物本身在正常条件下比较稳定，对人体基本无毒，但在加工或使用过程中可释出某些游离单体或添加剂，对人体造成一定危害。某些高分子化合物在加热或氧化时，可产生毒性极强的热裂解产物，如聚四氟乙烯加热到420℃即可分解出四氟乙烯、六氟丙烯、八氟异丁烯等物质，刺激性甚强，吸入后可致严重中毒性肺炎、肺水肿。高分子化合物燃烧时可产生大量CO，并造成周围环境缺氧；某些化合物同时还可生成前述的热裂解产物；而含有氮和卤素的化合物尚可生成氰化氢、光气、卤化氢等物质，对机体危害尤大。

(1) 氯乙烯　常温常压下为略带芳香味的无色气体，易燃易爆，加压时易被液化；燃烧时可分解出氯化氢、CO_2、CO、光气等；微溶于水，可溶于乙醇，易溶于乙醚、四氯化碳等。它主要用作制造聚氯乙烯的单体，可与醋酸乙烯、丙烯腈、偏二氯乙烯等生成共聚物，而用作绝缘材料、黏合剂、涂料、合成纤维等。

氯乙烯主要以乙炔和氯化氢为原料经$HgCl_2$催化而成，此过程可有氯乙烯接触，而在聚合成聚氯乙烯各过程，尤其在进行聚合釜清洗时，更易接触大量氯乙烯。

氯乙烯主要经由呼吸道进入体内，皮肤仅有少量吸收。吸入体内的氯乙烯多以原形呼出，停止接触10min，约可排出82%；高浓度吸入主要为麻醉作用，并因使吸入气中氧含量相对下降而致缺氧。人在$30g/m^3$浓度下有头晕、恶心等症状；麻醉浓度约为$182g/m^3$。

(2) 聚四氟乙烯（PTFE）热裂解气　PTFE是四氟乙烯（TFE）的均聚物，化学性质稳定，有优良的解电性、耐热性、耐腐蚀性，有“塑料王”之称，且无毒性。其热裂解物则有毒性，毒性大小与温度有直接关系：>315℃的热裂解物仅具呼吸道刺激作用；>400℃时之产物对肺有强烈刺激作用，因有水解性氟化物（氟化氢、氟光气）生成；500℃以上时，可检出四氟乙烯、六氟丙烯、八氟环丁烷及大量八氟异丁烯、氟光气，毒性更强。

一般认为PTFE热裂解气毒性主要由八氟异丁烯、氟光气及氟化氢引起。其主要作用为肺的强烈刺激作用，可致肺水肿、肺出血、肺纤维化；心肌也可出现水肿、变性、坏死；此外，肝、肾及中枢神经系统也均有中毒损害发生。

(3) 丙烯腈　为无色、易燃、易爆、易挥发气体，带杏仁气味，略溶于水，易溶于有机溶剂；水溶液不稳定，碱性条件下易水解成丙烯酸，还原时生成丙腈。高浓度的聚丙烯可聚合成聚丙烯腈，也可与依康酸、丁二烯、醋酸乙烯、苯乙烯、氯乙烯等共聚，用于制造合成纤维、合成橡胶、合成树脂等。

丙烯腈可经呼吸道、皮肤、消化道进入人体。进入体内的丙烯腈在1h内仅少量（5%左右）以原形呼出，约10%随尿以原形排出，另有15%左右以硫氰酸盐形式排出。故急性中毒情况下，丙烯腈可能主要以析出的氰根发挥毒性；此外，未被排出及解离的丙烯腈分子本身对中枢神经亦有损害作用。

（4）2-氯乙醇　本品系由乙醇水解、氯化而得，主要在合成涤纶生产中用于制备乙二醇。其为无色透明液，具醚样臭味，具挥发性；能溶于水及各种有机溶剂。

本品对中枢神经系统及肺、肝、肾等重要器官均有损害作用，可能系本品在肝内经辅酶Ⅰ作用，转化为氯乙醛所致。

（5）氯丁二烯　常态下为具刺激气味的无色液体，具挥发性，微溶于水，易溶于各种有机溶剂。本品在空气中极易氧化，在光和催化剂作用下可很快聚合；遇火或热金属可爆炸，生成光气和各种氯化物等。它主要用于氯丁橡胶和其他聚氯丁二烯产品的生产。

工业生产中，氯丁二烯主要经由呼吸道及皮肤吸收入体，仅少量经呼气和尿以原形排出，进入体内的氯丁二烯主要分布于富含脂质的组织；它不仅具有刺激性，可致眼、皮肤、呼吸道及肺损伤，对中枢神经系统、肝、肾等组织也有明显损伤作用，研究认为可能与它在体内转化为酸或生成环氧化物有关，后者具很强活性，可引起脂质过氧化反应，故氯丁二烯中毒动物或人体，血或组织中还原型谷胱甘肽（GSH）减少，而脂质过氧化产物丙二醛（MDA）增多。

7. 有机农药

（1）毒性特点　农药主要是指用于防治危害农作物生长及农产品储存的病、菌、虫、鼠、杂草等的药物，也包括植物生长调节剂、脱叶剂、增效剂等化学物质。农药由于化学结构相差很大，故毒性亦不尽相同，但不少农药，尤其是有机化合物，可具有下列一些共同毒性特点：

① 神经毒性　多数有机化合物类农药，由于脂溶性较强，常具有不同程度的神经毒性，有的还是其发挥杀虫作用的主要机制。毒性最强的为有机锡、有机汞、有机氯、有机氟、有机磷、卤代烃、氨基甲酸酯等，常可致中毒性脑病、脑水肿、周围神经病等，临床可见头痛、恶心、呕吐、抽搐、昏迷、肌肉震颤、感觉障碍或感觉异常、瘫痪等，有的尚可引起中枢性高热，如六六六、狄氏剂、艾氏剂、毒杀芬等有机氯类。

② 皮肤黏膜刺激性　几乎各种农药均具一定刺激性，其中以有机硫、有机氯、有机磷、有机汞、有机锡、氨基甲酸酯、杀虫脒、酚类、卤代烃、除草醚、百草枯等作用最强，可引起皮疹、痤疮、水泡、灼伤、溃疡等。

③ 心脏毒性　不少毒药可引起心肌损伤，导致ST及T波异常、传导障碍、心律失常甚至心源性休克、猝死，尤以有机氯、有机汞、有机磷、有机氟、杀虫脒、磷化氢等最为突出。

④ 消化系统毒性　各类农药口服均可致明显化学性胃肠炎而引起恶心、呕吐、腹痛、腹泻；有的如砷制剂、百草枯、环氧丙烷、401、402等，甚至可引起腐蚀性胃肠炎，而有呕血、便血等表现；还有些农药如有机氯、有机汞、有机砷、有机硫、氨基甲酸酯类、卤代烃、环氧丙烷、杀虫双、百草枯等则具有较强的肝脏毒性，可引起肝功能异常及肝脏肿大。

⑤ 特殊毒性　有些农药具有独特的毒性，如：

a. 血液毒性　如杀虫脒、螟蛉畏、甲酰苯肼、除草醚等可引起明显的高铁血红蛋白血症，甚至导致溶血；代森锌可引起硫化血红蛋白血症，也可致溶血；茚满二酮类可致凝血障碍，可引起全身严重出血。

b. 肺脏毒性　五氯苯酚、氯化苦、磷化氢、福美锌、安妥、杀虫双、有机磷、氨基甲酸酯、拟除虫菊酯、卤代烃、百草枯等对肺有强烈刺激性，可致严重化学性肺炎、肺水肿，后者还能引起急性肺间质纤维化。

c. 肾脏毒性　前述可引起急性血管内溶血的农药，皆可因血红蛋白管型堵塞肾小管，引起急性肾小管坏死甚至急性肾功能衰竭。此外，有机磷、有机硫、有机汞、有机氯、有机砷、杀虫双、安妥、五氯苯酚、环氧丙烷、卤代烃等对肾小管还有直接毒性，可引起急性肾小管坏死甚至急性肾功能衰竭；杀虫脒还可以引起出血性膀胱炎。

d. 其他毒性　五氯酚钠、二硝基苯酚、二硝基甲酚、乐杀螨、敌普螨等可导致体内氧化磷酸化解偶联，使氧化过程生成的能量无法以 ATP 形式储存而转化为热能释出，机体可发生高热、惊厥、昏迷。

（2）有机磷农药　为目前我国使用最广的杀虫剂，按其毒性可分为四类，即：

① 剧毒类　如特普、甲拌磷（3911）、乙拌磷、磷君（速灭磷）、对硫磷（1605）、内吸磷（1059）、地虫硫磷（大风雷）、谷硫磷（保棉磷）、硫特普（3911 亚砜）、八甲磷、棉安磷（硫环磷）、益棉磷、灭蚜净等；

② 高毒类　如敌敌畏、久效磷、碘依可酯（蚜满立死、1240）、苯硫磷（伊波恩、EPN）、甲基对硫磷（甲基 1605）、甲基内吸磷（甲基 1059、4044）、甲胺磷、氧化乐果、三硫磷等；

③ 中毒类　如敌百虫、乐果、茂果、伏杀硫磷、倍硫磷（百治屠）、克瘟散、杀螟松、增效磷、皮蝇磷（伊涕 57 等）；

④ 低毒类　如马拉硫磷（4049）、杀虫畏、家蝇磷、灭蚜松、溴硫磷等。

有机磷农药在体内与胆碱酯酶形成磷酰化胆碱酯酶，胆碱酯酶活性受抑制，使酶不能起分解乙酰胆碱的作用，致组织中乙酰胆碱过量蓄积，使胆碱能神经过度兴奋，引起毒蕈碱样、烟碱样和中枢神经系统症状。磷酰化胆碱酶酯酶一般约经 48h 即“老化”，不易复能。

按农药品种及浓度，吸收途径及机体状况而异。一般经皮肤吸收多在 2～6h 发病，呼吸道吸入或口服后多在 10min 至 2h 发病。

各种途径吸收致中毒的表现基本相似，但首发症状可有所不同。如经皮肤吸收为主时常先出现多汗、流涎、烦躁不安等；经口中毒时常先出现恶心、呕吐、腹痛等症状；呼吸道吸入引起中毒时视物模糊及呼吸困难等症状可较快发生。

（3）有机氟类农药　常见品种为氟乙酸钠及氟乙酰胺，毒性均甚强烈。

氟乙酸钠为高效杀鼠剂，进入机体后可与辅酶 A 结合，生成氟乙酰辅酶 A 并进而与草酰乙酸缩合成氟柠檬酸，此步反应称为“致死合成”，因生成的氟柠檬酸可明显抑制乌头酸酶，使柠檬酸不能进一步氧化，三羧循环中断，能量（ATP）生成障碍，兼之有大量堆积的柠檬酸的直接刺激，从而使体内各重要器官功能严重障碍，尤以脑、心肌损害最为明显。

中毒主要由口服引起，潜伏期仅数十分钟，常见症状为恶心、呕吐、流涎、腹痛，可有血性呕吐物，继而出现中枢神经及心血管系统症状，如头痛、头晕、精神恍惚、恐惧感、面部麻木、视物不清、肌肉颤动、肌肉痉挛疼痛、心悸等，心电图检查常见有心动过速、传导阻滞、心房纤颤等；严重者可出现癫痫样发作、昏迷、脑水肿、肺水肿甚至呼吸循环骤停，死亡。本品因毒性太高，已被禁止使用。

氟乙酰胺其毒性与氟乙酸钠相同，目前也不准用于杀鼠，而主要用于杀虫杀螨。本品由于不挥发、不溶于脂类，故不易经呼吸道及皮肤侵入，中毒多因误服或食用本品毒死的畜禽所致，潜伏期多为数十分钟。其中毒症状与氟乙酸钠相似。血氟、尿氟、血柠檬酸增高对诊断有重要提示作用。

（4）有机氯农药　有机氯农药基本上分为以苯为原料和以环戊二烯为原料的两大类化合物。氯苯结构较稳定，脂溶性强，生物体内酶难于降解，所以积存在动、植物体内的有机氯农药分子消失缓慢。由于这一特性，它通过生物富集和食物链的作用，进入人体并在肝、肾、心脏等组织中蓄积，对人体造成伤害。蓄积的残留农药也能通过母乳排出，或转入卵子等组织，影响后代。我国于20世纪60年代已开始禁止将DDT、六六六用于蔬菜、茶叶、烟草等作物上。

二、毒物侵入人体的途径

毒物侵入人体可通过呼吸道、皮肤和消化道等途径。生产条件下的化学物质，主要是通过呼吸道和皮肤侵入人体；而生活性中毒则以消化道进入为主。工业中毒时经消化道进入则是次要的。它往往是用被毒物污染的手取食或吸烟，或黏附于咽部的毒物经消化道进入肠胃的。生产中发生意外事故时，毒物有可能直接冲入口腔。

1. 经呼吸道侵入

人体肺泡的表面积约 $90\sim160m^2$，每天吸入空气达 $12m^3$，重量约12kg。空气在肺泡内的慢流速（接触时间长）、肺泡内的丰富血流和薄的肺泡壁都有利于吸收，所以呼吸道是生产性毒物进入人体的最重要途径。在生产环境中，即使空气中有害物质含量较低，每天也将有一定量的毒物通过呼吸道侵入人体。

由于从鼻腔至肺泡整个呼吸道各部分的不同，对毒物的吸收程度也不同，表面积愈大，停留时间愈长，吸收量愈大。同时，气态有毒物质与肺泡组织壁两侧分压大小以及呼吸深度、速度、循环速度有关，而这些因素又与劳动强度有关。环境温度、湿度、接触毒物的条件（如同时有溶剂存在）也都影响吸收量。对于肺泡内的二氧化碳，可能对增加某些物质的溶解度有影响，从而促进毒物的吸收。

2. 经皮肤侵入

有些毒物可通过无损皮肤和毛囊的皮脂被吸收。经表皮进入体内的毒物需要经过三种屏障。第一是皮肤的角质层，一般分子量大于300的物质，不易透过无损皮肤。第二是位于表皮角质层下面的连接角质层，其表皮细脆富有固醇磷脂，它能阻碍水溶性物质的通过，但不能阻碍脂溶性物质透过。毒物通过该屏障后即扩散，经乳头毛细血管进入血液。第三是表皮与真皮连接处的基膜。脂溶性毒物经表皮吸收后，还需有水溶性，才能进一步扩散和吸收。所以水、脂都溶的物质（如苯胺）易被皮肤吸收。只脂溶而水溶极微的苯，经皮肤吸收量较少。与脂溶性物质共同存在的溶剂，对毒物的吸收影响不大。

毒物经皮肤进入毛囊后，可绕过表皮的屏障直接透过皮脂腺细胞和毛囊壁而进入真皮，再从下面向表皮扩散。但这个途径不如经表皮吸收重要。电解质和某些重金属，特别是汞在紧密接触后可经过此途径被吸收。操作中如被溶剂沾染皮肤，可促使毒物贴附于表皮和经毛囊而被吸收。

3. 经消化道侵入

工业毒物由消化道进入人体的机会很少，主要是食用受毒物污染的食物或毒物溅入口腔造成的。由消化道吸收的毒物，一部分在小肠内被吸收，经肝脏解毒转化后被排出，只有一小部分进入血液循环系统。

三、工业毒物危害的控制

生产过程的密闭化、自动化是解决毒物危害的根本途径。采用无毒、低毒物质代替剧毒物质是从根本上解决毒物危害的首选办法，但不是所有毒物都能找到无毒、低毒的代替物。因此，在生产过程中控制毒物的卫生工程技术措施很重要。常用的控制措施有两种类型。

1. 密闭、通风排毒系统

系统由密闭罩、通风管、净化装置和通风机构成。其设计原理和原则同防尘的密闭、通风、除尘系统基本上是相同的。有两个比较突出的问题。

(1) 整个系统必须注意安全、防火、防爆问题。

(2) 正确的选择气体的净化和回收利用，防止二次污染，防止环境污染。

2. 局部排气罩

就地密闭，就地排出，就地净化，是通风防毒工程的一个重要的技术准则。排气罩就是实施毒源控制，防止毒物扩散的具体技术装置，按构造分为两种类型。

(1) 密闭罩　系统由密闭罩、通风管、净化装置和通风机构成。其设计原理和原则与防尘的密闭、通风、除尘系统基本上是相同的。

(2) 开口罩　就地密闭，就地排出，就地净化，是通风防毒工程的一个重要的技术准则。排气罩就是实施毒源控制，防止毒物扩散的具体技术装置。

3. 通风橱

通风橱是密闭与侧吸罩相结合的一种特殊排气罩。可以将产生有害物的操作和设备完全放在通风橱内，以便于操作通风橱上可设有开启动的操作小门。为防止通风橱内机械设备的扰动、化学反应或热源的热压、室内横向气流的干扰等原因而引起的有害物逸出，必须对通风橱实行排气，使橱内形成负压状态，以防止有害物逸出。按排气方式分为上部排气式、下部排气式和供气式。通风橱排风量的设计，关键于保证操作小门具备必要的吸入风速。一般对无毒有害物吸入风速可在0.25～0.37m/s，有毒，有危险的有害物或极毒、少量放射性有害物必须在0.5～0.6m/s以上。

4. 排出气体的净化

工业排气的无害化排放，是通风防毒工程必须遵守的重要准则，根据输送介质特性和生产工艺的不同，有害气体的净化方法也有所不同，大致分为洗涤法、吸附法、袋滤法、静电法、燃烧法和高空排放法。

(1) 洗涤法

① 工作原理　洗涤法，也称吸收法，是通过适当比例的液体吸收剂处理气体混合物，完成沉降、降温、聚凝、洗净、中和、吸收、脱水等物理化学反应，以实现气体的净化。

② 适用范围　洗涤法是一种常见的净化方法，工业上已经得到广泛的应用，适用于净化CO、SO_2、NO_x、HF、SiF_4、HCl、Cl_2、NH_3、Hg蒸汽、酸雾、沥青烟及有机蒸气；如冶金行业的焦炉煤气、高炉煤气、转炉煤气、发生炉煤气净化；化工行业的工业气体净化；机电行业的苯及其衍生物等有机蒸气净化；电力行业的烟气脱硫净化，等等。常用洗涤液有水、碱性溶液、酸性溶液、氧。

③ 主要设备洗涤法净化设备较多，可按净化介质种类、净化程度及回收利用目标自行选择，常见设备包括：中空洗涤塔、填料塔、湍球塔、泡沫塔、筛板塔、漏塔板塔、文氏管

及喷射塔等。

（2）吸附法

① 工作原理　吸附法是使有害气体与多孔性固体（吸附剂）接触，使有害物（吸附质）黏附在固体表面上侧物理吸附；当吸附质在气相中的浓度低于吸附剂上的吸附质成平衡浓度时，或者有更容易被吸附的物质达到吸附表面时，原来的吸附质会从吸附剂表面上脱离而进入气相，实现有害气体的吸附分离；吸附剂达到饱和吸附状态时，可以解吸、再生、重新使用。

② 适用范围　吸附法多用于低浓度有害气体的净化，并实现其有害物质的回收与利用。如机械、仪表、轻工、化工等行业，对苯类、醇类、酯类、酮类等有机蒸发、汽的气体净化与回收率工程，均已广泛应用，吸附效率在90%～95%。

③ 主要设备

a. 物理吸附　具有黏性的有害物（如沥青烟），可采用以袋滤器交换作业为主的物理吸附法，通过循环添加吸附质的方法，利用管道喷射器来实现气、固混合与吸附，完成有害气体的物理吸附净化。

b. 化学吸附　通过吸附剂与有害气体之间的化学反应来完成的，形式也多种多样。

（3）袋式过滤法（袋滤法）

① 工作原理　过滤法就是粉尘通过滤介质受阻，而将固体颗粒物分离出来的方法。在袋滤器内，粉尘将沉降、聚凝、过滤和清灰等物理过程，实现无害化排放。

② 适用范围　袋滤法是一种高效净化方法，主要适用工业气体的除尘净化，如以金属氧化物（Fe_2O、PznO等）为代表的烟气净化；还可以用作气体净化的前处理及物料回收装置。

袋滤器的种类、型号较多，处理风量范围也较宽，因此在选型时，一定要根据产品说明书指标认真核对，正确选型，合理使用。

（4）静电法

① 工作原理　粒子在电场作用下，强迫荷电后，粒子向沉淀极移动，带电粒子碰到集尘极即释放电子而呈中性状态附着集尘板上，从而被捕捉下来，完成气体净化。

② 适用范围　静电法分为干式净化工艺和湿式净化工艺；按其构造形式又可分为卧式和立式，以静电除尘器为代表的静电法气体净化设备，在我国有长足的进步。在电场结构、清灰方法、供电设备和粉尘回收等方面，已经接近工业先进国家的技术水平。

我国现有静电除尘器，推荐应用以卧式电除尘器为佳，主要用于工业气体除尘；电扑焦油、除雾等湿法净化，推荐应用立式静电除尘器。

（5）燃烧法

① 工作原理　燃烧法，是有害气体中的可燃成分与氧结合，进行燃烧，使其转化为CO_2和H_2O，气体净化与无害物排放。

② 适用范围　燃烧法适用于有害气体中含有可燃成分的条件，其中直接燃烧法以一般方法难以处理，且危害性极大时，必须采取燃烧处理，如沥青烟、炼油厂尾气等；催化燃烧法以机电、轻工行业产生的水气量苯、醇、酯、醚、醛、酮、烷、酚类等有机蒸气的净化为主。

③ 主要设备　燃烧法分为直接燃烧法和催化燃烧法。

直接燃烧装置可分为不加燃料的直接燃烧装置。利用锅炉的燃烧装置和热力燃烧炉装置。一般碳氢化合物、一氧化碳、甲烷、黑烟、恶臭物质等均可用直接燃烧装置净化。

催化燃烧装置是将催化燃烧器与工艺设备结合在一起的专用设备，目前国内的催化燃烧净化设备，具有设备简单，起燃温度低、尘阻小、转化率高、寿命长、可再生等特点。

第三节　职业病危害因素管理

一、职业病危害项目申报

存在或者产生职业病危害因素的用人单位，应当按照《职业病防治法》及国家安监总局《职业病危害项目申报办法》(国家安全生产监督管理总局令第 48 号) 要求申报职业病危害项目。

职业病危害项目是指存在或者产生职业病危害因素的项目。职业病危害因素按照国家卫生计生委、人力资源社会保障部、安全监管总局、全国总工会四部委发布的《职业病危害因素分类目录》确定。

职业病危害项目申报的主要内容是：

(1) 用人单位的基本情况；

(2) 工作场所职业病危害因素种类、浓度或强度；

(3) 产生职业病危害因素的生产技术、工艺和材料；

(4) 职业病危害防护设施，应急救援设施。

用人单位应当向所在地县级卫生行政部门申报职业病危害项目，中央企业、省属企业及其所属用人单位的职业病危害项目，应向其所在地设区的市级人民政府安全生产监督管理部门申报。申报时应当提交《职业病危害项目申报表》及有关材料。卫生行政部门应当在收到申报材料后 5 个工作日之内，出具《职业病危害项目申报回执》。对于新建、改建、扩建、技术改造、技术引进项目，应当在竣工验收之日起 30 日内申报职业病危害项目。

用人单位申报后，因采用的生产技术、工艺、材料等变更导致所申报的职业病危害因素及其相关内容发生改变的，应当在变更后 30 日内向原申报机关申报变更内容。用人单位终止生产经营时，应当向原申报机关办理申报注销手续。

受理申报的卫生行政部门应当建立职业病危害项目管理档案。县级以上卫生行政部门应当按有关规定逐级汇总上报。卫生行政部门应当对用人单位申报的情况进行抽查，并对职业病危害项目实施监督管理。

用人单位违反《职业病防治法》、《职业病危害项目申报办法》规定，未申报职业病危害项目或者申报不实的，责令限期改正，给予警告，可以并处罚款。《职业病危害项目申报表》、《职业病危害项目申报回执》的格式和内容由卫生行政主管部门统一规定。

二、职业病危害因素检测

根据《职业病防治法》的规定：产生职业病危害的用人单位的工作场所职业病危害因素的强度或者浓度必须符合《工作场所有害因素职业接触限值》(GBZ2)。用人单位应当按照国务院卫生行政部门的规定，定期对工作场所进行职业病危害因素检测、评价。检测、评价结果存入用人单位职业卫生档案，定期向所在地卫生行政部门报告并向劳动者公布。不良劳动条件存在各种职业性危害因素，按其来源可分为三类：

1. 生产过程中产生的有害因素

（1）化学因素　有毒物质，如铅、汞、氯、一氧化碳、有机磷农药等；生产性粉尘，如矽尘、石棉尘、煤尘、有机粉尘等。

（2）物理因素　异常气象条件，如高温、高湿、高气压、低气压等；噪声、振动；射频、微波、红外线、紫外线；X射线、γ射线等。

（3）生物因素　如附着在皮肤上的炭疽杆菌、布氏杆菌、森林脑炎病毒等。

2. 劳动过程中的有害因素

（1）劳动组织和劳动制度不合理，如劳动时间过长、休息制度不合理、不健全等。

（2）劳动中的精神过度紧张。

（3）劳动强度过大或劳动安排不当，如安排的作业与劳动者生理状况不相适应、生产额过高、超负荷加班加点等。

（4）个别器官过度紧张，光线不足引起的视力紧张等。

（5）长时间处于某种不良体位或使用不合理的工具等。

3. 生产环境中的有害因素

（1）生产场所设计不符合卫生标准或要求，如厂房低矮、狭窄，布局不合理，有毒和无毒的工段安排在一起等。

（2）缺乏必要的卫生技术设施，如没有通气换风、照明、防尘、防毒、防噪声、防振动设备，或效果不好。

（3）安全防护设备和个人防护用品装备不全。

在实际的生产场所中危害因素往往不是单一存在的，而是多种因素同时对劳动者的健康产生作用，此时危害更大。

职业危害因素所造成的职业性损伤还包括工伤，工伤可由轻微到严重，甚至导致伤残或死亡，所以必须引起足够的重视，及时预防。发生工伤的原因有很多，工人缺乏安全生产知识、不注意防护、存在麻痹侥幸的心理，或饮酒、药物、疲劳和精神心理等因素都有影响。工伤与职业病预防不能截然分开，二者常有内在的联系。

存在职业病危害因素的企业，应当对工作场所职业病危害因素开展日常监测，检测应由专人负责实施；每年至少一次委托具有相应资质的职业卫生技术服务机构进行职业病危害因素检测，并在检测点设置检测结果告知牌，告知检测结果。

职业病危害监测不符合国家职业卫生标准和卫生要求时，企业应当立即采取相应治理措施，确保其符合职业卫生环境和条件的要求。

三、职业危害告知

对于产生职业病危害因素的企业，根据《职业病防治法》的规定，应当将工作过程中可能产生的职业病危害及其后果、职业病防护措施和待遇等如实告知员工，并在劳动合同中写明，不得隐瞒或者欺骗。在劳动合同期间，员工的工作岗位发生变更并且变更的岗位存在职业病危害因素时，企业将重新告知并请员工签署。

企业可通过上岗前和在岗期间的职业安全卫生培训，指导员工了解工作中可能存在的职业病危害因素、危害后果，以及防控措施，预防职业病的发生。

企业存在或者产生职业病危害的工作场所、作业岗位、设备、设施，应按照《工作场所职业病危害警示标识》（GBZ 158）的规定，在醒目位置设置图形、警示线、警示语句等警示标识和中文警示说明。警示说明应当载明产生职业病危害的种类、后果、预防和应急处置措施等内容。

存在或产生高毒物品的作业岗位，应当按照《高毒物品作业岗位职业病危害告知规范》（GBZ/T 203）的规定，在醒目位置设置高毒物品告知卡，告知高毒物品的名称、理化特性、健康危害、防护措施及应急处理等告知内容与警示标识。

第四节　个体防护装备

个体防护装备对接触毒物作业人员的有特殊意义，是其免受职业危害的最后一道防线。毒物侵入人体，除呼吸道外，经口、经皮肤都可侵入，因此，企业应为劳动者提供符合国家职业卫生标准的职业病防护用品，并督促、指导劳动者按照使用规则正确佩戴、使用，不得发放钱物替代发放职业病防护用品。

一、分类

个体防护用品根据其防护部位的不同分为头部、面部、躯干、手足、呼吸道、听力等防护用品。

《个体防护装备配备基本要求》（GB/T 29510—2013）是个体防护装备的基本要求。按照这个基本要求，其分类如下：

（1）头部护具类：是用于保护头部、防撞击、防挤压伤害的护具。其主要产品有塑料安全帽、橡胶矿工安全帽、玻璃钢安全帽、胶纸安全帽、防寒安全帽、竹编安全帽等。

（2）呼吸护具类：预防尘肺和职业中毒等职业病的重要产品，按其防护作用分为防尘、防毒和供气三类；按其工作原理则分为过滤式和隔离式两大类。

① 过滤式　也叫净化式。是通过多层超细纤维、活性炭或化学吸附剂等过滤方式，将周围的空气净化后供人使用，达到防尘防毒的作用。过滤式呼吸器只能用于氧含量不低于18％和有毒物浓度比较低的环境或场所。

常见的过滤式呼吸器有防毒口罩、防毒面具。

防毒口罩一般由滤毒盒或滤毒罐和面罩主体组成。面罩主体隔绝空气，起到密封作用；滤毒盒滤毒罐起到过滤毒气和粉尘的作用，主要用于含有低浓度有害气体和粉尘的作业环境。广泛应用于石油、化工、矿山、冶金、军事、消防、抢险救灾、卫生防疫和科技环保等领域。

防毒面具用于对人员的呼吸器官，眼睛及面部皮肤提供有效防护，由面罩、导气管和滤毒罐组成。面罩可直接与滤毒罐连接使用，或者用导气管与滤毒罐连接使用。全面罩防毒面罩可以根据防护要求分别选用各种型号的滤毒罐，应用在化工、仓库、科研、各种有毒、有害的作业环境。

② 隔绝式　也叫供氧式。是通过送风或自带气源的方式达到与污染空气隔绝的目的，主要有空气（氧气）呼吸器、长管式呼吸器等。当作业现场情况不明（即毒物种类、浓度不清楚）或缺氧、尘毒污染严重时，应采用隔绝式呼吸器。

(3) 眼（面）护具类　用以保护作业人员的眼（面）部，防止异物、紫外光、电磁辐射、酸碱溶液的伤害，其主要产品有焊接护目镜和面具、炉窑护目镜和面具、防冲击眼护具、防微波眼镜、防X射线眼镜、防化学（酸碱）眼罩、防尘眼镜等。

(4) 听力护具类　这是降低噪声保护听力的有效措施。其主要产品有耳塞、耳罩和防噪声帽等品种。

(5) 防护手套类　用于保护手和臂，其主要产品有耐酸手套、电工绝缘手套、焊工手套、防X射线手套、耐温防火手套及各种袖套等。

(6) 防护鞋类　用于保护足部免受各种伤害。目前，我国防护鞋的产品有防砸安全鞋、耐高温鞋、绝缘鞋、防静电鞋、导电鞋、耐酸碱鞋、耐油鞋、工矿防水鞋、防刺穿鞋等品种。

(7) 防护服类　防护服用于保护生产者免受作业环境的物理、化学和生物等因素的伤害。防护服分为特殊防护服和一般作业防护服两类。特殊防护服产品有阻燃防护服、防静电工作服、防酸工作服、带电作业屏蔽服、防X射线工作服、防寒服、防水服、防微波服、潜水服、防尘服等。

(8) 护肤用品类　用于裸露皮肤的保护，这类产品分为护肤膏、护肤膜和洗涤剂，前者在整个劳动过程中使用，后者在皮肤受到污染后使用。

(9) 防坠落护具类　用于保护高处作业人员，防止坠落事故的发生。这类护具分为安全带和安全网两类。安全带产品分为围杆作业安全带、悬挂安全带和攀登安全带三类。安全网产品分为平网、立网两类。

(10) 其他防护装备　这些防护用品不能根据防护部位归类，例如水上救生圈、救生衣等。

二、配备

个体防护装备是在生产条件无法消除各种危险有害因素的情况下，为保障从业人员的安全与健康所设置的最后一道防线。据不完全统计由于缺乏个体防护装备、个体防护装备不合格或个体防护装备使用不当而导致的各类伤亡事故约占工矿企业伤亡事故总数的16%，各类急性职业中毒事故每年造成的直接损失高达上百亿元。通过完善个体防护装备标准体系，提高个体防护装备水平，增强从业人员的自我保护意识，可以有效减少人员伤亡和降低职业危害。

属于高危行业的化工企业，其个体防护装备基本配备及管理标准主要依据AQ/T 3048—2013。为了加强化工企业个体防护装备的配备管理，有必要根据化工企业的特点制定相应的管理标准，以明确化工企业个体防护装备的配备管理，有效降低化工企业内各类事故的发生。

1. 配备原则

企业应组织生产、安全等管理部门的人员以及其他相关人员，对企业进行全面的危险、有害因素辨识，识别作业过程中的潜在危险、有害因素，确定进行各种对危险、有害因素的存在形式、分布情况等，并作为人员选择配备相应的劳动防护用品。所选用的劳动防护用品的防护性能与作业环境存在的风险相适应，能满足作业安全的要求。

2. 选用程序

图6-1给出了劳动防护用品选用程序。企业安全管理者需根据此图的程序去选择相适应的劳动防护用品。

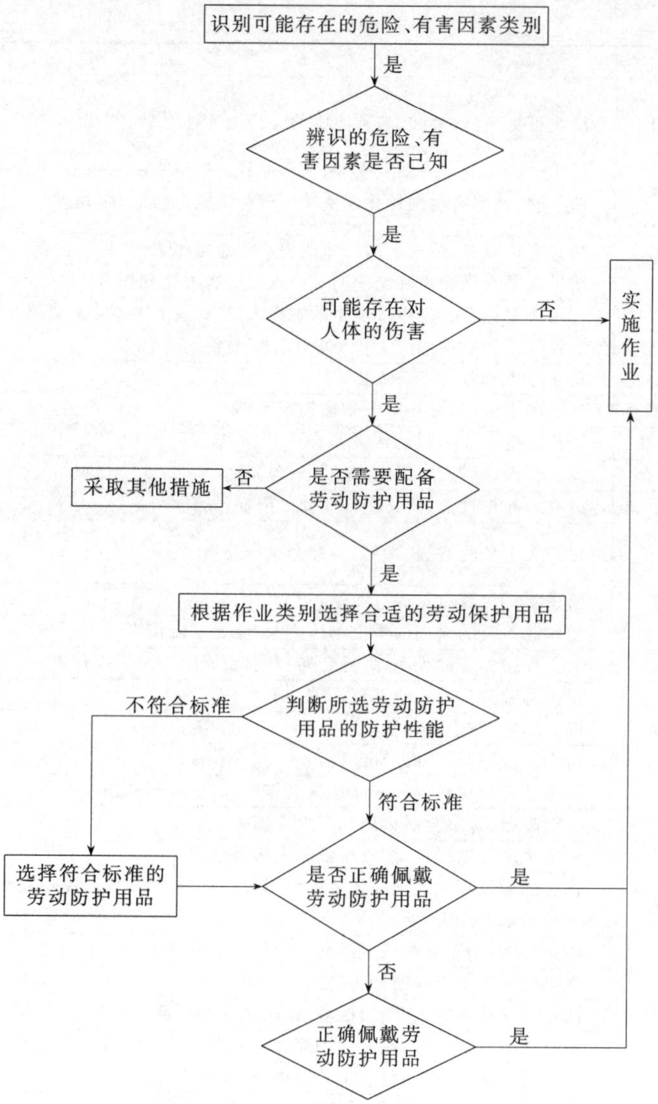

图 6-1　劳动防护用品选用程序

3. 选用依据

劳动防护用品的选用主要依据常用劳动防护用品品种及防护性能说明（见表 6-1）和作业类别及其造成的主要事故类型以及适用的劳动防护用品（见表 6-2）。

表 6-1　常用劳动保护用品品类及防护性能说明

种类	编号	名　称	防　护　性　能　说　明
头部防护	A01	工作帽	防头部、擦伤、头发被绞碾
	A02	安全帽	防止物体对头部造成冲击、刺穿、挤压等伤害
	A03	披肩帽	防止头部、脸和脖子被散发在空气的微粒污染
呼吸器官防护	B01	防尘口罩	用于空气中含氧 19.5%以上的粉尘作业环境，防止吸入一般性粉尘，防御颗粒物等危害呼吸系统或眼面部
	B02	过滤式防毒面具	利用净化部件吸附、吸收、催化或过滤等作用除去环境空气中有害物质后作为气源的防护用品
	B03	长管式防毒面具	使佩戴者呼吸器官与周围空气隔绝，并通过长管得到清洁空气供呼吸的防护用品
	B04	空气呼吸器	防止吸入对人体有害的毒气、烟雾、悬浮于空气中的有害污染物或在缺氧环境中使用
眼面部防护	C01	一般防护眼镜	戴在脸上并紧紧围住眼眶，对眼起一般的防护作用
	C02	防冲击护目镜	防止铁屑、灰砂、碎石对眼部产生的伤害
	C03	防放射性护目镜	防 X 射线、电子流等电离辐射对眼部的伤害

续表

种类	编号	名称	防护性能说明
眼面部防护	C04	防强光、紫(红)外线护目镜或面罩	防止可见光、红外线、紫外线中的一种或几种对眼的伤害
	C05	防腐蚀液眼镜/面罩	防止酸、碱等有腐蚀性化学液体飞溅对人眼/面部产生伤害
	C06	焊接面罩	防止有害弧光、熔融金属飞溅或粉尘等有害因素对眼睛、面部的伤害
听觉器官防护	D01	耳塞	防护暴露在强噪声环境中的工作人员的听力受到损害
	D02	耳罩	适用于暴露在强噪声环境中的工作人员，以保护听觉、避免噪声过度刺激，在不适合戴耳塞时使用。一般在噪声大于 100 dB(A)时使用
手部防护	E01	普通防护手套	防止摩擦和脏污等普通伤害
	E02	防化学品手套	具有防毒性能，防止有毒物质伤害手部
	E03	防静电手套	防止静电积聚引起的伤害
	E04	耐酸碱手套	用于接触酸(碱)时戴用，免受酸(碱)伤害
	E05	防放射性手套	具有防放射性能，防止手部免受放射性伤害
	E06	防机械伤害手套	保护手部免受磨损、切割、刺穿等机械伤害
	E07	隔热手套	防止手部免受过热或过冷伤害
	E08	绝缘手套	使作业人员的手部与带电物体绝缘，免受电流伤害
	E09	焊接手套	防止焊接作业的火花、熔融金属、高温金属辐射对手部伤害
足部防护	F01	防砸鞋	保护脚趾免受冲击或挤压伤害
	F02	防刺穿鞋	保护脚底，防足底刺伤
	F03	防水胶靴	防水、防滑和耐磨的胶鞋
	F04	防寒鞋	鞋体结构与材料都具有防寒保暖作用，防止脚部冻伤
	F05	隔热阻燃鞋	防御高温、熔融金属火化和明火等伤害
	F06	防静电鞋	鞋底采用静电材料，能及时消除人体静电积累
	F07	耐酸碱鞋	在有酸碱及相关化学品作业中穿用，用各种材料或复合型材料做成，保护足部防止化学品飞溅所带来的伤害
	F08	防滑鞋	防止滑倒，用于登高或在油渍、钢板、冰上等湿滑地面上行走
	F09	绝缘鞋	在电气设备上工作时作为辅助安全用具，防触电伤害
	F10	焊接防护鞋	防止焊接作业的火花、熔融金属、高温辐射对足部的伤害
	F11	防护鞋	具有保护特征的鞋，用于保护穿着者免受以外事故引起的伤害，装有保护包头
躯干防护	G01	一般防护服	以织物为面料，采用缝制工艺制成的，起一般性防护作用
	G02	防静电服	能及时消除本身静电极具危害，用于可能引发电击、火灾及爆炸危险场所穿用
	G03	阻燃防护服	用于作业人员从事有明火、散发火化、在熔融金属附近操作有辐射热和对流热的场合和在有易燃物质并有着火危险的场所穿用，在接触火焰及炙热物体后一定时间内能阻止本身被点燃、有焰燃烧和阴燃
	G04	化学品防护服	防止危险化学品的飞溅和与人体接触对人体造成的伤害
	G05	防尘服	透气性织物或材料制成的防止一般性粉尘对皮肤的伤害，能防止静电积聚
	G06	防寒服	具有保暖性能，用于冬季室外作业人员或常年低温作业环境人员的防寒
	G07	防酸碱服	用于从事酸碱作业人员穿用，具有防酸碱性能
	G08	焊接防护服	用于焊接作业，防止作业人员遭受熔融金属飞溅及其热伤害
	G09	防水服(雨衣)	以防水橡胶涂覆织物为面料防御水透过或漏入
	G10	防放射性服	具有防放射性能，防止放射性物质对人体的伤害
	G11	绝缘服	可防 7000V 以下高电压，用于带电作业时的身体防护
	G12	隔热服	防止高温物质接触或热辐射伤害
坠落防护	H01	安全带	用于高处作业、攀登及悬吊作业，保护对象为体重及负重之和最大 100kg 的使用者，可以减小高处坠落时产生的冲击力、防止坠落者与地面或其他障碍物碰撞、有效控制整个坠落距离
	H02	安全网	用来防止人、物坠落，或用来避免、减轻坠落物及物击伤害

表 6-2　作业类别及其造成的主要事故类型以及适用的劳动防护用品

序号	作业类别	说　明	事故类型	适用的劳动防护用品	作　业　举　例
1	易燃易爆场所作业	易燃易爆品失去控制的燃烧引发火灾	火灾	B01 防尘口罩 B02-B03 防毒面罩 B04 空气呼吸器 E03 防静电手套 F06 防静电鞋 G02 防静电服 G03 阻燃防护服 G04 化学品防护服 G05 防尘服	接触 GB 13690—2009 化学品分类具有爆炸、可燃危险性质化学品的作业
2	有毒有害气体作业	工作场所中存有常温、常压下呈气体或蒸气状态、经呼吸道吸入能产生毒害物质的作业，包括刺激性气体和窒息性气体	中毒和窒息	A01 工作帽 B01 防尘口罩 B02-B03 防毒面具 B04 空气呼吸器 E02 防化学品手套 G04 化学品防护服	接触氮的氧化物、氯及其化合物、硫的化合物、成碱氢化物、强氧化剂、酯类、金属化合物、醛类、醚类、氟代烃类、成酸氧化物、成酸氢化物、卤族元素、有机氟化合物、脂肪胺类、酮类、氨等刺激性气体，以及氮气、氩气、甲烷、二氧化碳、乙烷、丙烷、乙烯、丙烯、一氧化碳、硫化氢、氰化氢、丙烯腈、氯气、光气、汞等窒息性气体的作业
3	沾染液态毒物作业	工作场所中存有能沾附于皮肤、衣物上，经皮肤吸收产生毒害或对皮肤产生伤害的液态物质的作业	中毒	A01 工作帽 B01 防尘口罩 B02-B03 防毒面具 B04 空气呼吸器 C05 防腐蚀液护目镜/面罩 E02 防化学品手套 G04 化学品防护服	接触脂肪及脂环类化合物、芳香类化合物、卤代烃化合物、胺及硝基化合物、醇类化合物、醚类化合物、醛类化合物、酮类化合物、羧酸及其衍生物、氰及腈化物、环氧及杂环化合物、元素有机化合物、高分子化合物、元素及无机化合物等液态毒物的作业
4	涉固态毒物作业	接触固态毒物的作业，包括工作场所中存在的常温、常压下呈气溶胶状态，经呼吸道吸入能对人体产生毒害物质的作业以及通过皮肤进入人体产生毒害作用的固态物质的作业	中毒	A01 工作帽 A03 披肩帽 B01 防尘口罩 B02-B03 防毒面具 B04 空气呼吸器 E02 防化学品手套 G04 化学品防护服 G05 防尘服	接触固体的催化剂、吸附剂、助剂、水质稳定剂、添加剂、元素(金属、非金属)及其化合物类、沥青等固态毒物的作业
5	粉尘作业	因作业人员长时间接触生产性粉尘，当吸入量超过一定浓度的某些粉尘时，将引起肺部弥漫性的纤维性病变，影响呼吸道及其他器官机能的作业	其他伤害	A01 工作帽 A03 披肩帽 B01 防尘口罩 G05 防尘服	接触聚丙烯粉尘、聚丙烯腈纤维粉尘、聚乙烯粉尘、聚氯乙烯粉尘、棉尘、木粉尘、洗衣粉混合尘、煤尘、电焊烟尘、二氧化钛粉尘、硅藻土粉尘、滑石粉尘、砂轮磨尘、石灰石粉尘、石棉纤维粉尘、水泥粉尘、炭黑粉尘、矽尘、催化剂粉尘、蛭石等粉尘的作业
6	可燃性粉尘场所作业	工作场所中存在常温、常压下可燃固体物质粉尘的作业	其他爆炸	A01 工作帽 A03 披肩帽 B01 防尘口罩 B04 空气呼吸器 E03 防静电手套 F06 防静电鞋 G02 防静电服 G03 阻燃防护服 G05 防尘服	接触铝镁粉等可燃性化学粉尘的作业

续表

序号	作业类别	说明	事故类型	适用的劳动防护用品	作业举例
7	密闭场所作业	在空气不流通的场所中作业，包括在缺氧即空气中含氧浓度小于18%和毒气、有毒物质超标，且不能排除等场所中的作业	中毒和窒息	A02 安全帽 B03 长管式防毒面具 B04 空气呼吸器 E02 防化学品手套 G04 化学品防护服	生产区域内封闭、半封闭的设施及场所内的作业，如炉窑、塔、釜、罐、仓、槽车等设备设施以及管道、烟道、隧道、下水道、沟、坑、井、池、涵洞等孔道或排水系统内的作业
8	腐蚀性作业	产生或使用腐蚀性物质的作业	灼伤	A01 工作帽 C05 防腐蚀液护目镜/面罩 E04 耐酸碱手套 F07 耐酸碱鞋 G07 防酸碱服	生产或使用硫酸、盐酸、硝酸、氢氟酸、液体强碱、固体强碱、重铬酸钾、高锰酸钾等的作业
9	噪声作业	存在噪声源可能对作业人员 听力产生危害的作业	其他伤害	D01 耳塞 D02 耳罩	涉及压缩机、鼓风机、泵房区、风机、氨压机、氢压机、空压机、干气提浓真空泵、冷冻机房、循环水泵房、输油泵房、过滤机、造粒机、包装机、离心机房、空冷器、搅拌设备、机加工、高压阀门管道、磨煤机、锅炉、汽轮机、排空装置、高压蒸汽排放等作业
10	高温作业	生产劳动过程中，工作地点平均WBGT指数（湿球黑球温度）≥25℃的作业	灼伤	A02 安全帽 C04 防强光、紫（红）线护目镜或面罩 E07 隔热手套 F05 隔热阻燃鞋 G12 隔热服	热的液体、气体对人体的烫伤，热的固体与人体接触引起的灼伤，火焰对人体的烧伤以及炽热源的热辐射对人体的伤害
11	低温作业	在生产过程中，其工作地点平均气温等于或低于5℃的作业	其他伤害	F04 防寒鞋 G06 防寒服	在冷库、冷冻车间工作、冷水作业和北方冬季露天作业（室外巡检、维修）等
12	高处作业	坠落高度基准面大于或等于2m的作业	高处坠落	A02 安全帽 F08 防滑鞋 H01 安全带 H02 安全网	高空安装（维修）、在高处进行工艺操作、货物堆砌等
13	存在物体坠落撞击的作业	物体坠落或横向上可能有物体相撞的作业	物体打击	A02 安全帽 F01 防砸鞋 F02 防刺穿鞋 F11 防护鞋 H02 安全网	安装施工、起重、检修现场的作业
14	有碎屑飞溅的作业	加工过程中可能有切削飞溅的作业	物体打击	A02 安全帽 C02 防冲击护目镜 E06 防机械伤害手套 G01 一般防护服	破碎、锤击、铸件切削、砂轮打磨、高压流体清洗
15	操纵转动机械作业	机械设备运行中引起的胶、碾等伤害的作业	机械伤害	A01 工作帽 C02 防冲击护目镜	机床、传动机械
16	接触使用锋利器具	生产中使用的生产工具或加工产品易对操作者产生割伤、刺伤等伤害的作业	机械伤害	A02 安全帽 E06 防机械伤害手套 F01 防砸鞋 F02 防刺穿鞋 G01 一般防护服	金属加工的打毛清边

续表

序号	作业类别	说明	事故类型	适用的劳动防护用品	作业举例
17	地面存在尖利器物的作业	工作平面上可能存在对工作者脚步或腿部产生刺伤伤害的作业	其他伤害	A02 安全帽 B01 防尘口罩 C02 防冲刺护目镜 F02 防刺穿鞋	施工检修现场
18	铲、装、吊、推机械操纵	各类活动范围较小的重型采掘、建筑、装载起重设备的操纵与驾驶作业	其他伤害	A02 安全帽 G01 一般防护服	操作铲机、推土机、装卸机、天车、龙门吊、塔吊、单臂起重机等机械
19	地下作业	进行地下管网的铺设及地下挖掘的作业	冒顶片帮透水	A02 安全帽 B01 防尘口罩 F01 防砸鞋 F02 防刺穿鞋 F03 防水胶鞋 F11 防护鞋 G09 防水服	地下挖掘、地下逛网的铺设
20	带电作业	在电气设施或线路带电情况下进行的作业	触电	A02 安全帽 C02 防冲击护目镜 E08 绝缘手套 F09 绝缘鞋 G11 绝缘服	电气设备或线路带电作业、维修等
21	电离辐射作业	接触产生电离辐射的 X 射线、γ 射线、α 射线、β 射线、中子等放射线，且其辐射剂量超标准的作业	辐射伤害	C03 防放射性护目镜 E05 防放射性手套 G10 防放射性服	工业探伤、使用密封放射源仪表(用于料位计、液位计、密度计等)、带放射源的分析检测仪器、核子秤等作业
22	非电离辐射作业	接触微波辐射、超高频辐射、高频电磁场、工频电场、红外线、紫外线、激光等电磁辐射的作业	辐射伤害	C04 防强光、紫(红)外线护目镜或面罩	微波辐射、超高频辐射、高频电磁场、工频电场
23	强光作业	强光源或产生强烈红外辐射和紫外辐射的作业	辐射伤害	C04 防强光、紫(红)外线护目镜或面罩 C06 焊接面罩 E09 焊接手套 F10 焊接防护鞋 G08 焊接防护服 G12 隔热服	弧光、电弧焊、炉窑作业
24	人工搬运作业	通过人力搬运，不使用机械或其他自动化设备的作业	其他伤害	A02 安全帽 06 防机械伤害手套 F01 防砸鞋 F08 防护鞋 F11 防护鞋	人力抬、扛、推、搬移

续表

序号	作业类别	说明	事故类型	适用的劳动防护用品	作业举例
25	野外作业	野外露天作业	其他伤害	C02 防冲击护目镜 F03 防水胶靴 F04 防寒鞋 F08 防滑鞋 G06 防寒服 G09 防水服	野外的检查、维护等

注：1. 在选用防毒面具时应根据接触毒物的性质，选择相应的可以起到有效防护作用的防毒面具。

2. 刺激性气体是指接触对眼、呼吸道黏膜和皮肤具有刺激作用的有害气体；窒息性气体是指接触对眼经吸入使机体产生缺氧而直接引起窒息作用的气体，可分为单纯窒息性气体和化学窒息性气体。

3. 化工企业的从业人员劳动防护用品的配备以及使用期限可参照附录 A 执行。

在化工（危险化学品）生产企业，因为各企业规模不同，产品不同，工艺流程不同，所采用的原料不同，致使企业职业病危害因素千差万别，因此，所配备的劳动防护用品也不尽相同。每一个企业在认真贯彻安全行业标准《化工企业劳动防护用品选用及配备》（AQ/T 3048—2013）的基础上，应结合本企业的实际情况来选用和配备。这里列举某危险化学品企业所配备的劳动防护用品来说明问题。该企业年产 30 万吨合成氨、稀硝酸 36 万吨、硝铵 40 万吨、液化天然气 1.1 亿立方米，主要原料是煤，是一个典型的新型煤化工企业。涉及的危险化工工艺有：新型煤化工工艺、合成氨工艺、氧化工艺。该公司所配的劳动防护用品见表 6-3。

表 6-3　某公司劳动防护用品配置表

劳保防护用品发放标准			工作服									手套							工作帽			工作鞋					口罩			其他					
工种 \ 使用期限/月 \ 品名			防静电工作服、帽	秋季工作服	夏季工作服	防尘服	防寒服（棉大衣）	棉袄	雨衣	白大褂	电焊工作服	帆布手套	线手套	绝缘手套	防酸碱手套	棉布手套	单皮手套	挂胶手套	安全帽	防尘帽	棉安全帽	单皮鞋	绝缘皮鞋	绝缘胶鞋	雨鞋	绝缘靴	防尘口罩	防毒口罩	耳塞	防尘眼镜	毛巾	香皂	洗衣粉	鞋盖	洗发液
			套		套	套	套		套	套	套	双	双	双	双	双	双	双	顶	顶	顶	双	双	双	双	双	只	只	对	付	条	块	袋	双	瓶
管理人员	1	生产调度人员	24		12		48	12	60			2	1			24	12				48	12			36					36	1	1	1		1
	2	生产指挥人员（一）	24		12	24	48	12	60			2	1			24	12				48	12			36					36	1	1	1		1
	3	生产指挥人员（二）	24		12		48	12	60			2	1			24	12				48		36		36					36	1	1	1		1
	4	生产指挥人员（三）	24		12		48	12	60			2	1			24	12				48	12			36					36	1	1	1		1
操作人员	5	原料操作人员	12		12	12	48	12	60			1				24	12	1		12	36	12		12	36					36	1	1	1		1
	6	化学水站	12		12		48	12	60			1			3	24	12	1			36	12			36	根据需要发放	根据需要发放	根据需要发放	根据需要发放	36	1	1	1		1
	7	其他操作人员	12		12		48	12	60			1				24	12	1	以坏换新		36	12			36					36	1	1	1		1
生产辅助人员	8	电工、仪表工（一）	12		12	12	48	12	60			1	1	12		24	12			12	36		36	12	36					36	1	1	1		1
	9	电工、仪表工（二）	24		12		48	12	60			1	1	12		24	12				36		36	12	36					36	1	1	1		1
	10	分析工（一）	24		12	12	48	12	60	12		1			6	24	2			12	36	12			36					36	1	1	1		1
	11	分析工（二）	24		12		48	12	60	12		1			6	24	2				36	12			36					36	1	1	1		1
	12	电、仪维修工	24		12		48	12	60			1	1	12		24	12	1			36		36	12	36					36	1	1	1		1
	13	焊工	36		12		48	12	60		24	1				24	12	1			36		36	12	36					12	1	1	1	12	1
	14	维修工	24		12	36	48	12	60			1				24	12	1			36	12			36					36	1	1	1		1
其他人员	15	其他人员	36		24		48		60			3				24	12				36	36			36						2	2	2		2

三、使用与维护

1. 使用管理

① 企业应建立劳动防护用品管理档案，并建立从业人员劳动防护用品配发表。

② 从业人员应按要求配备劳动防护用品，上岗作业时，应按要求正确佩戴劳动防护用品。

③ 企业必须定期对从业人员进行劳动防护用品正确佩戴的使用培训，保证从业人员能100%正确使用。

④ 临时人员、外来人员也应按照规定穿（佩）戴劳动防护用品。外来人员进入现场由企业提供符合安全要求的劳动防护用品，或由企业与进入现场的单位签订相关协议，明确应配备使用的劳动防护用品，并要求进入现场的人员正确穿着与佩戴。

⑤ 劳动防护用品应在有效期内使用，对已不能起到有效防护作用的劳动防护用品应及时更换，禁止使用过期和报废的劳动防护用品。

2. 报废管理

(1) 符合下述条件之一的劳动防护用品应报废：

① 劳动防护用品在使用或保管储存时遭到破损或变形、影响防护功能的；

② 劳动防护用品达到报废期限的；

③ 所选用的劳动防护用品经定期检验或抽查不合格的；

④ 使用说明书中规定的其他报废条件。

(2) 对国家规定应进行强检的劳动防护用品，如绝缘鞋、绝缘手套等，应按有效防护功能最低指标和有效使用期的要求，实行强制定检；检测应委托具有检测资质的部门完成，并出具检测合格报告；国家未规定强检的劳动防护用品，如安全帽、防护镜、面罩、安全带等，应按有效防护功能最低指标和有效使用期的要求，对同批次的劳动防护用品定期进行抽

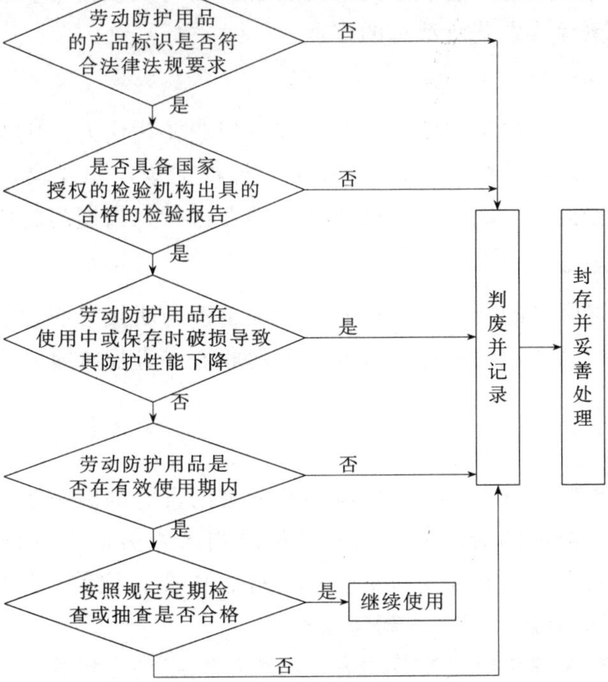

图 6-2 劳动防护用品判废程序

样检测。检测合格的方可继续使用，不合格的予以报废处理。

（3）报废后的劳动防护用品应立即封存，建立封存记录，并采取妥善的措施予以处理。判废程序见图 6-2 所示。

第五节　职业健康监护

一、健康查体

健康查体是以健康为中心的身体检查。一般医学家认为健康查体是指在身体尚未出现明显疾病时，对身体进行的全面检查。方便了解身体情况，筛查身体疾病。即应用体检手段对健康人群的体格检查，就是“健康体检”，或称之为“预防保健性体检”。承担职业健康检查工作的医疗卫生机构须经省级以上人民政府卫生行政部门批准。

根据《职业病防治法》和《用人单位职业健康监护监督管理办法》（国家安全生产监督管理总局令第 49 号）规定，用人单位应当建立、健全劳动者职业健康监护制度，依法落实职业健康监护工作。

职业健康监护，是指劳动者上岗前、在岗期间、离岗时、应急的职业健康检查和职业健康监护档案管理。

1. 上岗前查体

上岗前查体的目的是发现职业禁忌证，建立劳动者基础健康资料。上岗前查体人群包括拟从事接触职业病危害作业的新录用劳动者，包括转岗到该作业岗位的劳动者及拟从事有特殊健康要求作业的劳动者。

用人单位不得安排未经上岗前职业健康检查的劳动者从事接触职业病危害的作业；不得安排有职业禁忌的劳动者从事其所禁忌的作业。

2. 在岗查体

在岗查体的目的是及时或早期发现职业病或疑似职业病病人。用人单位应当按照《职业健康监护技术规范》（GBZ 188）等国家职业卫生标准的规定和要求，确定接触职业病危害的劳动者的检查项目和检查周期，并定期安排劳动者进行在岗期间的职业健康检查。

3. 应急职业健康检查

当接触职业病危害因素的劳动者在作业过程中出现与所接触职业病危害因素相关的不适症状的或者劳动者受到急性职业中毒危害或者出现职业中毒症状时，用人单位应及时组织进行应急职业健康检查。

4. 离岗查体

离岗查体的目的是确定员工在停止接触职业危害因素时的健康状况。对准备脱离所从事的职业病危害作业或者岗位的劳动者，用人单位应当组织劳动者进行离岗时的职业健康检查。离岗查体应在劳动者调离或脱离所从事职业危害作业岗位前 30 日内进行。如最后一次在岗查体在离岗前的 90 日内，可视为离岗体检。

对未进行离岗前职业健康检查的劳动者，不得解除或终止与其订立的劳动合同。

用人单位应及时将职业健康检查结果及职业健康检查机构的建议以书面形式如实告知劳

动者。而劳动者有义务按照企业的要求参加上岗前、在岗期间和离岗时的职业健康检查。用人单位应当根据职业健康检查报告，采取下列措施：

（1）对有职业禁忌的劳动者，调离或者暂时脱离原工作岗位；

（2）对健康损害可能与所从事的职业相关的劳动者，进行妥善安置；

（3）对需要复查的劳动者，按照职业健康检查机构要求的时间安排复查和医学观察；

（4）对疑似职业病病人，按照职业健康检查机构的建议安排其进行医学观察或者职业病诊断；

（5）对存在职业病危害的岗位，立即改善劳动条件，完善职业病防护设施，为劳动者配备符合国家标准的职业病危害防护用品。

一旦员工患上职业病，用人单位应按照《工伤保险条例》的相关规定执行；当出现新发生职业病（职业中毒）或者两例以上疑似职业病（职业中毒）的，用人单位应当及时向所在地安全生产监督管理部门报告。

二、健康监护档案

用人单位应当为劳动者个人建立职业健康监护档案，并按照有关规定妥善保存。职业健康监护档案包括下列内容：

（1）劳动者姓名、性别、年龄、籍贯、婚姻、文化程度、嗜好等情况；

（2）劳动者职业史、既往病史和职业病危害接触史；

（3）历次职业健康检查结果及处理情况；

（4）职业病诊疗资料；

（5）需要存入职业健康监护档案的其他有关资料。

劳动者离开用人单位时，有权索取本人职业健康监护档案复印件，用人单位应当如实、无偿提供，并在所提供的复印件上签章。

当用人单位发生分立、合并、解散、破产等情形时，应当对劳动者进行职业健康检查，并依照国家有关规定妥善安置职业病病人；其职业健康监护档案应当依照国家有关规定实施移交保管。

第七章

应急管理

第一节　应急管理体系

一、应急组织与职责

企业应建立本单位的应急组织机构，根据事故类型和应急工作需要，设置相应的应急工作小组，明确各应急组织机构及人员的职责，形成自上而下的应急组织体系。

1. 应急组织体系

为保证应急救援工作反应迅速、协调有序，企业必须建立完善的应急组织体系。按照应急救援的需要，事故应急组织体系一般应分为 5 个核心应急功能机构，即指挥、行动、策划、后勤以及财政/行政。事故应急组织体系的基本运作原则就是事故应急总指挥负责所有的行动，直到指挥权转移到其他特定人员。企业在划分应急组织体系时，应明确每个应急功能机构的组成部门或人员。应急组织体系的结构如图 7-1 所示。

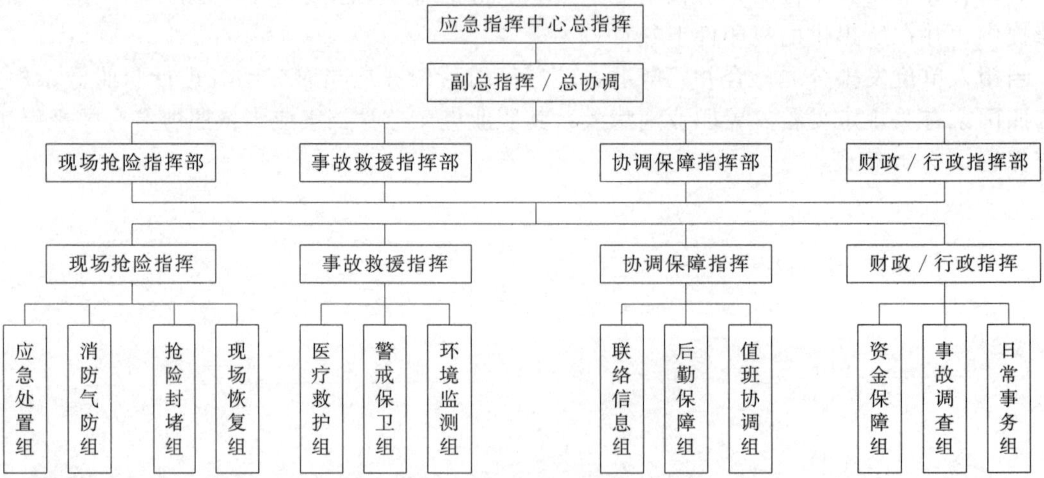

图 7-1　应急组织体系结构

2. 应急组织体系中各职能机构的职责

企业应明确各职能机构的职责。一般有如下机构及职责：

（1）应急指挥部　应急指挥部协调各部门的应急响应行动，包括确定事故目标和管理所有的应急行动。归纳起来，指挥部的职责主要为：

① 负责应急指挥；

② 确定事故的优先级别；

③ 建立相互一致的事故目标及批准应急策略；

④ 将事故目标落实到响应部门或机构；

⑤ 审查和批准事故行动计划；

⑥ 协调资源；

⑦ 协调有效的通信；

⑧ 确保响应人员和公众的健康与安全；

⑨ 通知媒体等。

应急指挥部内包括应急总指挥、应急副总指挥及现场指挥，应急总指挥一般由企业第一负责人担任，副总指挥由生产副总经理或行政副总经理担任，现场指挥由事发单位第一负责人（如车间主任）或生产副总经理担任。应急总指挥只能有一人，副总指挥或现场指挥可以是一人或多人，但其职责分工要明确。各岗位人员及分工都要予以明确，并要规定出当某岗位人员不在事发现场时，由谁承担该岗位的职责。

应急总指挥的职责主要是确定事故优先级别、审查和批准事故行动计划等，并对整个应急救援行动负责。

应急副总指挥的职责是协助总指挥开展应急指挥，也可以是分工负责行动、策划、后勤或行政中的一个或多个职能。

应急现场指挥的职责主要是负责应急救援现场的组织指挥工作，及时向总指挥部报告现场抢险救援工作情况，保证现场抢险救援行动与总指挥部的指挥和各保障系统的工作协调。

（2）行动部　负责所有响应任务的运作，主要包括：接警与通知、消防与抢险（泄漏物控制）、医疗救护、人员疏散等。

（3）策划部　负责收集、评价及发布事故相关的信息，主要包括：事态发展情况的监测与评估、与新闻媒体的沟通等。

（4）后勤部　负责为事故应急响应提供工具、设备、服务及材料，主要职责包括：应急设备、物资的供应、警戒与治安、交通运输保障、疏散人员的安置等。

（5）行政/财政部　负责事故应急的所有行政、财政费用方面的工作，包括为应急提供需要的经费、善后处理等工作。

企业何时或如何扩展事故应急组织体系并没有严格的规定，很多事故可能并不需要启动策划、后勤或行政/财政模块，而有些事故则可能需要启动其中的某个或全部功能。对于某些事故，在某些场合，只是需要组织体系中的少数几个功能要素。

事故应急组织体系的参加者会因事故不同而异，其成员的构成通常是基于事故的需求。成员及其数量完全取决于事故的大小和复杂程度，没有绝对的标准可循。

以上是通常情况下各职能机构的职责，企业还应结合本企业实际，进一步明确职能机构中各单位或个人的职责，但需要注意的是，应急组织中有关单位或个人的应急职责可根据企业正常生产管理系统职位来分配紧急时的任务。这样会减少培训以保证紧急时正确指挥，因为他们平时就是这样工作，紧急情况发生时能够减少混乱。

二、应急装备与器材

应急装备与资源是开展应急救援工作必不可少的条件，是开展救援工作的物质基础，也是救援工作顺利进行的保障。先进、高效的应急救援装备，不仅能有效提高应急救援的能力，高效处置事故，避免、减少人员的伤亡和财产损失，而且能有效保护环境和维护社会稳定，为建设和谐的小康社会创造良好的外部环境和可靠保障。我国的救援装备的研究与开发工作起步较晚，尚未形成完整的研发体系，产品的数量和质量都有待于提高。另外，由于各地的经济技术的发展水平和重视程度的不同，在装备的配备上有较大的差异。总的来说大都存在装备不足和装备落后的情况。

（1）分类

① 基本设施　包括应急救援时可以调用的通讯装备、交通工具、照明装置、防护装备以及破拆、堵漏、洗消、救生、灭火、隔离、警示等设备设施。

② 专用工具（物品）　专业救援队伍所用的侦检装备，包括监（检）测事故现场水、气、土壤装备等。

（2）配备和使用　为保证应急工作的有效实施，企业应根据救援要求配备相应的应急救援装备和器材，并做好平时装备的保管工作，制订救援装备的保管、使用制度和规定，建立救援装备管理台账，指定专人负责，定时检查维护，保证应急装备和器材始终处于良好的备用状态，一旦发生事故就能立即投入使用。

另外，必须加强对员工的教育培训，通过培训，让员工做到会检查、会使用、会维护、常见故障会排处，特别是在特殊情况下仍能高效实用。

三、应急响应

1. 国家突发事件应急响应机制

一般来说应急响应机制有潜态和实态两种状态，平时处于潜态，突发事件发生后，迅速转变为实态，事件或危机平息后，又转变为潜态。潜态包括物质储备制度、应急教育制度、预警监测制度、应急预案制度、日常管理制度等。实态包括紧急状态制度、启动应急预案等。突发事件与危机应急机制是有关管理部门为了更好应对各种突发事件与危机而建立起的一套行之有效的处置办法和制度安排，是处理突发事件与危机的应急法律制度。

按照安全生产事故灾难的可控性、严重程度和影响范围，我国突发事件应急响应原则上分为Ⅰ、Ⅱ、Ⅲ、Ⅳ级响应。

（1）出现下列情况之一启动Ⅰ级响应：

① 造成30人以上死亡（含失踪），或危及30人以上生命安全，或者100人以上中毒（重伤），或者直接经济损失1亿元以上的特别重大安全生产事故；

② 需要紧急转移安置10万人以上的安全生产事故；

③ 超出省（区、市）人民政府应急处置能力的安全生产事故；

④ 跨省级行政区、跨领域（行业和部门）的安全生产事故灾难；

⑤ 国务院领导同志认为需要国务院安委会响应的安全生产事故。

（2）出现下列情况之一启动Ⅱ级响应：

① 造成10人以上、30人以下死亡（含失踪），或危及10人以上、30人以下生命安全，或者50人以上、100人以下中毒（重伤），或者直接经济损失5000万元以上、1亿元以下的安全生产事故；

② 超出市（地、州）人民政府应急处置能力的安全生产事故；

③ 跨市、地级行政区的安全生产事故；

④ 省（区、市）人民政府认为有必要响应的安全生产事故。

（3）出现下列情况之一启动Ⅲ级响应：

① 造成 3 人以上、10 人以下死亡（含失踪），或危及 10 人以上、30 人以下生命安全，或者 30 人以上、50 人以下中毒（重伤），或者直接经济损失较大的安全生产事故灾难；

② 超出县级人民政府应急处置能力的安全生产事故灾难；

③ 发生跨县级行政区安全生产事故灾难；

④ 市（地、州）人民政府认为有必要响应的安全生产事故灾难。

(4) 发生或者可能发生一般事故时启动Ⅳ级响应。

在有关数量的表述中，“以上”含本数，“以下”不含本数。

详细分级见表 7-1 所示。

表 7-1　应急响应分级

总体响应	Ⅰ级应急响应	发生特别重大生产安全事故灾难，启动Ⅰ级应急响应，在国务院安委办或国务院有关部门的领导和指导下，市政府组织市安全生产应急救援指挥部或其他有关应急指挥机构组织、指挥、协调、调度全市应急力量和资源，统一实施应急处置，各有关部门和单位密切配合，协同处置。市安全生产应急救援指挥部办公室或市有关主管部门及时向国务院安委办或国务院有关部门报告应急处置进展情况
	Ⅱ级应急响应	发生重大生产安全事故灾难，启动Ⅱ级应急响应，由市安全生产应急救援指挥部或其他有关应急指挥机构组织、指挥、协调、调度本市有关应急力量和资源，统一实施应急处置，各有关部门和单位密切配合，协同处置
	Ⅲ级应急响应	发生较大生产安全事故，启动Ⅲ级应急响应，由事发地区县政府、市应急联动中心、市安全生产应急救援指挥部办公室或其他有关应急指挥机构组织、指挥、协调、调度有关应急力量和资源实施应急处置，各有关部门和单位密切配合、协同处置
	Ⅳ级应急响应	发生一般生产安全事故，启动Ⅳ级应急响应，由事发地区县政府和有关部门组织相关应急力量和资源实施应急处置，超出其应急处置能力时，及时上报请求救援

2. 应急响应机制

首先，企业应根据自身的规模、存在的危险因素及对事故的承受和控制能力，明确本企业事故及应急响应分级，建立应急相应机制。企业应急机制应包括以下内容。

(1) 应急监测预警机制　应急监测预警机制，是指在事故发生之前尽可能早预测和发现，在一系列数据收集、信号警示的基础上，通过对事故发生的源头、征兆和突发事件与趋势进行密切监测，从而有效掌握和描绘出预警信号与事故之间存在的可能性关联，通过信息发布系统向个体、组织发出警报，使得个体、组织能够迅速、及时、有效地开展预防性和应对性行动。

事故监测和预警机制使用方法主要为：定性分析方法、定量分析方法、定时分析方法、网络分析方法以及定性定量综合分析方法。

① 定性分析方法是在以往经验和现存信息的基础上，以理论分析和逻辑推力为标准进行认知分析和判断，主要包括专家咨询法、主观概率法、领先指标法、相互影响法和情境预警法。

② 定量分析方法是依据给定的一系列标准和模型进行数据收集和实证分析，旨在将某一具体因素（排除其他可能性因素）与事故发展趋势之间建立直接关联，也称为模拟或仿真法，主要有结构模型、加速模型、临界模型、关联模型和反应模型。

③ 定时分析方法是在定量分析方法的基础上增加了时间难度，通过时间序列变化中不同因果关系之间的变化来预测未来某一时间段的变化趋势。

④ 网络分析方法是在定性和定量分析基础上增加专家网络和实地调查难度，通过网络化信息共享，以网络化的优势摒弃重复性研究分析，实现监测与预警的高效度和高信度。

事故监测和预警机制通过全面的监测系统来进行适时跟踪监控，积极收集各静态数据和动态信息，运用数据库模型将实际值与预警值进行对比分析，从而发现异常警情，具有基础预防性。根据异常警情，运用预警指标体系和专家分析系统进行诊断分析，从而对预警等级进行初步评估和确定，运用网络信息报送系统和信息发布系统将预警信号予以及时发送和公布。在发布预警信号的同时，根据监测的基础数据和特定警情，制订能够将事故降低到最低限度的应急方案，及时进行干预处理，从而将事故控制在萌芽状态，减少不必要的损失。

事故监测和预警机制是一个集多学科，集技术和方法为一体的系统工程，它由信息采集系统、信息加工系统、预警指标系统、事故警报系统和事故预案系统五个系统构成，任何一个环节都不可忽视。监测与预警机制的五个系统应密切结合，紧密联动，将常规与巡查监测预警相结合，定期与随时监测预警相结合，从而建立事故信息数据库和分析模型，构建起数字化、智能化、网络化、可视化、立体化、全方位、灵活性的动态监测预警系统。

（2）应急信息沟通机制　信息沟通，是指人与人之间转移信息的过程，简称沟通，有时称为交往、交流人际沟通等。“机制”实质上就是通过规范系统中各个要素之间的相互作用、合理制约，从而使系统整体实现良性循环的健康发展。事故应急管理中的信息沟通机制就是为了保证信息在各个相关主体之间的畅通流通而制订的原则、规范、措施，并明确各个主体的义务和权利。事故应急管理中建立信息沟通机制的目的，是在事故这一特殊的环境中，以最少的管理成本，最快的速度、最高的效率去实现有效的沟通，以便企业快速进行应急管理、应急救援、应急处置，将事故造成的损失减少到最低限度，保持社会稳定。

合理有效的应急信息沟通机制对于科学有效地应对事故事件具有重要的作用和意义。一般来说，根据信息沟通的路径，应急信息沟通机制可以分为内部信息沟通机制和外部信息沟通机制两种。内部信息沟通机制，是指在事故发生的整个过程中，各类信息在企业内部上下级之间纵向或横向传递。外部信息沟通机制主要包括政府、媒体、民众（包括利益相关者）之间的沟通与反馈。

（3）应急指挥决策和协调机制　现代指挥理论认为，指挥是社会组织和有组织的群体为了协调一致地达到某个目标，由领导者所实施的一种发令调度的活动，属于一种特殊的领导管理活动。指挥、协调与决策是事故应急过程不断交替使用的管理措施，相互之间的联系十分紧密，有时很难区分三者之间的界限，指挥过程存在协调，而协调过程也存在指挥。事故的应急救援、处置过程需要进行协调，也需要通过指挥链发布一系列的命令、指令，具备指挥活动的所有条件。没有统一的指挥机制，应急救援、应急处置就没有取得成功的根本保证。

（4）分级负责与响应机制　事故发生后，应当根据事故的大小及应对能力，来确定应急响应行动的级别和程序，由相应级别的单位来进行应急救援工作，上级部门可予以技术、资金、物质等方面的援助。而当该级别响应无法控制事故时，则升级到上一应急级别，直到事故最终被控制。

（5）应急保障机制　事故处置是企业应急响应的重要内容。要实现控制事故，降低事故伤害和财产损失的目标，必须要有必要的技术装备作保障，这是处置事故的物质基础。完善的应急保障机制是事故应急处置顺利进行的基本条件，需要技术、资金、物资、人员等方面的广泛支持保障。由于事故是一种非常态的事件，因此，企业应建立应急保障机制，确保事故状态下各种资源的可靠性。

3. 应急响应

应急响应流程见图 7-2 所示。

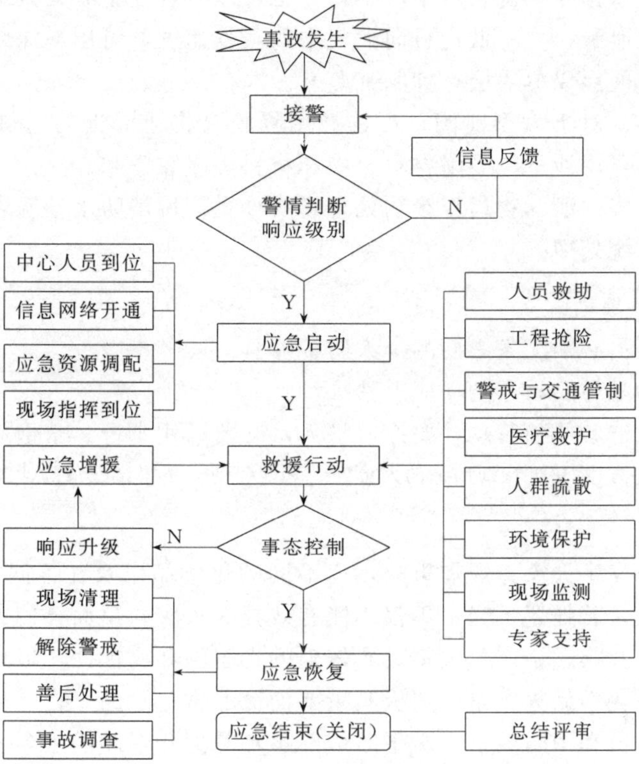

图 7-2 应急响应流程图

四、应急处置

危险化学品泄漏后，不仅污染环境，对人体造成伤害，如遇可燃物质，还有引发火灾、爆炸的可能。因此，对泄漏事故应及时、正确处理，防止事故扩大。泄漏处理一般包括泄漏源控制及泄漏物处理两大部分。

1. 泄漏源控制

可能时，通过控制泄漏源来消除化学品的溢出或泄漏。在公司调度室的指令下，通过关闭有关阀门、停止作业或通过采取改变工艺流程、物料走副线、局部停车、打循环、减负荷运行等方法进行泄漏源控制。

容器发生泄漏后，采取措施修补和堵塞裂口，阻止化学品的进一步泄漏，对整个应急处理是非常关键的。能否成功地进行堵漏取决于几个因素：接近泄漏点的危险程度、泄漏孔的尺寸、泄漏点处实际的或潜在的压力、泄漏物质的特性。

2. 泄漏物处理

现场泄漏物要及时进行覆盖、收容、稀释、处理，使泄漏物得到安全可靠的处置，防止二次事故的发生。泄漏物处置主要有以下四种方法。

（1）围堤堵截　如果化学品为液体，泄漏到地面上时会四处蔓延扩散，难以收集处理。为此，需要筑堤堵截或者引流到安全地点。贮罐区发生液体泄漏时，要及时关闭雨水阀，防止物料沿明沟外流。

（2）稀释与覆盖　为减少大气污染，通常是采用水枪或消防水带向有害物蒸气云喷射雾状水，加速气体向高空扩散，使其在安全地带扩散。在使用这一技术时，将产生大量的被污染水，因此应疏通污水排放系统。对于可燃物，也可以在现场施放大量水蒸气或氮气，破坏燃烧条件。对于液体泄漏，为降低物料向大气中的蒸发速度，可用泡沫或其他覆盖物品覆盖外泄的物料，在其表面形成覆盖层，抑制其蒸发。

（3）收容（集）　对于大型泄漏，可选择用隔膜泵将泄漏出的物料抽入容器内或槽车内；当泄漏量小时，可用沙子、吸附材料、中和材料等吸收中和。

（4）废弃　将收集的泄漏物运至废物处理场所处置。用消防水冲洗剩下的少量物料，冲洗水排入含油污水系统处理。

3. 泄漏处理注意事项

（1）进入现场人员必须配备必要的个人防护器具。

（2）如果泄漏物是易燃易爆的，应严禁火种。

（3）应急处理时严禁单独行动，要有监护人，必要时用水枪、水炮掩护。

注意：化学品泄漏时，除受过特别训练的人员外，其他任何人不得试图清除泄漏物。

4. 火灾控制

危险化学品容易发生火灾、爆炸事故，但不同的化学品以及在不同情况下发生火灾时，其扑救方法差异很大，若处置不当，不仅不能有效扑灭火灾，反而会使灾情进一步扩大。此外，由于化学品本身及其燃烧产物大多具有较强的毒害性和腐蚀性，极易造成人员中毒、灼伤。因此，扑救危险化学品火灾是一项极其重要而又非常危险的工作。从事化学品生产、使用、储存、运输的人员和消防救护人员平时应熟悉和掌握化学品的主要危险特性及其相应的灭火措施，并定期进行防火演习，加强紧急事态时的应变能力。

一旦发生火灾，每个职工都应清楚地知道各自的职责，掌握有关消防设施、人员的疏散程序和危险化学品灭火的特殊要求等内容。

（1）灭火对策

① 扑救初期火灾。在火灾尚未扩大到不可控制时，应使用适当移动式灭火器来控制火灾。迅速关闭火灾部位的上下游阀门，切断进入火灾事故地点的一切物料，然后立即启用现有各种消防设备、器材扑灭初期火灾和控制火源。

② 对周围设施采取保护措施。为防止火灾危及相邻设施，必须及时采取冷却保护措施，并迅速疏散受火势威胁的物资。有的火灾可能造成易燃液体外流，这时可用沙袋或其他材料筑堤拦截流淌的液体或挖沟导流，将物料导向安全地点。必要时用毛毡、海草帘堵住下水井、阴井口等处，防止火焰蔓延。

③ 火灾扑救。扑救危险化学品火灾决不可盲目行动，应针对每一类化学品，选择正确的灭火剂和灭火方法。必要时采取堵漏或隔离措施，预防次生灾害扩大。当火势被控制以后，仍然要派人监护，清理现场，消灭余火。

（2）几种特殊化学品的火灾扑救注意事项

① 扑救液化气体类火灾，切忌盲目扑灭火势，在没有采取堵漏措施的情况下，必须保持稳定燃烧。否则，大量可燃气体泄漏出来与空气混合，遇着火源就会发生爆炸，后果将不堪设想。

② 对于爆炸物品火灾，切忌用沙土盖压，以免增强爆炸物品爆炸时的威力；扑救爆炸物品堆垛火灾时，水流应采用吊射，避免强力水流直接冲击堆垛，以免堆垛倒塌引起再次爆炸。

③ 对于遇湿易燃物品火灾，绝对禁止用水、泡沫、酸碱等湿性灭火剂扑救。

④ 氧化剂和有机过氧化物的灭火比较复杂，应针对具体物质具体分析。

⑤ 扑救毒害品和腐蚀品的火灾时，应尽量使用低压水流或雾状水，避免腐蚀品、毒害品溅出；遇酸类或碱类腐蚀品，最好调制相应的中和剂稀释进行中和。

⑥ 易燃固体、自燃物品火灾一般都可用水和泡沫扑救，只要控制住燃烧范围，逐步扑灭即可。但有少数易燃固体、自燃物品的扑救方法比较特殊。如2,4-二硝基苯甲醚、二硝基萘、萘等是易升华的易燃固体，受热放出易燃蒸气，能与空气形成爆炸性混合物，尤其在室内，易发生爆燃，在扑救过程中应不时向燃烧区域上空及周围喷射雾状水，并消除周围一切火源。

特别注意：发生化学品火灾时，灭火人员不应单独灭火，出口应始终保持清洁和畅通，要选择正确的灭火剂，灭火时还应考虑人员的安全。应急处理过程并非是按部就班地按以上顺序进行，而是根据实际情况尽可能同时进行，如危险化学品泄漏，应在报警的同时尽可能切断泄漏源等。化学品事故的特点是发生突然，扩散迅速，持续时间长，涉及面广。一旦发生化学品事故，往往会引起人们的慌乱，若处理不当，会引起二次灾害。

5. 事故处置方法

针对不同化学品灾害事故，处置方法有：关阀断源、倒罐转移、应急堵漏、冷却防爆、注水排险、喷雾稀释、引火点燃、回收等。在处置的同时，应坚持先救人的原则。

（1）堵漏　对于油罐或带压力的易燃气体罐首先应判明泄漏的位置。若泄漏点位于阀门下游，则应迅速关闭泄漏处上游的阀门，如关掉一个阀门还不可靠时，可再关一个处于此阀上游的阀门，若泄漏点位于阀门上游，即属于阀前泄漏，这时应根据气象情况，从上风方向逼近泄漏点，实施带压堵漏。堵漏抢险一定要在喷雾水枪、泡沫的掩护下进行，堵漏人员要精而少，增加堵漏抢险的安全系数。根据油罐泄漏点的不同，采取不同的堵漏方法（关阀制漏法，堵漏密封剂等）。堵漏不成时要加强水枪掩护，开挖疏散沟，泡沫覆盖流淌在地面上的危险品，以防事故范围扩大。

（2）适时倒液，转移危险品　如果泄漏严重而又无法堵漏时，应及时倒罐放液，将危险品转移至安全地带，尽可能减少泄漏的量。对油罐的处理要加强保护。在吊起油罐车时，一定与吊车司机紧密配合，用水枪冲击钢丝绳与车体的摩擦部位，防止打出火花，用泡沫覆盖车体的其他部位。在油罐事故车拖离现场时，用泡沫对油罐车进行覆盖，并派消防车跟随，防止拖运中发生问题。

（3）喷水喷气，加速扩散　对于已泄漏出的气体，应喷水将气态的危险品冲散，以加速其向安全地带扩散，防止现场人员中毒和发生爆炸。如有条件还可以开启水蒸气进行驱散稀释。对于稀释驱散扩散油气。应组织一定数量的喷雾水枪，稀释驱散油气，由上风向下风向驱散，向安全地区驱散，稀释不能用强水流冲击。同时还要注意用水稀释阴沟、下水道、电缆电信沟内的油气。

在处置危化品泄漏时，要采取措施防止危险化学品及冲洗用水流入雨水口、下水道及江河之中。

6. 洗消

化学事故发生后，事故现场及附近的道路、水源都有可能受到严重污染，若不及时进行洗消，污染会迅速蔓延，造成更大危害。

（1）装备和人员洗消　为减少污染的扩大，杜绝次生污染，在处置过程中，要对警戒区作业人员、器材装备、进行彻底的洗消，消除危化品对人体和器材装备的侵害，洗消后仍要通过一次检测，不合格者要返回重新洗消。洗消必须在出口处设置的洗消间或洗消帐篷内进行，洗消液要集中回收。

（2）环境洗消

① 化学消毒法，把消防毒剂水溶液装入消防车水罐，经消防泵加压后，通过水带、水枪以开花或喷雾水流喷洒。

② 物理消毒法，即用吸附垫、活性炭等具有吸附能力的物质，吸附回收后转移处理。也可用喷射雾状水进行稀释降毒。彻底清理现场，消除所有隐患。

第二节　应急预案

应急预案又称应急计划，是针对可能发生的重大事故（件）或灾害，为保证迅速、有序、有效地开展应急与救援行动、降低事故损失而预先制订的有关计划或方案。它是在辨识和评估潜在的重大危险、事故类型、发生的可能性、发展过程、事故后果及影响严重程度的基础上，对应急机构与职责、人员、技术、装备、设施（备）、物资、救援行动及其指挥与协调等方面预先做出的具体安排。它明确了在突发事故（件）发生之前、发展过程中以及刚刚结束之后，谁负责做什么、何时做以及相应的策略和资源准备等。

一、预案类型

根据《生产经营单位安全生产事故应急救援预案编制导则》（GB/T 29639—2013），企业应急预案分为三种类型：综合应急预案、专项应急预案和现场处置方案。

（1）综合应急预案　是从总体上阐述事故的应急方针、政策，应急组织结构及相关应急职责，应急行动、措施和保障等基本要求和程序，是应对各类事故的综合性文件。

（2）专项应急预案　是针对具体的事故类别（如煤矿瓦斯爆炸、危险化学品泄漏等事故）、危险源和应急保障而制订的计划或方案，是综合应急预案的组成部分，应按照综合应急预案的程序和要求组织制定，并作为综合应急预案的附件。专项应急预案应制定明确的救援程序和具体的应急救援措施。

（3）现场处置方案　是针对具体的装置、场所或设施、岗位所制定的应急处置措施。现场处置方案应具体、简单、针对性强。现场处置方案应根据风险评估及危险性控制措施逐一编制，做到事故相关人员应知应会，熟练掌握，并通过应急演练，做到迅速反应、正确处置。

企业应针对各级各类可能发生的事故和所有危险源制定专项应急预案和现场应急处置方案，并明确事前、事发、事中、事后的各个过程中相关部门和有关人员的职责。

生产经营单位风险种类多、可能发生多种类型事故的，应当组织编制综合应急预案；生产规模小、危险因素少的生产经营单位，综合应急预案和专项应急预案可以合并编写；事故风险单一、危险性小的生产经营单位，可以只编制现场处置方案。

二、预案编制

通常企业编制应急预案按照以下步骤进行：

1. 成立预案编制小组

结合本企业各部门的职能分工，成立以单位主要负责人为领导的应急预案编制工作小组，明确编制任务、职责分工，制定工作计划。编制小组是预案制定和实施中有重要作用或是可能在紧急事故中受影响的人，应包括企业生产、工艺、设备、安全、环保等职能部门的负责人及相关人员。

2. 收集资料

收集应急预案编制所需的各种资料，包括：

① 适用的法规和标准；

② 原、辅材料、产品的特性以及使用和分布情况；

③ 工艺流程、设备、设施等技术资料等；

④ 企业的安全记录、事故情况；

⑤ 国内外同类企业事故案例分析；

⑥ 地理、环境、气象资料；

⑦ 相关企业的应急预案等。

3. 风险辨识与评价

危险辨识与风险评价是编制应急预案的关键，所有应急预案都是建立在风险评价基础之上的。危险辨识有两个关键任务：第一，识别可能引发事故的材料、系统、生产过程或场所的特征；第二，评估可能发生的事故后果。事故后果应从对人的伤害、对环境的破坏及财产损失三个方面考虑。风险辨识与评价过程如下：

① 全面分析本企业危险因素，可能发生的事故类型及事故的危害程度；

② 排查事故隐患的种类、数量和分布情况，并在隐患治理的基础上，预测可能发生的事故类型及事故的危害程度；

③ 确定事故危险源，进行风险评估；

④ 针对事故危险源和存在的问题，确定相应的防范措施。

4. 应急能力评估

应急能力评估是指全面调查企业事故状态下，第一时间可以调用的应急资源状况和合作区域内可以请求援助的应急资源状况的过程。在本阶段，编制小组要结合本企业实际，对企业运行机制、人员能力及应急装备物资和应急队伍等应急能力进行评估，评价企业（包括周边可协同救援的企业）在紧急情况下所能调动的人力和物资是否满足事故状态下应急救援的要求。应急能力评估主要从以下几个方面考虑。

（1）人力资源，包括紧急时可动员多少全职人员，多少兼职人员，多少志愿者；这些人员应急能力是否满足要求等。

（2）通报和通信联络设备，包括有什么样的通讯设备（电话、专线电话、无线电和警笛）；这些通讯设备位于何处？何人负责保管等。

（3）个人防护设备，在何处、有多少和什么类型的个体防护装备(如呼吸器、防毒面具、防护服等)。

（4）消防设备和供应，包括：

① 消防设备的种类、型号、数量及放置位置等；

② 有无消防水系统；

③ 有无替代水源。

（5）事故控制和防污染设备及供应，包括控制事故、预防污染的专用设备、工具、药剂以及存放位置等。

（6）医疗服务机构、设备、设施和供应，包括当地医院和其他医疗机构的位置、装备及医护人员配备情况等。

（7）监测系统，包括有哪些可用的监测和检测系统、能否满足事故检测、监测要求等。

（8）气象站，包括事故状态下可提供相应的气象资料（如风向、风力）的气象部门及位置等。

（9）交通系统，主要包括事故状态下可调用的、用于人员疏散、物资运输的交通工具；用于交通管制的警力和设备等。

5. 预案编制

所谓预案编制就是依据风险分析的结果，针对可能发生的事故，预先对企业应急机构、人员、技术、装备、设施（设备）、物资、救援行动、指挥与协调等方面做出具体安排，编写形成应急预案文本。概括起来说，应急预案要解决的是事故发生前、发生时、发生后，做什么、谁来做、怎么做、何时做、用什么做等问题。

根据《生产安全事故应急预案管理办法》（国家安监总局令第 88 号），综合应急预案的主要内容包括企业应急组织机构及其职责、应急预案体系、事故风险描述、预警及信息报告、应急响应、保障措施、应急预案管理等内容；专项应急预案主要内容包括专项事故的应急指挥机构与职责、处置程序和措施等内容；现场处置方案在主要规定应急工作职责、应急处置措施和注意事项等内容。

另外，应急预案还应当包括应急组织机构和人员的联系方式、应急物资储备清单等附件信息。附件信息应经常更新、确保信息准确、有效。

预案的内容应满足以下要求。

（1）合法性　符合国家有关法律、法规、规章和标准，以及有关部门和上级部门规范性文件要求。

（2）完整性　具备《生产安全事故应急救援编制导则》（GB/T 29639—2013）所规定的各项要素。

（3）针对性　紧密结合本企业危险源辨识与风险分析。

（4）实用性　切合本企业工作实际，与本企业生产安全事故应急处置能力相适应。

（5）科学性　预案的应急组织体系、信息报送和处置方案等内容科学合理。

（6）可操作性　应急响应程序和保障措施等内容切实可行。

（7）衔接性　综合、专项应急预案和现场处置方案形成体系，并与政府相关部门或单位应急预案相互衔接。

三、预案的评审、发布和实施

预案编制完成后，还需要经过评审来确定预案是否符合国家规定要求，是否能够满足企业事故应急救援需要。评审应当注重预案基本要素的完整性、组织体系的合理性、应急处置程序和措施的针对性、应急保障措施的可行性、应急预案的衔接性等内容。

参加预案评审的人员应包括企业主要负责人或分管安全的负责人、各职能部门负责人、专业人员及有关安全生产及应急管理方面的专家。评审应形成书面评审纪要，并根据评审意见修订和完善应急预案。

修订完善后的应急预案，应由企业主要负责人签署公布，明确实施时间，并及时发放到有关部门、岗位和相关应急救援队伍；事故风险可能影响周边其他单位、人员的企业，还应当将有关事故风险的性质、影响范围和应急防范措施告知周边的其他单位和人员。

四、预案管理

预案建立起来后，不能只是作为一个文件放在那里，政府或上级来检查时拿出来："看，我们有应急救援预案"。而是要让它在关键时刻能真正发挥作用，所以预案不是一成不变的，而是需要对预案进行动态管理，时刻保持预案的有效和好用。

预案的管理包括：备案、培训、演练和定期评审修订。

1. 备案

企业应急预案公布之日起20个工作日内，应按照分级属地原则，向安全生产监督管理部门和有关部门进行告知性备案。

中央企业总部（上市公司）的应急预案，报国务院主管的负有安全生产监督管理职责的部门备案，并抄送国家安全生产监督管理总局；其所属单位的应急预案报所在地的省、自治区、直辖市或者设区的市级人民政府主管的负有安全生产监督管理职责的部门备案，并抄送同级安全生产监督管理部门；其他企业按照隶属关系报所在地县级以上地方人民政府安全生产监督管理部门备案。

应急预案备案，应当提交下列材料：

（1）应急预案备案申报表；

（2）应急预案评审或者论证意见；

（3）应急预案文本及电子文档；

（4）风险评估结果和应急资源调查清单。

提交备案材料后，负有安全生产监督管理职责的部门将在5个工作日内出具应急预案备案登记表；材料不齐全的，不予备案并一次性告知需要补齐的材料。逾期不予备案又不说明理由的，视为已经备案。

2. 培训

应急预案发布后，企业应采取多种形式对员工开展宣传教育，一方面，使有关人员了解应急预案内容，熟悉应急职责、应急处置程序和措施。通过培训，在企业全员普及生产安全事故避险、自救和互救知识，提高从业人员的安全意识与应急处置技能。让员工在事故发生的紧急情况下，知道应该去做什么、怎么做、应注意什么等。培训考核的记录资料应纳入安全生产教育和培训档案。

3. 演练

应急预案仅仅进行培训还是不够的，这只是纸上谈兵，要让预案真正发挥作用，企业还要定期进行演练。

（1）演练的目的

① 检验预案　暴露预案和程序的缺陷，发现应急资源的不足（包括人力和设备等）；

② 熟悉预案　提高应急人员处置事故的能力；

③ 磨合机制　提高企业各应急机构、人员协调配合的能力；

④ 宣传教育　普及应急知识，提高参演人员和观摩人员的防范意识和自救、互救能力；

⑤ 完善准备　对演练过程发现的问题及时整改，完善预案，补充物资装备。

通过演练，最终培养一支能招之即来、来之能战、战之能胜、作风过硬、技术精湛的应急救援队伍。

（2）演练过程　演练前企业应编制应急预案演练计划，明确演练的目的、类型、时间、地点，演练主要内容（步骤、场景）、参加单位等；演练结束，企业还应对演练进行效果评估，分析预案及演练过程存在的问题，提出整改措施，并尽快落实。

根据本单位的事故风险特点，每年至少组织一次综合应急预案演练或者专项应急预案演练，每半年至少组织一次现场处置方案演练。

（3）演练方式　预案演练有三种方式：桌面演练、功能演练和全面演练。

① 桌面演练　一般在会议室内举行。参加人员采用你问我答的方式，推演预案中的救援程序，讨论发生紧急情况时应采取应急措施。这种方式仅限于有限的应急响应和内部协调活动，由应急组织的代表或关键岗位人员参加，适合小范围进行，目的是锻炼参演人员解决问题的能力，解决应急组织相互协作和职责划分的问题。

② 功能演练　针对预案中一项或几项应急功能或任务进行的单项或组合演练，尤其针对企业比较弱项的内容。一般在应急指挥中心或现场指挥部举行，并可同时开展现场演练，调用有限的应急设备，通过这种方式有针对性地检验和锻炼应急人员以及应急体系反应能力。

③ 全面演练　针对应急预案中全部或大部分应急响应功能开展的演练，检验、评价应急组织应急运行的能力和相互协调的能力。全面演练演练过程要求尽量真实，调用更多的应急人员和资源，并开展人员、设备及其他资源的实战性演练。

三种演练方式比较，桌面演练简单易行，便于随时开展；全面演练兴师动众，花费不菲。企业应结合本企业组织机构、生产安排等合理安排应急演练的方式。各种演练方式宜循环往复，有机结合。

4. 评审修订

预案不是一成不变的，它应该是动态的。企业应建立应急预案定期评估制度，明确预案修订的时机和频次，通过对预案演练、事故应急救援过程总结、安全管理水平提高等途径发现预案的不足之处，定期和及时进行修订和更新，方可实现持续改进。

应急预案评估至少每三年进行一次，并根据评估结果修订完善预案。而有下列情形之一的，则应当及时进行修订：

（1）依据的法律、法规、规章、标准及上述预案中的有关规定发生重大变化的；

（2）应急指挥机构及其职责发生调整的；

（3）面临的事故风险发生重大变化的；

（4）重要应急资源发生重大变化的；

（5）预案中的其他重要信息发生变化的；

（6）在应急演练和事故应急救援中发现问题需要修订的；

（7）编制单位认为应当修订的其他情况。

应急预案修订涉及组织指挥体系与职责、应急处置程序、主要处置措施、应急响应分级等内容变更的，修订工作应当参照规定的应急预案编制程序进行。

预案修订情况应有记录并归档。修订后的预案，应按照有关应急预案报备程序重新备案，并组织员工重新培训学习。

第八章

事故事件管理

第一节　事故及未遂事件

一、未遂事件

1. 定义

未遂事件，通常也叫未遂事故、险肇事故、侥幸事故等。是指环境稍有不同便有可能造成危害或损失的事件。不同的生产行业、不同的生产领域对它的说法也是不一样的。《职业安全卫生术语》（GB/T 15236）中将未遂事故定义为："由设备和人为差错诱发产生的、有可能造成事故，但由于人或其他保护装置等原因，未造成职工伤亡或财产损失的事件"。国际石油天然气生产者协会（GOP）将未遂事件定义为："任何具有潜在引起伤害和/或破坏，但由于条件不同而幸免于难的事件"。根据国家标准：《职业健康安全管理体系规范》（GB/T 8001）的定义是：未遂事件是指"其结果未产生疾病、伤害、损坏或其他损失的事件"。

不管未遂事件如何定义，但其基本性质都表现为数量较多、基数较大、范畴难以确定、易解决且易被忽视等特点。导致未遂事件的主要因素有四个方面：一是误操作或违反操作规程等人的不安全行为；二是存在设备腐蚀、老化、磨损等物的不安全状态；三是环境的不安全状况；四是管理者在管理工作中的某些缺陷。这些都是对未遂事件进行安全管理的重点。

2. 特点

未遂事件由于未造成实际的伤害后果，所以往往容易被人们忽视，但是按照事故致因理论来分析，未遂事件和伤害事故发生的机理与致因是一致的。在发生未遂事件的同时，如果及时采取有效措施，就可以避免发生人员伤亡或较大财产损失的灾害事故。通过对未遂事件进行辨识和管理，必将使安全工作达到事半功倍的效果。

二、事故

1. 定义

事故是指造成人员伤害、死亡、职业病或设备设施等财产损失和其他损失的意外事件。在事故的种种定义中，伯克霍夫（Berckhoff）的定义较著名。

伯克霍夫认为，事故是人（个人或集体）在为实现某种意图而进行的活动过程中，突然发生的、违反人的意志的、迫使活动暂时或永久停止、或迫使之前存续的状态发生暂时或永久性改变的事件。事故的含义包括：

（1）事故是一种发生在人类生产、生活活动中的特殊事件，人类的任何生产、生活活动过程中都可能发生事故。

（2）事故是一种突然发生的、出乎人们意料的意外事件。由于导致事故发生的原因非常复杂，往往包括许多偶然因素，因而事故的发生具有随机性质。在一起事故发生之前，人们无法准确地预测什么时候、什么地方、发生什么样的事故。

（3）事故是一种迫使进行着的生产、生活活动暂时或永久停止的事件。事故中断、终止人们正常活动的进行，必然给人们的生产、生活带来某种形式的影响。因此，事故是一种违背人们意志的事件，是人们不希望发生的事件。

事故是一种动态事件，它开始于危险的激化，并以一系列原因事件按一定的逻辑顺序流经系统而造成的损失。生产事故是指生产经营单位在生产经营活动（包括与生产经营有关的活动）中突然发生的，伤害人身安全和健康，或者损坏设备设施，或者造成经济损失的，导致原生产经营活动（包括与生产经营活动有关的活动）暂时中止或永远终止的意外事件。

2. 特点

事故具有普遍性、偶然性、因果性、潜伏性、预防性等特点。

（1）普遍性　由于生存、生产、生活活动中普遍存在着可能导致事故发生的各种各样的危险因素和危险源，因此，发生事故的可能性是普遍存在的。

（2）偶然性　在一般情况下，事故发生的时间、地点、事故后果的严重程度是偶然性的，但事故的这种偶然性在一定的范围内也遵循统计规律。

（3）因果性　一般来说，事故的发生是由于各种危险因素相互作用的结果。在生产过程中，由于人的不安全行为、物的不安全状态、环境的不安全状况、管理的缺陷以及对突发的意外事件的处理不当等原因的相互作用，就能引起事故的发生。

（4）潜伏性　通常，事故发生之前都有一段潜伏期，也就是说，可能存在着一些事故隐患和事故发生的条件。这些事故隐患和发生的条件一般不明显不易发现，使人员容易产生麻痹思想。

（5）预防性　人们可通过对事故的调查与分析，逐步找到已发生事故的原因和规律，然后，采取有针对性的预防措施，可以从根本上降低、减少甚至杜绝事故的发生。

3. 事故分级

根据《生产安全事故报告和调查处理条例》（国务院 493 号令），生产安全事故（以下简称事故）按照造成的人员伤亡或者直接经济损失，一般分为以下四个等级。

（1）特别重大事故　是指造成 30 人以上死亡，或者 100 人以上重伤（包括急性工业中毒，下同），或者 1 亿元以上直接经济损失的事故。

（2）重大事故　是指造成 10 人以上 30 人以下死亡，或者 50 人以上 100 人以下重伤，或者 5000 万元以上 1 亿元以下直接经济损失的事故。

（3）较大事故　是指造成 3 人以上 10 人以下死亡，或者 10 人以上 50 人以下重伤，或者 1000 万元以上 5000 万元以下直接经济损失的事故。

（4）一般事故　是指造成 3 人以下死亡，或者 10 人以下重伤，或者 1000 万元以下直接经济损失的事故。

由于生产经营单位的生产经营活动涉及众多行业和领域，各个行业和领域事故的情况都有各自的特点，发生事故的情形比较复杂，差别比较大，影响也不一，很难用一个标准来划分各个行业或者领域事故的等级，所以国家允许各个行业或领域根据实际情况制订自己的事故等级标准。而实际上，多年来，消防、民用航空、铁路交通等领域实际上都执行了不完全相同的事故等级划分标准。但 493 号令规定的事故等级标准是最低标准，各行业的标准只能高于（严于）而不能低于该标准。

第二节　事故报告和调查处理

一、有关法律法规与标准

我国非常重视对事故的管理。改革开放以来，国家和有关部门发布了一条列安全生产法律法规以及标准规范，对生产事故管理的管理提出了明确要求形成了以《安全生产法》为依据，以《危险化学品安全管理条例》为主线，以相关配套规章、规程、标准（见表 8-1）和地方性法规、规章等为辅助的事故管理管理法规标准体系。

表 8-1　现行事故管理的法律法规和标准

类别	名　称	文　号	施行日期
法律法规	《生产安全事故报告和调查处理条例》	中华人民共和国国务院第 493 号	2007 年 6 月 1 日
	《生产安全事故信息报告和处置办法》	国家安全生产监督管理总局令第 21 号	2009 年 7 月 1 日
	《生产安全事故报告和调查处理条例》罚款处罚暂行规定	国家安全生产监督管理总局令第 13 号	2007 年 7 月 12 日
标准	《事故损失工作日标准》	GB/T 15499—1995	1995 年 10 月 1 日
	《企业职工伤亡事故分类》	GB 6441—1986	1987 年 2 月 1 日
	《事故经济损失统计标准》	GB 6721—1986	1987 年 5 月 1 日

二、事故报告

根据《生产安全事故报告和调查处理条例》（国务院 493 号令）要求，企业一旦发生生产安全事故，事故现场有关人员应当立即向本单位负责人报告；单位负责人接到报告后，应当于 1 小时内向事故发生地县级以上人民政府安全生产监督管理部门和负有安全生产监督管理职责的有关部门报告。

情况紧急时，事故现场有关人员可以直接向事故发生地县级以上人民政府安全生产监督管理部门和负有安全生产监督管理职责的有关部门报告。

安全生产监督管理部门和负有安全生产监督管理职责的有关部门接到事故报告后，应当依照规定逐级（2 小时内）上报事故情况，并通知公安机关、劳动保障行政部门、工会和人民检察院。

我国现阶段，事故仍然发生频繁，且类型多样。根据权威机构的统计数据，每年全国发生的各类安全生产事故几十万起，死亡数万人。我国法规历来要求及时、准确报告事故，但由于种种原因，比如企业不懂相关法规要求或担心企业荣誉或利益受损等原因，事故谎报、瞒报现象时有发生，因此，493 号令明确要求事故报告应当及时、准确、完整，任何单位和个人对事故不得迟报、漏报、谎报或者瞒报。《＜生产安全事故报告和调查处理条例＞罚款处罚暂行规定》（总局第 13 号令）对迟报、漏报、谎报或者瞒报情况制定了相应的处罚条款。

事故报告应包括以下的内容：

（1）事故发生单位概况（名称、地址、性质、产能等）；

（2）事故发生的时间、地点以及事故现场情况（事故类型、化学品名称、性质和数量等）；

（3）事故的简要经过；

（4）事故已经造成或者可能造成的伤亡人数（包括下落不明的人数）和初步估计的直接经济损失；

（5）已经采取的措施；

（6）其他应当报告的情况。

而当事故报告后出现新情况，即自事故发生之日起 30 日内，事故造成的伤亡人数发生变化的或道路交通事故、火灾事故自发生之日起 7 日内，事故造成的伤亡人数发生变化的，应当及时补报。

三、事故调查

在企业的安全管理工作中，对已经发生的事故进行调查处理是极其重要的一环。根据事故的特性可知，事故是难以避免的，但可以通过事故预防等手段减少其发生的概率和控制其产生的后果。事故预防是一种安全管理职能，而事故预防工作在很大程度上取决于事故调查。因为，通过事故调查获得的相应的事故信息，对于认识危险、抑制事故起着至关重要的作用，而且事故调查与处理，特别是特大事故的调查与处理会在相当的范围内产生很大的影响。因此，事故调查处理是确认事故经过、查找事故原因的过程，是安全管理工作的一项关键内容，是制定最佳的事故预防对策的前提。

1. 事故调查的原则

（1）实事求是，尊重科学的原则　实事求是的原则就是在事故调查中要根据客观存在的情况和证据，研究与事故发生的有关事实，寻求事故发生的原因，事故发生的有关事实，包括：

① 事故发生前设备、设施等的性能和质量状况；

② 使用的材料，必要时进行物理性能或化学性能实验与分析；

③ 有关设计和工艺方面的技术文件、工作指令和规章制度方面的资料及执行情况；

④ 关于工作环境方面的状况，包括照明、湿度、温度、通风、声响、色彩度、道路工作面状况以及工作环境中的有毒、有害物质取样分析记录；

⑤ 个人防护措施状况，应注意它的有效性、质量、使用范围；

⑥ 出事前受害人和肇事者的健康状况；

⑦ 其他可能与事故致因有关的细节或因素。

尊重科学的原则就是以科学的精神作指导，运用科学的方法与技术进行事故分析。

（2）“四不放过”的原则　国家对发生事故后的“四不放过”处理原则，其具体内容是：

① 事故原因未查明不放过；

② 事故责任人未受到处理不放过；

③ 事故责任人和周围群众未受到教育不放过；

④ 事故预防和整改措施未落实不放过。

“四不放过”原则是要求对安全生产工伤事故必须进行严肃认真的调查处理，吸取教训，防止同类事故重复发生。

（3）公正、公开的原则　公正，就是实事求是，以事实为依据，以法律为准绳，既不包庇事故责任人，也不得借机对事故责任人打击报复，更不得冤枉无辜；公开，就是对事故调查处理的结果要在一定的范围内公开。这一原则的作用主要有三点：一是能引起全社会对安全生产工作的重视和关注；二是能使较大范围的企业、员工受到良好的安全教育并认真吸取事故教训；三是能减少事故造成的负面影响。

（4）分级管辖的原则　事故的调查处理一定要遵循分级管辖的原则，这是因为分级管辖能有效地处理好各级各类型的事故。

国家明确规定：特别重大事故由国务院或者国务院授权的有关部门组织事故调查组进行调查；重大事故、较大事故、一般事故分别由事故发生地省级人民政府、设区的市级人民政府和县级人民政府负责调查。省级人民政府、设区的市级人民政府和县级人民政府可以直接组织事故调查组进行调查，也可以授权或者委托有关部门组织事故调查组进行调查。

未造成人员伤亡的一般事故，县级人民政府也可以委托事故发生单位组织事故调查组进行调查。

2. 事故调查程序

（1）成立事故调查组　根据发生事故的具体情况，按照相关法律法规的规定要求成立事故调查组。

事故调查组由有关人民政府、安全生产监督管理部门、负有安全生产监督管理职责的有关部门、监察机关、公安机关以及工会派人组成，并应当邀请人民检察院派人参加。事故调查组可以聘请有关专家参与调查。

事故调查组成员应当具有事故调查所需要的知识和专长，并与所调查的事故没有直接利害关系。事故调查组应履行以下的职责。

① 查明事故发生的经过、原因、人员伤亡情况及直接经济损失。

② 认定事故的性质和事故责任。

③ 提出对事故责任者的处理建议。

④ 总结事故教训，提出防范和整改措施。

⑤ 提交事故调查报告。

（2）事故调查取证　在事故调查过程中，调查取证是一个重要环节。其主要工作内容包括以下几个方面。

① 现场处理

a. 事故发生后，应及时救护受伤害者。采取措施制止事故蔓延扩大。

b. 认真保护事故现场。凡是与事故有关的物体、痕迹、状态，一律不得破坏。

c. 为了抢救受伤害者需要移动现场的某些物体时，必须做好现场标志。

② 物证搜集

a. 现场物证包括：破损部件、碎片、残留物、致害物的位置等。

b. 在现场收集到的所有物件均应贴上标签，注明地点、时间、管理者等。

c. 所有物件应尽量保持原样，不准冲洗擦拭。

d. 对人体健康有危害的物品，应采取不损坏原始证据的安全防护措施。

③ 事故事实材料的搜集

a. 与事故鉴别、记录有关的材料，包括事故发生的时间、地点；受害人和肇事者的姓名、性别、年龄、文化程度、职业、技术等级、工龄、本工种工龄、支付工资的形式；受害人和肇事者的技术状况，接受安全教育情况；出事当天，受害人和肇事者工作时间、内容、工作量、作业程序、操作时的动作或位置；受害人和肇事者过去的事故记录等。

b. 事故发生的有关事实，包括事故发生前设备、设施等的性能和质量状况；使用的材料的状况；有关设计和工艺方面的技术文件，工作指令和规章制度方面的资料及执行情况；有关工作环境方面的状况；个人防护措施状况；出事前受害人或肇事者的身体健康情况以及其他可能与事故致因有关的细节或因素。

④ 证人材料搜集　要尽快找到被调查者搜集材料，对证人的口述材料，须认真考证其真实程度。

⑤ 现场摄影、绘图或摄像

a. 显示残骸和受害者原始存息地的所有照片或录像。

b. 可能被清除或被践踏的痕迹、地面和建筑物的痕迹、火灾引起损害的照片、冒顶下落物的空间等。

c. 事故现场全貌。

d. 利用摄像或录像，以提供较完整事故调查信息内容。

⑥ 事故图　包括了解事故情况所必需的信息，如：事故现场示意图、流程图、受害者位置图等。

(3) 事故分析　在整理和阅读事故调查材料的基础上，从各个方面、各个角度对事故进行分析，包括：整理分析有关证据、资料，确定事故发生的原因、经过、后果，确定事故发生的直接原因和间接原因，以及事故责任等。

3. 事故调查的内容

事故调查最终要完成以下内容：

(1) 查明事故发生的经过、原因、人员伤亡情况及直接经济损失；

(2) 认定事故的性质和事故责任；

(3) 提出对事故责任者的处理建议；

(4) 总结事故教训，提出防范和整改措施；

(5) 提交事故调查报告。

4. 事故调查报告的内容

按照《生产安全事故报告和调查处理条例》的规定，事故调查报告的编制应当是严谨科学的，主要包括：

(1) 事故发生单位概况；

(2) 事故发生经过和事故救援情况；

(3) 事故造成的人员伤亡和直接经济损失；

(4) 事故发生的原因和事故性质；

(5) 事故责任的认定以及对事故责任者的处理建议；

(6) 事故防范和整改措施。

事故调查报告应当附具有关证据材料，调查组成员应当在事故调查报告上签名。

事故调查组应当自事故发生之日起 60 日内提交事故调查报告，特殊情况下，经负责事故调查的人民政府批准，提交事故调查报告的期限可以适当延长，但延长的期限最长不超过 60 日。

企业发生生产安全事故后，应积极配合各级人民政府组织的事故调查，负责人和有关人员在事故调查期间不得擅离职守，应当随时接受事故调查组的询问，如实提供有关情况。

未造成人员伤亡的一般事故，县级人民政府委托企业负责组织调查的，企业应按规定成立事故调查组认真组织调查，按时提交事故调查报告。

企业应根据事故调查的结果，认真落实事故整改和预防措施，防止事故再次发生。整改和预防措施应包括以下几点。

（1）工程技术措施　即对设备、设施、工艺、操作等进行设计、检查和维护保养等，减少和消除不安全因素。

（2）培训教育措施　通过不同形式和途径对广大从业人员进行安全培训教育，提高从业人员预防事故的意识和技能，规范从业人员的安全生产行为。

（3）管理措施　企业从安全生产的要求考虑，针对事故原因，制定新的或修订（完善）安全生产规章制度、安全操作规程，补充、完善安全生产管理网络和人员等。

第三节　事故管理台账和档案

有位名人说过“一个聪明的民族她会从灾难中学到比平时多得多的东西”，没有那一次灾难不是以历史的进步作为补偿的。事故既然已经发生了，认真调查分析事故，总结事故教训，确保同类事故不再次发生，也许是事故唯一能带给我们的积极的方面。发生事故后，企业从已发生的事故中吸取教训是非常重要的。前事不忘，后事之师！而建立事故管理台账和档案，是企业总结事故，吸取教训的重要措施。

一、事故管理台账

台账原意是指摆放在台上供人翻阅的账簿，故名台账。久而久之，这个名词就固定下来，实际上就是流水账。在企业安全生产管理中，对发生的各类事故建立台账，就是对事故进行管理的一项重要内容。随着科学技术进步，计算机广泛应用，现在很多企业不再用手工做事故台账，而是把数据录入计算机，建立“电子事故管理台账”。

生产安全事故管理台账是反映一个企业安全生产管理整体情况的资料记录。台账的内容主要包括：

① 事故名称；

② 事故发生的时间、地点；

③ 事故类别；

④ 伤亡人数；

⑤ 损失情况；

⑥ 事故简况及原因等。

二、事故管理档案

企业应建立事故管理档案，将事故有关的记录资料、证据材料等结案材料归档。事故管理档案内容主要有：

① 事故调查报告及批复；

② 企业落实事故“四不放过”的相关资料文件，包括责任人处理文件、预防整改措施落实情况及相关培训学习记录等；

③ 现场调查记录、图纸、照片；

④ 事故相关人员的自述材料；

⑤ 事故时的工艺条件、操作记录及设计资料；

⑥ 技术鉴定和试验报告；

⑦ 职工伤亡登记表；

⑧ 医疗部门对伤亡人员的诊断书等。

三、未遂事件管理

根据冰山法则（又称“海因里希事故法则”）：每一起重大事故（或造成重伤或死亡）的背后有29件轻伤事故，之后还有300件未造成伤害的未遂事件；墨菲定律也说，只要存在发生事故的原因，事故就必定会发生，而且不管其可能性多么小，总会发生，并造成最大可能的损失。

未遂事件由于未造成实际的伤害后果，往往容易被人们忽视，但是按照事故致因理论来分析，未遂事件和伤害事故发生的机理与致因是一致的。因此，在发生未遂事件的同时，如果能及时分析原因，制订和落实采取有效措施，就可以避免发生人员伤亡或较大财产损失事故的发生。

因此，企业记录在事故管理台账里的事故，不但应包括国家规定的从一般到重特大事故的内容，还应包括企业里发生的未造成人员伤亡或较大损失的事故以及事故征兆、非计划停工、异常工况、泄漏等未遂事件。

未遂事件管理主要应从以下几个方面着手：

(1) 要把未遂事件当事故处理，及时组建未遂事故调查小组，严格按照“四不放过”的原则进行事故分析、调查和处理；

(2) 要把未遂事件当做安全教材，加大对员工的安全宣传教育力度，积极开展未遂事故分析讨论活动及安全知识竞赛活动，进一步提高员工的安全知识和安全意识；

(3) 要实行未遂事件报告制度，共享未遂事件典型案例，以案说法，举一反三，关注细节。以未遂事件为鉴戒，在日常工作中用心观察细节，从而发现人的不安全行为和物的不安全状态。

只有加强事故事件管理，对每一起事故事件进行原因分析、采取整改措施，才能预防和消除同类或重大事故的发生，这是我们进行事故管理的目的所在。

附 录

国家安全监管总局办公厅关于印发化工（危险化学品）企业主要负责人安全生产管理知识重点考核内容等的通知

安监总厅宣教〔2017〕15号

各省、自治区、直辖市及新疆生产建设兵团安全生产监督管理局，有关中央企业：

近年来，化工（危险化学品）企业（以下简称企业）生产安全事故时有发生，暴露出部分企业主要负责人及安全管理人员安全生产管理知识欠缺，安全生产意识不强，安全管理能力不足的问题仍然十分突出；同时也反映出部分基层危险化学品安全监管人员专业知识欠缺，执法效率不高的现象还普遍存在。提升相关人员安全生产专业能力已经成为当前化工（危险化学品）安全管理十分迫切的任务。

为进一步推动企业落实安全生产主体责任，严格规范企业主要负责人和安全管理人员安全生产知识、管理能力考核，提升基层危险化学品安全监管人员业务素质，国家安全监管总局组织制定了《化工（危险化学品）企业主要负责人安全生产管理知识重点考核内容（第一版）》《化工（危险化学品）企业安全生产管理人员安全生产管理知识重点考核内容（第一版）》《危险化学品安全监管人员提升专业知识培训重点（第一版）》。

各地区、各单位要结合重点考核内容，依法强化对企业相关人员的安全生产知识和管理能力要求，对申请办理安全许可证及安全许可证延期的企业要按照《化工（危险化学品）企业主要负责人安全生产管理知识重点考核内容》《化工（危险化学品）企业安全生产管理人员安全生产管理知识重点考核内容》确定的重点内容，对其主要负责人和安全管理人员进行考核，严格落实《安全生产许可证条例》的相关规定，对考核未通过的，不予办理相关企业的安全许可证。

各级安全监管部门要认真按照《危险化学品安全监管人员提升专业知识培训重点》确定的重点内容，进一步加强对基层危险化学品安全监管人员的培训，不断提高安全监管人员的业务素质和能力水平。

附件：

1. 化工（危险化学品）企业主要负责人安全生产管理知识重点考核内容（第一版）
2. 化工（危险化学品）企业安全生产管理人员安全生产管理知识重点考核内容（第一版）
3. 危险化学品安全监管人员提升专业知识培训重点（第一版）

国家安全监管总局办公厅

2017年1月25日

附件 1

化工（危险化学品）企业主要负责人
安全生产管理知识重点考核内容（第一版）

一、掌握国家安全生产方针政策，了解危险化学品安全生产相关法律法规标准体系的框架。

二、掌握《安全生产法》《危险化学品安全管理条例》对化工（危险化学品）企业安全生产的要求，了解其他法律法规对化工（危险化学品）企业安全生产的基本要求，熟悉国家有关化工行业安全准入（限制）条件及危险化学品建设项目安全设施“三同时”的要求，熟悉地方政府对化工（危险化学品）企业的安全生产要求。

三、掌握企业主要负责人安全生产责任和义务，掌握本企业安全生产责任制、主要安全生产管理制度，掌握安全生产管理机构设置及人员配备要求，掌握安全费用提取和使用的管理要求，熟悉组织企业安全检查的主要方式。

四、了解国家对危险化学品特种作业人员的要求，了解政府有关部门对企业安全教育和培训的基本要求。

五、掌握化工过程安全管理（PSM）的主要要素，熟悉危险化学品安全生产标准化主要内容，了解构建企业安全文化的基本路径、方式方法。

六、熟悉本企业涉及危险化学品（原料、中间产品、最终产品和主要的辅助材料）的危险特性和防护要求，熟悉本企业工艺技术路线的安全特点，掌握关键装置、要害部位的主要风险及管控措施，掌握本企业重大危险源及其管理要求，了解风险分级管控和隐患排查治理双重预防机制的基本要求。

七、了解特殊作业的管理要求，熟悉动火作业的分级管理，以及动火、进入受限空间作业的主要风险和管控措施。

八、了解本企业主要安全设施、特种设备及安全仪表（包括可燃有毒气体泄漏检测报警系统）的基本管理要求。

九、了解本企业职业病危害及其预防措施。

十、熟悉本企业应急救援职责和应急处置程序，了解外部应急联动的部门、方式、主要资源。

十一、掌握事故信息上报的时限、程序、内容等要求，熟悉事故事件调查处理“四不放过”原则。

十二、了解本行业重特大及典型事故教训。

附件 2

化工（危险化学品）企业安全生产管理人员
安全生产管理知识重点考核内容（第一版）

一、掌握国家安全生产方针政策，熟悉危险化学品安全生产相关法律法规标准体系框架，掌握有关法律法规、标准和规范性文件的获取渠道。

二、掌握《安全生产法》《危险化学品安全管理条例》对化工（危险化学品）企业安全生产的要求，熟悉其他有关法律法规对化工（危险化学品）企业安全生产的要求，熟悉国家危险化学品安全生产的部门规章、标准和安全监管部门有关规范性文件的要求，熟悉地方政府对化工（危险化学品）企业安全生产的要求。

三、掌握安全生产管理人员的安全生产责任和义务。

四、掌握政府有关部门对企业安全教育和培训的基本要求。

五、熟悉化工过程安全管理（PSM）要素，掌握全面加强化工企业安全生产的基本途径，掌握危险化学品安全生产标准化的主要内容和要求。

六、熟悉本企业安全生产责任体系、安全生产管理制度体系和应急预案体系。

七、掌握燃烧、爆炸、中毒条件，熟悉防火、防爆、防中毒主要措施，熟悉闪点、燃点、沸点、凝固点、爆炸极限等概念及本企业危险化学品的数据，了解静电、雷电的危害及其预防措施。

八、掌握本企业危险化学品安全技术说明书（SDS）的主要内容。

九、掌握本企业的工艺过程的主要风险及管控措施，掌握关键装置、要害部位的主要风险及管控措施，掌握本企业主要安全设施、特种设备及安全仪表（包括可燃有毒气体泄漏检测报警系统）的基本管理要求。

十、掌握工作危害分析（JHA）、安全检查表（SCL）等风险分析方法，涉及“两重点一重大”企业的安全生产管理人员还要熟悉危险与可操作性分析（HAZOP）、保护层分析（LOPA）等风险分析方法，了解安全仪表完整性管理的有关要求，了解国家安全监管总局《危险化学品生产、储存装置个人可接受风险标准和社会可接受风险标准》。

十一、熟悉本企业的主要风险及分级管控情况，熟悉隐患排查的范围、方法及要求，掌握本企业的隐患排查治理现状。

十二、熟悉危险化学品重大危险源定义、辨识、分级及管理要求，掌握本企业重大危险源的现状和管控措施。

十三、熟悉变更管理的内容、程序和要求，熟悉承包商安全管理的主要程序及要求。

十四、熟悉试生产和开停车安全管理要求，掌握特殊作业的管理要求，以及特殊作业的主要风险、管控措施。

十五、掌握本企业职业病危害因素及危害特性，熟悉职业病危害因素申报、检测、危害告知与标识、防控措施等要求，熟悉健康体检、职业禁忌证及健康档案等管理要求。

十六、掌握本企业个体防护装备的分类、选用和管理要求。

十七、熟悉本企业应急组织机构与职责、应急响应原则与程序、应急物资配备情况。

十八、掌握应急预案的编制、演练和管理要求，以及本企业应急预案及应急处置措施，了解典型事故应急管理的经验与教训。

十九、熟悉本行业重特大及典型事故案例，熟悉本行业近期事故情况。

二十、掌握事故分析的基本知识，熟悉事故、事件的分级及管理要求，掌握事故上报的程序、时限及内容等要求，掌握事故事件调查处理“四不放过”及事故事件档案等管理要求。

附件3

危险化学品安全监管人员提升专业知识
培训重点（第一版）

一、熟悉国家危险化学品安全生产法律法规标准框架体系。

二、熟悉《安全生产法》《危险化学品安全管理条例》，掌握危险化学品安全生产监督管理及法律责任有关内容，熟悉《行政许可法》《安全生产许可证条例》有关规定，掌握危险化学品安全许可证管理要求，了解其他法律法规对危险化学品安全管理的有关规定。

三、熟悉国家危险化学品安全生产的部门规章和安全监管部门有关规范性文件的要求，熟悉地方政府对危险化学品企业的要求。

四、了解涉及危险化学品安全的国家标准、行业标准。

五、了解危险化学品分类方法，掌握《危险化学品目录》、化学品安全技术说明书（SDS）和安全标签的基本知识、监管要点。了解危险化学品、危险物品和危险货物的区别和联系。

六、了解化工单元操作基本知识，了解化工过程安全管理（PSM）要素，熟悉危险化学品安全生产标准化相关要求。

七、熟悉危险化学品生产经营单位法律法规符合性监督检查要点。

八、熟悉危险化学品建设项目安全设施“三同时”监督管理规定，熟悉危险化学品建设项目安全审查基本要求，掌握危险化学品建设项目安全监督管理有关规定。

九、熟悉危险化学品企业全员安全生产责任制、特殊作业、重大危险源、变更管理、安全仪表系统、承包商管理、教育培训、风险识别与分级管控、应急管理等规章制度监督检查要点。

十、掌握“两重点一重大”以及剧毒化学品安全管理要求。

十一、熟悉辖区内危险化学品重大风险、重大危险源及其管控情况。

十二、熟悉特殊作业现场监督检查要点。

十三、熟悉危险化学品企业危险化学品储存、装卸安全监督检查要点。

十四、熟悉《危险化学品企业事故隐患排查治理导则》（安监总管三〔2012〕103号）事故隐患排查治理的监督检查要求。

十五、熟悉《化工（危险化学品）企业安全检查重点指导目录》内容。

十六、熟悉辖区内危险化学品企业可燃有毒气体泄漏检测报警系统、安全标志与标识监督检查要点。

十七、掌握辖区内危险化学品企业职业病危害监督检查要点。

十八、熟悉辖区内各类危险化学品事故现场应急处置原则、应急管理体系、应急资源情况。

十九、掌握危险化学品事故调查程序、要点和方法。

二十、了解危险化学品重特大事故及典型事故案例。

参考文献

[1] 中华人民共和国安全生产法.
[2] 中华人民共和国职业病防治法.
[3] 中华人民共和国消防法.
[4] 中华人民共和国特种设备安全法.
[5] 危险化学品安全管理条例. 中华人民共和国国务院令第 591 号，2011 年 12 月 1 日起施行.
[6] 安全生产许可证条例. 中华人民共和国国务院令第 653 号. 2014 年 7 月 29 日起施行.
[7] 危险化学品建设项目安全监督管理办法. 安监总局第 45 号令.
[8] 危险化学品危险性鉴定与分类管理办法. 安监总局第 60 号令.
[9] 作业场所安全使用化学品公约. 第 170 号国际公约.
[10] 化学品分类和标签规范. GB 30000. 2-29—2013.
[11] 常用化学危险品贮存通则. GB 15603－1995.
[12] 建筑设计防火规范. GB 50016－2014.
[13] 腾炜. 中华人民共和国安全生产法解读. 北京：中国法制出版社，2014.
[14] 崔政斌，石跃武. 防火防爆技术. 北京：化学工业出版社，2010.
[15] 崔政斌，石跃武. 电气安全技术. 北京：化学工业出版社，2009.
[16] 崔政斌，聂幼平. 职业危害控制技术. 北京：化学工业出版社，2009.
[17] 崔政斌，周礼庆. 危险化学品企业安全管理指南. 北京：化学工业出版社，2016.
[18] 崔政斌，赵海波. 危险化学品企业隐患排除治理. 北京：化学工业出版社，2016.
[19] 周礼庆，崔政斌，赵海波. 危险化学品企业工艺安全管理. 北京：化学工业出版社，2016.
[20] 安全生产科学研究院. 危险化学品单位安全培训教程. 第 2 版. 北京：化学工业出版社，2012.
[21] 宋永吉. 危险化学品安全管理基础知识. 北京：化学工业出版社，2015.
[22] 将军成. 危险化学品安全技术与管理. 第 3 版. 北京：化学工业出版社，2015.